Sonderveröffentlichungen
der Gesellschaft für Kieler Stadtgeschichte
herausgegeben von Jürgen Jensen

Band 60

Jörg Benz

Bombennächte und Frontschicksale

Briefwechsel einer Kieler Familie 1939–1945

Husum

Gestaltung des Umschlags unter Verwendung von Motiven aus dem Buch

Bibliografische Information der Deutschen Nationalbibliothek

Die Deutsche Nationalbibliothek verzeichnet diese Publikation in der Deutschen Nationalbibliografie; detaillierte bibliografische Daten sind im Internet über http://dnb.d-nb.de abrufbar.

Gesamtherstellung: Husum Druck- und Verlagsgesellschaft
Postfach 1480, D-25804 Husum – www.verlagsgruppe.de

ISBN: 978-3-89876-404-9

Geleitwort

von Michael Salewski

Krieg ist banal, trivial, hässlich, dumm, dumpf. Manchmal wollen uns Schriftsteller und Dichter einreden, vom Krieg gehe Erhabenes aus, der Krieg sei die Bewährung des Mannes (neuerdings auch der Frau) und der Vater aller Dinge sowieso. Da ist es gut, wenn ein Dabeigewesener seine alten Familienkorrespondenzen aus der Kriegszeit hervorkramt und diese sprechen lässt. Da taucht er auf: der banale Krieg. Walther Kempowski hat das in seinem „Echolot" zuerst versucht. Jörg Benz macht es wahrhafter, indem er kein „kollektives Tagebuch" vorlegt, sondern das einer Kieler „Durchschnittsfamilie".

Nein, nichts Erhabenes. Es sind vielmehr Mosaiksteinchen eines blutigen Bildes, das sich uns unauslöschlich eingeprägt hat. Dieses Buch ist Steinbruch und Bruchstück zugleich. Die Briefe fügen sich so zusammen, dass daraus ein eigentümliches Ganzes entsteht. Das war seinerzeit, als Krieg war, weder beabsichtigt, noch hätten es die Schreiber für möglich gehalten. Der Vater von Jörg Benz bemühte sich zwar immer wieder einmal um die „Vogelperspektive"; gelungen ist sie nie, und sie konnte nicht gelingen in einem totalitären System, das sorgfältig darauf achtete, dass niemand mehr wusste, als zur „blinden" Erfüllung seiner Pflichten notwendig war. Das galt nicht nur für die Wehrmacht, sondern für alle Berufsgruppen. Weiß man das, flößen die Versuche der Eltern, über den Tellerrand des „Dritten Reiches" zu blicken, Ottfried und Jörg mit einem Minimum an allgemeinem Wissen zu versorgen, doch Respekt ein, und als Nachgeborener beginnt man zu ahnen, was das stereotype Gerede aus der Nachkriegszeit: „Das haben wir nicht gewusst!" tatsächlich bedeutete. (Nebenbei: bei meinen Eltern, braven PGs aus Königsberg/Pr., war es nicht anders.)

In diesem Buch geht es in aller Regel aber eher um Dinge, die auf den ersten Blick niemanden zu interessieren scheinen: Jörg teilt mit, man habe frische Unterhosen aus den Spinden der Franzosen zum Wechseln gefunden: da brauche man die eigenen nicht zu waschen. Wenig später grübelt er hoch auf den Klippen von Jersey darüber nach, wie das Deutsche Reich England besiegen könnte. In der Stadt hat er gehört, dass ein Engländer es mit zwei Deutschen aufnehmen kann.

Jörg ist ein typischer deutscher Soldat: Er unternimmt, wie sein Vater schreibt, eine „Bildungsreise durch Frankreich". Dass sie per Marschkolonne, Panzer und Geschützen stattfindet, ist unerheblich. Er lernt Schillers „Glocke" auswendig. Manchmal wird der Leser an den Leutnant Wurche von Walter Flex erinnert. Wenn er in Russland zur Sanitätstruppe kommt, fällt einem unwillkürlich Peter Bamm mit seiner „Unsichtbaren Flagge" ein.

Typischer Soldat? Wohl doch nicht. Dafür spricht allein der Umgang dieses Mannes mit seiner eigenen Vergangenheit, die er eben nicht vergehen lassen wollte. Er ist sich der Schizophrenie bewusst, die in ihm zwischen Friedrich von Schiller und dem „russischen Untermenschen" klafft. Das eine ist wie das andere in seiner Brust – wie vielen Soldaten wird das so gegangen sein? Man wagt keine Schätzung. Auch hier: das Typische und das Ungewöhnliche, das Banale und das Sonderbare verbinden sich miteinander; fast möchte man sagen: in dialektischer Weise. Alles rutscht in diesen Briefen durcheinander, das macht sie authentisch, das produziert Geschichte jenseits der Haupt- und Staatsaktionen. Jörg Benz hat sie nicht „kritisch", also nach wissenschaftlichen Editionsgrundsätzen herausgegeben. Sie haben ihren ursprünglichen Charakter bewahrt, sie wirken so frisch und unmittelbar wie damals, als sie geschrieben wurden. Da ist nichts nachträglich geglättet oder langatmig „erklärt". Der ganze schier unübersehbare Wust der wissenschaftlichen Weltkriegsforschung fehlt – in einem Buch, das wirklich „ad fontes" geht. Dass der Rekrut mit einem großen Käse, im hungrigen Polen irgendwie ergattert, im Zoppoter Kino gesessen hat, das dann nach Käse roch, ist ebenso berichtenswert wie die Tatsache, dass „man" Polen und Juden ins Innere des Landes abtransportiert habe. Punkt. Kein Kommentar, und es spricht für den Herausgeber, dass er ihn erst gar nicht versucht.

Nicht „die Wehrmacht“ oder „die Kriegsmarine“ stehen im Mittelpunkt dieses Buches, sondern vier Menschen, von denen man allzu leicht zu sagen geneigt ist: wie du und ich. Daraus ergibt es sich von selbst: Wie du, so ich? Hätte ich mich auch so verhalten wie die Brüder, der Vater, die Mutter? Hätte ich es besser oder nicht vielmehr schlechter gemacht? Der Leser wird, ob er will oder nicht, in den Strudel einer Geschichte gerissen, aus der er immer wieder das „tua res agitur“ vernimmt. Auf diese Weise trägt dieses Buch zu einem tieferen Verständnis der condition humaine im Krieg bei. Es will nicht theoretisch analysieren, sondern nur erzählen wie es, um mit Leopold von Ranke zu reden, „eigentlich gewesen“ ist, und im „Eigentlichen“ steckt das Wort „eigen“.

Manchmal ist der Krieg langweilig, manchmal lustig, gelegentlich abenteuerlich, die Jungen lernen es rasant, die kleinen Annehmlichkeiten zu schätzen, vor allem in der Phase der deutschen Siege. Sie sind alles andere als heroisch, widerständisch, hackenklappend, „Heil-Hitler!“-brüllend. Aber sie sind es, wenn sie müssen (bei der Vereidigung, beispielsweise) – und denken sich nichts dabei. Wieso auch? Es ist ja nur die überhebliche Arroganz der Späterlebenden und Besserwissenden, die diesen jungen Männern Gedanken und Gewissen abfordert, derer sie selbst entraten.

Manchmal ist der Krieg wahrhaft existenziell, im buchstäblichen Sinn: für jeden Einzelnen. Auch die Familie Benz wird von diesem Existenzialismus nicht verschont – wie ist sie mit ihm umgegangen? Das ist eines der großen Themen dieses Buches, aber man findet das nur, stürzt sich der Leser mitten hinein in die Katastrophen: Seien es die „Bombennächte“ in Kiel oder das Gefecht in der Biskaya, das vom Dezember 1943.

Der sonst so abstrakte Kriegstod gewinnt sein eigentliches Gesicht, wenn die Familie noch Wochen, nachdem Ottfried im Biskayagefecht gefallen ist, sich an immer dünnere Strohhalme klammert: Die Engländer haben die Listen mit Geretteten noch nicht veröffentlicht, Ottfried war gottlob nicht in der Maschine, sondern an Oberdeck, als das Torpedoboot sank, da hat man doch bessere Chancen. Das Wasser der Biskaya war neun Grad warm (30. Dezember 1943), Ottfried ist derlei als passionierter Segler gewohnt – usw. Wie nach und nach die Hoffnung erlischt, sich bei Jörg Selbstzweifel und Verzweiflung ausbreiten, wie der Vater tapfer und besonnen zu sein versucht, wie es ihm offensichtlich gelingt, auch seine Frau mit dem Unabwendbaren sich abfinden zu lassen: all das sagt mehr über „Verluste im Krieg" aus als lange Statistiken. Ottfrieds Schicksal war das von Millionen Männern – und vielen Frauen, denn der erbarmungslose Bombenkrieg gegen Kiel forderte ebenfalls seine Opfer, oft Frauen und Kinder, und man kann sich nach der Lektüre dieses Buches besser als früher vorstellen, wie der schwarze Teppich aus Verzweiflung und Trauer gewebt war, der Stadt, Land und Meer wie mit einem Mehltau überzog.

Jörg Benz ist anders als sein Bruder Ottfried aus dem Moloch des Zweiten Weltkrieges wieder aufgetaucht. Er hat jahrzehntelang an diesem Stück Geschichte getragen, er hat ihm Gedanken und Bücher gewidmet, er hat als Gymnasiallehrer sein Wissen von damals weitergetragen. Wenn er jetzt im hohen Alter nicht nur seinen Schülern, sondern der interessierten Öffentlichkeit die „schlimmsten Jahre seines Lebens" (um den Titel des amerikanischen Films zu variieren), vorlegt, so hat er damit den jüngeren Generationen einen wertvollen Dienst erwiesen. Dieses Buch ist ein document humain. Ich wünsche ihm eine weite Verbreitung.

Einführung

Dies Buch ist kein einfacher Bericht, sondern ein laufendes Gespräch zwischen vier Personen. Ihre Erfahrungen werden ständig reflektiert durch ihre Partner. Dabei setzen sich die Eltern mit ihrer eigenen Lebensgeschichte auseinander, die in den politischen Standort verfugt ist, und die beiden Jungen erfahren den Aufbau ihrer Persönlichkeit aus dem Jugendalter zum Mann; der Ältere geht in der Seeschlacht im Atlantik 1943 mit seinem Boot unter.

Aus den etwa 1000 Briefen habe ich ca. 200 ausgewählt, die in knappster Form die sechs Kriegsjahre authentisch schildern. Um das Buch lesbar zu machen, musste ich leider einen großen Teil der Schilderungen der Lebensumstände fortlassen, vor allem auch vieles von der immer liebenden und sorgenden Mutter, die sich aufzehrt in Angst und Fürsorge für ihre Familie. Die Briefe meines Bruders habe ich mit meinen Worten weitgehend zusammengefasst, die Seegefechte aber mit Ottfrieds Worten wiedergeben. Der Ordner mit allen Briefen befindet sich in meinem Familienarchiv und kann dort eingesehen werden.

Meine Absicht ist es nicht, irgend jemanden wegen seiner Äußerungen bloßzustellen. Dies Buch ist keine Abrechnung, sondern ich möchte Verständnis erbitten für diese Menschen, die in keiner führenden Position gestanden haben, aber sich doch nicht heraushandeln konnten aus den Zwängen der Politik. Sie waren unerbittlich gebunden in den Verlauf des Krieges. Ihre Gedanken drehten sich immer um das Wohl des Vaterlandes und die Sorge um das eigene Überleben.

Ich erfülle damit den Wunsch meines Vaters, der mehrfach bat, die Briefsammlung seinen Enkeln zugänglich zu machen.

Das Ergebnis soll es unseren Nachkommen ermöglichen, unser Leben und Denken zu beurteilen. Die Menge der Urteile und der Beschreibungen aus allen politischen und historischen

Richtungen der Nachkriegszeit, die bis heute geäußert worden sind, ist unüberschaubar groß.

Zu den Originalzeilen der Briefe, die ich in Anführungsstriche setze, werde ich gelegentlich meinen Kommentar schreiben müssen. Denn die damalige Zeit ist von unserem heutigen Wissen und Denken zu weit entfernt, um leicht in sie hineinzusteigen. Dabei bin ich mir bewusst, dass gerade diese Kommentare auch nicht frei von Subjektivität sein können; denn sie sind Zeugnisse, die aus unseren Herzen kommen und die außerdem nach einer Zeit des Verdrängens, des Nachdenkens und der vielfältigen Beeinflussung im Chaos der Stellungnahmen entstanden sind. Und diese Beeinflussung ist bei jeder Person eine andere. Dies erfuhr ich besonders bei meinen eigenen Briefen: Ich schaute gewissermaßen in meine eigenen Augen, 60 Jahre, nachdem ich meine Zeilen geschrieben hatte. Das war eine merkwürdige Begegnung mit mir selbst, die manche Ratlosigkeit über meinen damaligen Standpunkt in mir hinterließ.

Zuerst werde ich unseren Vater vorstellen in Gestalt eines kurzen Lebenslaufes.

Eine Schwierigkeit konnte ich nicht beheben: Jeder Brief, der Fragen und Antworten eines anderen enthält, ist 14 Tage vorher und nach anderen geschrieben worden. Diese genau einander folgen zu lassen, war unmöglich. Der Leser kann aber sicher den Zusammenhang erkennen; denn ich habe mich bemüht, die zusammengehörigen Briefe in Gruppen zusammenzustellen.

Die Familie Benz zwischen den Kriegen

Mein Vater Karl Benz, 1885–1972

Die sittliche und politische Haltung, die sich in den Briefen meines Vaters zeigt, ist geprägt von der Familientradition und seinem wissenschaftlichen Bildungsgang. Karl Benz stammt aus einer Familie von Speditionskaufleuten in Rathenow. Sie mussten sich in jedem Jahrzehnt an neue wirtschaftliche und technische Veränderungen anpassen, um ihre Existenz zu sichern. Seit 1814 transportierten sie Waren von Hamburg nach Berlin und umgekehrt auf dem Wasserwege. Sie benutzten drei Generationen lang Segelschiffe, die den Strom und den Wind ausnutzten und, wenn beides entgegenstand, getreidelt werden mussten. 1870 kaufte Karls Großvater, Carl Benz, 1820–1900, mit 11 Kahnschiffern einen Dampfer, der die inzwischen größer und schwerfälliger gewordenen Kähne schleppte.

Karls Vater, Otto Benz, 1855–1921, kaufte 1886 einen eigenen Schleppdampfer und schleppte nur noch fremde Kähne. 1914 besaß er fünf Schleppdampfer, die 14 % des gesamten Schleppaufkommens zwischen Hamburg und der Hauptstadt besorgten. Er verlegte den Firmensitz nach Havelberg in die Mitte der Fahrtstrecke.

Abb. 1 u. 2
Karl und Elsbeth Benz 1915

Zwei von Karls Brüdern übernahmen die Firma nach dem Ersten Weltkrieg, verkauften nach der Inflation die Dampfer und bauten im Hamburger Hafen eine Ewerführerei auf. Die Schlepperei war unrentabel geworden, weil dieselgetriebene Kähne die Lasten übernahmen. Die Brüder hatten diese Entwicklung früh erkannt und mein Vater hatte ihre Entscheidung unterstützt durch seine Diplomarbeit „Untersuchung der Organisation einer Unternehmung der Schleppschifffahrt am Beispiel der Firma ‚Otto Benz Söhne'". 1921 bis 1924 studierte er an der Wirtschaftshochschule der Universität Berlin Wirtschaftswissenschaften und Englisch, Französisch und Spanisch als Handelssprachen.

Er hatte jedoch nicht Kaufmann werden wollen, sondern Lehrer. Nach dem Besuch einer Präparandenanstalt wurde er Volksschullehrer im Netzebruch und wechselte 1913 an eine Volksschule in Berlin-Biesdorf. Seine Arbeit hatte ihm Zeit gelassen, seine Sprachkenntnisse zu erweitern. In seinem Nachlass fand ich das Büchlein „Sammlung französischer und englischer Volkslieder für den Schulgebrauch", Elwertsche Verlagsbhg., 1909: Der junge Pädagoge wollte schon damals seinen Schülern weltoffen den Weg zur Kultur unserer Nachbarn zeigen.

Im Ersten Weltkrieg wurde er 1915 als Landsturmmann eingezogen und arbeitete an und hinter den Fronten zuerst im Osten an Befestigungen der Frontlinie, seit 1916 an der Westfront als Auswerter von Fliegerbildern, damit die Artillerie jeden Tag ihre Ziele neu festlegen konnte. Kurz vor Kriegsende wurde dem Gefreiten das EK II überreicht und er sollte zum Unteroffizier befördert werden. Nach Kriegsende übernahm er wieder den Schulunterricht.

1921 durfte er seinen Unterricht in Biesdorf zur Hälfte einem Kollegen übertragen und betrat die Hörsäle der Universität. Er wurde Mitglied der Studentenverbindung Wiking, einer Turnerschaft.

Sein spätes Studium schloss er 1924 mit einem guten Diplomexamen ab und wurde sofort an der „Höheren Marinefachschule für Verwaltung und Wirtschaft“ in Mürwik bei Flensburg angestellt, bis die Lehrgänge für Fähnriche 1927 eingestellt wurden.

Dann bewarb er sich an den Handelslehranstalten der Stadt Kiel als Handelsoberlehrer. Seine Beurteilungen waren hervorragend.

Der alte Direktor dieser Schule wollte ihn zu seinem Nachfolger aufbauen. Als 1933 die NSDAP die Regierung übernahm, gab er Benz den Rat, um dies Ziel zu erreichen, müsse er in die Partei eintreten. Das tat er 1934, aber Direktor wurde ein „alter Kämpfer“. Mein Vater hatte zuvor das Parteiprogramm scharf kritisiert, es enthielte starke sozialistische Forderungen und diese entsprächen nicht der wirtschaftlichen Realität. Sein politischer Standort war nahe der DNVP, der Deutsch-Nationalen Volkspartei, einer liberalen Gruppe im Mosaik der politischen Landschaft.

Karl Benz musste sich anpassen, wenn er in dieser Zeit auch nur einige seiner Aufstiegspläne verwirklichen wollte, und hielt still, obwohl er oft mit seinem Direktor über die Unterrichtsthematik unterschiedlicher Meinung war.

1934 wurde ihm das Frontkämpferkreuz 1914/18 überreicht.

1935 wurde er Leiter der Gauarbeitsgemeinschaft für neuere Sprachen in Schleswig-Holstein.

1936 musste er Berichte über den Sprachunterricht an Handelsschulen an die Schulbehörde liefern.

1937 wurde er Rezensent für Lehr- und Lernbücher der Handelssprachen.

Zugleich wurde er Leiter des BPA in Schleswig-Holstein, des „Bundes für persönliche Freundschaften mit Ausländern“. Dies machte es ihm möglich, eine umfangreiche Korrespondenz und Begegnung mit Ausländern zu pflegen.

1944 wurde er zum Fachvorsteher für den Berufsschuldienst ernannt, d. h. zum Oberstudienrat.

Da der Direktor seit Kriegsbeginn eingezogen war und der kommissarische Direktor bei einem Bombenangriff starb, wurde

Abb. 3
Karl und Else Benz
1938

Benz im März 1945 die Leitung der Berufsschulen in Kiel übertragen.

Nach der Kapitulation der deutschen Wehrmacht wurden alle Schulen geschlossen, aber schon im August wieder eröffnet, damit die heimkehrenden Soldaten von der Straße fernblieben und an den Aufbau eines bürgerlichen Berufes denken konnten. Die Lehrer mussten Fragebögen ausfüllen, damit die Besatzungsmacht ihre politische Zuverlässigkeit prüfen konnte. Karl Benz wurde als unbedenklich in die Kategorie V eingestuft. Nun erhielt er von der Militärregierung den Auftrag, das Berufsschulwesen in Kiel wieder aufzubauen. Das war sehr schwierig, da das Hauptgebäude am Knooper Weg total zerstört war. Es standen nur weit verstreute Räume an anderen Schulen und in Baracken zur Verfügung, in denen nun der Unterricht wieder beginnen konnte. 1946 besuchten schon wieder 1400 Schüler den Unterricht.

Aber Karl Benz stand nicht allein. Er erhielt eine Einladung von einem guten Dutzend älterer Herren, wöchentlich einmal zusammenzukommen und sich auszutauschen. Sie hatten fast alle einen Auftrag, an einer Stelle der Stadt den Wiederaufbau zu leiten. Wahrscheinlich in und für diesen Initiativkreis entwarf Karl Benz ein Memorandum für eine neue Bewusstseinslage der Eltern- und Jugendgeneration, die den entsetzlichen Krieg überlebt hatte. Er fordert die Alten auf, sich so stark zu machen, dass

Abb. 4 *Karl Benz 1939*

die Jüngeren sicher auf ihren Schultern stehen können. Einige Grundsätze entnimmt er den Werken Goethes: „Klären wir unsere sittliche Weltanschauung, die damit eine seelische und religiöse Tiefe gewährleistet und die die sittliche Tat ermöglicht! Hiervon ist unsere Sittenlehre ganz abgesondert, sie ist rein tätig und wird in den wenigen Geboten begriffen: ‚Mäßigung im Willkürlichen, Emsigkeit im Notwendigen.'" ... „Heute gilt die Tat im äußeren Leben und eine Neuverankerung im Seelischen, dann anschließend die Neubildung eines geistigen Systems, das allen zur ethischen Grundlage werde. Je einfacher die Letztere, desto besser, desto verwendbarer für die weiteren Volksschichten."

Als die ersten Landtagswahlen vom 20.4.1947 die SPD als größte Partei bestätigt hatten, wurde am 29.4.1947 das erste Parlament des Landes Schleswig-Holstein mit einer SPD-Regierung gebildet. Da besetzten auch in Kiel ihre Mitglieder den Posten der Schulbehörde. Der Leiter rief Karl Benz zu sich, lobte den Wiederaufbau der Berufsschulen der Stadt durch seine Initiativen und versicherte, dass er Direktor dieser Schulart werden sollte, allerdings unter der Bedingung, dass er Mitglied der SPD werden müsste. Mein Vater erklärte nach einer Pause der Besinnung, er sei 1934 schon einmal aus opportunistischen Gründen in eine Partei eingetreten und wolle dies nun nicht noch einmal tun. – Ein Kollege wurde Direktor, Karl Benz übernahm wieder den Unterricht bis zu seinem 65. Geburtstag.

Karl Benz hatte 1914 Elsbeth Röschel, 1893–1970, geheiratet, die Tochter eines Kollegen und Kind einer alten Bauern- und Schmiedefamilie in der Nähe von Krossen an der Oder.

Lebenslauf von Ottofriedrich Benz, 1919–1943

Ich beschreibe die Jugend meines Bruders, der am 3.2.1919 in Berlin geboren wurde und am 28.12.1943 im Seegefecht gegen englische Flottenstreitkräfte in der Biskaya auf dem Torpedoboot T 25 untergegangen ist.

Den Namen für ihr erstes Kind nahmen unsere Eltern von ihren Großeltern: Otto Benz hieß der Binnenreeder in Havelberg. Friedrich Röschel war Lehrer in Driesen in der Neumark. Er war Sohn einer jahrhundertealten Schmiede- und Bauernfamilie in Beutnitz/Neumark/Ostbrandenburg.

Über beide Familien hat mein Vater Karl Benz eine Familiengeschichte geschrieben („Benz in Rathenow und Havelberg“, in: Deutsches Familienarchiv, Bd. 43, und „Der Erbschmied Röschel in Beutnitz, Kreis Crossen/Oder“, in: Deutsches Familienarchiv, Bd. 55.)

Über die ersten Jahre Ottfrieds, wie wir ihn immer nannten, hat sein Vater ein Tagebuch geführt. In ihm schildert der junge Lehrer vom 29.2.1919 bis zum 26.8.1920 das Erwachen des Bewusstseins des Säuglings, wie es die damals junge Wissenschaft der Kinderpsychologie beobachtet hat. Die Eltern entdeckten auch schon früh eine Begabung für Technik. Er wurde aber nach Besuch der Grundschule wie ich auf das Gymnasium, die Kieler Gelehrtenschule, geschickt. Während ich die Sprachen gern und leicht lernte, hatte es Ottfried darin schwer. 1938 bestand er das Abitur.

Zur Vorbereitung auf diese Prüfung mussten die Schüler einen Lebenslauf einreichen. Ich werde ihn hier wiedergeben.

Nach Angabe seiner Personalien fährt er fort: „Die Familie meines Vaters treibt seit über 100 Jahren Binnenschifffahrt. Namentlich hatte mein Großvater besten Erfolg, seit er 1887 zur Dampfschifffahrt übergegangen war. Die Neubauten und Ausbesserungen an seinen Schiffen leitete er selber und soll dabei bedeutendes technisches Verständnis gezeigt haben. Dieser Sinn für Schiffbau und alles, was mit Schiffen zusammenhängt, scheint in mir weitervererbt zu sein. Ich fühle einen Ruf in mir, Schiffbauer zu werden. Dass dies im engsten Zusammenhang mit der Kriegsmarine geschehe, ist für mich als Kieler Jungen, da ich auch begeisterter Segler bin, sehnlichster Wunsch.

Für eine andere Laufbahn der Wehrmacht habe ich mich nicht gemeldet, auch früher nicht.

Während ich in Flensburg die Grundschule besuchte, war mein Vater Lehrer an der Höheren Marinefachschule für Verwaltung und Wirtschaft in Mürwik. Nach seiner Versetzung nach Kiel trat ich 1929 in die Sexta des Staatlichen Gymnasiums ein. Es stellte sich später heraus, dass ich weniger sprachliche als mathematisch-physikalische Neigungen habe. Als Schüler eines Gymnasiums ist Englisch meine letzte Sprache; eine andere neuere Sprache kann ich nicht.

Kurz bevor ich aufs Gymnasium kam, hatte ich eine leichtere Mittelohrentzündung durchzumachen. Andere ernsthaftere Krankheiten hatte ich nicht. Eine zeitweilige zu starke Beteiligung in der Marine-Hitlerjugend und der Jugendabteilung der Kieler Seglervereinigung waren neben einem plötzlich auftretenden schnellen körperlichen Wachstum mit die Veranlassung, dass ich die Untersekunda wiederholen musste.

Meine sportlichen Neigungen sind besonders stark auf dem Gebiet des Segelsports. Ich trat im Herbst 1933 in die Jugendabteilung der KSV und in die MHJ ein. Ich beteiligte mich an Regatten und machte in jedem Sommer eine Langfahrt mit, so die letzte nach Stockholm. In den Herbstregatten 1935 gewann ich auf dem Charpie-Boot ‚Ulf' drei erste Preise; am 17.2.1936 erhielt ich den ‚Führerschein für ortsnahe Küstenfahrt' des Deutschen Seglerverbandes. Bei den Herbstregatten dieses Jahres ging ich auf dem Drachenboot zweimal als erster durchs Ziel. Ich bin jetzt Vorsitzender der Jugendabteilung des Kieler Yachtclubs und stehe vor der letzten Verbandsprüfung. Auch in der JA des Kieler Yachtclubs bin ich für einen leitenden Posten vorgesehen. Freischwimmer bin ich seit 1930, Fahrtenschwimmer seit 1933.

Abb. 5 *Ottofriedrich und Jörg Benz 1931*

In der MHJ führte ich bis vor Kurzem eine jetzt aufgelöste Kameradschaft und habe nun die Stellung eines Nautischen Schulungsleiters.

Kiel, den 14. Mai 1937."

Wir beide waren gute Kameraden, was besonders im Segelsport sehr wertvoll war. Ottfried machte auch den Jachtführerschein für Seefahrt, mit dem man die großen Jachten, die Jowl „Hermann Hölzke" oder die Ketsch „Zukunft" führen durfte. Auf diesen Großjachten fuhren wir, zuerst 1934 zusammen, später einzeln in der Mannschaft von acht Jugendlichen mit und machten uns heimisch in fast allen Häfen des ganzen Ostseeraums von Stockholm bis Skagen. Die Fahrten schrieb ich nieder und Ottfried tippte die Handschrift in unsere Schreibmaschine vom Typ Mignon, die uns Onkel Otto geschenkt hatte.

Ottfried war ein guter Regattasegler. Er ging hart ran mit sich und der Mannschaft. Aber er hatte ihr vollstes Vertrauen. – Als mein Klassenkamerad und Segelbruder Detlef Rasmussen hörte, dass seine Schwester Ingrid sich mit mir verlobt hatte, sagte er zu ihr: „Du hättest Ottfried nehmen sollen. Auf den konnte man sich verlassen." –

Wir blieben auch beim Segeln, als die beiden großen Kieler Clubs fusionieren mussten. Die Regierung wollte zu den Olympischen Spielen 1936, die in der Kieler Förde stattfinden sollten, eine tragfähige Organisation haben. Dazu brauchte man nicht nur Hafenanlagen und eine eingespielte Regattainstitution, sondern auch Segeljungen, die sachkundig alle anfallenden Aufgaben in den Häfen verrichten konnten. Wir waren also nun Mitglieder der „Kieler Yachtschule" (KYS).

Ottfrieds Begabung für Technik konnte man in der Jugendsegelabteilung gut brauchen, wo wir alle Boote, zuletzt zwölf, selbst instand halten mussten. Das Material lieferte uns der Verein, aber Spleißen, Malen, Säubern, das Abtakeln im Herbst und

Abb. 6 *Die drei Männer 1936*

Auftakeln im Frühjahr erforderte viel Kenntnis und Übung. Als Ottfried und die älteren Segeljungen plötzlich zum Kriegsanfang 1939 eingezogen wurden, fiel es mir zu, alle Boote aufzuslippen und winterfest zu machen. Das war viel Arbeit.

Ottfried im Reichsarbeitsdienst vom 1.10.1938–30.3.1939

Gleich nach dem Abitur wurde Ottfried zum Reichsarbeitsdienst (RAD) eingezogen. Er wurde Anfang November Arbeitsmann und wohnte mit 15 Mann in einer Stube des Barackenlagers Wittbek bei Husum. Er schrieb mindestens jede Woche, wie auch später als Soldat, Briefe an die Eltern. Diese sind ein hervorragendes Zeugnis über seinen Umgang mit Kameraden und Vorgesetzten.

Es war eine neue Situation, nun mit jungen Menschen verschiedener Gesellschaftsschichten umzugehen. Die meisten hatten schon mit 18 Jahren eine Berufsausbildung hinter sich, hatten Geld verdient und entstammten häufig nicht-bürgerlichen Familien. In seinem Trupp befanden sich Dreher, Techniker und Bauern.

Natürlich waren sie in der Hitlerjugend (HJ) gewesen. Aber die Erziehung durch diese Staatsjugend-Organisation war bei den meisten nicht sehr fühlbar, ideologisch gefärbte Jungen traten kaum auf. Besonders diejenigen, die aus Verbänden der Sportjugend kamen wie wir, hatten wenig Dienst in der HJ machen müssen, denn diese Gruppen waren in lockerer Form gleichgeschaltet, d. h. man begnügte sich damit, sie gelegentlich in Uniform zum Dienst zu rufen. Auch das alte Gymnasium hatte sich wegen seines Charakters als Gelehrtenschule von ideologischem Gedankengut ferngehalten.

Ottfried erzählt nun vom Dienst außerhalb des Lagers. Sie drainierten Wiesen, deren Untergrund von Ortstein versiegelt war. Ein Graben wurde etwa ½ m tief ausgehoben und ein Drainagerohr aus Ton hineingelegt. Durch dies wurde das stehende Grundwasser in einen offenen Graben abgeleitet. Gelegentlich musste der Graben bis zu 1,30 m tief und 0,40 m breit ausgehoben werden.

Der Dienstplan: 6 Uhr Wecken, ¼ Std. Frühsport, bis 6.50 Uhr Bettenbauen, Waschen, Anziehen. Danach Frühstück. Dann marschierte man zur Arbeit. 13 Uhr Mittagessen. Am Nachmittag Sport, Unterricht, Geräte und Kleidung in Ordnung bringen. Jeder hatte ein Spind, in das er seine Sachen hineinhängen konnte. Statt ihrer Zivilkleidung erhielten sie Unterzeug, Sportzeug, 2 Garnituren Drillichzeug zum Arbeiten und den Ausgehanzug. Natürlich auch Strümpfe und Stiefel. Das Unterzeug wurde gewaschen, das andere musste jeder selbst sauber halten. Die Kontrolle auf Sauberkeit und Ordnung durch die Unterführer war nahtlos. Schon aus geringem Grund kam es zu Gruppenstrafen, wie sie beim Militär üblich sind: schnelles An- und Ausziehen der Kleidung nach der Stoppuhr usw., eine „Maskerade". Als seinem Trupp wegen einer übertrieben scharfen Musterung an einem Sonntagnachmittag diese Turnerei zu heftig ausfiel, machte jemand beim Lagerführer, einem Oberfeldmeister im Range eines Hauptmanns, Meldung. Dieser bestimmte, dass eine solche Übung nicht mehr stattfinden dürfte. Man hatte Erfolg und freute sich, dass das Recht sich durchgesetzt hatte.

Während es nun üblich war, sich auf irgendeine legale Art der schweren Arbeit zu entziehen, alles wurde ja mit Hand gemacht, ging Ottfried ohne Vorbehalt an die Arbeit. Er war der einzige Abiturient im Trupp. Er machte beim Unterricht gut mit, durfte einen Vortrag über die Geschichte Lübecks halten und bekam eine intelligente Sonderaufgabe: Er musste aus Zeitungen Berichte über den RAD ausschneiden. Nach kurzer Zeit wurde er zum Truppältesten gewählt.

Nach fünf Wochen wurden die Arbeitsmänner auf den nationalsozialistischen Staat und seinen Führer vereidigt.

Die Arbeit im Winter brachte ständig nasse Füße, Erkältungen grassierten. Ottfried bestellte sich bei den Eltern seine Seestiefel und vier Paar Wollsocken und blieb gesund.

Abb. 7 *Familie Benz 1937*

Bei dem ständigen Regen und Sturm wurden die Arbeiten durch Exerzierdienst ersetzt. Mit Exerzierspaten kloppte man Griffe, machte in voller Uniform Marschübungen mit und ohne Gepäck und harten Sport. Das Essen war nicht reichlich, pro Tag ein Brot für drei Mann. Ottfried wurde mit Mühe satt und freute sich über jedes Fresspaket, das Mutti schickte. Süßigkeiten aus den Paketen verteilte man häufig.

Mitte Dezember fuhr Ottfried für zehn Tage auf Urlaub. Das neue Jahr wurde im Lager mit Grog und Süßigkeiten gefeiert. Nach zwei Stunden war alles betrunken, sodass der Festsaal mit Tränengas geräumt werden musste. Ottfried musste als noch Nüchterner aufräumen.

Am 12.2.1939 bat Ottfried die Seefahrtschule in Lübeck, die Prüfung als Sportseeschiffer ablegen zu dürfen. Man nannte ihm einen Termin Ende März 1939. Er sollte seine Unterlagen, Zeugnisse usw. einreichen. Die Prüfung bestand er gut.

Das Wetter und die Grippe, mit der die Hälfte der Männer im Bett lag, ließen die Arbeit im Februar ruhen.

Im März lockerte sich die harte militärische Haltung der Führer. Man sang miteinander, nahm den Dienst nicht mehr so genau. Vor der Entlassung zum Militär fand eine Gesundheitsuntersuchung statt. Dann mussten von zu Hause die Zivilsachen bestellt werden, und Ende März verließen die Arbeitsmänner das Lager.

Man hatte natürlich auch ein Lagerlied nach der Melodie „Wie schön ist ein Zylinderhut“.

Gern sangen die Arbeitsmänner auch ihr Lied vom „Westerwald“:

„Heute wollen wir marschieren,
einen neuen Marsch probieren
in dem schönen Westerwald,
hei, da pfeift der Wind so kalt!“

Und der Refrain :

„Oh, du schöner Westerwald,
über deine Höhen pfeift der Wind so kalt,
doch der kleinste Sonnenschein
dringt tief ins Herz hinein!“

Wurde ersetzt durch die Verse:

„Oh, du schöner Arbeitsdienst,
fünfundzwanzig Pfennig sind der Reinverdienst,
jeder muss zum Arbeitsdienst
und dann zum Militär.“

Ottfrieds Briefe als Matrose der Kriegsmarine an die Eltern in Kiel vom 2.4.–31.8.1939

„*Stralsund, 2.4.1939. 9. Schiffsstammabteilung.*

L. E. ... Hier bin ich den Umständen nach noch ganz gut angekommen. In Hamburg war der Zug schon voll und in Lübeck waren dann so viele Leute drinnen, dass sie in Kurven schon nicht mehr umfielen ... In Stralsund auf dem Bahnhof erwarteten uns dann schon die Bootsmaate und brachten uns in unser zukünftiges Heim. Hier wurde dann eingeteilt und auf die Stuben geführt.

Wir sind hier 8 Mann, nur Ingenieure oder solche, die es werden wollen. Darunter 5 Abiturienten ... Bis Mittwoch dauert unsere Einstellung, d. h. wir werden von einer Stube in die andere geschleppt und werden gewogen, gemessen, untersucht, beschrieben, geprüft usw. Dann werden wir wohl eingekleidet. Das Wetter ist hier ausgezeichnet. Sonst geht es gut ..."

Ottfried war „gezogen" worden, trat also seinen zweijährigen Wehrdienst als Wehrpflichtiger an. Ottfried ging zur Kriegsmarine und hoffte, seine Pflichtzeit zur See abdienen zu können. Den Rekruten wurde ein Fragebogen vorgelegt, in den sie ihre Berufsausbildung, Schulabschlüsse, Berufswünsche und eventuelle Sonderqualitäten wie z. B. Sprachkenntnisse eintragen sollten. Ottfried trug das Abitur ein und die Prüfung zum Jacht-Seeschiffer. Als Berufswunsch hatte er das Studium des Schiffbaus und Schiffsmaschinenbaus genannt. Nun wurde er der Gruppe 2 (Maschine) zugeteilt. In seiner Gruppe waren Leute, die Kenntnisse aus Maschinenbetrieben hatten und zur See gefahren waren.

Exkurs zur Wehrpflicht und zur Politik der Zeit:

Nach dem Ersten Weltkrieg verfügten die Siegermächte USA, England und Frankreich im Versailler Vertrag 1919, dass das Deutsche Reich nur ein Berufsheer von 100 000 Mann Landtruppen und 15 000 Mann Seesoldaten haben durfte, die zwölf Jahre dienen mussten. Hiermit sollte verhindert werden, dass Deutschland die beschämenden und knebelnden Bedingungen des Vertrages mit militärischer Gewalt abschüttelte. Die Zuschreibung der Schuld am Weltkrieg wurde als ungerecht von allen Deutschen empfunden wie auch die daraus folgenden unbegrenzten Reparationszahlungen, die Besetzung der Rheinlande usw.

Die Regierungen des Deutschen Reiches verhandelten seitdem über eine friedliche Verbesserung der Lage. Fortschritte dieser Arbeit wurden jedoch nicht als solche empfunden. Als Frankreich im März 1935 seine Wehrpflicht auf zwei Jahre verlängerte, sagte sich

Abb. 8 *Matrose Ottfried Benz 1939*

Deutschland am 16.3.1935 von den Rüstungsbeschränkungen des Versailler Vertrages los und führte die einjährige Wehrpflicht ein.

Genau ein Jahr später besetzten deutsche Truppen das bisher entmilitarisierte Rheinland. Nachdem die Olympischen Spiele in Berlin und Kiel für Deutschland außergewöhnliche Sporterfolge und weltweite Anerkennung gebracht hatten, erweiterte Hitler am 24.8.1936 die Wehrpflicht auf zwei Jahre.

Die Verhandlungen, die Hitler mit den Siegermächten in den folgenden Jahren führte, brachten weitere Erfolge im Rüstungs-Wettbewerb, der gleichzeitig unter den europäischen Mächten einsetzte. Doch Hitler konnte unter dem Mantel von Nichtangriffspakten am 11.3.1938 Österreich an das Reich anschließen und am 1.10.1938 das Sudetenland besetzen. Beides bedeutete die Revision von Verboten des Versailler Vertrages. Die meisten Deutschen empfanden das Verbot des Anschlusses der von Deutschen bewohnten Gebiete als ungerechtfertigt, da ja auch der US-Präsident Wilson 1918 in seinen 14 Punkten dieses Recht als Bedingung für einen dauerhaften Frieden verkündet hatte. 1939 folgte nun unter denselben Vorgaben am 15. März der Einmarsch der deutschen Truppen in das Restgebiet Böhmen/Mähren und am 23.3. die Besetzung des Memellandes. Seit dem 21.3. liefen Verhandlungen mit Polen, um eine exterritoriale Verkehrsverbindung auf Schiene und Straße nach Ostpreußen zu erreichen. (Ploetz)

In dieser brisanten politischen Lage in Mitteleuropa begann Ottfried seinen Wehrdienst.

Nach der Einkleidung bekam er in den ersten Tagen des Dienstes eine Entzündung an der rechten großen Zehe, weil ein Nagel eingewachsen war. Er lag im Lazarett und musste die Entzündung „ausbaden", die schon im RAD begonnen hatte. Als der Zehennagel entfernt wurde, holte man sehr viel Eiter heraus. Die Heilung dauerte drei Wochen, ehe er als gesund entlassen werden konnte. Die Pflege war sehr gut im neuen Marinelazarett.

Der Ausbildungsdienst war für die Gezogenen nicht sehr anstrengend. Sie erhielten aber die normale Grundausbildung der Soldaten: Exerzieren, Schießen, Marschieren, Kutterpullen usw. Die Verpflegung war gut, aber nicht zu reichlich, sodass die Soldaten sich zum Abend selbst etwas brieten, um satt zu werden.

Einmal wurde der Gruppe ein dreistündiges Strafexerzieren verordnet, weil einer bei der Musterung durch den Admiral nicht ordentlich „Stillgestanden!" hatte. Als Kommentar sagte der Vorgesetzte: „Da Sie gezogen sind, ist es selbstverständlich, dass Sie nicht so eifrig sind wie die ‚Freiwilligen', die 4 ½ Jahre dienen. Wir verlangen aber, dass Sie sich beim ‚Stillstehen' zusammennehmen."

Ottfried hatte so viel Zeit, dass er einem Kameraden Mathematikunterricht geben konnte in Differential- und Integralrechnung. Daher ließ er sich Mathematikbücher von zu Hause schicken, um Übungsmaterial zu haben. Am Skagerraktag, dem 31. Mai, erfolgte die Vereidigung auf den Führer und Oberbefehlshaber der deutschen Wehrmacht.

Als Ottfried in die Laufbahn 2, Maschinenpersonal, umgeschrieben wurde, tröstete Vater ihn damit, es könnte sehr hilfreich für das angestrebte Technik-Studium sein.

Am 20.4.1939 stärkte Vater dem Sohn den Rücken, damit er bei der eintönigen Ausbildung nicht den Mut verlor:

„... Es ist in der Tat so, dass zwar eine idealistische Einstellung zum Soldatendienst über vieles, wohl auch alles, hinweghilft.

Besser geht es jedoch, wenn man an den Übungen selber Interesse findet und wenn im Dienst selber Befriedigung liegt. Dann kommt man sogar zu der Auffassung, dass Idealismus im Dienst selbstverständlich ist und dass es nur dieser selbstverständlichen, gar nicht mehr bewussten Grundhaltung bedarf, um immer in der richtigen Bahn zu sein. Keine Leistung bedarf dann einer ausdrücklichen Rechtfertigung ..."

Am 28.5.39, zu Pfingsten, wird die harte Aufsicht über die jungen Soldaten etwas gelockert. Vater rät:

„... Ich habe die Befürchtung, dass es anders werden kann. Dass man Euch anscheinend Freiheit gibt, bedeutet einen Versuch mit der Selbstregierung. Man glaubt, es könnte auch so gehen. Gar zu oft, in der Schule wenigstens, wird diese Freiheit und der Mangel an Beaufsichtigung und Zwang falsch ausgenutzt. Man sollte sich dessen bewusst sein, dass in diesem Zurücktreten der Autorität eine Aufgabe liegt, nämlich die, von selber so zu tun, wie es erwartet wird. Achtet also darauf, dass kein Rückschlag erfolgen müsse. Vielleicht besprecht ihr das mal miteinander."

In Stralsund wurde im August Gefechtsdienst gemacht, Ausmärsche und Angriffsübungen mit Platzpatronen und scharfer Munition. Die Freizeit füllte man mit Kuttersegeln in die Bodden um die Insel Rügen aus, man badete und machte Landungsübungen. Anfang August ging das ganze Regiment zur Erntehilfe nach Mecklenburg. Ottfried erntete bei einem Bauern im Ort Glückauf mit vier Mann Getreide bis Ende August. Der Sommer 1939 war in Deutschland sehr schön, aber trocken und man sorgte sich um die Ernte.

Der Dienst in Stralsund verlief für Ottfried ohne Schwierigkeiten. Großmutter Röschel besuchte Kiel und die Eltern fuhren zur Kur für den überbelasteten Vater nach Bad Liebenstein in Thüringen, wo sie sehr schön lebten. Anschließend traf man sich in Havelberg bei Großmutter Benz. Ottfried wurde immer wieder auf Geburtstage in der Verwandtschaft aufmerksam gemacht und bediente sie mit Grüßen. Er fragte nach dem Segelclub, den Booten und Regatten. Ich hatte als Takelmeister sehr viel mit dem Auf- und Abtakeln der Boote zu tun und schrieb schließlich davon.

In diese ruhige Sommerzeit fällt zum ersten Mal am 2.7.39 etwas von Kriegsbedrohung. Vater:

„Heute soll nach Ansicht der Leute im Bäckerladen der Krieg ausbrechen – Polen und wir. Andere meinen, es steigere sich die Krisis zur Katharsis am 15.8. ... Du siehst, diese Leute wissen es bis aufs Datum genau. Sie wissen auch, dass es diesmal ohne Krieg nicht abgeht. Dabei scheinen mir die Dinge nicht anders zu liegen als bei der Lösung der früheren Fragen, nur dass diesmal der außenpolitische Rahmen viel weiter gespannt ist. Dass viele Leute mehr und Genaueres wissen wollen, liegt daran, dass sie jetzt die Erfahrungen von früher mit in ihre scheinbaren Berechnungen mit einstellen können. Wir wussten damals gewisse Erscheinungen und Beobachtungen nicht zu deuten. Heute glauben wir es auf Grund von Analogieschlüssen tun zu können. Das ist alles."

Kiel, 27.8.39. Vater:

„Ich bin als Mitglied des ‚Bereitschaftsdienstes' in Anspruch genommen worden. Wir wünschen, dass Du auf dem Lande gute Tage gehabt hast und dass es nun in der Garnison noch nicht zu heiß hergeht. Ich glaube noch immer, dass der Krieg sich auf den wirklichen Konfliktgegenstand beschränken wird. Jedoch, der Inhalt der Botschafterbesprechungen ist nicht mitgeteilt worden, und die englische Antwort ist noch nicht hier. In Wirklichkeit kann man also nichts sagen.

Ich hatte in Liebenstein eines Vormittags einem Studienrat aus Dresden auseinandergesetzt, dass Russland mindestens nicht gegen Deutschland ziehen müsse, ja, dass es sogar geopolitisch notwendig ist, für Russland nämlich, dass es gegen England geht. Am Nachmittag erklärte mir der Arzt, die deutschen Verhandlungen mit Russland seien abgebrochen. Jetzt ist es also doch, wie ich es glaubte; es wird mit Russland noch weitergehen. Das wird sich herausstellen, wenn die Engländer sich entschieden haben werden. Man weiß nicht, soll man die Beschränkung des Konflikts wünschen, oder soll man die endgültige Auseinandersetzung herbeisehnen. Jedenfalls wirst Du wohl noch einige Zeit haben."

Kiel, 31.8.39. Mutter:

„Das Kartensystem ist eingeführt, Vater ist Bezirksleiter zur Verteilung und Jörg ist Hausverteiler. Wir bekommen alles, und es kann jeder zufrieden sein. Das Hamstern wird dadurch ausgeschaltet. Natürlich muss sich jetzt jeder einrichten. – Ich habe sehr viel Marmelade eingemacht. Grüne Bohnen habe ich fünf Gläser. Es gibt jetzt sehr viel Obst."

Vater: „Von den Russen soll nichts mehr zu erwarten sein, zunächst. Dagegen setzt man jetzt seine Hoffnung auf das französische Volk. Jedenfalls werden alle Möglichkeiten durchdacht und versucht. Ich glaube, dass es noch gelingen wird.

Ich sprach mit einem Kollegen, der sagte: Sollte dies nicht gelingen, so wäre er im Falle des Sieges dafür, sämtliche Juden Europas auszutreiben … Auch über England sollte man ein Strafgericht verhängen. –

Ich hoffe auf Frieden!"

Zur Judenfrage

Kommentar zum Brief der Eltern an Ottfried am 31.8.1939 nach Stralsund zum sehr starken Wort des Kollegen in der Judenfrage: Ich habe lange geschwankt, ob ich dieses Problem als Familienproblematik in den Briefdialog aufnehmen soll. Wenn ich das Thema weglasse, würde ich die Realität – auch unserer Familiengeschichte – nicht nur verkürzen, sondern in wesentlichen Situationen der

Entscheidung verändern – und verfälschen. Diese Gesamtdarstellung soll aber den folgenden Generationen in unserer Familie wichtige Informationen liefern, aus welcher kulturellen und politischen Gesamtlage heraus wir Entscheidungen trafen. Und aus diesem Grund habe ich mich entschlossen, die Probleme nicht auszuklammern. Ich hoffe auf Verständnis bei den Lesern. – Danke!

„Ich hoffe auf Frieden!“, sagte Vater.

Diese Folgerung und meine Kenntnis von Karl Benz schließen die radikale Einstellung zur damals in Deutschland diskutierten Judenfrage aus, obwohl er eigene Erfahrungen besaß. Sonst hätte ich meine Entscheidung nicht so getroffen: Die Erzählung meines jungen Kameraden über die Erschießung von Juden durch lettische Polizeikräfte in Libau im Sommer 1942 bestätigte meine Entscheidung, die kämpfende Truppe zu verlassen und in die Sanitätslaufbahn einzutreten. –

Vater hatte als junger Lehrer in anderen Städten Ostdeutschlands – so auch in dem Landhandelszentrum Driesen – erlebt, dass sich seit der Judenemanzipation in Preußen 1812 dort vermehrt jüdische Einwanderer aus Polen niedergelassen hatten. Sie gründeten Gemeinden und fanden in ihrer Synagoge geistlichen Rückhalt und gesellschaftliche Gemeinschaft. Durch ihre Klugheit und wirtschaftliche Gewandtheit gelang es vielen von ihnen, gute Stellungen zu erreichen, vor allem in den Bereichen des Bankwesens, der Justiz, des Landhandels und des Zeitungswesens, allerdings überproportional zu ihrer Anzahl.

Driesen hatte z. B. 1890 bei 5100 Einwohnern 118 Juden, unter ihnen den Rechtsanwalt, den Apotheker, den Inhaber einer Bank und die Viehhändler. Sie bemühten sich natürlich besonders auch um den wirtschaftlichen Erfolg der anderen Mitglieder ihrer Gemeinde.

Es blieb nicht aus, dass die Bewohner die intellektuelle Dominanz einer Minderheit empfindlich zur Kenntnis nahmen, zumal dieser Personenkreis sich auch zu einer Religion bekannte, deren Hauptwerk, die Thora oder das Alte Testament, das Auserwähltsein vor Gott betonte, auch in ihrer christlichen Umgebung. Solche Erfahrungen förderten den Antisemitismus in der Bevölkerung.

Als Vater seit 1912 in Berlin unterrichtete, verstärkte sich dieser Eindruck, besonders aber während seines Wirtschaftsstudiums im Nachkriegsberlin. Er begrüßte daher Hitlers diplomatische Bemühungen, den deutschen Juden eine neue Heimat zu verschaffen, z. B. in den französischen Kolonien, allerdings vergeblich. Auch die USA erschwerte damals die jüdische Einwanderung. Die Engländer dagegen hatten den Zionisten schon 1917 in der Balfour-Erklärung eine „jüdische Nationalheimat" in Palästina vorgeschlagen und wiederholten dies 1937. Sie wollten ihr Mandatsgebiet Palästina unter Juden und Arabern teilen, um den zunehmenden jüdischen Einwanderern dort die lange gewünschte Heimat zu verschaffen. Das war damals vergeblich gewesen und die Einwanderung konnte nicht gestoppt werden.

Als ich nach der „Kristallnacht" des 9.11.1938 mit meinem Vater durch den Knooper Weg in Kiel ging und wir die zerstörten und geplünderten Geschäfte von Juden sahen, war Vater traurig über die Ausschreitungen. Sie sollten die Empörung vieler Deutscher über den Mord eines Juden an einem Mitglied der deutschen Botschaft in Paris signalisieren. Vater allerdings bedauerte, dass Volksvermögen vergeudet worden sei. Er sah es von der wirtschaftlichen Seite und hätte die Emotion lieber human gesteuert gesehen. Ähnlich reagierte er schon, als nach der Machtergreifung der NSDAP 1933 der jüdische Rechtsanwalt Dr. Spiegel in Kiel von einem SA-Mann erschossen wurde.

Auch den Bombenanschlag auf die Synagoge in der Goethestraße, ganz in unserer Nähe, hielt er für unvernünftig.

In der Schule hörten wir, dass in allen europäischen Staaten seit Jahrhunderten Juden gelegentlich vertrieben wurden, sogar die Römer machten es unter den frühen Kaisern und die Spartaner vertrieben ihre semitischen Händler etwa alle zehn Jahre. Immer wenn Einwanderer einer gefügten Gesellschaft lästig oder scheinbar gefährlich wurden, befreite man sich von ihnen wieder.

Ich selbst hatte 1931 in der Sexta der Kieler Gelehrtenschule unter 49 Mitschülern vier Juden, zwei Mädchen und zwei Jungen. Ich erinnere nicht, dass wir irgendwelche Konflikte mit ihnen hatten. Sie waren intelligent und fleißig wie wir. Unsere neun Mädchen scheinen guten Kontakt mit ihren beiden Mitschülerinnen gehabt zu haben. Ihre Familien wanderten vor 1936 aus.

Zu Beginn des Russlandfeldzuges erschienen zwei Bücher von bekannten Reisejournalisten: Sven v. Müller: „Die Sowjet-Union. Kulisse und Hintergrund“, Broschek & Co, Hamburg 1941. Und Giselher Wirsing: „Der maßlose Kontinent“, Eugen Diederichs Verlag, Jena 1942.

Sie wurden in hoher Auflage gedruckt und beschrieben die SU und die USA nach vielen Reiseeindrücken eindringlich, besonders aber die Herrschaftsstruktur, in der, in verschiedener Weise zwar, aber ähnlich, jüdische Einwanderer oder Bürger in wichtige Positionen der Macht gelangten. Sie stützten sich dabei auf ihre kleine und oft unauffällige Glaubensgemeinschaft.

Auch Jean-Paul Sartre äußerte sich 1944 in seinem Essay „Betrachtungen zur Judenfrage“ (1964 bei Ullstein). Diese Darstellung besprach ich mit meinen Primanern 1970 im Philosophieunterricht, wenn sie mich dazu aufforderten. Sartre entwickelte aus seiner Existenzphilosophie folgende These:

Durch die Vertreibungen der Juden aus ihren Wohnsitzen wurden sie heimatlos und suchten, um als Volk bestehen zu können, die Heimat in der Welt der Zahlen zu finden. Diese Heimat konnten sie mitnehmen und sie diente ihnen vorwiegend in der mathematischen Leistung und im Bankwesen zum Überleben.

Das Phänomen ihrer überdurchschnittlichen Intelligenz wurde wahrscheinlich auch durch den häufigen Verlust ihres Gastlandes hervorgerufen. Sie mussten stets zweisprachig leben, mit dem Hebräisch ihrer Bibel, um an der Glaubensgemeinschaft teilnehmen zu können, und der Sprache des Gastvolkes. Wenn sie sich vermählten mit einer Familie des Gastlandes, ging in der zweiten Generation schon der geistig-geistliche Zusammenhang mit ihrer Gemeinde verloren. Es blieben also nur die Personen, die sich weiter der Zweisprachigkeit unterwerfen wollten.

Jörgs Bericht zum Segelsommer 1939

Ottfried bat mich, aus dem Vereinsgeschehen zu berichten, denn er war noch immer mit ganzer Seele Jachtsegler. Ihn interessierte einfach alles und ich schrieb aus Kiel am 6.5.1939:
„Bäääh! Schimp man nich gliks so dull. Es gab mal eine Zeit, wo Du gar nicht ans Schreiben zu kriegen warst. Vielleicht ist diese Zeit jetzt bei mir da – und sonst, entschuldige man. Wir und ich sind aber jetzt wirklich von allen Seiten beansprucht. Da schleift uns der kleine Schäfer geistig und körperlich: Fabeln auswendig lernen, 1000- und 3000-Meter-Läufe zu jeder Turnstunde bilden da nur Zeitvertreib. Heute haben wir aber mal Diskus geworfen. Wir müssten auch endlich ‚kalos-kagathos' werden (schön und gut), meinte der Kleine. Wir dürfen jetzt als Primaner ja in den Pausen in die Anlagen gehen. Doch die Mädchen aus der b sind dort beim Anfertigen der schriftlichen Arbeiten ertappt worden. Die b darf also nicht mehr den Hof verlassen. Dumme Gören.

Dem Verein geht es sonst gut, Junges Volk ist ganz zahlreich dort, rund ein Dutzend. Mit der ‚Kuh' fährt jetzt Heino (Feddersen) mit Altmannen zum Ansegeln nach Eckernfö. Wir in der H. J. haben Sonntag früh Gesundheitsappell und Sammeln und können deshalb nicht mitfahren. Der ‚Hermann Hölzke' liegt noch bei ‚Howaldt', oder jetzt ‚Kriegsmarinewerft Kiel'. Er ist so weit fertig. Den Klau-Fock-Doppelhanger am H. H.-Mast habe ich eine Backe nach oben, also über die Saling, geschoben. Ich habe heute eine neue Talje für sein Klüverfall gekauft. Ich habe es jetzt 16 mm genommen, obwohl es früher 20 mm maß. Dass es auch so geht, hat sich ja bei der ‚Kuh' gezeigt.

Abb. 9
Jörg als Erster Steuermann auf der Reise der „Zukunft“ nach Stockholm 1939

Morgen ist großer ‚Vorbeimarsch‘ bei Admiral Karls auf der ‚Nixe‘. Dazu werden wir ‚Perliki‘ und ‚Ulf‘ reinwerfen. ‚Schwalbe‘ ist schon klar. Am nächsten Sonnabend sind schon die Frühjahrsregatten. Appel (Arp) wird den ‚Rolf‘ und ich die ‚Schwalbe‘, Detlef (Rasmussen) den ‚Ulf‘, Peter Ping (Mensing) den ‚Perliki‘ und Sonja I (Sonnenschein) ‚Lympi‘ starten. Hoffentlich werde ich diesmal das Regattaglück meistern.

Die Verhandlungen zwischen Kurti (Frei) und der H. J. schienen so weit gediehen, dass wir auf dem Pullover eine Salmi aus Stoff und H.-J.-Mütze mit weißem Schirm tragen sollten. Mütze ist gar nicht durchführbar, denn 1. ist sie nicht warm, 2. Bänder in den Blöcken, 3. zu leicht dreckig, 4. immer in der Bilje, 5. immer im Wasser beim Wenden und so ... Doch jetzt scheint die H. J. Kurtis Vorschläge nicht angenommen zu haben und alles ist wieder hinfällig.

Für die Pfingstreise ist noch kein Kapitän da. Es werden sich aber bestimmt noch welche melden. Ich werde wohl auch mitfahren. Die Boote werden auch voll. Lehmi (Lehment) ist jetzt doch durch den theoretischen Bestmann durchgefallen, während Jumbo (Schomburg) beim 2. Anlauf, Sonja und Knubben (Siebert) bestanden haben. Knubben macht übrigens zweimal wöchentlich den Kursus für den Sportseeschiffer mit. Deshalb arbeitet er aber umso weniger an den Schiffen. Schweinerei! Er sollte man lieber praktisch segeln lernen. Ich habe meinen Pass verlängern lassen. Dazu musste ich von der Gefolgschaft ein Führungszeugnis holen. Dabei rangen sie mir das Geständnis ab, dass ich ins Sommerlager gehe. Mal sehen! Eine Kennkarte besitze ich auch schon. Acht Fingerabdrücke musste ich dabei auf dem Polizeipräsidium lassen.

Wie steht es mit Deiner Zehe? Wächst der Nagel noch oder bleibst Du ewig ein ‚Krüppel'? Fürs Erste nun Schluss. H. J."

„*Kiel, 24.5.1939. Lieber Ottfried!*

Während ich am Sonnabend wieder Pech hatte, da mir eine Fockschot brach und es dann so aufbrieste, dass ich vom 6. auf den 10. Platz zurückfiel, war am Sonntag eine ausgezeichnete leichte Briese. Der Start war einer der besten, und ich lag bis zum Ende der 2. Raumstrecke in Führung. Dann aber kamen der Rolf und der A.S.V. mit seinen Booten nach vorn, sodass ich nur III. wurde. Zur Preisverteilung überraschte mich aber doch noch der VII. und letzte Punktpreis in Gestalt einer ausgezeichneten Uhr für Tasche und Nachttisch mit Glocke.

In den letzten Tagen waren wir im schönsten Reisetumult. Auf ‚Kuh' und ‚Hermann' war natürlich nichts in Ordnung. Franz und Heino wollen vom Sonnabend an den H. H. (Hermann Hölzke) fahren, Detlef, Sonja I und Tews (Gieseke) haben Erlaubnis für eine viertägige Drachenfahrt. Hier in Kiel wimmelt es von Arbeitsmännern in Zivil auf Urlaub. Wir werden gegen 16 Uhr losfahren. Ich werde Dir von der Reise noch schreiben. H. J."

„*Kiel, 2.6.1939. Lieber Ottfried.*

Ich habe Dir leider nicht aus einem dänischen Hafen von der Pfingstreise mit der ‚Kuh' schreiben können. Im ersten Hafen, Spodsbjerg, war es mir noch zu früh, in Ballen hatten wir gar nicht geschrieben und in Aarhus hatten wir keine Zeit mehr. Aber jetzt wird es umso ausführlicher. Donnerstag warfen wir um etwa

18 Uhr los und erreichten noch am Abend Friedrichsort. In der Flaute fiel der Pegel. Gegen 4 Uhr brieste es auf, und wir heißten vor. Mit raumem Wind über die Ostsee. Es opferte das ganze kleine Volk, als da waren: Magnussen 2, Kühl, Steffen, Mylord und Schulze I. Die anderen waren übrigens Maggi Wegener, ich, Appel, Wels und Kellner. So erreichten wir Spodsbjerg auf Langeland, wo schon am Abend gebadet wurde. Am Sonnabend früh ging's nordwärts nach Ballen auf Samsö. In der Nacht brachte die Schiffsleitung noch die Seeschlange aus; denn es war steif aufgebriest. Dann verholten wir uns von 11 bis 13 Uhr vom Außenhafen, in den der Schwall gerade hineinstand, in den kleinen inneren und alten Hafen. Dies artete in ein Ringen mit Wind, Wasser und Seeschlangen aus. Doch schon nach 2 Stunden flaute es von 7–8 auf 5 Stärken ab, sodass wir am nächsten Morgen südlich um Samsö herum nach Aarhus kreuzten. Abends dort angelegt, warfen wir uns in Gala und dann ging's in ein Eiscaffé, wo Piko-Sahnekuchen vertilgt wurde. Zwei Torten mussten dran glauben. Um 9 Uhr besuchten wir einen amerikanischen Film. Maggi (Wegener) erklärte uns den Sinn. Es war ein netter Buntfilm. Schon am nächsten Morgen warfen wir los. Bis Baagö wurden wir von Flauten gegenan geplagt. Unter der Brücke mussten wir das Schiff sogar durchschleppen lassen (unsere Jachten hatten keinen Motor). Dann kam Wind von achtern auf und die ‚Kuh' zischte vor Spinnaker oft mit 8 Knoten auf Kiel los. Am Donnerstag um 8 Uhr machten wir dort fest.

Der ‚H. H.' war mit Franz (Klefehn) und Heino 2 Tage weniger in Faaborg, Svendborg und Nyborg gewesen. Detlef, Sonja und Tews waren 4 Tage lang mit dem Drachen in der Schlei. Am Freitag, heute, fing die Penne wieder an, doch sind 8 Klassen, darunter auch der Chef, in der Sommerfrische 10 Tage lang.

Hast Du eigentlich Tacitus ‚Germania' verliehen, hier im Schrank ist er nicht? Vielleicht an Mollo (Geitner)? Oder hast Du ein Schulbuch benutzt? Wir wollen es jetzt lesen. Als Privatlektüre werde ich Ciceros Rede über das ‚Imperium des Pompeius' lesen.

Jetzt hat mein Franzose mir geschrieben. Er ist blond, blau, 1,81 m groß und 17 Jahre alt. Er macht Ostern Abitur. Sein Vater ist Möbelfabrikant. Er schreibt mir in französischer Sprache. Ich werde aber auch französisch schreiben. Ich hoffe, dass wir einen lebhaften Briefmarkentausch machen werden. Er hat es schon angeboten. H. J."

Abb. 10
Jörg als Kapitän der 12 qm Scharpie-Jolle bei der Kieler Woche 1939

„*Kiel, 13.6.1939. Lieber Ottfried.*
Wir stecken jetzt gerade in den Vorbereitungen zur ‚Kieler Woche' bis zum Halse drinnen. Es ist noch nicht einmal ganz klar, wer die Jollen segeln wird. Ich habe jedenfalls von der Schule frei. Eine Woche nach den Ferien waren acht Klassen auf Fahrt. Doch am Montag war wieder voller Unterricht. Am Sonntag machten wir eine Stichprobe zum ‚Jollenführer'. Doch das kleine Volk war noch nicht so weit. Die J. A. hat kein Boot zur Ostseeregatta gemeldet. Aber ich will mich mal nach den Booten der Segelgruppe umsehen. Ich glaube, dort segelt Springer. Die ‚K. W.' enthält acht Regattatage, vom 17. bis 25.6., ohne Ruhetag. Sechs Nationen sollen gemeldet haben. Aber sonst werde ich darüber noch berichten. Ich werde die erste Sommerreise mit Hänschen (Röer) segeln. Anschließend geht es dann ins Lager der H. J. in der Schlei. Nun fürs erste Schluss. H. J."

„*Kiel, 25.6.1939. Lieber Ottfried.*
An der ‚Kieler Woche' habe ich nur am Sonntag teilgenommen, wo ich von 29 Booten den 17. belegte. Sonst habe ich dem Begrüßungsessen im Rathaus beigewohnt. Das war wirklich piko! Es gab Rheinlachs mit Salat, Wurst auf Toast. Trinken

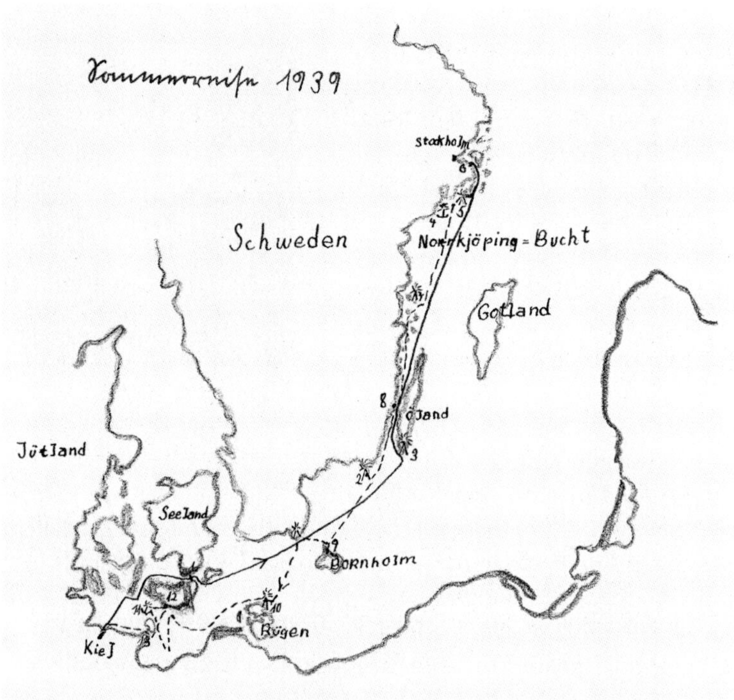

Abb. 11 *Fahrt nach Stockholm der KYS-Ketsch „Zukunft" 1939*
1 Masnedsund-Brücke, 2 Utklippan, 3 Ölands Südodde, 4 Hävringe-F-Schiff, 5 Landsort, 6 Saltsjöbaden, 7 Arkö, 8 Kalmar, 9 Allinge, 10 Arkona, 11 Fehmarnbelt F-Schiff, 12 Rødby Havn, 13 Fehmarnsund

konnte man Weißwein, Bier und Steinhäger, so viel Du wolltest. Auch Zigaretten und Zigarren standen in Menge zur Verfügung.

Am 1.7. werde ich mit Appel nach Helsinki zu Jugendregatten fahren. Ich sehe, Du staunst. – Aber der Chef wollte mir den Urlaub, den er für die ‚K. W.' bewilligt hatte, nicht umändern, bis ich wenigstens Erlaubnis erhielt, während der ‚K. W.' zur Schule zu kommen. Jetzt ist das andere auch klar. 10 Tage dauert der Spaß in

Finnland, wenn wir von Helsinki noch einen Dampfer bekommen werden. Bis jetzt kommen wir nur hin. Hier drängelt sich jetzt alles. Ich fahre die Erste Sommerreise mit Hänschen, Knubben und Jumbo als höhere Schiffsleitung. Doch ich werde für die ‚Kuh' bis dahin nicht viel tun können. Einen Aufsatz muss ich auch noch abliefern. – Na, fürs erste Schluss. H. J.

In Finnland segelten wir in den Schären von Helsinki mit den dort üblichen Wing-Booten gegen Mannschaften von Finnen und Schweden. Wir hatten zuerst eine Übungsregatta, um den Kurs kennenzulernen. Dann erhielt jeder von uns eines dieser kleinen Kielboote und los ging es. Appel siegte, ich wurde Dritter. Ich hatte einen Finnen als Vorschotmann. Der ließ auf der Zielgeraden, einer Vormwindstrecke, die kurze Spinnakerspreize ins Wasser fallen. Ich machte schnell ein ‚Mann-über-Bord'-Manöver und er fischte sie im Vorbeifahren wieder auf und hängte sie ein. Dies Manöver war so schnell, dass wir unseren 3. Platz gar nicht einbüßten. Als wir einliefen, sagte uns der Vereinsleiter Dr. med. Weber: ‚Das wäre doch nicht nötig gewesen. Wir haben hier Holz genug!' Aber dann gratulierte man mir und ich erhielt einen kleinen Silberpokal."

„*Kiel, 15.7.1939. Lieber Ottfried.*

Eben gekommen, geht es schon wieder los. Ich hatte keine Zeit, mich zu besinnen, denn die Arbeit überhäufte mich schon wieder im Club und am Schiff. Wir nehmen einen kleinen Radio-Empfänger mit. Bis jetzt geht es noch mit ihm. Bald werde ich Pudding- und Kuchenberge an Bord schleifen. Dann geht's los. Die Programme habe ich leider noch nicht gefunden. Du musst alles beim Aufräumen weggeworfen haben.

Zum Geburtstag bekam ich eine blaue Segelhose, die noch für Dich da ist, ein Buch über den Kriegsanfang 1914, ‚Apis und Este', und zwei Tuchfutterale für Waschgegenstände und Oberhemden. Auch einen Entfernungsmesser. Den Lichtmesser wie Du habe ich mir kaufen dürfen. H. J."

Bad Liebenstein, wo die Eltern Urlaub machten, 24.7.1939. von Vater:

„Lieber Ottfried.

Von Jörg haben wir heute die erste Nachricht, eine Karte, auf der er mitteilt, dass sie in eins mit achterlichem Wind nach Stockholm gerutscht und dort am Donnerstag angekommen sind. Sonntag, scheint es, wollten sie wieder zurück, vielleicht auch non stop, wie er sagt. Wir hatten, unbegründeterweise natürlich, schon Besorgnis. Um sie zu zerstreuen, forderte ich telegrafische Auskunft vom Club, die dann auch prompt eintraf. Es war eben, dass sie keinen Hafen vor Stockholm angelaufen waren.

(Mutter:) Ich war wirklich wieder in Sorge wie in jedem Jahr, wenn die Nachricht vom Boot länger ausbleibt als wir denken. Na, nun sieht Jörg auch Stockholm, das Du ja schon seit längerer Zeit kennst. Es tat Jörg ja schon immer leid, dass er nicht auch schon in Stockholm war. Jörg schrieb, dass sie seinen Geburtstag prächtig gefeiert haben. Er nahm eine Kirschtorte, Butterkuchen und eine rote Grütze mit Kirschen dazu mit. Das wird ihnen wohl geschmeckt haben … H. V. & M."

Bad Liebenstein, die Eltern schreiben am 4.8.1939.

„Lieber Ottfried.

Heute erwarteten wir von Jörg Nachricht, aber leider kam nichts. Die letzte Karte schrieb er aus Allinge am 29.7. Er schrieb: ‚Bald hinter Kalmar drehte der Wind, sodass wir hoch an den Wind gehen mussten, um hierher zu gelangen. Auch jetzt werden wir die ganze Ostsee aufkreuzen müssen.'

Am 2.8. wollten sie in Kiel sein und er wollte uns sofort schreiben. Aber vielleicht sind sie spät angekommen. Es ist gar nicht schön, wenn man immer auf Nachricht warten muss. H. M."

Auf dieser Reise hatte ich einen Unfall, den ich zu Hause nicht erzählt habe: Wir dümpelten drei Tage vor Landsort in der Flaute – die „Kuh" hatte ja noch keinen Motor –, bis leichter Wind aus Norden aufkam. Wir setzten alles und rauschten bei zunehmendem Wind in den Kalmar Sund, vorbei an Blå Jungfrun. Ich hatte Wache mit den beiden Giesekes. Als bei einsetzender Dämmerung voraus die beleuchtete Tonnenreihe in Sicht kam, wo sich die Fahrrinne vor Kalmar verengt, wollte ich die Mannschaft heraufholen, um den Spinnaker zu bergen. Ich schickte den Kleineren unter Deck, um zu wecken. Ich selbst kniete mich auf das Deck und löste die obere Schlinge der Spinnakerschot von der Klampe. Da holte das Boot über, der Spinnaker stand einen Moment back und die Schot löste sich ganz von der Klampe, riss sich aus meiner Hand, schlug gegen meine rechte Schulter und warf mich über Bord. Der Spinnaker hatte 100 qm und wir hatten damals keine Seereling. Da es schon Ende Juli sehr kühl war, hatte ich doppelte Kleidung an. Weil alles Zeug voll Luft war, sank ich nicht unter, während der weiße Bootskörper mit etwa 10 Knoten an mir vorbeirauschte. Da sah ich auf der Bugwelle einen rötlichen Schein, griff dort hinein und hatte die Schot wieder in den Händen. Ich wurde durch die Fahrt an die Bordwand gedrückt, von oben ergriff mich einer, der schon an Deck stand, und zog mich herauf. Gerettet! – Der rötliche Schein kam von der Backbordlaterne. Ich erzählte das Abenteuer immer als „rote Mütze des Klabautermannes". –

Hänschen Röer ging sofort nach Kalmar hinein, damit alle von dem Schreck ausschlafen konnten.

„*Kiel, 27.8.1939. Lieber Ottfried.*

Jetzt sind die Weltmeisterschaftskämpfe Pimms (v. Hütscheler) zu Ende. Wir von der J. A. haben die Regatten teils mit den Booten, teils auf Schleppern begleitet. Okka Hut, Manga und Appel waren Zeitnehmer auf den als Wendemarken ausgelegten Booten. Sie haben vom Starbootverband Orden bekommen. Das Übrige wirst Du aus den Zeitungsausschnitten ersehen. ... Heino wird in den Herbstregatten den neuen ‚Sechser' segeln. Er ist eifrig bemüht, seine Mannschaft einzutrimmen. Ich weiß noch nicht, ob ich segeln werde. Jetzt ist Knulch (Köppen) hier, um

Abb. 12 *Die Brüder im Gespräch 1939*

während der Semesterferien zu segeln. Er studiert in Freiburg. Franz ist schon eingezogen. Er tut auf den Fischewern in Strande Dienst. H. J."

„*Kiel, 31.8.1939. Lieber Ottfried.*

Gestern haben Hänschen und ich Jumbo abgesegelt. Er ist eingezogen. Hänschen wartet noch auf den Gestellungsbefehl. Heino war einberufen, ist aber gleich wieder zurückgestellt worden, da man ihn noch nicht braucht. Der ‚Hermann' ist nach der letzten Reise, als er einmal gegen See anlief, so spack, dass man täglich pumpen muss. Wir werden ihn wohl aufgeben müssen. Ich schicke Dir das Bild von einem aus unserer Crew. Rate einmal, wer es ist. H. J."

„*Kiel, 7.9.1939. Lieber Ottfried.*

Im Club ist jetzt der Vorstand inaktiviert worden und ein Vorstand gebildet worden, bestehend aus Mensing I Obmann, Lehment

Schriftwart, Sonja II (Martin) Kasse, Wels Takelmeister und Hell Hauswart. Er muss sich natürlich erst tüchtig einfühlen. Ich werde jetzt in der Feuerwehr ausgebildet. Zuerst zwei Tage Theorie und dann Praxis. Es wird sicher sehr interessant werden. Als Freiwilliger kann ich mich noch nicht melden, da sie jeden von uns abweisen, der noch nicht das Abitur hinter sich hat. Man munkelt schon von Notabitur, aber jetzt wird noch nichts unternommen. H. J."

„*Kiel, 22.9.1939. Lieber Ottfried.*

Heute haben wir mit der Saugerleitung eine Wasserprobe am Langemarkufer gemacht. Das ist einmal etwas interessanter als das ewige Exerzieren. Ob es mit meiner Seglerprüfung noch etwas wird, ist zweifelhaft. Es kommt ganz auf das Wetter und den Prüfer Hänisch an. Im Übrigen haben wir jetzt Schularbeiten für zwei Wochen aufbekommen (Kinderlähmungsferien). So einen Aufsatz, 300 Zeilen ‚Ilias' und 8 Kapitel ‚Germania' schriftlich übersetzen und 10 Aufgaben von Hö (Höppner) in Mathe. Die Herbstabiturienten stehen jetzt mitten in der Prüfung. 3 Mann sind schon als Offizieranwärter eingezogen worden. – Einer aus meiner Klasse hatte sich jetzt schon als Freiwilliger gemeldet, Jahrgang 19. Ihm ist das Reifezeugnis nachgeworfen worden. Für uns besteht noch keine Aussicht, irgendwo hinzukommen. H. J."

„*Kiel, 1.11.1939. L. Ottfried,*

ich bin eben vom Turnen in der M. H. J. gekommen. Ich habe viel zu tun: Ich verdiene jetzt 26 RM für Nachhilfestunden. H. J."

„*Kiel, 10.11.1939. L. Ottfried,*

in der letzten Woche hatte ich einen schweren Diarutsch, so dass ich mehrere Tage in der Schule fehlen musste. Am Montag machen wir Schwimmabitur, aber ich werde wohl vor Entkräftung nicht viel herausholen können. Jumbo nimmt sich von Rendsburg oft Urlaub. Er scheint ganz fix darin zu sein. H. J."

„*Kiel, 17.11.1939. Lieber Ottfried.*

Vor 2 Tagen habe ich eine Karte vom Wehrbezirkskommando bekommen, auf der steht, dass meine Freiwilligenmeldung bearbeitet wird. Ich glaube, zum 1.1.40 eingezogen zu werden, da zwei Mann aus meiner Klasse auch schon die Annahme zum 1.1. beim Küstendienst See erhalten haben. Etwa zehn Offizieranwärter verlassen uns schon zum 1.12. Ein großer Teil von ihnen wird Arzt. Wir jedoch werden mit dicken Aufsätzen geplagt. Knubben hatte es bis jetzt recht gut. Er durfte in der Nähe von Stralsund Kartoffeln hacken. Aber jetzt wird auch das zu Ende sein. Das erste große Schießen der H. J. endete natürlich mit einer großen Fehlorganisation. Es wurde nämlich dunkel, als noch nicht alle durchgeschossen hatten. Aber das nächste Mal wird es wohl klappen. H. J."

So weit mein Bericht an Ottfried über die noch friedliche Clubarbeit, die dann für die älteren Segler zur Einberufung führte. Wir Unterprimaner meldeten uns freiwillig, um die Waffengattung wählen zu können, und warteten auf den Gestellungsbefehl. Wir takelten die Boote ab, um sie verfrüht, aber doch ganz ordentlich wie jedes Jahr in die Winterlager zu bringen. Die ganz normale Friedenszeit war plötzlich abgebrochen.

Krieg in Polen

Vaters Spekulationen zum Kriegsbeginn in den Briefen an Ottfried aus Kiel und anderen Orten vom 7.9.–6.11.1939 nach Stralsund

Ottfried hatte die Rekrutenzeit hinter sich gebracht und war dem T-Boot „Falke“ zugeteilt worden. Das Boot lag in der Werft und wurde überholt.

„*Kiel, 7.9.1939. Lieber Ottfried,*

... noch ist hier alles beim Alten, was uns angeht. Die Schule bleibt hier voraussichtlich noch bis 1.10. geschlossen. Die meisten Lehrer sind in den Bezugsscheinorganisationen vorübergehend eingesetzt; wir von der Handelsschule kommen nach und nach in die Wirtschaftsgruppen, in denen die Verteilung der Waren an den Groß- und Kleinhandel erfolgt. Wir werden in der nächsten Woche die Kaufmannsgehilfenprüfung abhalten.

Einmal schon mussten wir in den ‚Heldenkeller‘ im Zusammenhang mit dem englischen Angriff auf Wilhelmshaven und Cuxhaven. Deine Abblendevorrichtung benutzen wir vorläufig mit Erfolg, bis sich herausgestellt hat, ob die Franzosen zunächst, und die Engländer auch, den Krieg abblasen werden. Wir halten das noch immer für möglich, da in Polen wohl bald eine Regierung eingesetzt werden wird, Pilsudskis Freunde, die mit unseren Wünschen einverstanden sein wird. Dann entfällt der vorgeschobene Kriegsgrund für die Westmächte. Auf diese Dinge hoffen wir. Gehen sie fehl, so müssen wir uns in allem auf die Dauer einrichten ...“

„*Kiel, 12.9.1939. Lieber Ottfried,*

so wird wohl nun Eure Landausbildung zu Ende sein, es wird dann eine längere Bordausbildung nötig sein. Bis Ihr dann gen England fahrt, kann schon das Kriegsende nahe sein. Wir nehmen an, dass man auch mit England nicht lange fackeln wird. Die Franzosen sprachen gestern im Rundfunk von einer ‚brutalen deutschen Invasion in Polen'. So fing ihre Sendung in italienischer Sprache an. Vielleicht werden sie auch das zukünftige Vorgehen gegen England für brutal halten. Die Blockade der neutralen und unserer Gewässer ist anscheinend nicht brutal. Können wir uns zu der nötigen Härte gegen England aufraffen, wie wir es jetzt gegen Polen tun, so wird es so lange nicht dauern. Wir glauben nur, dass wir viel mehr U-Boote haben müssten ..."

„*Kiel, 22.9.1939. Lieber Ottfried,*

... Ehe der Krieg im Westen endgültig entbrennt, wird noch eine kurze Zeit vergehen, so lange wenigstens, bis sich die Fronten endgültig gebildet haben werden. Wir sehen auch USA schon im Krieg gegen uns, das sicherlich einen Gegensatz zu Japan herausfinden wird. Dann haben sie zwar uns gegenüber und der eigenen Einwohnerschaft gegenüber das Gesicht gewahrt, sie sind neutral geblieben, aber der Krieg gegen Japan ist dann etwas anderes, auch wenn es gleichzeitig gegen uns geht. Es wird endgültig losgehen, wenn die Amerikaner in einen genügend scharfen Gegensatz zu Japan hineingeredet worden sind.

Auch auf dem Balkan können wir uns noch auf allerhand gefasst machen. Rumänien scheint nicht mehr Herr im eigenen Land zu sein. Auf die Franzosen ist in menschlicher Beziehung kein Verlass. Sie jagen einem Phantom nach. Jetzt ist es nach der Rede Daladiers der Kampf gegen die künftige Weltmacht Deutschland. Damit kann man den Franzosen noch immer fassen. Sie merken dabei gar nicht, dass sie längst keine Weltmacht mehr sind, es vielleicht nie gewesen sind.

Wir stehen vor einem großen Einvernehmen zwischen den Staaten, die Forderungen zu stellen haben: Deutschland, Italien, Spanien, Russland, Japan. Die anderen drei sind längst einig. Die kleinen werden mehr oder weniger zwangsweise hier oder da eingruppiert. Die erste deutsch-russische Kriegsoperation wird auf dem Balkan sein. Es wäre ein Glück, wenn es ohne sie abginge ..."

„*Kiel, 26.10.1939. Lieber Junge,*

... es setzt sich hier immer mehr die Meinung fest, der Krieg gehe nun bald zu Ende; es sei jetzt die Zeit des größten Einsatzes gegen England gekommen. Ich selber fasse die Ribbentrop-Rede als letzten Versuch, zum Frieden ohne Kampf zu gelangen, auf, und zwar als einen geharnischten. Es ist ihnen ein jedes Recht genommen und auch jede Aussicht auf eine etwa erhoffte schwächliche Beilegung unsererseits. Sie werden in einigen Tagen nachgeben. Juden und Geschäftsmänner müssen das ‚Hier stehe ich' sehen und hören, wenn sie nachgeben sollen. Ich glaube, es bedarf keiner einsatzreichen Kampfhandlungen mehr. Noch einige Überfälle größeren Stils, und es wird Frieden angeboten werden. Den sollten wir nur unter allen Forderungen, auch der gesamten Gegnerschaft Englands, annehmen. Auch die Franzosen müssten hergeben. Im Augenblick des englisch-französischen Angebots sollten Russland und Italien Krieg erklären! Ich glaube, es geht bald zu Ende. Vielleicht noch, bevor Euer Schiffbau fertig ist ..."

„*Kiel, 1.11.1939. Lieber Junge,*

... wir sind gespannt auf den Ausgang der diplomatischen Aktionen, die jetzt im Gange sind. Wird es gelingen, England den Wind aus den Segeln zu nehmen, oder werdet Ihr doch gegen England fahren müssen? Es wird jedenfalls noch mal versucht, ohne Massenverluste auszukommen ..."

„*Kiel, 6.11.1939. Lieber Ottfried,*

... Jörg hat sich jetzt freiwillig zum Küstendienst-Land gemeldet, da er bei der Luftwaffe seiner Brille wegen keine Aussicht hat; zur Flak ‚abgeschoben' zu werden, wollte er nicht."

Ottfried bewirbt sich um ein Schiffbaustudium
Ottfrieds Briefe an die Eltern vom 3.9.1939–31.3.1940

Die schöne Zeit der Erntehilfe beim Bauern Nützmann im Dorf Glückauf bei Altentreptow war Ende August zu Ende. Zuletzt wurden der Bauer und sein Knecht einberufen und Ottfried verrichtete die letzten Erntearbeiten allein. Er kam am Tage des Beginns des Krieges gegen Polen wieder nach Stralsund und hörte am Abend die Führerrede. Seine Kompanie erhielt den Auftrag, Stralsund zu schützen. Die Hälfte der Kompanie war ständig wach, um bei Fliegerangriffen helfen zu können. Die Soldaten wurden nach und nach zu ihren neuen Standorten abkommandiert, Ottfried wartete.

Die verbleibenden Soldaten übten Angriff und Verteidigung mit dem Maschinengewehr, man sollte sich auf einen Infanterie-Einsatz vorbereiten.

„*Stralsund, 8.9.1939.*

Eben hörten wir, dass in Warschau Panzertruppen eingerückt sind. In Polen wird der Krieg wohl bald zu Ende sein. Wenn England will, dann kann es ja mit uns Frieden machen. Wenn nicht, dann müssen sie ihre Strafe mitnehmen. Der Japaner wird sich ja wohl auch noch besinnen …“

Am 23.10.1939 wird Ottfried abkommandiert nach Stettin in ein Barackenlager, um dort auf die Fertigstellung des noch im Bau befindlichen Torpedobootes zu warten. Post kommt nicht zu ihnen. Er arbeitet einen „Leitfaden der Maschinenkunde der Marine“ durch. Das T-Boot „Falke“, Baujahr 1927, wird grundlegend umgebaut zur Aufnahme neuer Geräte. Ottfried ist mit den Kameraden den ganzen Tag an Bord und reißt die alten Maschinen heraus.

Vom 12.11. bis zum 11.12.39 ist er zu einem Spezialkurs nach Swinemünde abkommandiert. Am 22.11. berichtet er, dass er beim Sprung über den Sprungtisch gefallen ist und sich Schulter und Arm verletzt hat. Der Arm ist geschient, aber er kann noch mit ihm schreiben. (Später erzählte er, dass er für den Umgang mit den neuen Magnetminen in Swinemünde ausgebildet wurde. Dabei explodierte eine Mine und schleuderte ihn gegen die Wand.)

Noch nicht ganz geheilt wieder an Bord, erkundigte er sich im Dezember beim Kommandanten, wie er sich für die Laufbahn zum Marine-Baubeamten bewerben sollte. Der Kommandant empfahl ihm, sich erst einmal als ROA (Reserveoffiziersanwärter) zu bewerben. Er werde das befürworten. Den Weihnachtsurlaub verlebte er noch unter Schmerzen beim Bewegen des Armes.

Im Januar 1940 schrieb er eine Bewerbung als ROA an den B.I. und wartete auf Antwort, allerdings lange vergeblich, weil die Bewerbung fehlgeleitet worden war. Falls er abgelehnt würde, wollte er um seine Entlassung zum Studium als Schiffbauingenieur bitten. Aber dazu kam es nicht.

Am 20.1.1940 steht Ottfried noch vor einer Entscheidung, ob er sich jetzt zum Schiffbaustudium melden soll. Vater rät ab.

Am 29.1.1940: „Hoffentlich schaffen wir es noch in diesem Jahr. Es scheint sich in Vorderasien etwas zu entspinnen."

Am 7.2.1940 erhält Ottfried ein Merkblatt von der B. I., der Inspektion des Bildungswesens der Marine, Einstellungsabteilung für Ingenieure: „… für den Eintritt in die Laufbahn der Marinebaubeamten des Höheren Dienstes, aus dem Sie alles Nähere ersehen."

Am 18.2.1940 kommt bei Ottfrieds Bewerbung heraus, dass er vergessen hat, zu schreiben, dass er Abitur hat. Deswegen hatte man ihn zur mittleren, zur Bauing.-Laufbahn nehmen wollen, was er ablehnte. Nun wollte Vater es mit seinen Freunden noch einmal richtig versuchen.

Am 28.2. empfiehlt Vater, dass Ottfried nichts mehr unternehmen soll. Sein Mittelsmann, der Admiral Schenk, mit dem Vater in Mürwik bei der Ausbildung der Marineoffiziere zusammengearbeitet hatte, hat versucht, den Irrtum aufzuklären, aber die Behörde B. I. blieb stur.

Ottfried arbeitet an der Renovierung von T „Falke"

Ottfried wurde mit dem Maschinenpersonal täglich 14 Stunden lang zur Reparatur der Maschine gebraucht. Er selbst musste den alten Kessel von innen reinigen. Das war eine sehr schmutzige und anstrengende Arbeit, denn der Kessel war nur 0,75 m hoch und 3 m lang. Dann musste mit Pressluft der Staub aus den Rohren geblasen werden.

Bei diesen Arbeiten hatte er einen Streit mit seinem Maschinisten, einem Stabsfeldwebel. Er hatte sich Handschuhe von zu Hause kommen lassen, denn die Arbeit bei sehr niedrigen Temperaturen war aufreibend. Der Maschinist zu ihm: „Ziehen Sie die Handschuhe aus!" Ottfried zögert. Maschinist: „Wenn ich die Handschuhe trage, ist es den jungen Soldaten noch lange nicht erlaubt. Wir arbeiten nicht mit Glacé-Handschuhen." Ottfried: „Es sind Arbeitshandschuhe, Herr Stabsmaschinist." Dieser: „Ich habe auch früher keine getragen." Ottfried: „Meine Handschuhe ziehe ich an, wann ich will." Der Stabsmaschinist zog geschlagen ab und behandelte Ottfried seitdem zuvorkommend.

Das T-Boot konnte wegen des Wetters erst im April auslaufen. Die Ostsee war ganz vereist und alle warteten auf Westwind, der das Eis fortschieben sollte.

Abb. 13 *Torpedoboot „Falke"*

Ottfried beim Norwegenfeldzug

Ottfrieds Briefe an die Eltern aus einem Hafen der Ostsee und aus Dänemark während der Operation in Skandinavien vom 1.4. bis 1.8.1940

Churchill hatte schon am 19.9.1939 in einer Denkschrift darauf hingewiesen, dass es für die Kriegsführung sehr wichtig sei, Norwegen zu besetzen, um Deutschland nicht in den Besitz des schwedischen Erzes gelangen zu lassen.

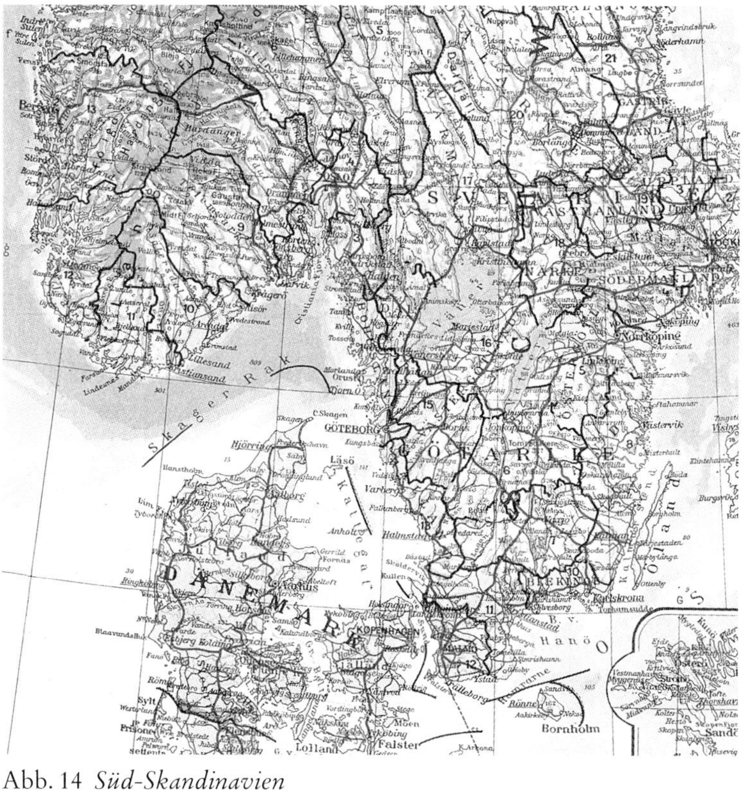

Abb. 14 *Süd-Skandinavien*

Abb. 15 *Die T-Flottille*

Die Engländer und die Deutschen planten daher seit Januar 1940 die Besetzung Norwegens im April 1940. Am 8.4. verminten die Engländer die norwegischen Küsten und ein alliiertes Expeditionskorps stach in See. Am 9.4. begannen die deutschen Operationen mit der Besetzung Dänemarks und am selben Tag landeten zehn deutsche Zerstörer im Erzausfuhrhafen Narvik. Die deutschen Zerstörer, zwei kleine und ein großer deutscher Kreuzer wurden dabei zerstört. Die Engländer landeten vom 15. bis 19.4. in nordnorwegischen Häfen. Die Kämpfe gingen bis zum 8. Juni. Dann zogen sich die Alliierten zurück, da der Westfeldzug am 10. Mai begonnen hatte.

Am 2.4.1940 berichtet Ottfried noch aus Stettin, dass seine Bewerbungen vom B. I. und vom II. A. D. O. zurückgekommen sind. Er solle sich in der Marinewerft in Wilhelmshaven bewerben. Er ist dadurch verwirrt und lässt erstmal alles liegen.

Sein T-Boot kann die Probefahrten gut hinter sich bringen. Das Boot nimmt nun am Norwegenfeldzug teil und begleitet Truppentransporter zwischen Frederikshavn in Jütland und

Abb. 16 *Die T-Flottille im Hafen Swinemünde*

Oslo und anderen norwegischen Häfen. Die Fahrten sind sehr gefährlich, da die Engländer mit U-Booten und Flugzeugen die Geleitzüge ununterbrochen stören. Für die Besatzung heißt das dauernder Wachdienst und wenig Schlaf.

Ende Juni begleiten sie das Schlachtschiff „Tirpitz" von Norwegen nach Kiel, gehen durch den Nord-Ostsee-Kanal nach Wilhelmshaven und nach Wesermünde. Den ganzen Juli liegen sie dort in der Werft und überholen das Boot, besonders die strapazierte Maschine. Für die Maschinenmannschaft ist der Aufenthalt sehr anstrengend und dreckig. Englische Flieger versuchen fast täglich die Werftarbeiten zu stören, treffen aber auf eine sehr wachsame Flak. In dieser Zeit bekommt Ottfried eine Woche Urlaub.

Jörg wird Rekrut in Gotenhafen

Jörgs Briefe vom 10.1.–26.1.40

„*Gotenhafen, 10.1.40 Liebe Eltern!*

Ich musste mich am 10.1.1940 in Gotenhafen melden. An Ottfried Benz schrieb ich nach der Ankunft:

Nachdem ich Berlin genug besucht hatte, kam ich um 17 Uhr hier an. Wir wurden abgeholt. Hier bin ich mit 12 Mann auf einer Stube in der neuesten polnischen Kaserne. Riesen Räume, die nur halbhohe Mauern haben … H. J.“

„*G. 14.1.40 L. E.*

Jetzt ist alles wieder umgeworfen worden. Die alten Stuben sind zu neuen umgebildet worden, die für die einzelnen Gruppen sind. Wir Abiturienten sind auseinandergerissen, sodass auf jeder Stube einer ist. Ich bin der Jüngste bei uns. Dann wurde groß ‚Rein Schiff‘ gemacht … Heute wurden wir eingekleidet. Es war sehr sorgfältig. Wir bekamen eine Garnitur Drillich und eine Tuch mit Mantel und Feldmütze. Schaft-, Schnür- und Sportschuhe und eine Zeltbahn. Zweimal Unterzeug und Strümpfe. Montag darf noch einmal getauscht werden. Dann geht auch der Dienst los. Das Mittagessen ist fabelhaft. Heute bekamen wir Kassler und gestern Spitzbein mit Sauerkohl. Die meisten bei uns sind 20–23 Jahre alt.

Hier haben wir ein Tauwetter. Die Gegend ist sehr reizvoll: Eine Endmoränen-Landschaft, deren steile Hügel mit Fichten bestanden sind. Die Kaserne liegt über einem Tal, durch das die Bahnlinie Zoppot–Gotenhafen läuft. Aus unseren Kellerfenstern konnten die Polen sie mit zwei Haubitzen beherrschen. Die Fundamente und Prellböcke stehen noch. Auch sind noch Maschinengewehr-Kugelspuren zu sehen. Im Wald am Abhang sind Granattrichter und zersplitterte Bäume Zeugen der Kämpfe. Die Kaserne steht im toten Winkel eines Berges, sodass sie von See aus nicht getroffen werden kann. Die See haben wir noch nicht gesehen … H. J.“

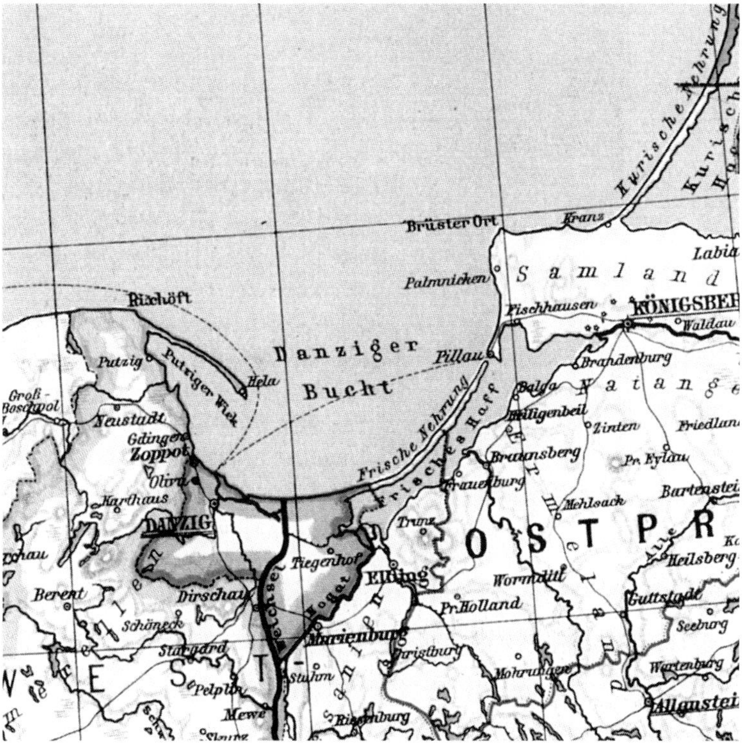

Abb. 17 *Danzig-Gotenhafen*

„*G. 14.1.40 L. E.*

… Meine Kameraden sind meistens Danziger oder Ostpreußen. Aber obwohl man sich nicht gut versteht, versteht man sich gut. H. J.“

„*G. 16.1.40 L. E.*

Jetzt machen wir schon die ersten Ordnungsübungen, d. h. gehen und stehen … Meine Kameraden sind aus allen Berufen. Unsere Vorgesetzten sind nicht allzu scharf und nicht gehässig. Gescheucht werden wir nur, um warm zu werden … H. J.“

Abb. 18
Marineartillerist Jörg Benz

„*G. 18.1.40 L. E.*

Jetzt sind wir schon beim Grüßen. Heute Nachmittag haben wir einen Waldlauf durch das wild zerklüftete Gelände gemacht. Bei –16°. Eine Stunde lang. Die Fichten und Kiefern waren tief verschneit. Es war wundervoll. Ich habe noch niemals solch eine Landschaft gesehen. Auch an die See, die mit einem Eiskranz gerändert ist, gelangten wir. Der frische Pulverschnee liegt auf einer Eisschicht, auf der wir die Abhänge hinunterhackerten. Es ging fröhlich zu, denn einige mussten es auch auf dem Hintern versuchen. Wenn wir dabei nur einen Janker, Drillichhose und Turnschuhe anhatten, so sind wir beim Exerzieren mit wollenem Kopfschützer, dicker Tuchuniform und Strickhandschuhen geschützt.

Unser Zug hat wohl die besten Führer von der ganzen Kompanie, M. A. Feldwebel Göddert. Es besteht zwischen ihnen und den Rekruten ein kameradschaftliches Verhältnis. Jetzt tun uns unsere Knochen weh. Vor allem der rechte Fuß des Standbeins hat tüchtige Kater und Schwellungen … Gestern nahm die Abendrunde der Kompanieführer Leutnant z. S. Toböll ab. Das war ein Aufstand. Er leuchtete mit der Taschenlampe in jede Ecke. Aber wenn man ihn laut anbrüllte bei Frage und Antwort, war man gerettet. Jetzt bereitet sich alles fieberhaft auf den Spindappell vor … H. J.“

„*G. 19.1.40 L. E.*

… Das Buch ‚Die Krone im Süden‘ von Gmelin ist ausgezeichnet und war für mich eine gute Wiederholung; denn die Tatsachen waren wohl bekannt, nur die Herausgabe des Werkes ist das Außergewöhnliche. Wir in der Schule haben die Italienzüge auch

Abb. 19
Marineartillerie Feldwebel Göddert

Abb. 20
Marineartillerie Maat Dreier

nicht ungünstig beurteilt. Nur das Wirtschaftliche haben wir betont. Gmelin dagegen bringt das Ideal und das ist allerdings neu. Es entspricht vollkommen unserem heutigen Denken, während unsere Auffassung noch aus der Zeit des Kapitalismus herübergenommen war … Draußen ist jetzt heller Sonnenschein, der so etwas Frühlingshaftes hat … G. J.“

„*G. 20.1.40 Lieber Ottfried.*

Jetzt können wir schon gehen und stehen … Als Korporal haben wir einen gemütlichen Reservisten, M. A. Maat Dreier, der uns wie ein Vater betreut … Der Kompaniechef ist ein Kapitänleutnant d. R. Dr. und Direktor eines Lyzeums. Seine Vorträge anziehend und lehrreich, sprühend von Humor. Meine Kameraden sind zum größten Teil Danziger. Sie sind … ordentlich und wir verstehen uns gut

Hier ist jetzt ein Schneesturm bei –15° … Die Abendrunden bringen die Spannung des Tages. Aber unsere Stube hat dabei noch verhältnismäßig gut abgeschnitten, während es den anderen nicht

Abb. 21
Maschinengefreiter Benz 1940

mangelt an ‚Auf die Spinde! Untergrundbahn! Und Hinsetzen!‘

Ich bin unter den elf Mann der einzige Abiturient. Aber das fällt nicht auf; denn die Knochen tun uns allen weh. Vor allem schmerzt das Standbein und der rechte Fuß vom ewigen Stillstehen Üben ... H. J.“

„*G. 24.1.40 L. E.*

Jetzt haben wir Gewehre bekommen. Sie sind nagelneu und werden von uns liebevoll gepflegt. Unsere Vorgesetzten sagen, dass wohl noch niemals Rekruten so früh bewaffnet worden sind. Es geht auch schon scharf mit Zielübungen zu. So bleibt uns jetzt vor lauter Putzen und Nähen fast keine Freizeit mehr ... Morgen werden wir Hinlegen üben. Das wird ja einen Spaß im tiefen Schnee geben. H. J.“

„*G. 26.1.40 L. E.*

... Hier wechseln Schneestürme einander ab; aber wir sind wohlgeborgen. Auch Ottfried geht es ja gut. Er hat mir geschrieben, dass er jetzt in Stettin ist ... H. J.“

Jörgs Briefe vom 27.1.–13.4.40

„*G. 27.1.40 L. Ottfried.*

Dein Brief war eine ordentliche Erlösung für mich ... Hier werden wir jetzt tüchtig herangenommen, da der Gewehrunterricht rasch fortschreitet. Wir schießen und punkten fast jeden Tag. Am 11.2. soll die Vereidigung steigen. Doch wir werden höchstwahrscheinlich schon am nächsten Sonntag von unserem guten Korporal ausgeführt werden. Am 20. erhielten wir 25 RM. Ein Heiden-Geld ... H. J."

„*G. 28.1.40 L. E.*

Wir sind heute nach dem Mittagessen im Badeort Adlershorst ausgeführt worden. Ohne jede Planung sind dort 2–3-stöckige Gebäude in Ziegelsteinform aufgeführt worden. Dazwischen liegen Elendshütten, die z. T. von Volksdeutschen bewohnt waren und von marodierenden Polen geplündert worden sind. Jetzt vegetiert ein Teil der Polen in ihnen. Zum großen Teil sind sie wie schon die Juden in das Innere Polens verschickt worden.

Der einzige Schmuck des Badeorts ist außer der Landschaft der 400 m lange Seesteg ... H. J."

„*G. 30.1.40 L. E.*

... Heute sind wir geprüft worden, d. h. wir mussten den Lebenslauf schreiben und einige einfache Aufgaben rechnen, um den Bildungsstand der Rekruten zu erfahren. E. J."

„*G. 3.2.40 L. E.*

... Die Stadt ist ja hochmodern gebaut, alles kubisch. Aber Veranden und Balkone sind reichlich. Zwischen den nicht geschlossenen Straßenzügen liegen Elendshütten ... Von den Polen habe ich noch nichts gemerkt, obwohl reichlich Verkehr in den Straßen geht. Es sind meistens Balten-, Volks- und Reichsdeutsche. Oft sind die Frauen geschminkt ... Ich habe eine neue Adresse: M. A. Jörg Benz; M. Fla. A. 219. 1. K. (Marine Artillerist J. B; Marine Flakabteilung 219. 1. Kompanie.) H. J."

„*G. 7.2.40. L. E.*

... Gestern haben wir scharf geschossen und ich habe mit 3 Schüssen 31 Ringe errungen. Ich freue mich ordentlich über diese gute Schießzahl ... Anschließend an das Schießen marschierten wir singend durch einige Dörfer polnischer Arbeiter. Wie flache Bauklötze sind die Häuser in die Landschaft gehauen ... Bei meinen Kameraden stehe ich in gutem Ansehen. Ich verhalte mich ruhig und habe oft ein Wort mitzureden ... H. J."

„*G. 10.2.40. L. E.*

Ich sitze jetzt bei einer dicken Zigarre – nicht etwa vom Feldwebel, nein, wir bekommen jetzt, da wir eine aktive Abteilung geworden sind, täglich 6 Zigaretten oder 2 Zigarren und 2 Zigaretten ...

Neulich beim Haarschneiden habe ich mit dem Friseur, einem Volksdeutschen, über die Polen gesprochen. Man hat sie einfach in das Innere Polens verschickt, genauso wie die Juden. Mit ihnen mussten auch die seit 1914 hier wohnenden Polen und Kaschuben ziehen, sodass nur noch geringe Teile hier wohnen geblieben sind ... Was man jetzt so auf der Straße trifft, ist alles deutsch ... H. J."

„*G. 12.2.40. L. E.*

... Am Sonntagnachmittag haben wir einen Stadtbesuch mit unserem Korporal gemacht. Im Café ‚Wien' gab es ausgezeichneten Bohnenkaffee mit Torte ... Die Polen waren im Begriff gewesen, einen neuen Yachtclub zu bauen ... An Land liegen eine ganze Menge von Seefahrtskreuzern, die auf deutschen Werften erbaut worden sind.

Hier sind 30° Kälte ... Eure Kälte ist ja auch scheußlich. In Berlin lagen ganze Häuserblocks, die Zentralheizung haben, kalt. Ihr Kohlenvorrat war aufgebraucht. Onkel Emils Post hatte aber noch für ihre Wohnungen Kohlen, sodass sie es noch warm hatten. Sonst bekommen die Familien zwölf Presskohlen am Tage ... H. J."

„*G. 18.2.40. L. E.*

... Jetzt sind wir vereidigt worden. Am Tage davor waren wir in der Kirche von Adlershorst, wo uns der Marinepfarrer vorbereitete. Er sprach sehr schön und nur reale Dinge. Die Kirche ist

Abb. 22 *Vereidigung*

in alter Weise mit deutschen Sprüchen ausgeschmückt. Es muss hier einmal ein deutsches Adelsgeschlecht geherrscht haben; denn alte Wappen und eine Veranda umgeben die Wände. Am Sonnabendmorgen fand die Vereidigung statt. Die 15°–20° Kälte krochen die Beine hinauf und ließen jedes Gefühl erstarren. Trotzdem war es sehr feierlich. Der Kommandeur hielt eine Ansprache über Ehre, Treue und Tradition …

Am Sonnabendnachmittag konnten wir als freie Leute ausgehen. Was das für ein Gefühl ist, einmal hingehen zu können, wo jeder will … Ich war mit einigen Gleichgesinnten im Café, im Kino und dann im Gasthaus, wo ich für 1,60 RM eine Riesenportion Bregen mit Spiegelei und Bratkartoffeln erhielt. Das war ein Fest. Soldaten können ja alles bekommen, ohne Marken dafür abgeben zu müssen. Heute Morgen haben wir unserem Feldwebel ein Ständchen mit einigen markigen Soldatenliedern gegeben. Er lag noch um 10 Uhr in der Koje; aber wenn man elf Jahre Soldat ist, nimmt ihm das keiner übel … E. J."

„*G. 18.2.40 Liebe Großmama!*

Wir sind jetzt endlich Soldaten. Am Sonnabend war die Vereidigung …“ (dasselbe kurz wie an die Eltern)

„*G. 22.2.40. L. E.*

… Auf der Vereidigung haben wir den Fehler gemacht, dass wir mit Handschuhen an geschworen hatten. Sonst hat auch in den Augen des Kommandeurs alles geklappt. Von unserer Kompanie hat Erich Bischof, ein Kieler und ehemaliger Schüler Vatis, an der Fahne geschworen, da sein Vater im Weltkrieg gefallen ist. Mit ihm erzähle ich auch öfter etwas, da er ja einmal im Jungvolk mein Führer war …

Allmählich wird man so phlegmatisch. Nichts kann einen mehr erschüttern. Bald sind wir gegen alles gefeit und sagen nur noch – … Jawoll, Herr … H. J.“

„*G. 24.2.40. L. E.*

… Ich war an den beiden letzten Tagen dienstlich in Gotenhafen und in Danzig. Wir, 2 Kameraden und ich, haben Gasmaskenbrillen beschafft. Das sind Brillen mit Bändern … Ich habe mir die Innenstadt angesehen und das Rathaus besichtigt. Es ist ein prachtvoller Bau mit seinen Gemälden, Schnitzereien und Schmiedearbeiten … In Danzig erhält man jetzt kein Fleischgericht mehr ohne Marken … H. J.“

„*G. 4.3.40. L. E.*

… In der Nacht zum Freitag war um 2 Uhr Alarm. In höchster Eile kleideten wir uns an und marschierten im vereisten Gelände 3 ½ Std. herum. Ab und zu hieß es ‚Hinlegen!‘ und dann wurde volle Deckung genommen. Auch mit der aufgesetzten Gasmaske zu laufen, ist gar nicht so leicht; überhaupt des Nachts muss man sich damit vorsehen. Als wir wieder in die Kaserne einrückten, durften wir uns noch 2 Std. hinlegen und dann fing der Dienst wieder an. Am Sonntag hatte ich mir Urlaub nach Danzig genommen. Ich besichtigte die Westerplatte. Die Zerstörung ist gar nicht so fürchterlich. Vor allen Dingen sind die Bäume zerzaust durch das Granatwerferfeuer. In die Kaserne sind Fliegerbomben eingeschlagen, sodass die beiden Obergeschosse zerstört worden sind. Aber der Keller, der gut ausbetoniert war, ist fast unversehrt. Dieser Keller war die Hauptstellung der Polen gewesen. Sonst liegen noch einige kleinere Bunker im Wald. Die Polen sollen ja durch Wassermangel zur Ergebung gezwungen sein … H. J."

„*G. 10.3.40. L. E.*

… Vati hat sich ja sehr schnell erholt von seiner Erkältung. Hier in der Kompanie kommen oft Erkältungen und auch Mittelohrentzündungen vor. Doch ich bin von allem verschont geblieben. An einem Morgen haben wir einen Ausmarsch von 20 km gemacht. In dem Schneetreiben hatten wir uns verlaufen, aber die herrliche Waldlandschaft machte es wieder gut. Bei jedem Schritt sank man bis zu den Knien in hartgefrorenen Schnee ein und als wir in der Kaserne wieder ankamen waren wir in Schweiß gebadet … Die kleine Parade der Abteilung zur Heldenehrung war sehr ungemütlich. Am Nachmittag war Gemeinschaftsempfang der Führerrede.

Vor einigen Tagen warfen wir scharfe Handgranaten. Das Herz schlägt doch schneller, wenn man die Schnur in der Hand hält, aber es hat bei allen geklappt. Einige wurden wohl vom Leutnant in den Trichter hinuntergestoßen, da sie nach dem Wurf stehen blieben. Wir hatten noch niemals mit Übungshandgranaten geübt. H. J."

Zum Abschluss der Rekrutenausbildung wurde Mitte März ein großer Gemeinschaftsabend veranstaltet. Dabei verlas man eine Bierzeitung, die einige Soldaten zusammengestellt hatten. Die Zeitung des 2. Zuges ist vorhanden. Vorgesetzte und Kameraden werden darin in netter Form beschrieben und gewürdigt.

Abb. 23 *Die am 1.9.1939 auf der Westerplatte gefallenen Kameraden der Marine-Stoßtrupp-Kompanie*

Anscheinend ohne es den Eltern mitzuteilen, habe ich mich freiwillig zur Marine-Stoßtrupp-Abteilung gemeldet. Diese Kompanie war am 10.3.40 nach Cuxhaven abkommandiert worden, wurde am 6.4. dort auf Zerstörer usw. eingeschifft und fuhr nach den norwegischen Häfen Oslo, Trondheim und Narvik. Die Kämpfe in Norwegen dauerten bis zum Juni 1940, bis zum Beginn des Frankreichfeldzuges.

Der Kommandeur der Kompanie, KKpt. Wilhelm Hornack, trat Ende März vor die Rekruten in Adlershorst und schilderte die Tapferkeit dieser Kompanie, aber auch ihre Verluste bei der Einnahme der Westerplatte in Danzig zu Beginn des Krieges vom 1.–7.9.40: 17 Gefallene, darunter der Kompanieführer, 54 Schwerverwundete. Hornack forderte die Rekruten zum Eintritt in diese Truppe auf. Es meldeten sich ca. 150 Soldaten, auch ich. Als ich vorn in der Reihe der Entschlossenen stand, trat mein Feldwebel Göddert neben mich und sagte: „Benz, Sie wollten doch Medizin studieren!“ Darauf ich: „Zuerst muss doch der Krieg siegreich beendet werden, Herr Feldwebel.“ Wir zogen nun in die Kaserne der Stoßtrupp-Kompanie in der Vorstadt von Gotenhafen, Grabau.

Inzwischen war der in Trondheim gelandete Zug unter Führung von Hornack mit 2 LKWs und 4 Krädern zu einer gewaltsamen Aufklärung gestartet. Sie gerieten in einen Feuerüberfall der Norweger: 8 Männer starben, darunter der Kommandeur, 5 wurden schwer verwundet.

(Nachzulesen in: Jörg Benz: „Deutsche Marineinfanterie 1938–1945“, Husum Verlag, Husum 1996)

„*Grabau, 7.4.40. L. E.*

Allmählich kommen wir uns in den kleinen Räumen, die wir gebaut und zusammengestellt haben, näher und es kann sich wieder Kameradschaft bilden. Wir, d. h. unsere Gruppe, wechselt andauernd den Gruppenführer, da einer nach dem andern abkommandiert wird.

Abb. 24 *Durch Stuka zerstörte Kasematten der Westerplatte*

Unsere Kaserne stellte unter polnischer Zeit ein Sammellager für Weißrussen und Ukrainer dar, die nach Übersee auswandern wollten ... G. liegt in einer Tieflandbucht, die im Halbkreis von etwa 40–50 m hohen Dünen eingeschlossen ist. Das Tiefland besteht aus moorigem Boden, den ein kleiner Fluss aufgeschüttet haben mag, der in den Hafen fließt. Es ist erst zum kleinsten Teil von der Stadt bebaut. Für Hafen und Stadt bieten sich also noch große Ausdehnungsmöglichkeiten. Der Dünenkranz geht in eine geestartige sandige Gegend über, die zum großen Teil mit Kiefern bestanden ist. Im Hafen selbst sind fast sämtliche Kaianlagen, Kräne und Lagerhäuser von der Kriegsmarine beschlagnahmt, ein Zeichen für die späteren Aufgaben der Stadt ... Mir geht es ausgezeichnet. H. J."

„*G. 13.4.40. L. E.*

... Vatis Vermutungen haben sich nun doch nicht ganz bestätigt. Diese Lösung hat aber auch keiner im Ernst anzunehmen gewagt. Jedenfalls ist sie gelungen, und Ottfried hat auch dabei mitgeholfen ... H. J."

Elternbriefe vom 25.2.–10.5.40

„Kiel am 25.2.1940. Lieber Jörg.

Du scheinst ein tüchtiger Soldat werden zu wollen, Griffe kloppen und gut schießen, das muss ja werden. Beim Schießen gerade kommt es aber vor, dass man nach anfänglich guten Schüssen meist daneben trifft. Es geht nicht nur jenem alten Pfarrer so, der mir erzählte, er habe den Ruhm ein guter Schütze zu sein; er habe aber nur einmal im Leben geschossen, und das gut. Nachher habe er vorsichtigerweise kein Gewehr mehr in die Hand genommen. Leider kann ein Soldat nicht sagen, er wolle nun nicht mehr. Da sind die Pfarrer besser dran. Ich denke aber, dass Du trotz Deines Auges kein schlechter Schütze werden wirst. Ich schieße schlecht, meine Brille ist zu dick, die Strahlen werden sehr gebrochen.

Deine Vereidigung war gewiss eine feierliche Handlung. Wenngleich doch das, was der Eid verlangt, eine Selbstverständlichkeit ist, die man auch ohne Eid tun würde, so ist er doch unbedingt nötig. Auch Selbstverständlichkeiten bedürfen der Form vor der Gesamtheit und schließlich auch vor dem den Eid Leistenden selber. Sie dient in schlimmsten Augenblicken als Haltepunkt und Erinnerung …"

Mutter: „Mein lieber Jörg, wir haben zwar heute einen Brief von Dir erwartet, aber leider, es wäre eine so schöne Sonntagsfreude gewesen. Man kann jedoch jetzt nicht darauf rechnen, dass ein Brief, der an einem bestimmten Tag abgeschickt worden ist, an einem vorgesehenen Tag ankommt.

Von Ottfried bekamen wir gestern sein Bild. Er sieht gut aus und wir haben uns sehr dazu gefreut. Wir haben gern auch von Dir ein Bild, Ansichtskartengröße, vom besten Lichtbildner. H. M."

Ich werde von Mutters Briefen, die immer auf der Rückseite von Vaters Brief stehen, nur sehr wenige in dieses Buch aufnehmen.

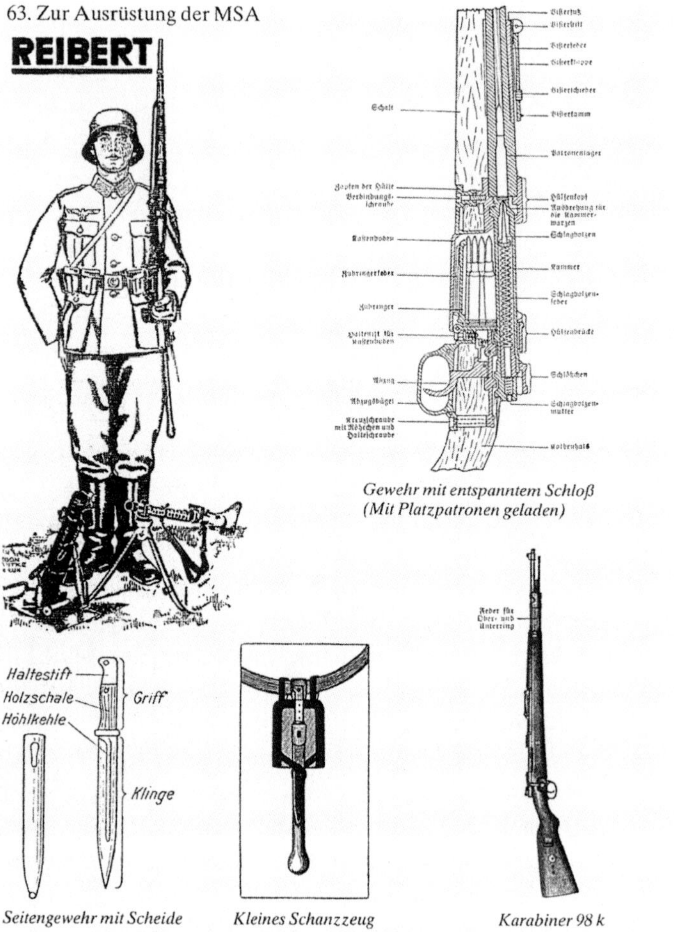

Seiten 68–71: Abb. 25–28
Infanterieausbildung der Marine-Stoßtrupp-Abteilung

Sie sind alle sehr liebevoll und voller Wünsche um das Wohl der Söhne. Mutter hat viele Pakete gepackt mit Backwaren usw. und registrierte genau, ob sie angekommen sind, und schrieb auch,

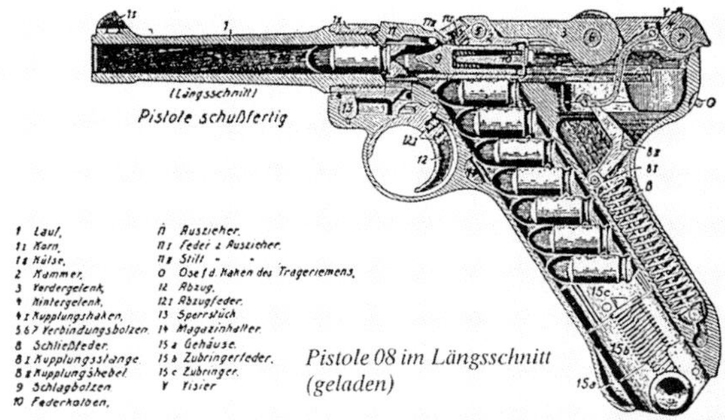

Pistole 08 im Längsschnitt (geladen)

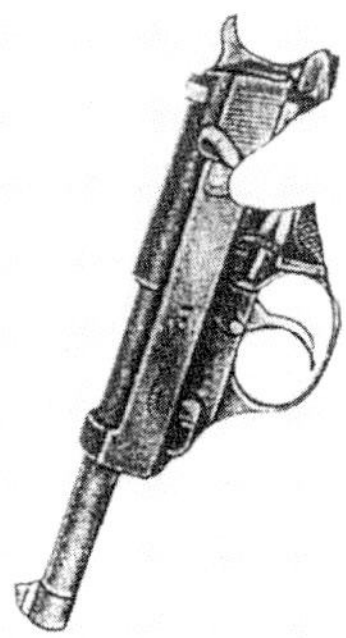

Grundhaltung bei der Pistole

Laden

Anschlag stehend freihändig

Sitz der Gasmaske

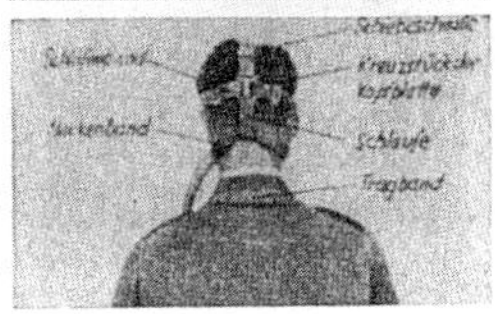

wenn ein Paket der Söhne angekommen war. Sie hatte also ein vollständiges Paketverzeichnis und stellte fest, dass nur selten etwas verloren gegangen ist.

Am 16.2.40 bekommt Elsbeth Benz vom Reichsluftschutzbund, Ortsgruppe Kiel-West, Reviergruppe 7, ein Schreiben:

Leichtes Maschinengewehr 34
l MG 34

Sprung mit Gewehr

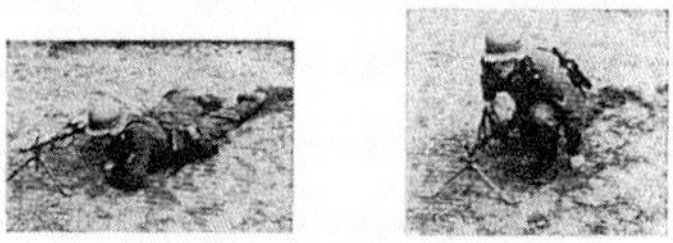

Sprung mit l MG

Sprung mit MG Gerät

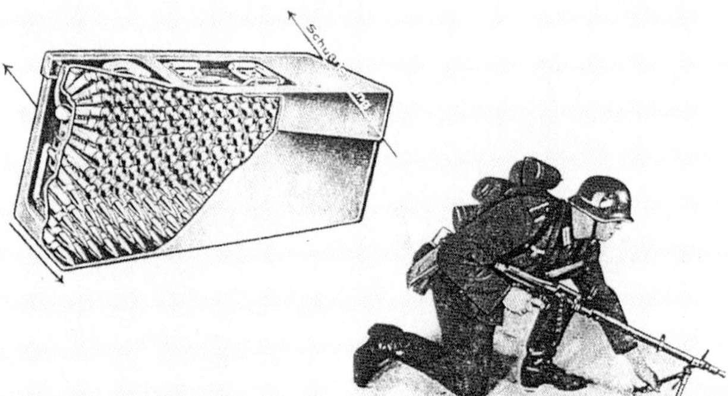

Instellunggehen nach dem
Schießen während der Bewegung

„Sie werden hierdurch aufgefordert, an der am 27.2.40 20 Uhr in der Admiral-Graf-Spee-Schule beginnenden Allgemeinausbildung/Fachausbildung für Hausfeuerwehr teilzunehmen. Die Teilnahme an dem Lehrgang ist aus Gründen der Landesverteidigung Pflicht."

„Hinlegen"

Kriechen mit Gewehr

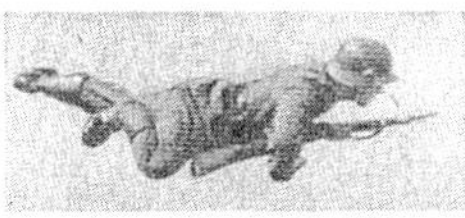

falsch

Gefechtsmäßiger Anschlag

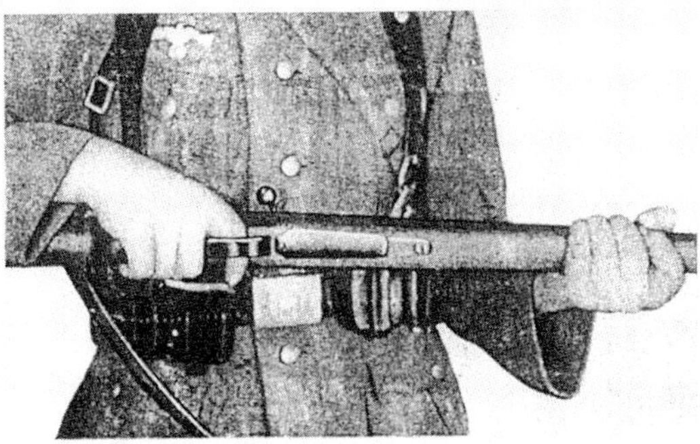

Schuß von der Hüfte

Bei zwingendem Fehlen schriftliche Begründung. Am 27.2.40 geht Mutter eine schriftliche „Polizeiliche Verfügung" zu: „... Sie haben sich zur Entgegennahme näherer Anweisungen am 27.2.40 um 20 Uhr in der Schule einzufinden ... Diese Heranziehung verpflichtet Sie zur gewissenhaften Erfüllung aller Dienstobliegenheiten, insbesondere zur Teilnahme an Ausbildungsveranstaltungen … Zuwiderhandlungen gegen diese Verfügung werden nach § 9 … bestraft …"

Auf der Rückseite der Verfügung werden die § 7 und 9 zitiert und ein Artikel aus dem Strafgesetzbuch § 88: „Begriff des Staatsgeheimnisses und des Verrats".

In einem weiteren Schreiben werden Elsbeth Benz die Termine der Ausbildung am 27., 29.2., 2., 5., 7.3. mitgeteilt und die Themen der Feuerwehrausbildung und die Herrichtung des Hauses hierzu.

Ottfried: „Swinemünde, 27.2.40. L. J.

… Für das lange Warten schicke ich Dir meine Großaufnahme mit. Man behauptet hier zwar, ich sei einem Torpedobootsfahrer aus dem Ersten Weltkrieg ähnlicher als einem Soldaten aus der Gegenwart. Doch das sagt man mir wohl eher wegen meiner unheimlichen Ruhe im Betrieb gegenüber Vorgesetzten und außer Dienst. Ruhe muss man haben, wenn die Arbeit Spaß machen soll. Wenn man hiddelig ist, wird die Arbeit nichts und der Vorgesetzte glaubt, man kann nichts. Nur nicht ärgern, denn dann zeigt man dem andern, dass es einem nicht passt, und er weiß, wie er Dich klein kriegen kann. Wenn Du einen andern mal geärgert hast, weißt Du immer, wie Du ihn kraftlos machen kannst … Gotenhafen ist unser neuer Heimathafen … Am 9.3. sollen wir angeblich aus Swinemünde zur Probefahrt auslaufen und dann nach Kiel in die Werft, wo wir einige Geräte eingebaut bekommen. Das soll 14 Tage dauern. Wahrscheinlich laufen wir aber erst am 15. aus Swinemünde aus, sodass ich Ostern sicher in Kiel bin … Hier sind die Kneipen und Lokale nur noch von 18–20 Uhr auf, die Geschäfte von 13–17, da keine Kohlen mehr hier sind. Sonst geht es gut. Herzliche Grüße Dein Ottfried."

(Ottfried war damals 21 Jahre alt.)

„*K. 7.4.40. L. J.*

Mutti berechnet eben, ob ihre Punktkarte ausreicht zu einem Sommer-Regenmantel. Diese Zeit benutze ich, Dir zu schreiben; ich höre immer hinein in meine Aufmerksamkeit: 20, 25, 30 Punkte, Gummi- oder Staubmantel … In 4 Wochen werden wir es wohl wissen.

Ottfried kam am Freitag, aber heute, Sonntag, scheint er wieder in See gegangen zu sein, denn er ist bisher, 17.50 Uhr, noch nicht hier.

Seit einigen Tagen ist schönes, sonniges Frühlingswetter. Am Dienstag, dem 9.4. geht die Schule wieder los für alle …

Wir leben in der Entwicklung der Neutralitätsfrage. Viele meinen, es gehe im Norden und im Südosten los. Ich glaube, das ist Bluff. Das Einzige, was die Engländer unternehmen werden, wird die wirtschaftliche Absperrung sein. Dann hätten wir die Skandinavier mit zu ernähren. Da aber die Russen mit dem Schutz ihrer pazifischen Zufuhren Ernst zu machen scheinen, wird uns das nicht schwer fallen. Ich glaube nicht, dass die Engländer russische Geleitzüge angreifen werden, kommen sie nun über den Stillen Ozean oder über den Nordatlantik.

Ich schrieb im November, glaube ich, an Ottfried, dass der Waffenkrieg noch nicht angehen würde, da die politischen Fronten noch nicht aufgerichtet seien. Es werden jetzt die entscheidenden Schritte unternommen: der Norden und der Süd-Osten, dann Amerika. Ich befürchte hier allerdings, dass unsere Dokumentenbombe nutzlos verpuffen kann (deutsches „Weißbuch“ über die Ursachen des Krieges). Dann wird Amerika auch kommen. Aber hierüber ist das Urteil wohl noch verfrüht. H. V.“

Schon am 6.4. hatten sich die vier Züge der alten Marinestoßtruppkompanie (MSK) in Bremerhaven auf den Zerstörern nach Norwegen eingeschifft.

„*K. 12.4.40. L. J.*

Du wirst ja wohl noch in G. sein, obwohl Deine Ausbildung bald zuende sein wird. Ottfried war einige Abende bei uns, heute ist es der 4. Abend, den er ausgeblieben ist. Er sagte, sein Boot habe für 100 Fahrstunden Öl an Bord. Aber wenn dies Öl aufgebraucht ist, muss es ja nicht gerade in Kiel bunkern. Es wird auch in Dänemark oder Norwegen möglich sein. Er wird dann ja bald schreiben.

Ich habe nicht geglaubt, dass wir diesen Erfolg haben könnten. Dass eine vorherige Besetzung nötig war, erschien ja deutlich; aber dass sie möglich war, bezweifelte ich. Man sieht doch wieder, dass der unerschrockene Vorstoß, die wohl vorbereitete Tat, den Erfolg für sich hat. Es war hier in Kiel in den letzten Tagen einigermaßen unruhig, und Ottfrieds Boot war am Tage vorher bis hinauf in den Alsen-Sund. Es ist übrigens erstaunlich, dass die Engländer keine Nachricht von unserem Vorhaben hatten. Hier war jetzt eine holländische Zeitung zu kaufen, die die bevorstehende Besetzung Norwegens durch Deutsche brachte, wenn auch mit Fragezeichen.

Meine Arbeit ist wieder angegangen, 3 Überstunden. H. V."

Mutter: „L. J. es war eine große Freude für uns, dass wir Ottfried einige Abende hier haben konnten. Sobald es möglich war, und sie angelegt hatten, eilte er nach Haus. Er war immer sehr übermüdet von seinem Dienst. Am letzten Abend schlief er doch, als die Nachrichten gegeben wurden, fest ein. Aber man kann sich denken, die frische Seeluft in der Freizeit auf Deck und dann die Hitze im Maschinenraum im Dienst müssen sehr müde machen. So denken wir nun täglich an ihn, wo er wohl sein wird. Hoffentlich bleibt er gesund ... H. M."

„*K. 18.4.40. L. J.*

... Ottfried schrieb am Dienstag. Er war danach am 14., am Sonntag, in einem norddänischen Hafen. Sein Brief ist in Flensburg abgestempelt. Der Standort seines Schiffes ist ein südnorwegischer Hafen, von dem aus sie Fahrten auf See machen, also Transporte sichern und U-Boote jagen. Das ist wohl ihre Aufgabe, von der er aber nichts schreibt. Wir nehmen es an. Es gehört dann wohl nicht zu dem Gefährlichsten. Die Hauptlast zur See haben anscheinend die Zerstörer zu tragen. Es scheint, dass der Verband von Narvik noch schwimmt, wenigstens bis auf drei oder vier. Nur werden sie da nicht wieder hergestellt werden können. Es wird schwierig sein, sie nach Bergen zu schaffen, wo die nächsten größeren Werften sein sollen. Eine Rundfunkansage der letzten Tage ließ hier die Meinung aufkommen, dass wir Narvik schon aufgegeben hätten. Wir ließen schon die Köpfe hängen. Nun aber ist wohl alles gut. Man sollte nicht meinen, dass die Norweger sich so verbissen in ihrem Widerstand. Vielleicht hofften sie auf Landung englischer Truppen. Diese Hoffnung dürfte nachgerade vergeblich sein.

Hier herrscht die Meinung, dass auf dem Balkan nichts mehr zu machen ist. Italien scheint dort Herr der Lage zu sein …

Eine andere Frage ist die holländisch-belgische. Es wird erzählt, die Holländer hätten mobil gemacht, wobei man dann annimmt, dass dies gegen beide Parteien gerichtet ist. Das wäre m. E. das Günstigste. Die Engländer werden es bei solcher Haltung der Weltmeinung wegen nicht wagen. In Norwegen war es etwas anders: Da haben sie die Regierung und einen großen Teil des Volkes für sich. Sie konnten darauf hinweisen, dass ihre Landung ein norwegischer Wunsch sei. Bei einer wirklich neutralen Haltung der Holländer, wie sie hier vorausgesetzt wird, könnten die Engländer nicht darauf hinweisen, dass sie bei einer Landung holländische Wünsche erfüllen. Darum sage ich: Man kann hoffen. H. V."

„*K. 29.4.40. L. J.*

Am Sonnabend war Ottfried auf eine Stunde hier. Sie mussten wohl einen Maschinenteil von der Werft abholen. Sie sind noch am gleichen Abend wieder hinausgefahren. Ihre Aufgabe ist die Begleitung von Transporten von den dänischen Inseln nach Norwegen. Mehrmals waren sie schon in Oslo, sonst auch in Larvik und Christiansand. Sie wollen wirklich schon mehrere U-Boote mit Bomben belegt haben. Die Engländer sollen ihre ganze U-Flotte in diese Gegend geschickt haben. Sie haben sich ja auch gerühmt, sie hätten nun die Verbindung nach Norwegen unterbrochen. Es sollen 45 Boote von den Fliegern gesichtet sein. Aus seinem Begleitzug ist ein Kriegsschiff torpediert worden und untergegangen, die Mannschaft konnte noch übernommen werden. Dann erzählt er, sie seien in Christiansand gewesen, um Besatzungstruppen an Land zu bringen. Die begleitenden Torpedoboote haben auch Infanterie usw. an Bord, etwa 60–70 Mann jedes Mal. Diese hatten sie also an Land gegeben, als ein Schwarm englischer Jäger über ihnen erschien. Sie legten sofort ab und in geschickten Wendungen kurvte der Kommandant, der ein sehr geschickter Fahrer sein soll, und den er sehr lobt, durch die Schären und in die See hinaus. Mehr als 30 Bomben sind nach ihnen geworfen worden. Es ist also schlimmer, als wir es uns vorstellen können. Er rechnet damit, dass das Boot in acht Tagen oder wenig später überholt werden muss, es wird so in Anspruch genommen, dass sie kaum in Schlaf kommen. Nur einen Tag hatten sie völlige Ruhe. Er ist mager, sieht aber gut aus …

Wir haben jetzt Fernsprechanschluss 7005, für den BPA gelegt.“ (Bund persönlicher Freundschaften im Ausland)

„*K. 10.5.40. L. J.* (Luftlandung deutscher Truppen bei Rotterdam)

Nun ist es doch eingetreten, was wir so lange befürchteten und wogegen wir uns sträubten, es zu glauben, sodass wir mit allen Mitteln der Vernunft glaubten, Beweise anbringen zu können, die es uns ermöglichten, zu glauben, das Unglaubliche würde nicht geschehen, sie würden es nicht wagen, weil dann eben der große Krieg doch losgehen würde. Es bleibt uns nur noch zu hoffen, dass wir in kurzer Zeit die beiden Westländer besetzt und den Engländern auf diese Weise unmittelbar auf den Pelz brennen können. Es wird ja dann wohl nicht anders möglich sein, auch nach Frankreich den Krieg zu tragen.

Es wird ja nun Deines Bleibens in G. nicht mehr lange sein. Wir werden wohl schon bald nach Westen denken müssen statt wie bisher nach Osten, wenn wir auf Dich treffen wollen. Überstehe es gut! Ottfried schrieb heute einige Zeilen vom 6.5. noch aus einem dänischen Hafen. Er hoffte, bald mündlich berichten zu können. Vielleicht begleitet er jetzt schon Transporte nach der holländischen Küste. Wer weiß, was wir da machen können. Er hat eigentlich vom 9.4. an ständig Frontdienst geleistet, es wäre Zeit, dass er auf Urlaub geschickt wird. Bequemer und gefahrloser Dienst war es bestimmt nicht. H. V.“

Krieg in Frankreich

Jörgs Briefe vom 14.4.–6.6.40

„*Gotenhafen, 14.4.40. L. E.*

Ich schicke wenige Sachen, die ich nicht mehr brauche. Findet unter den wertlosen Zeitungen bitte die Bierzeitung unseres Zuges in Adlershorst. Ich bin an ihrem Entstehen maßgeblich beteiligt gewesen. H. J.“

„*G. 18.4.40. L. E.*

... Nun wollte ich Euch auch mal eine besondere Freude bereiten. Heute ging ich also in die Stadt, sehe einen Käseladen und nichts wie hinein. Nach einigen Minuten zog ich mit dem Butterkäse und zwei Limburgern, der eine für mich, durch die Stadt. Sie waren unverpackt, denn bei solch großen Sachen reichte das Packpapier nicht. Ihr könnt Euch denken, wie ich eilte. Ohne nach rechts oder links zu sehen, vermied ich alle verkehrsreichen Straßen und flüchtete vor dem Blick der Menge, die mich wohl für einen Hamsterer hielten, in das Kino. Dort suchte ich mir einen Platz, wo ganz hinten die Reihen leer zu sein pflegen. Ich stellte den Käseberg weit hinter mich. Zum Glück saßen vor mir zwei stark duftende Damen, deren Geruch sich mit dem der Käse zu einer feinen Mischung verband. Doch zweimal musste ich dem Käse einen anderen Platz zuweisen, da gerade in seiner Nähe Besucher sich Plätze suchten, als wenn sie die außerordentliche Güte des Gegenstandes anzöge. Schließlich landete er unter meinem Sitz, während sich alle Gedanken auf den spannenden Endkampf auf der Leinwand konzentrierten und so die Käseausstrahlungen auf ihr Gehirn keinen Eindruck mehr machten. In der Kaserne angelangt überfielen mich auch gleich die Kameraden ...

Wir hoffen stark auf einen Einsatz in Holland oder noch eher im Balkan. Aber sonst sind die Kämpfe in Norwegen noch nicht beendet ... H. J.“

„*G. 21.4.40. L.E.*

Am Vorabend des Führergeburtstags hatte sich die Kompanie zu einem Biwak um den lodernden Holzstoß versammelt. Die einzelnen Züge sangen Lieder, während in die Kochgeschirre eine Mischung von Rum, Rotwein, Wasser und Zucker gefüllt wurde. Wenn der Suff heiß war, schmeckte er gut. Dann aber bei stärkerem Abkühlen widerte er. Als diese Vorräte gelenzt waren, holte man Bier heran. Man hakte sich ein und lief um den Holzstoß herum. Es trat eine allgemeine Verbrüderung von Vorgesetzten und Mannschaften ein. Und schließlich sah man alles doppelt und verschwand in die Koje. Ich übergab das zuletzt genossene Bier in drei Stößen in die Pütz und sank in die Arme des ruhigen Schlafes. Ist das nicht persönlich genug?

Bei den letzten Ereignissen war es doch wieder prachtvoll, wie die Propaganda arbeitet. Durch stetige Vorarbeit, durch ein regelmäßiges Registrieren jedes einzelnen Falles von Völkerrechtsverletzung, ist es wieder gelungen, Amerika von der Schuld Englands zu überzeugen und vom Eintritt in den Krieg abzubringen. Als ich am Sonntag durch den Hafen ging, wurde ich überall hinausgeworfen. Truppen wurden eingeschifft. Am folgenden Morgen sahen wir die Transportflotte auslaufen und am Mittag hörten wir die ersten Nachrichten im Radio. – Wisst Ihr eigentlich, welcher kleine Bahnhof in S.-H. von den Engländern bombardiert worden ist?

Was habt Ihr an Gegenständen zur Metallspende gegeben? Die Esszimmerleuchte, die Anrichte-Leuchter oder Vatis Tischlampe? Hier werden jetzt auch große Mengen Schrott zusammengetragen und verladen … H. J.“

„*G. 27.4.40. L.E.*

… Wir hatten am Donnerstag und Freitag mehrere Alarme und alles musste in den Rucksack verpackt werden. Da aber die Ausrüstung nicht schnell genug ging, wurden wir einen ganzen Morgen mit der Gasmaske geschliffen. Hierbei fallen vor allem die Raucher auf. Während wir Nichtraucher kaum behindert werden und die Lungen genügend Luft reinpumpen können, keuchen die Raucher schon nach kurzer Zeit. – Dann hatten wir als Höhepunkt unserer Ausbildung einen kriegsmäßigen Ausmarsch der ganzen Kompanie auf Lastkraftwagen mit Kompanie-Gefechtsschießen an der Küste zwischen Putzig und Oxhöft. Um 5.15 Uhr war Alarm und dann ging es bei einem fantastischen blutig-roten Himmel ins Gelände. Bald setzte heftiger kalter Regen ein, sodass kein Faden mehr trocken bleiben wollte. Es war etwa so, wie wenn man auf dem ‚Hermann' bei Windstärke 8 den Klüver birgt. Doch am Nachmittag klarte es auf und ein Marsch durch die Stadt mit Musik war die schöne Belohnung.

Vati, Du meinst also, dass Ottfried einen wesentlichen Anteil an den Erfolgen unserer U-Boot-Jagdverbände hat. Er wird dann wohl nicht so bald von dort zurückkommen. Die Engländer scheinen den Norwegern nun doch Widerstandskraft einzuflößen. Jedenfalls sind sie an mindestens 2 Stellen gelandet. Im Übrigen ist Norwegen ein ideales Verteidigungsland. Man denke nur, wie viel Mühe es Napoleon gemacht hat, um die Tiroler niederzukämpfen. Wenn auch die modernen Waffen viel Erleichterung bringen, so gibt es doch eine Unmenge Schlupfwinkel, die sehr schwierig aufzuspüren sind. Merkt Ihr schon etwas von der neuen Lebensmitteleinfuhr aus Dänemark? H. J."

„*G. 1.5.40. L. E.*

Am Sonntag habe ich Danzig besucht, die Marienkirche besichtigt und den Turm bestiegen. Auch der Artushof und das Stadtmuseum wurden von mir heimgesucht ... Am Abend sah ich mir die Operette ‚Tamara tanzt' an. Es war eine Revue und hat mir nicht recht gefallen. Jetzt am Himmelfahrtstage will ich dort die Operette ‚Zarewitsch' von Franz Lehar besuchen ... H. J."

„*G. 5.5.40. L. E.*

Ich danke Euch für die kleine Broschüre über Englands Geschichte. Bisher kam ich zwar noch nicht dazu, sie zu lesen, denn ich vertiefe mich im Augenblick in den ‚Kampf', aber dazu wird noch immer Zeit bleiben …

Vorgestern bemerkte der Zugführer, dass ich die Drillichhose ohne Hosenträger trug. Der Erfolg war eine ‚Flagge Luci', d. h. Garniturwechsel: Drillichzeug–feldmarschmäßig–Drillichzeug in Höchstgeschwindigkeit. Dazu kommt noch das Stauen des Rucksacks und Einräumen des Spindes mit anschließender Spindmusterung. Das ist dann Sport, denn man tobt sich dabei wirklich aus. H. J."

„*G. 10.5.40. L. E.*

Heute lauschen wir wieder an den Rundfunkgeräten auf die Sondermeldungen. (Der Frankreichfeldzug begann am 10.5.40.) Ich hatte mir schon längere Zeit gedacht, dass die Balkanbedrohung nur eine Finte sei, um Holland ungestört überfallen zu können. Sie hätten sich nur die Italiener auf den Hals gehetzt und nichts dabei gewonnen. Jetzt rollt die deutsche Walze und ein Misserfolg der Engländer wird bestimmt in London eine Regierungsumbildung zur Folge haben, in der die radikalen Politiker ans Ruder gebracht werden. Großbritannien wird dann um sein Leben kämpfen. Diese Unternehmung im Westen hat sich schon seit einigen Tagen in einer Urlaubssperre angekündigt, sodass auch ich in der nächsten Zeit keine Aussicht auf Urlaub habe. Doch das muss eben auf beiden Seiten ertragen werden … H. J."

„*G. 22.5.40. L. E.*

… Wir gehen jetzt öfter in ein Schwimmbad und tummeln uns dort im Chlorwasser. Vor allen Dingen lernen die Nichtschwimmer schwimmen. Der größte Teil von ihnen lernt es schnell und kann sich schon nach 2 oder 3 Std. im Wasser halten. Einige aber bekommen es nie heraus. Sie schlucken und strampeln, sowie sie ins Wasser springen, und sind doch nicht zu belehren. Wir Schwimmer üben uns im Springen. So schafft der ganze Zug fast schon ein Salto vorwärts und rückwärts oder andere Mutsprünge und Kunststücke … H. J.“

„*G. 24.5.40 L. Mutti.*

Hoffentlich kommt dieser Brief noch zur rechten Zeit, um Dir die herzlichsten Geburtstagswünsche zu bringen (27.5.1893). Wir hatten in der letzten Zeit nämlich Sturmtage in der Ausbildung, die am letzten Sonnabend mit einer umfassenden Übung abschloss. Hierbei machten wir die erste Seefahrt mit der Kriegsmarine. Wir setzten nämlich mit der Fähre über das Hafenbecken. Dann beim abschließenden Marsch durch die Stadt lief der Schweiß unter dem Stahlhelm in Bächen hervor. Ich bin jetzt wie meine Kameraden sonnengebräunt. So sahen wir auch hierbei aus wie alte Krieger … H. J.“

„*G. 29.5.40. L. E.*

Ich schicke hier mein Rasierzeug zurück, da ich mit einem Kameraden ‚Gütergemeinschaft‘ gemacht habe. Mein ‚Bart‘ sprosst ja nur in Zeitlupe und man hat bei Alarm nicht so viel zu verstauen.

Das Kuchenpäckchen hat mir sehr gut geschmeckt. Es war wieder mal Qualitätskuchen in ganz großer Aufmachung. Wenn man die Schokolade dazu aß, konnte man sich den Überguss denken. H. J.“

„*G. 6.6.40. L. E.*

… Die Lappen haben gleich Verwendung gefunden beim Säubern des MG. In der letzten Zeit waren wir im Alarmzustand. Alles war gepackt, um jeden Augenblick mit der Bahn abtransportiert werden zu können. Aber jetzt hat sich alles wieder beruhigt und die unerfüllten Gerüchte haben die Geister abgestumpft. Heute sind wir umgezogen mit Spinden und Kojen in ein anderes Gebäude. Meine Schultern sind von Lasten ganz blau angeschwollen, aber ich habe mich in den Augen meiner Kameraden, Transportarbeiter und Sackträger, ganz gut gehalten.

Jetzt ist eine Zeit zu Ende gegangen, in der ich durchgedreht alles verkehrt gemacht habe. Ich erhielt einen Anschiss nach dem andern, alles half nichts. Es muss dort irgendeine geistige Störung gewesen sein, die verhinderte, dass ich aufpasste und mich beherrschte. Getrunken und geraucht habe ich während der Zeit fast gar nicht. Doch jetzt ist es wieder in Ordnung ... Hier ist ein 10 000-T.-Dampfer mit Baumwolle aus Russland angekommen. Die Reede liegt voll von Frachtern, die Kohlen nach Skandinavien bringen. H. J."

Elternbriefe vom 9.6.–29.6.40

„*Kiel 9.6.40. L. Jörg.*

Wir glaubten schon, dass Du irgendwo an der Front wärst, weil wir diesmal etwas auf Deinen Brief haben warten müssen. Einmal werden wir darauf rechnen müssen, dass es soweit ist. Jetzt aber war es noch nichts. Es tut uns leid, dass Du Dich nicht wohl fühltest. Eine Zeit lang. Ich glaube, ich habe in dem Alter auch manchmal so etwas gehabt. Es sind Zustände der Ermattung, in denen man hinter andern zurückbleibt. Wir werden Dir etwas schicken, das Dir helfen kann. Es ist ja nun wohl schon vorüber, aber baue lieber vor. Sorge für guten Stuhlgang! Abends einnehmen!

Ottfried ist nun fast eine Woche in See. Es wird gesagt, dieser Teil der Flotte habe vier Tage Übung in der Ostsee, bei Rügen. Mir scheint, das könnte der Ausgangspunkt für größere Unternehmungen sein. So fasste es Ottfried damals auch auf. Er wusste von bevorstehenden Übungen übrigens nichts. Er läuft im Gneisenau-Verband ... Wir hören eben, dass Gneisenau, also auch Ottfried, vor Narvik ist und dort gute Erfolge hatte ... Mutter schickt Dextro Pur und Kalcium Sandoz. Er soll nicht so viel tragen, sich nicht messen mit Sackträgern beim Umzug."

Jörg hat wohl das Maschinengewehr als 3. MG-Schütze tragen müssen oder die Patronenkästen und den Karabiner.

„*K. 10.6.40. L. J.*

... Denke Dir einmal, heute war Ottfried eine halbe Stunde bei uns. Wir hörten die 2-Uhr-Nachrichten und dachten ihn bei Narvik. Da kam er an. Heute um 11 Uhr vormittags sind sie hier eingelaufen. Sie haben den Transporter versenkt und sind dann zurückgekommen. Aber heute Abend um 8 Uhr sollen sie wieder in See gehen. Ottfried ist glücklich, nur sehr müde. Sie kommen kaum zum Schlaf. Eine Menge schöner Sachen hat er aus Frederikshavn mitgebracht. Du bekommst Schokolade ... H. M."

Am 9.6.40 rückte die junge Marine-Stoßtrupp-Abteilung, MSA, nach Frankreich aus und besetzte die Normandie. Briefe kamen erst etwa einen Monat später nach Kiel.

„*K. 15.6.40. L. J.*

Man denkt mit den Ereignissen, die sich in Frankreich vollziehen, mit. Manchmal ist man etwas zurück, dann wieder voraus. Bei dem Fall von Paris waren wir erst bei der Frage angelangt, ob Paris wohl zur offenen Stadt erklärt werden würde, oder ob sie einen Schutthaufen haben wollen. Das Letztere hätten wir doch ungern gemacht, weil man uns daraus gewiss eine üble Propaganda gemacht haben würde. Es ist nun gut so. Wir wissen wieder nicht, ob wir etwas schneller weiter hoffen sollen, oder ob es angebracht ist, erst einige Tage mit seinen Gedanken zu rasten.

Ottfried hat nichts von sich hören lassen, seit er am Montag nochmals hier gewesen ist, um Kreuzer Nürnberg zu begleiten. Das Ziel war ihm unbekannt. Es ist durchaus möglich, dass sie nach Afrika gefahren sind. Ebenso können sie aber auch im Atlantik den Befehl zum Angriff auf England abwarten. Wir werden ja bald hören.

Wir dachten eigentlich, Ihr würdet bald an der französischen Küste aufgestellt werden. Es ist aber wohl noch nicht lange genug, um auch Euch dort als Ersatztruppen unterzubringen. Vielleicht muss erst Cherbourg fallen. Wir glauben, die Engländer beschränken sich auf Afrika und lassen Frankreich sein. Wir schaffen das wohl allein. Sind wir doch erst auch mit den englischen

Trabanten und England selbst fertig geworden. Es kommen nun wohl schon drei Deutsche auf einen Franzosen. H. V."

Mutter: „Flakfeuer in Kiel, ½ Stunde in den Keller. Man sagt, Flieger hätten vor den Schleusen Minen geworfen. –

Es war Strafexerzieren, denn Fliegeralarm gibt es häufig, aber die Leute benehmen sich saumäßig. Sie stehen auf dem Balkon und machen Licht trotz des Alarms."

„*K. 22.6.40. L. J.*

Es musste schließlich sein. Du konntest nicht immer in Sicherheit bleiben. Und es war auch wohl nicht Dein Wunsch, ständig in Wartestellung zu sein. So wirst Du nun wohl an der französischen Küste sitzen. Sie ist ja lang genug, um Platz auch für Euch zu haben. So wie Ottfried den übergehenden Truppen von Norden her die Flanken halten wird, so werdet Ihr es von Süden her tun. Du wärest dabei gar nicht einmal sehr gefährdet …

Wir stehen vor dem Abschluss des Waffenstillstandes, heute noch oder doch morgen hoffen wir, das Ergebnis zu hören.

Mit England wird es nicht zu lange dauern. Der Führer soll den Auftrag gegeben haben, den Parteitag vorzubereiten. Er wird so bis dann den Frieden für möglich halten, wenigstens doch das Ende der Kampfhandlungen.

Wir wünschen Dir Glück zu Deinen Kämpfen! Deine Körperschwäche wird so wieder aufhören, wie sie gekommen ist. –

Um 11 Uhr heute Nacht kam die Meldung der Unterzeichnung des Waffenstillstandes. Zum Schluss wurde das Englandlied gesungen. H. V."

„*K. 29.6.40. L. J.*

Wir bekamen heute Deinen Gruß aus Frankreich, sodass wir annehmen können, dass Du irgendwo zwischen Dünkirchen und Brest am Kanal liegst. Wir dachten das zunächst, als Deine beiden Pakete, die noch nach G. gesandt waren, zurückgekommen waren. Dann aber setzte sich hier die Meinung durch, alle Truppen aus G. seien aus Norwegen zurückgekommen und Du seiest vielleicht von Ottfried hinübergeleitet worden. Nun also wissen wir, dass unser erster Gedanke richtig war. Ob Du nun dort liegen bleiben oder mit hinübergehen wirst, steht noch dahin. Jedenfalls war die Zeit vom 10.6. etwa bis heute nicht schön für uns. Ungewissheit ist immer beunruhigender als eine an sich ungünstige, aber feststehende Tatsache.

Nun haben wir 2 Söhne, die beide gegen England stehen. Ich habe Mutti ein Buch von Otto Gmelin, ‚Italienfahrten', geschenkt, in das ich als Widmung eingetragen habe, dass es zu der Zeit war, als Ihr beide für die Errichtung des Reichs im Kampf gegen England standet. Der Verfasser geht in diesem Buch den Spuren der deutschen Völkerwanderung und der Hohenstaufen nach. Er ist dabei bemüht, die Abwandlung des Reichsgedankens aufzuzeigen, und kommt schließlich zu dem Ergebnis, dass das ‚Reich' in der Ausprägung der letzten Hohenstaufen eine religiös-geistige Idee, die als heilige Aufgabe empfundene Verwirklichung des Gemeinsamkeitsgedankens der europäischen Völker, war und noch heute ist, unter Führung des Deutschen Volkes – heute natürlich in anderer Inkarnation als damals. Dazwischen gab es kein ‚Reich', sondern nur Aufspaltung und Zerlegung, Zerlegung selbst des ursprünglichen Kerns des alten Reichs, bis in die neueste Zeit beabsichtigt und fast durchgeführt.

Eure Aufgabe ist es, die militärische, also machtpolitische Voraussetzung für die Wiedererstehung des Reiches zu schaffen, das nicht Deutschland ist, sondern Europa.

Es ergibt sich hier ein Durchblick auf den Rassegedanken: die Vereinigung der weißen Völker, die im Kampfe stehen gegen die farbigen. So weittragend ist das, was das deutsche Volk heute unternimmt, und dabei steht Ihr an vorderster Stelle. Lass es Dir gut gehen! H. V."

Mutter: „Es ist schwer, ohne Post zu sein. Auch Ottfried hat nach 18 Tagen geschrieben. Er liegt irgendwo in einem deutschen Hafen für 3 Wochen."

Jörgs Briefe vom 12.6.40–27.6.40

„*Aachen, 12.6.40. L. E.*

... Am Sonnabend um 15 Uhr war Abteilungsmusterung, auf der es hieß, dass wir am Sonntag um 4.30 Uhr fahrbereit anzutreten hätten. Noch am Sonnabendmorgen war unser Zug als Arbeitskommando in Oxhöft, um den Umzug der Abteilung dorthin vorzubereiten. Der Alarm kam also ganz überraschend.

Am Sonntag pfiff man um 3 Uhr Wecken. Nachdem noch ein Stück Karbonade mit Genuss verzehrt worden war, konnte um 5 Uhr die lange Wagenkolonne in Marsch gesetzt werden. Bald hatten wir unsere LKWs mit frischem Grün geschmückt, was jeder Stadt, die wir durchquerten, die Fronttruppe anzeigte. Demzufolge wurden wir überall mit Jubel begrüßt, wenn wir singend die Straßen durchsausten. Das war immer ein wundervoller Eindruck. Jeder Gruß und jeder lachende Mund verstärkte das Band zwischen Heimat und uns. Das Tagesziel war ein kleiner Ort bei Stettin, den wir um Mitternacht erreichten.

Von Stettin bis Köln benutzten wir die Autobahn. Wir legten diese Strecke in 2 ½ Tagen zurück. Diese Straße ist gegen landende Flugzeuge durch Baumstämme geschützt, die in Abständen von 100 m in die Erde gerammt sind. Den grünen Mittelstreifen bedecken in Abständen landwirtschaftliche Maschinen, Wagen, deren Deichseln hochgestellt sind, sodass sie wie MG-Läufe aussehen, und Steinhaufen und Brettergerüste in Zeltform. Hierdurch wird die militärische Bewachung vorgetäuscht. Trotz all dieser Hindernisse gelang es einem deutschen Flieger, hier zu landen. Er musste jedoch zerlegt auf Wagen geladen werden, da er nicht aufsteigen konnte. Wir können es also doch. Berlin umfuhren wir auf dem Ring. Von der Stadt sahen wir also keinen Deut.

In der Gegend von Magdeburg stach mir ins Auge der Wechsel von Bockmühle zur holländischen Mühle. Wenn die Autobahn das Weserbergland durchquert, wird sie wildromantisch. Herrliche Weitblicke wechseln mit kühnen Brücken und tiefen künstlichen Einschnitten. Diese bergische Gegend bildet eine Ausnahme. Sonst ist es quälend langweilig, nur Felder und Wälder zu sehen, da die Autobahn ja Städte und Dörfer meidet. Das Ruhrgebiet war leider durch Nebel gegen englische Flieger getarnt. Man konnte nur einige Kilometer weit sehen. Trotzdem bekamen wir einen Eindruck von der Größe des Gebietes. Links und rechts von der Straße wechseln die Fördertürme mit Arbeitersiedlungen. Überall war man rastlos tätig.

Köln empfing uns mit tosendem Jubel. Die Bauten und der Rhein wirkten großartig, obwohl es regnete. In Aachen schliefen wir das letzte Mal in deutschen Kasernen. Am 13.6. durchquerten wir den holländischen Südzipfel. Es fällt gleich der schöne Bau der Häuser und ihre Buntheit auf. Man sieht, dass das Land lange Zeit in Frieden leben konnte. Bei Maastricht überquerten wir die ersten zerstörten Brücken.

In Belgien konnten wir die ersten Befestigungen in Gestalt von eisernen Tankhindernissen sehen. Ab und zu lag einmal ein Tank an der Straße. Die Bunker und Schützenlöcher waren zum großen Teil kampflos verlassen worden, da sie fast unbeschädigt waren. In Löwen hatten Bomben und Artillerie ganze Arbeit geleistet. Ganze Straßenzüge lagen in Trümmern. Brüssel war das Tagesziel. Wir bezogen Kasernen, die aussahen und eingerichtet waren wie Pferdeställe. Es war äußerst primitiv. In der Stadt beherrschte das Feldgrau das Straßenbild. Die Menschen durchschwärmten wie im Frieden die Straßen. Es gab alles sehr billig zu kaufen; denn ein Franc ist 10 Pf wert. Wir setzten uns also in eine Konditorei und schmausten nach Herzenslust Kuchen und Obst. Die Bevölkerung ist sehr deutschfreundlich, sie fluchen der französischen Hilfe und loben die Tat des Königs. Die Gefangenen sind zum größten Teil entlassen. Die Reichsbank hat für die besetzten Gebiete Scheine in Markwährung herausgegeben, damit keine Devisen unangemeldet ins Ausland wandern. Die Engländer haben die Stadt schon öfter bombardiert, wovon einige eingestürzte Häuser zeugen.

Am nächsten Tag ging es der französischen Grenze entgegen. Sie war markiert durch Tankhindernisse und Bunker auf beiden Seiten. Also hatte Belgien vorgehabt, seine Neutralität auch gegen Frankreich zu wahren. Die Grenzstädte waren sehr zerstört. Ein großer Teil des Industriegebietes ist ein Trümmerhaufen. Unser Tagesziel, Boulogne, war vor allem durch englische Flieger mitgenommen. Sie überflogen alle zwei Stunden in der Nacht die Stadt und legten die Schleusen und Lagerschuppen in Schutt. Wir verließen den gefährlichen Ort noch in der Nacht und schliefen auf den Lastkraftwagen auf der Landstraße.

Bis jetzt hatte ich auf unebenem Rasen schreiben müssen. Doch jetzt haben wir einen vorläufigen Standort und essen auf Tellern wieder ganz groß an Tischen.

Die Fahrt ging südwärts die Dünenküste entlang. Waren im Industriegebiet die Menschen unfreundlich und hasserfüllt, so lachten sie hier wieder und grüßten sogar, wenn wir vorüberfuhren. An den Häusern stand oft der Ruf: ‚Vive le Roi!' Es war anscheinend flämisches Land, das zu Belgien wollte. Wir überschritten die Weygand-Stellung, die hier an einigen zerstörten Dörfern zu erkennen war, und erreichten bei Fékamp die Trümmer einer französischen Abteilung, die von deutscher Artillerie aufgerieben war. Es war ein grauenhaftes Bild: Stinkende Leiber von Menschen und Tieren, zahllose geplünderte und verbrannte Kraftwagen säumten die Straße. Zwischen dieser Beute grasten abgemagerte Pferde in großen Scharen. Sie konnten sich kaum auf den Beinen halten, so abgehetzt sahen sie aus. Die französischen Truppen müssen wesentlich mehr bespannt sein als unsere. Gefangene hatten wir schon vorher in sehr deprimiertem Zustand angetroffen. Darunter befanden sich zahlreiche Schwarze.

Am Abend erreichten wir Le Havre. Es brannte noch im Hafen und die Bevölkerung beschoss noch in der Nacht unsere

Truppen und sabotierte sie. Unsere Abteilung nahm in einem vornehmen Hotel Quartier. Gegen Mitternacht krachten zwei Bomben, die statt uns zwei Offiziere in der Nähe trafen. Der Hausmeister des Hotels hatte die Briten benachrichtigt. Am Morgen verließen wir in Eile die Stadt und bezogen in einem Gutsgarten in der Umgebung unsere Zelte."

„Frankreich, 21.6.40. Liebe Eltern! Herzlichst grüßt aus Frankreich Euer Jörg."

„Frankreich, am 25.6.40. L. E.

Einen herzlichen Gruß aus Nordfrankreich sendet Euch Euer Jörg ... Meine Adresse ist: M. A. J. Benz. Feldpostnr. 31 800 S.

Schickt mir bitte den kleinen Kompass, der in einer meiner beiden Zigarrenkisten liegt ..."

„F. 27.6.40. L. E.

Bei meinen ersten ‚Beutezügen' durch die Stadt habe ich diesen Kaffee erstanden. Beide Pakete kosten in deutschem Geld etwa 80 Pf, denn in Frankreich ist der Franc nur noch 0,05 RM wert. Wir leben und essen und trinken fürstlich. Wenn wir auch noch keine Frontzulage bekommen, so ist schon der Aufenthalt hier genug Zulage. Wir wohnen in älteren Kasernen, die erst einmal gründlich gereinigt werden mussten. Endlich kann man sich einmal ausschlafen. H. J."

Jörgs Briefe vom 4.7.–9.7.40 mit der Fahrt durch die Normandie vom 13.6. bis 4.7.40

„Jersey, 4.7.40. L. E.

Nach vielen Erlebnissen in Frankreich sind wir hier gelandet. Ihr werdet im Heeresbericht im Radio vor ein paar Tagen sicher von uns gehört haben. Wir leben hier wie im Paradies. Die Bevölkerung ist sehr wohlgesinnt. H. J."

„*Jersey, 9.7.40. L. E.*

Noch einmal die Reiseroute unserer Feindfahrt:

Ab Gotenhafen am 9.6. fuhren wir über Stettin, Magdeburg, Berlin, Ruhrgebiet, Köln, Aachen, Brüssel, Boulogne nach Le Havre.

Der nächste Morgen sah uns auf der Fahrt nach Rouen. Da hier alle Seine-Brücken gesprengt waren, mussten wir etwa 50 km stromaufwärts fahren, wo Pioniere eine Behelfsbrücke gebaut hatten. Dann fuhren wir umgeschnallt mit griffbereiten Waffen und scharfen Handgranaten nach NW. Die Bevölkerung schaute uns bald freundlicher an; man merkte, dass hier noch kein Kampf stattgefunden hatte. Wir waren die Ersten, die das Land besetzten. Hin und wieder passierten wir Straßensperren, die nicht verteidigt wurden. In einer Kurve kam ein Lastwagen von uns ins Schleudern und ging in Stücke. Die Opfer des Unfalls wurden bald mit Omnibussen ins nächste Lazarett geschafft. Am Abend stieß unsere Kolonne auf mehrere Sperren, die mit Minen gespickt waren. Während die Abteilung ein Lager bezog, ging unsere Gruppe als Spähtrupp in Schützenkette vor. Ich musste die Bewohner der umliegenden Häuser nach Engländern fragen und erfuhr, dass sie erst am Vorabend abgezogen waren. Nur ein englischer Flieger summte in der Luft, sonst war nichts vom Feinde zu hören.

Am nächsten Morgen räumten wir die Sperren fort und gingen zu Fuß unter Sicherung unserer leichten Flak weiter vor. Doch da eine Feindeinwirkung ausgeschlossen schien, setzten wir bald die Fahrt auf den LKWs fort. In der kleinen Stadt Lisieux ließen wir eine Besatzung von 10 Mann zurück und erreichten gegen Mittag die Departements-Hauptstadt Caen. Auch hier blieb eine Besatzung in den Munitionsfabriken zurück, um weiter in Richtung Cherbourg dem Feind zu folgen. Aber kurz hinter Bayeux erhielten wir Nachricht, dass unsere Abteilung schon 150 km vor der Front läge und nicht weiter vorrücken sollte. Wir kehrten also in die letzte Stadt zurück und durchsuchten sie und die Umgebung

Abb. 29 *Pause auf dem Marsch*

nach Gefangenen. Ohne dass ein Schuss fiel, ergaben sich mehrere hundert Franzosen. Sie wurden in einer Garage untergebracht, während wir wunderbar in einem leeren Lazarett schliefen.

Am nächsten Tag setzten wir unseren Marsch in Richtung Cherbourg fort. Als wir in das Südende der Halbinsel Cotentin kamen, begann die Kolonnenfahrt von Neuem, der wir an der Seine entronnen waren. Am selben Tag war die Stadt genommen worden. Nur einige Straßensperren waren verteidigt worden, an denen jetzt verkohlte Lastkraftwagen lagen. Die Franzosen kamen uns in langen Zügen entgegen. Auch zahlreiche Marinesoldaten waren unter ihnen. Die Engländer waren zu Schiff entkommen unter Zurücklassen des Materials.

Erst am nächsten Tag fuhren wir in die Stadt, nachdem wir vor ihr im Freien genächtigt hatten. Cherbourg besitzt nicht viele Sehenswürdigkeiten. Die Straßen sind eng und schmutzig. Die Cafés sind nur auf Matrosen abgestimmt. Doch die Hafenanlagen sind einigermaßen ausgebaut. Wir warteten mit unseren Wagen im Hof einer Fliegerkaserne und durchstöberten die Räume der Soldaten, um uns mit neuem Unterzeug zu versehen.

Nachdem eine Wache abgeteilt war, die den Flughafen bewachen sollte, ging es mit den Kraftwagen hinaus nach Süden. In einem Park wurden Zelte gebaut und die Nacht verbracht.

Der Morgen sah uns in rastloser Fahrt in Richtung Brest auf den Wagen. Die Felder sind wie in Holstein mit Knicks umsäumt. Allmählich wurde die Landschaft bergiger. Wir fuhren in das Urgebirge der Bretagne hinein. Die Häuser waren aus Granit gebaut. Während auf dem Land nicht sehr auf Schönheit gesehen wurde, waren in den Städten die Steine behauen und poliert. Die Kirchen sind mit ihren verschnörkelten Türmen Kunstwerke in diesem granitenen Land. Besonders reizvoll lag Dinan, das mit altertümlichen Befestigungswerken ein wunderschönes Tal beschirmen sollte. Die Fahrt war sehr kurvenreich, aber trotzdem ging es schnell dahin, da die langsameren Wagen in Cherbourg zurückgeblieben waren.

Im Hafen von Brest brannten noch hell die bombardierten Öltanks, die den Engländern gute Ansteuerungsmöglichkeiten boten mit ihren riesigen schwarzen Rauchfahnen.

Unsere Abteilung bezog in der Marineschule Quartier. Diese schönen Granitbauten mochten einer Burg gleichen, wenn man sie von der See aus sieht. Das eine Gebäude war von einer Bombe getroffen worden. Aber außer zerbrochenen Fensterscheiben und einem metergroßen Loch in der Decke konnte man keine Erschütterung feststellen, so gut ist hier gebaut worden. Wir hatten einen Blick über die weite Bucht. Aus den verlassenen Räumen, in denen die Seekadetten und Fähnriche gewohnt hatten, holten wir uns neues, reines Unterzeug, um unsere dreckige Wäsche nicht waschen zu müssen. Diese Nacht schliefen wir in Zelten.

Da der folgende Tag verregnete, räumten wir einen Gebäudeteil aus und spannten Hängematten. Wenn wir bei der Marine auch noch nicht zur See gefahren sind, in Hängematten haben wir schon gepennt.

Abb. 30 *Normandie und Bretagne*

Doch kaum hatten wir es uns etwas gemütlich eingerichtet, ging es auch schon am nächsten Morgen per LKW weiter. Wir sollten auf dem schnellsten Weg wieder in Cherbourg sein. Die Nacht brachten wir frierend auf den Lastkraftwagen zu. Es konnte nichts Unbequemeres geben als dies. Denn keiner konnte vernünftig sitzen oder liegen, um schlafen zu können. Als wir morgens um 6 Uhr am Ziel anlangten, waren wir wie gerädert.

Wir richteten uns in der Seefliegerkaserne häuslich ein … Im Hafen steht ein Denkmal Napoléons I., der nach England, dem Erbfeind der Franzosen, zeigt.

Wenn wir Freizeit hatten, gingen wir in die Kneipen der Stadt und tranken Wein und Sekt. Dazu wurde groß diniert. So habe ich

Schnecken essen gelernt, eine wunderbare Angelegenheit. Vati kennt sie vielleicht unter dem Namen ‚Escargot', also piko! Hier traf ich auch einen Kameraden aus Adlershorst, der mit seiner Marine-Artillerie-Abteilung hierher verschlagen war. Doch nur wenige Tage empfanden wir das Glück, in diesem Schlaraffenland zu leben. Der Franc ist nur 5 Pf wert, da zogen wir auch schon aus, um 20 km entfernt an der Küste in einem Dorf untergebracht zu werden. Als aktive Abteilung wollte unser Kommandeur nicht, dass wir nur Wachdienst im Hafen verrichten sollten.

Hier auf dem Lande hausten wir in Privatquartieren. Ich lag mit 9 Mann in einer Altenteilerwohnung eines wohlhabenden Bauern. Wir standen uns sehr gut mit ihm. Er lieferte uns jeden Abend und Morgen 10 l Milch für Geld. In Frankreich kann ich mich mit meinem Französisch gut verständigen. Ich diente meinem Korporal überall als Dolmetscher. An einem herrlichen Sonntag ging ich mit meinen Kameraden an die See baden. Man musste ½ Std. durch hügeliges Gelände gehen. Die meisten Felder sind dicht mit Farnkraut bewachsen. Ackerbau wird fast gar nicht betrieben. Nur hier und dort weiden ein paar Kühe oder Ziegen. Wald findet man überhaupt nicht. Ihn haben wohl die Normannen zum Schiffbau benutzt. An der ganzen normannischen Küste trafen wir große blonde Menschen, die z. T. sogar in der Überzahl waren. Oft könnte man diese Landschaft für eine deutsche halten. Auch in der Bretagne war die Küstenbevölkerung vorwiegend blond. Dort trafen wir aber auch einen breiten dunklen Menschenschlag, wahrscheinlich Kelten.

Die Atlantikdünung war herrlich. Der Strand ist mit Steinen besät und Klippen ragen überall aus dem Wasser. An der felsigen Steilküste sind von den Franzosen MG-Nester eingebaut worden. Gegen wen sie schützen sollten, weiß ich nicht.

Am Montag sollte ein regelmäßiger Infanteriedienst wie in Gotenhafen beginnen. Doch eben nach dem Wecken kam der Befehl, Marschgepäck zu bauen. Dann ging es in Eile in Kraftwagen fort, während unsere Klamotten im Rucksack zurückblieben.

Auf einem nahen Flugplatz warteten wir den Nachmittag ab und stiegen dann in Junkers-Transportflugzeuge. Der Flug war wundervoll. Wir landeten auf der Kanalinsel Guernesey. Sie ist dicht übersät mit Treibhäusern, in denen Tomaten wachsen. Das ist der Reichtum der Insel … H. J."

Jörgs Briefe vom 11.7.–1.9.40 – Besetzung der Insel Jersey

„*Jersey, 11.7.40.* L. E.

… Eure Vermutungen über den Dienst waren alle falsch. Wir haben es viel besser. Alle drei Tage stehe ich mit drei Kameraden auf dem Molenkopf Wache. Sonst haben wir Freizeit, also zwei Tage lang. Es plagt uns kein Exerzieren oder anderer Druck. Küstenbatterien sind hier erst recht nicht. Ihr müsst dort doch sehr viel gefährlicher leben als wir; denn hier kommt nur alle paar Tage ein englischer Flieger bei Nacht über die Insel, der uns überhaupt nichts tut. Man sieht manchmal Leuchtkugeln und zerbricht sich den Kopf, wer sie auf der Insel abschießen mag, aber das ist auch alles. Hoffentlich findet Ihr bei den Großmüttern die entbehrte Ruhe. So schön segeln, wie es Ottfried tat, konnte ich hier leider nicht. Ich habe mehrmals versucht, beim Leutnant die Erlaubnis zu bekommen, aber immer ohne Erfolg. Es setzt auch eine starke Strömung an der Insel vorbei, in der ein Infanterist ertrunken ist. Es muss also auch so gehen.

Unsere Inseln haben wir kampflos genommen. Am Vortage waren die Hafenanlagen bombardiert worden, in denen Kartoffeln nach England verladen wurden. Wesentliche Schäden sind dabei nicht entstanden. Die Stadt hatte 16 Tote …

Lieber Vati, ich habe ganz ähnliche Gedanken, wenn ich auf den steilen Klippen liege und ins Meer und in die Ferne schaue. Dann denke ich auch an England und auf welche Weise wir es bezwingen mögen.

Dein Victor Hugo ist mir hier noch nicht begegnet. Auch im Museum habe ich nichts von ihm gefunden, obwohl dort alles ver-

Abb. 31 *In Cherbourg weist Napoleon nach England.*

treten ist. Er wird wohl ein eigenes Haus eingerichtet und gewidmet bekommen haben. Ich werde mich danach erkundigen ... Seit einem Monat ist kein Zahlmeister hier gewesen und von der Infanterie bekommen wir auch nichts. Das S in der Feldpostnummer bedeutet Stoßtrupp. Jetzt haben wir aber nur 08614 ... H. J."

„*Jersey, 20.7.40. L. E.*

‚Post! – Postausgabe!' – Das war ein Ruf, der schon lange erwartet war ... Ihr hattet schwere Sorgen um mich gelitten. Aber jetzt bin ich völlig gesund und stark. Es muss damals das lange Warten gewesen sein, das so entnervte. Die Fahrt hat also Wunder getan.

In Guernesey lagen wir nur zwei Stunden auf dem Flugplatz. Dann stieg unsere Gruppe wieder in eine dickbäuchige Ju und stieg auf in Richtung Jersey. Wir flogen nur wenige Meter über dem Wasser. Nach einer Schleife über der etwas größeren Insel landeten wir auf dem modernen Flugplatz. Noch am selben Abend fuhren wir in das beste Hotel der Stadt St. Helier. Wir schlafen wieder in breiten Betten, mit Laken und weißen Decken versehen. Fast täglich bekommen wir dreimal warmes Essen, in drei Gängen jeweils. Wir essen schneeiges Weißbrot, das wir aber gern in unser Kommissbrot umtauschen wollten. Auf die Dauer ist es pappig und geschmacklos.

Die Insel führt eine sehr gute Kartoffel aus, die zweimal im Jahr angebaut wird. Auf den alten Feldern werden Tomaten gepflanzt, die auch noch zwei Ernten ergeben. Im Sommer wie im Winter herrscht auf den Promenaden Hochbetrieb. Wöchentlich kommen 6000 Besucher aus England und Frankreich an, teils zu Schiff, teils im Flugzeug. Zweistöckige Autobusse dienen zu Inselfahrten. Ein großzügig ausgebauter Hafen gewährt mit seinen neuzeitlichen Kränen das Löschen und Laden der Schiffe bei Flut und Ebbe.

Die Stadt besteht fast nur aus Läden, Hotels, Wirtschaften und Lokalen. Eine Unmenge Geld strömte in die Insel, wovon ein guter Wohlstand zeugt. Verteilt über die ganze Insel schützten einmal zahlreiche Festungen das Land vor den Franzosen. Sie stammen aus der Zeit der Königin Elisabeth. Viele Wachttürme sollten auf den Klippen das Eiland vor Überraschungen schützen.

Von den 50 000 Inselbewohnern sind jetzt 25 000 nach England geflüchtet. Jersey ist ein eigener Staat mit einem Parlament und einem Präsidenten an der Spitze. Doch die Herzen der Einwoh-

Abb. 32 *Mit der JU 52 nach Jersey*

Abb. 33
Platzkonzert in St. Helier

ner schlagen englisch. Ihre Brüder und Väter stehen in der britischen Armee. In den drei vornehmen Kinos spielen deutsche Filme. Als einmal englische Truppen in der Wochenschau erschienen, jubelten und klatschten die Leute, während sie bei der Abbildung deutscher Soldaten oft hinausgehen. Sie sind durchaus nicht neutral. Die deutsche und die italienische Volksgruppe ist ziemlich stark, je etwa 100 Mann. Sie stehen zum größten Teil in Hoteldiensten. Doch die Deutschen hier sind nicht sehr national gesinnt. Als wir einen ertrunkenen Kameraden beisetzten, waren die Italiener zahlreich vertreten, aber fast kein Deutscher zeigte sich. Während die Engländer die Italiener auch in ein Konzentrationslager eingesperrt hatten, konnten unsere Landsleute im Krieg immer frei herumlaufen. Man kannte seine Pappenheimer. Auch viele Iren befinden sich auf der Insel. Sie hatten sich hier vom britischen Militärdienst gedrückt und sind deshalb bei der Bevölkerung sehr verhasst ... H. J."

„*Jersey, 28.7.40. L. E.*

...Während zuerst das Pfund den Wert von 9 RM hatte, ist es jetzt schon auf 7 RM gesunken. Doch die Einwohner haben so ein Vertrauen in ihre Währung, dass sie das teure deutsche Geld

Abb. 34
Hafen St. Helier

ruhig weggeben. Sie sind sehr patriotisch und scheinen zu denken: England wird auf jeden Fall gewinnen. Auf einen englischen Soldaten gehen zwei Deutsche oder vier Italiener. – So schlecht werden wir eingeschätzt ... H. J."

„*J. 3.8.40. L. E.*

Ich schicke einige Zeitungen, damit Ihr seht, wie heimisch wir es uns hier gemacht haben. In den letzten Tagen habe ich mit dem Motorrad einige Fahrten um die Insel gemacht. Es ist ein Paradies für Sommerfrischler mit seinen Buchten, Schluchten, Klippen und Badestrand ... H. J."

„*J. 10.8.40. L. E.*

Jetzt sind wir schon 6 Wochen hier in St. Helier. Allmählich ist das Bier ausgetrunken und Schokolade gibt es auch nicht mehr. Wie berühmt das deutsche Bier ist, sahen wir daran, dass wir es hier erhalten konnten, sogar Holsten-Bier.

... Ich ging auch gern mal in den Tanz, aber vor allen Dingen musste ich sehen, wo ich überhaupt war ...

Abb. 35 *Die Hafenwache*

Während die Landbevölkerung französisch spricht, hört man in der Stadt nur Englisch. Während die Stadtbevölkerung britisch denkt und fühlt, wünschen die Bauern, neutral zu bleiben. Sie haben ja ihren eigenen Staat und das genügt ihnen. Von einem Anschluss an Frankreich kann noch keine Rede sein. Wohl aber kommt eine deutsche Herrschaft, zum mindesten aber eine Besetzung für die nächste Zeit in Frage. Als K. d. F.-Insel wäre das Stück Land einfach großartig zu gebrauchen.

Gestern haben wir vom Stoßtrupp unsere erste Parade im Stechschritt gemacht. Obwohl wir nur einen Morgen lang geübt hatten, ging es ganz gut. Sonst übt man zwei Monate am Parademarsch. Der Inselkommandant nahm die Parade der einzelnen Truppenteile, die hier stationiert sind, ab. Die Engländer hier lachen über den Stechschritt. Sie vergleichen ihn mit dem Gänsemarsch. Doch sie müssen sich daran gewöhnen. H. J."

„*Jersey, 1.9.40.*

Abschließende Beschreibung der historischen Denkmäler der Kanalinsel.

Die Insel Jersey ist ein dankbares Gebiet, um die vorgeschichtliche Besiedlung zu erforschen. In den Ruinen seiner Gräber und Befestigungen spiegelt sich die Geschichte dieses schönen Eilandes wieder.

Während der großen Landsenkung hatten sich die Kanalinseln als Rest eines Gebirgszuges vom Festland getrennt. Schon vor dieser Zeit muss dieser Landstrich bewohnt gewesen sein, denn

Küchenabfallhaufen und Reste von Elchen, Ziegen und Bären und vor allem Seetieren zeugen vom Vorhandensein der Menschen. Als Wohnstätten dienten diesen Jägern die zahlreichen Höhlen um das Kap Plemont und in der St. Brelade Bay. Es sind zum größten Teil 30–40 m lange Höhlen, in deren Innerem die Abfälle gefunden wurden. Jetzt sind sie zum großen Teil nur bei Ebbe zugänglich, da die Flut sie bespült. Das Wasser hat einen Haufen Geröll hineingeworfen und abgeschliffen. Die Menschen dieser Zeit entstammten wohl der gleichen Zeit der Kjökkenmöddinger von Kiel-Ellerbek und in Dänemark um 10 000 v. Chr.

Da im Museum von St. Helier steinzeitliche Geräte vom Faustkeil bis zum polierten Dolch und Axt aufbewahrt werden, die alle auf der Insel gefunden sein sollen, kann man annehmen, dass ein Menschenschlag sich dort erhalten hat, der alle Stufen der Steinzeitmenschen durchmachte. Als Bauten von ihrem Wirken erzählen die vielen großen Dolmen und Steingräber, die meist in der Art des Ganggrabes angelegt sind. Das bedeutendste ist das Grab von Haughn Bee. Ein 10 m hoher Hügel überdeckt einen 15–20 m langen Gang, an dessen Ende 3 Kammern von mächtigen Findlingen abgeteilt wurden. Die mittlere Höhe beträgt 1,70 m und steigt am Ende an, wo sich die Kammern befinden. Aus allen Gräbern sind große Buckelurnen mit Stichmuster im Museum aufbewahrt. Das Grab von Haughn Bee muss der ersten christlichen Bevölkerung noch bekannt gewesen sein; denn gleichsam als Schutz gegen das Wirken der Geister erlaubte sie um 1000 den Bau einer Kapelle auf dem Hügel, die noch erhalten ist.

Westlich von St. Helier in der Nähe des Wasserwerkes befindet sich eine ähnliche Anlage in stark verkleinertem Ausmaß. Neben dem Ganggrab erhebt sich ein Steinkreis mit etwa 15 m Durchmesser, in dessen Mitte ein kleiner dolmenartiger Steinhaufen steht. Diese Anlage ist wahrscheinlich in heidnischer Zeit als Kultstätte benutzt worden, nachdem sie ihren Zweck als Grabstätte erfüllt hatte. Sogar noch in christlicher Zeit soll hier der Religion gehuldigt worden sein.

Abb. 36 *Dolmen der Bronzezeit*

Diese Grabstätten werden der Zeit von 5000 bis 3000 v. Chr. entstammen. Sie sind der Ausdruck der nordischen Besiedlung des Landes in damaliger Zeit.

Aus der Bronzezeit sind im Museum Schwerter und Geräte aufbewahrt, die man auf der kleinen Insel La Motte gefunden hat. Auf dem aus Lehm und Sand bestehenden Eiland haben in die Steilküste Menschen Grotten hineingebaut, in denen diese Geräte mit Knochenresten zusammen gefunden wurden. Jetzt hat das Wasser jede Spur der Gräber fortgewaschen. Die Insel muss auch schon zu der Zeit vom Lande getrennt gewesen sein; denn die Gräber waren von dieser Seite eingebaut worden.

Aus keltischer Zeit stammt ein Castel auf der Spitze von Plemont, von dem noch ein Torturm und Trümmer von Wachttürmen vorhanden sind. Hier werden auch in späterer Zeit noch die römischen Soldaten den Kanal gesichert und normannische

Seeleute die Schifffahrt beunruhigt haben. Denn tief einschneidende mit Wasser gefüllte Schluchten dienten als Häfen für kleine Schiffe. Ein Seeräubernest ersten Grades wird diese Burg gewesen sein. Im Museum befinden sich längliche vierkante Steine, in die menschliche Gesichter reliefartig eingehauen sind. Auch Opfersteine und Schalen, in die Hände und Füße eingedrückt sind, sind vorhanden. Alle diese Geräte sind in diesem Grosney Castel gefunden worden. Die Festung war also nicht nur machtpolitisch beherrschend, sondern auch kultisch der Mittelpunkt der Insel, wenn nicht sogar des nahen Festlandes.

Auch an der Stelle von Gorey Castel soll eine keltische Burg gestanden haben, die dann die Römer und nacheinander alle Besitzer der Insel weiter ausgebaut haben. Die Normannen und nachher die Engländer haben die Insel planmäßig zur Festung ausgebaut. Neben Gorey Castel bildet Elisabeth Castel das stärkste Bollwerk der Insel. Mit ihm sind zur Zeit dieser Königin rund um die Insel Wachttürme errichtet worden, die aber trotzdem nicht die Landung der Franzosen hindern konnten. Als letzte Befestigung entstand 1806 das Regent Fort, das bis zur deutschen Besetzung der Insel der britischen Wachmannschaft als Kaserne diente."

Briefe der Eltern und Ottfrieds an Jörg vom 4.7. – 20.8.1940 nach Jersey

„*Kiel, 4.7.40. L. J.*

...Wir hatten uns vor Beginn des französischen Krieges auf Deinen Urlaub gefreut, wir hätten Dich gar zu gern gesehen, bevor es ernst wurde. Das war nun nicht möglich. Du bist ohne einen Händedruck von uns ins Feld gezogen, wie es so viele haben tun müssen. Wir rechnen darauf, dass es nun auch für England ernst werde, damit der Krieg bald zu Ende sei. Auf gesundes und glückliches Wiedersehen dann!

Ottfried liegt in Wesermünde auf drei Wochen in der Werft ...

Englische Flieger, vielmehr Kanadier, haben hier einige Häuser zerstört, darunter das Verwaltungsgebäude der Finanzverwaltung in der Gartenstraße, Ecke Fleethörn … In Gaarden sind einige Tote und Verletzte. H. V."

Mutter: „Mein lieber Jörg, es ist heute der 4.7., in elf Tagen wirst Du 19 Jahre alt. Wir haben für Dich die herzlichsten und besten Wünsche. Wir hoffen, dass Du gesund bleibst und gesund heimkehrst. Möge es Dir immer gut gehen … Du hast oft Deinen Geburtstag fern von uns gefeiert, auf Deinen Segelreisen, da der Tag in die Ferien fiel. Schippern auf der Ostsee, mit Segelkameraden. Ich war immer etwas traurig, wenn ich nicht Deinen Geburtstagstisch decken konnte. Aber es machte mich dann auch froh, wenn ich sah, wie Du Dich so froh und glücklich für die Segelfahrt rüstetest. Wenn wir dann bald Nachricht bekamen und hörten, dass es Euch gut geht, waren wir immer froh.

Heute wissen wir nicht, wo Du bist. Dein kurzer Gruß aus Frankreich hat uns aus der Ungewissheit gerissen, aber er kann uns nicht beruhigen. Wir wissen nicht, was Euch bevorsteht, und so sind wir sehr in Sorge um Dich. Aber wir hoffen, dass Du gesund bleibst. Du bist nun an der Front und kannst mithelfen, den endgültigen Sieg zu erringen. Du wirst innerlich froh und stolz darauf sein … H. M."

„Kiel, 6.7.40. L. J.

… Kiel hat jetzt eine starke Flakverstärkung erhalten, sodass die Engländer schon gestern nichts erreichten. Es seien aber Zettel abgeworfen worden, auf denen mit völliger Zerstörung der Stadt gedroht wurde. Man hat es auch wohl auf die ‚Scharnhorst' abgesehen.

… Wir haben heute Ferien bekommen bis 22.8., verlängert wegen der Ernte und anderer Hilfen …

Heute ist der Führer in Berlin. Da auch Ciano, der Außenminister Italiens, da ist, hoffen wir auf einen großen politischen Schlag. H. V."

„*Kiel, 9.7.40. L. J.*

...Wir sind in letzter Zeit recht müde gewesen wegen der vielen Nachtwachen. Auch die Schüler waren nicht mehr auf der Höhe, so weit es bei Schülern zu erwarten ist ... H. V.“

Mutter: „... Wir wissen nicht, wo Du bist, und suchen Dich auf dem Atlas irgendwo an der Kanalküste ... Wir freuten uns sehr ... Wir müssen jede Nacht in den Keller, etwa von 1–3 Uhr. Aber es werden jedesmal mehrere Flugzeuge abgeschossen. Die Flak ist sehr stark ... H. M.“

„*Kiel, 12.7.40. L. J.*

Wir entnehmen Deinen Andeutungen vom 4.7., dass Du die Überfahrt zu den Normannischen Inseln mitgemacht hast. Es war ja damals eine recht ungenaue Angabe gemacht worden. Zuerst schien es so, als ob die Engländer die Inseln aufgegeben haben, ohne von uns gezwungen zu sein. Dann kam die Mitteilung, dass Fliegerverbände und Marine-Stoßtrupps sie genommen hätten. Mutti hatte gleich das Gefühl, dass Du wohl dabei gewesen sein könntest. Nun haben wir die Bestätigung, wie es scheint, und zwar bist Du glücklich daraus hervorgegangen. Wir dürfen wohl annehmen, dass die Verluste nicht allzu groß gewesen sind; denn wenn Flieger die Vorbereitung übernehmen, ist es wohl nicht mehr so schlimm für die Fußtruppen. Vielleicht bist Du auf der größten Insel, Jersey. Ich möchte annehmen, dass von dort keine Überfahrt nach England vorgenommen wird, die Häfen auf der Insel werden zu klein sein. Man wird von größeren Plätzen der Kanalküste die Überfahrt vorbereiten. Ich habe die Insel Wight gesehen. Wenn es auf Euren Inseln ebenso schön ist, dann werdet Ihr es wirklich gut haben. Vielleicht dauert es noch einige Wochen, bis der Anfang gemacht wird.

In den letzten Tagen ließen uns die Flieger in Ruhe. Diese Nacht war Alarm, aber die Flieger drehten bei Rendsburg schon wieder ab. Der Angriff auf eine gut geschützte Stadt, wie Kiel es ist, muss doch schwierig sein. Es sind hier auch mehrere Flugzeuge abgeschossen worden. Sie haben sehr wenig erreicht, nur wenige Treffer auf die Werften, ohne Wesentliches zu treffen. Bedauerlich sind die Versehen im Wurf, die uns einige Häuser und sehr viele Scheiben gekostet haben. Es sind viele Blindgänger gefallen, von denen man nicht weiß, ob sie nicht Zeitzünder haben. Die Häuser in der Nähe müssen dann auf acht Tage geräumt werden, bis die Bombe endlich gesprengt werden kann.

Auf Jersey und Guernesey befinden sich übrigens Erinnerungen an den romantischen Schriftsteller Victor Hugo, der beim Staatsstreich Napoleons III. verbannt wurde ... H."

„*Kiel, 18.7.40. L. J.*

... Wir haben bis jetzt drei Nachrichten von Dir ... Ich glaube, die deutsche Besatzungsbehörde sieht die Versendung von Lebensmitteln aus Frankreich nicht gern, die ‚Ausländer' schimpfen schon darüber, dass ‚die armen Franzosen verhungern müssen'. Wir freuen uns, dass Ihr mit Euren Normannen gut auskommt. Vielleicht bleibt Ihr dort auch beim Übergang nach England liegen ...

Ihr müsst Euch dort auf Eurer vorgeschobenen Insel bedeutend freier vorkommen als wir hier etwa auf den friesischen Inseln. Wenn man von unserer Küste nach Westen sieht, so weiß man, der Blick ist in Wirklichkeit nicht frei, es liegt da England noch, das den Weg versperrt und eigentlich auch den Blick. Als ich auf der Insel Wight stand, hatte ich wirklich das Gefühl, in den freien Ozean hinauszusehen, der Blick fühlte sich erst begrenzt an der nordamerikanischen Küste. So muss es auch bei Euch sein. Und was man so denkend fühlt, das deckt sich mit der wirtschaftlichen und politischen Beschränkung, der wir bisher unterlegen haben. Es hat jetzt den Anschein, dass der nach Westen ausholende Blick eine Begrenzung nicht mehr zu fühlen brauchte. Die politische Stellung Deutschlands ist damit auch frei! Das sind unsere kühnsten Hoffnungen und sie können es sein! H. V."

Ottfried: „Seit Sonntag bin ich hier und verbringe die Zeit mit Segeln. Vor- und nachmittags wird der Hermann gesegelt und Gleitbrett gefahren … H. O."

„Kiel, 31.7.40. L. J.

Du lernst ja in kurzer Zeit viel kennen …

Ottfrieds Anschrift: O. B. M 27106.

Großmama: Anna Röschel, Kreuz/Ostbahn. Lindenstr. 7.

Großmutti: Anna Benz, Havelberg, Bahnhofstr. 10.

Ottfried hat ja eine Woche Urlaub bis zum 21.7. Er glaubte ursprünglich, auf der Probefahrt nach Kiel zu kommen. Das aber geht nicht. Das Schiff ist sehr schnell instand gesetzt worden …

Kiel hatte meist Fliegeralarm. … Wir haben manchmal drei Stunden im Keller zubringen müssen … H. V."

Ottfried: „10.8.40. L. J.

… Nach unserer Werftzeit sind wir jetzt wieder klar. Eine Fahrt haben wir schon in Eure Gegend gemacht (vor englischen Häfen Minen zu legen), sind aber wohl entdeckt worden und haben einen Teil unserer Ladung wieder zurückgenommen. Wir werden wohl bald einmal mit anderem Auftrag zurückkommen, vielleicht ist es dann schon der große Auftrag (Landung in England). Wir fahren, bis wir entweder drüben sind oder unten sind, aber wir werden rüberkommen, wenn wir nicht, dann unser Hintermann. Wir warten alle auf den einen Tag. H. und alles Gute Dein Ottfried."

„Kiel, 13.8.40. L. J.

… Mutter denkt immer an Euch und will ein sicheres Gefühl dafür haben, wann Ihr bei einer Unternehmung dabei gewesen seid oder wart. Ich fand Deine Zeitungen vor, die ja als zweisprachiges Blatt interessant sind. Die englischen Seiten sind typisch englisch. Wenn Du Zeit hast, so lies auch einiges. Interessant muss auch der Besuch der vorgeschichtlichen Weihestätten sein.

Die vorarische Bevölkerung wird als iberisch angegeben. Die Iberer sollen in ganz Westeuropa gesessen haben. Sie waren keine Kelten.

... In den Zeitungen erschien letztlich ein Bild, das darstellte, wie der Marine-Stoßtrupp, der Jersey eroberte, das EK erhielt. Dabei war so ein Langer wie Du. Aber es fiel mir dann auf, dass sie alle in Blau waren, und Du bist doch in Grau. Also musst Du wohl was anderes gemacht haben.

Ottfried schrieb, dass er eine kurze, aber zackige Unternehmung an die englische Küste gemacht habe. Ich denke Minen-Legen vor englischen Häfen. H. V."

„*K. 20.8.40. L. J.*

Mutter ist nun wieder zurück, sie musste nun gleich in den Keller. 2 ½ Stunden wirklicher Angriff auf Kiel. Bomben auf den Platz bei Belvedere und bei HAGENUK. Fensterschäden, woanders ein Toter. 20 Bomben sollen es gewesen sein ...

Nach der Segelei dränge Dich nicht. Bei solcher Strömung musst Du Dich auf die Bordmänner verlassen können ...

Die Franzosen und Engländer werden nicht allzu zahlreich sein, die in den letzten Jahren ein so herrgöttliches Leben in Frankreich geführt haben wie Ihr jetzt. Und viele von Euch scheinen es nicht einmal zu verdienen. Nur wer eine gute Zeit zu seiner eigenen Vervollkommnung auszunutzen versucht, hat ein Recht auf sie. Die anderen sollten mit einer regelmäßigen Arbeit bedacht werden. H. V."

Jörgs Briefe aus Cabourg an der Seine-Bucht vom 12.8.40–31.8.40

„*Cabourg, 12.8.40. L. E.*

Jetzt sind wir wieder mit unseren Rucksäcken zusammen und ich kann Euch wieder einen Bericht schicken.

Am 10.8. schifften wir uns ein und fuhren in 3 Std. nach Granville hinüber. Hier warteten unsere Lastwagen und nahmen uns

Abb. 37
Zugführer vom Marine-Stoßtrupp

über Caen nach Cabourg mit. Aber was für ein Unterschied zwischen Frankreich und England! Dort ist alles sauber und nett. Kein Stückchen Papier lag herum. Auch die Gaststätten waren peinlich sauber, wie ebenso die Bedienung in ihnen. Hier Dreck, wo man hinblickt. Und dann die Lokale, kaum zu vergleichen.

Aber Cabourg ist ein vornehmes Bad, in dem es noch geht. Es fällt einem auch wieder die Sprache schwer, nachdem man fast fließend englisch sprach. Aber man muss sich an alles gewöhnen. H. J."

„*C. 15.8.40. L. E.*

Unsere Abteilung liegt jetzt wieder geschlossen im Grand Hotel. Die ersten drei Tage haben wir uns erstmal die Stuben eingerichtet, in denen wir zu 4–5 Mann leben ...

Die Stadt ist ein großzügiger Badeort mit luxuriösen Villen. Aber welch ein Unterschied zwischen ihm und Cherbourg. Damals hatte das deutsche Geld noch einen ganz anderen Wert als jetzt. Die Franzosen haben überall die Preise heraufgesetzt ...

Während wir auf Jersey lebten, übte die Abteilung in Paris für eine Parade, die nicht stattfand. Hierbei wurden der Abteilung etwa 20 Eiserne Kreuze überreicht. Von den anderen Zügen sind eine ganze Reihe Gemeiner damit ausgestattet worden, aber unser Zugführer lehnte sie für seinen Zug ab, da wir sie nicht verdient haben. Es ist auch richtig so. Es ist ein Unsinn, Orden zu verleihen, wenn kein Grund dazu vorliegt.

Vorgestern hat unsere Gruppe beim Admiral von Nordfrankreich, Vizeadmiral Lindau, Wache gestanden. Er wohnt mit seinem Stab in einer wundervollen Villengruppe im Badeort Trouville … H. J."

„*C. 19.8.40. L. E.*

… Hoffentlich lassen die Engländer Euch in Kiel in Ruhe. Uns hier tun sie gar nichts. Nur ab und zu hören wir es nachts aus Richtung Cherbourg heftig knallen. Dort wie hier ist auch alles voller Truppen … Von den Leuten auf Jersey hat niemand ein Kreuz erhalten. Auch auf Guernesey ist keiner ausgezeichnet worden. Die Kreuze sind auch nicht für die Inseln ausgegeben worden, sondern für Caen, aber auch nicht berechtigt … H. J."

„*C. 21.8.40. L. E.*

Jetzt haben wir einen Haufen Geld nachbekommen. So erhalten wir auch noch Frontzulage, also 2 RM pro Tag … H. J."

Abb. 38
Der Chef Olt Rettinghaus und sein Berater Ostabsarzt Dr. med. Maaß

Abb. 39
Gruppe Thomsen, 1. Gr., 1. Z., 1. Kompanie

„*C. 26.8.40. L. E.*

... Wir haben jetzt eine kurze Pionierausbildung beendet und kloppen jetzt wieder eifrig Griffe ... Es wird auch viel dienstlich gebadet, was in der Brandung große Freude bereitet. Doch eine reißende Strömung hat unter den Soldaten schon so manches Opfer gefordert. Das beruht meistens auf Unvorsichtigkeit. – Täglich sehen wir am Himmel die Bomber- und Jägergeschwader England zustreben. Mehrere Flugzeuge schützen ständig die Küste. Trotzdem erreichten vor einigen Tagen einige Briten Cabourg und ließen Bomben fallen. Sie sollten unserem Hotel gelten, verfehlten es aber. Von Cherbourg dröhnte das Flakfeuer der schweren Flakgeschütze ... Da sagte doch heute einer unserer Nichtschwimmer aus Berlin: ‚Balien is doch kleen, da jibt es keene Teiche un uff dem Alexanderplatz kann ik och nich lernen.' H. J."

„*Cabourg, 31.8.40. L. E.*

... Ich las gerade in einer Illustrierten von der wüsten Hetze, die Victor Hugo entwickelte, als er nach dem Sturz Napoleons III. die Pariser zum Widerstand aufreizte. Diese Tatsache ist wohl viel zu wenig bekannt und man darf sie trotz großen Dichterruhms nicht außer Acht lassen. Ich glaube, Ihr wisst gar nicht, dass ich nicht mehr in (ausgestrichen von der Zensur), sondern in (ausgestrichen von der Zensur) bin. Vor einigen Tagen nahm der Admiral von Nordfrankreich Konteradmiral Lindau eine Besichtigung vor. Unser Zug führte eine scharfe Übung aus. Es klappte alles. – Ich konnte jetzt die letzte Übung zum Leistungsschein des DLRG ablegen … Ich habe dabei unter anderem 30 m getaucht …

In den letzten Tagen hatte ich eine Erkältung, die in Mittelohrentzündung auszuarten drohte. Ich schwitzte aber einmal 4 Std. und einmal 6 Std. unter sieben Decken, sodass ich wieder als geheilt angesehen werden kann. Ich hatte in diesen zwei Tagen eine Flasche Cointreau ausgetrunken … H. J."

Jörgs Briefe aus Cabourg an der Seine-Bucht vom 5.9.–22.9.40

„*C. 5.9.40. L. E.*

… Auf Urlaub braucht Ihr Euch fürs Erste keine Hoffnung zu machen. Wegen der gespannten Lage ist für uns alles gesperrt worden.

Am letzten Sonntag habe ich einen Ausflug nach Caen, der Departement-Hauptstadt, gemacht. Ich musste hin und zurück trampen, d. h. ich hielt Wehrmachtsfahrzeuge an, die mich dann mitnahmen. Man muss alles selbst besorgen, wenn man etwas unternehmen will. Die Stadt ist der alte Regierungssitz der normannischen Herzöge. In einer der alten Kirchen liegt das Grab Wilhelms des Eroberers. Caen ist außerordentlich reich an schönen gotischen Kirchenbauten. Ich habe viele von ihnen besichtigt. Auch eine alte Burg schützte die Stadt einst. Jetzt dient sie als Hospital … Das Wetter ist hier vortrefflich und unser Wetter wird wohl auch in England sein. Wir werden wohl noch auf etwas anderes warten als auf das. H. J."

„*C. 10.9.40. L. E.*

… Nach den schönen Sonnentagen beginnt auch hier ein regnerisches kaltes Wetter. Trotzdem gehen wir jeden Tag baden, was bei der Brandung viel Spaß macht. Die Nichtschwimmer

Abb. 40 *Strandpensionen in Cabourg*

werden jetzt immer weniger. Sie werden in Höchstgeschwindigkeit ausgebildet.

Man sieht in Frankreich an allen Orten, dass das Land besiegt worden ist. In Caen gehen viele schwarz gekleidete Menschen umher, die wohl die vielen Menschenverluste anzeigen. Hier in Cabourg standen vor dem Siegesdenkmal des Weltkrieges zwei deutsche erbeutete Mörser. Jetzt sind sie entfernt worden und werden wohl bald als Bomben auf England niederregnen ... H. J."

„*C. 14.9.40. L. E.*

... Gestern haben wir einen Kameraden bestattet, der bei einem Motorradunfall ums Leben gekommen ist. Er ruht nun neben einer Reihe von deutschen Kriegsgefangenen, die im Weltkrieg im Lazarett für Deutsche und Belgier gestorben sind; denn auch eine große Zahl belgischer Kriegsgräber liegen auf dem Friedhof.

Täglich sehen wir an der Küste Geleitzüge von etwa 6000-t-Dampfern vorüberfahren. Sie sind nur von schwachen deutschen Streitkräften gedeckt. Die Schiffe haben meistens nichts geladen. H. J."

Abb. 41 *Hoteleingang in Cabourg*

„*C. 18.9.40. L. E.*

...Wir sind seit dem 10.8.40 dauernd in Cabourg. Ihr müsst es in den Briefen nicht gleich gemerkt haben; denn ich habe es etwas umschrieben. Die Örtlichkeit ist richtig und Dives ist nur

Abb. 42 *Kasino-Hotel in Cabourg*

Abb. 43 *Trouville, Hafen*

durch einen Fluss von uns getrennt. Der Ort ist uns aber verboten, da die Stadt mit Mischlingen, sogenannten Marokkanern und verseuchten Weibern durchsetzt ist. Sie ist also ihrer alten Bedeutung nicht mehr würdig ... Unser Kasernenessen ist auch vorzüglich ...

Während der Krankheit wurde ich natürlich von unserem Stabsarzt betreut. Ich bin bei ihm ein ‚would be Mediziner'. Es sind noch mehrere da. H. J."

„*C. 20.9.40. L. E.*

Vor einigen Tagen hatten wir wieder Wache in Trouville. Während der Nacht fand ein großer Luftangriff auf Le Havre statt und wir konnten wunderbar beobachten, wie unsere Flak Sperrfeuer legte. Es war ein prachtvolles Feuerwerk. Wir sahen drei Bomber brennend abstürzen, aber der Schaden war doch noch beträchtlich. Ein Engländer war so frech, Positionslaternen, wie unsere Flieger über Frankreich, anzuzünden. So täuschte er die Flak, warf seine Bomben oder Minen auf die Transporter im Hafen und verschwand. 5 Std. dauerte der Zauber.

Wir sind jetzt wieder zu einer Abteilung von zwei Kompanien umgebildet worden. In der nächsten Zeit sollen unsere Kameraden aus Norwegen eintreffen. Unser neuer Kommandeur ist Kapitänleutnant v. Diest. Er war 1. O. eines der Zerstörer, die im Rombacken-Fjord in Norwegen versenkt worden sind.

Vor einigen Tagen hat uns auch der Admiral Schuster, Admiral von Nordfrankreich, bei einer Übung besucht. Er war sehr befriedigt über die gezeigte Leistung. H. J."

„*C. 22.9.40. L. E.*

... Besuch in Caen, um die Brille reparieren zu lassen. Ein Glas war beim Hinlegen mit dem MG entzweigegangen. Ich mache sehr oft Dienst ohne Brille, um die Augen an einen möglichen Verlust der Brille im Ernstfall zu gewöhnen. Ich schrieb also eine Verhandlung, um den Schaden bezahlt zu bekommen, aber der Spieß hatte auf Umwegen erfahren, dass es meine Privatbrille gewesen ist, und schiss mich noch gehörig an. Nun musste ich die 30 F selbst bezahlen ... H. J."

Ottfrieds Briefe an die Eltern vom 8.7.–26.9.1940 aus Cuxhaven bis zur Loire

Zuerst die Kriegslage nach Ploetz:

Am 10.5.1940 begann der Angriff gegen Frankreich. Die neutralen Staaten Holland und Belgien wurden überrollt, und in einer Sichelbewegung nach Westen an den Kanal wurde der Widerstand der französischen Armeen gebrochen und schließlich die französische „Maginot-Linie" von Westen her aufgerollt. Am 22.6.1940 kapitulierte Frankreich unter einer neuen Regierung, die der Admiral Pétain führte. Die Hilfstruppen der Engländer mussten sich unter großen Verlusten in Dünkirchen wieder einschiffen. Hitler hoffte, dass England nun zu Verhandlungen bereit sein könnte, die zu einem Ausgleichsfrieden führen sollten. Da dies nicht geschah, ließ er die Landung in

England vorbereiten, das Unternehmen „Seelöwe". Zuerst musste aber unsere Luftwaffe die englische Luftwaffe ausschalten. Dies gelang nicht. Die Marineleitung erklärte außerdem, unter diesen Voraussetzungen die Landung nicht durchführen zu können. Sie hätte zu wenig Schiffe, um die Seiten eines Landungskeils sichern zu können. Trotzdem wurden die Vorbereitungen weitergeführt, Schiffe und Kähne in den Kanalhäfen und der Rheinmündung zusammengezogen. Aber wegen der drohenden Winterstürme wurde das Projekt am 12.10.1940 abgebrochen.

Ottfrieds T-Flottille fuhr in dieser Zeit, Anfang Juli 1940, Angriffe auf englische Nordseehäfen. Minen wurden gelegt und bis in die Themsemündung vorgestoßen. Am 12.8. schreibt er: „... Jetzt liegen wir in Bereitschaft; einmal dreistündig, dann sechs- und zwölfstündig. Wir warten wohl auf das günstige Wetter für den großen Sprung. Sehr schlimm kann es wohl nicht werden, denn mit einem recht großen Verband haben wir zwischen den englischen Vorposten und ihrer Küste unsere Minen-Ladung abgeworfen. Das war eine Lücke. Obwohl uns ihre Flugzeuge entdeckten und uns erkannten, sind wir auf allerlei Umwegen unversehrt herausgekommen. Es gibt bestimmt eine ganze Anzahl solcher Stellen, die uns bekannt sind, und viele, die uns noch nicht bekannt sind ... Keiner weiß, was geschieht.

Abb. 44
St. Nazaire

Abb. 45 *Maschinen Ogfr. Ottfried Benz*

Die Offiziere sagen: ‚Ruht Euch aus. Die nächste Fahrt wird etwas bringen.'“ … „Der Krieg wird dann wohl noch in diesem Jahr ein Ende finden. Hier an Bord wird viel gegessen und viel geschlafen.“

Die Minenfahrten gingen weiter und waren sehr anstrengend, weil man immer auf Überraschungen gefasst sein und bereit sein musste, sie abzuwehren.

Im August liefen sie durch den Nord-Ostsee-Kanal nach Swinemünde, um Schießübungen vor Rügen zu machen.

Am 3.9. fuhren sie durch den Nord-Ostsee-Kanal nach Cuxhaven, nahmen Sprengbojen über, gingen dann nach Rotterdam. Sie fuhren einige Minenunternehmen in die Themse, dann am 10.9. mit einem größeren Verband und einem Geleitzug von elf Dampfern in Richtung des Ärmelkanals: „… Das Einzige, was wir hier vom Feind sahen, waren sechs Flugzeuge, die infolge eines Missverständnisses ihre Bomben bei uns ins Wasser warfen. Unsere Flugzeuge waren zunächst nicht zu sehen. Erst als wir in die Nähe der engsten Stelle kamen, sahen wir zunächst Jäger und Zerstörer, die uns in großer Anzahl umkreisten. Plötzlich, es war in der Nähe der englischen Rückzugsstadt Dünkirchen, an deren Küste wir versenkte Dampfer und Kriegsschiffe, die ‚Autobrücke' und Kriegsmaterial in Mengen sehen konnten, hörten wir ein tiefes Brummen. Von allen Seiten kamen Flugzeugstaffeln zusammen, die dann geschlossen hinüberflogen. Es sind wohl fast 200 gewesen. Als wir an die engste Stelle kamen, wuchs unsere Spannung etwas. Alles suchte die englische Küste ab, die man zuerst mit dem Glas, dann mit dem bloßen Auge sah. Wir erkannten sogar Einzelheiten. Unsere Batterien an Land schossen aus allen Rohren. Es

Abb. 46 *Maschinen Ogfr. Ottfried Benz 1940*

soll, wie der Wehrmachtsbericht sagte, ein Geleitzug gewesen sein. Wir haben aber nichts davon gesehen. Die Nacht lagen wir im Hafen, die Dampfer davor zu Anker. Gegen 10 Uhr kamen mehrere Flugzeuge, die etwas suchten. Unsere Batterien eröffneten ein mörderisches Feuer, worauf die tapferen Engländer abzogen. Da wir einen Zerstörer- oder Schnellboot-Angriff auf unsere Schiffe und den Hafen befürchteten, lief unsere Flottille, die allein begleitete, aus und fuhr Patrouille. Einige Schatten wurden gesehen, doch nichts genau erkannt. Am nächsten Morgen ging es weiter. Den ganzen Tag fuhren wir ungestört. Dann ging es nach Cherbourg. Die Maschinen wurden überholt und geschlafen. Hoffentlich tun sie Euch nichts in Kiel. Uns mögen sie wohl nicht."

Am 26.9. lagen sie in der Loire-Mündung und überholten das Boot. Der Kanaldurchbruch war offensichtlich der letzte Versuch, ob die deutschen Seestreitkräfte der englischen Vorsicht und Abwehr bei einer Landung standhalten könnten.

Ich lag in diesen Monaten in Cabourg und übte auch die Landung in England.

Briefe der Eltern und Ottfrieds vom 10.9.–21.10.40

(Der erste Brief der Eltern nach meinem ersten dreiwöchigen Urlaub)

„*K. 10.9.40. L. J.*

... Auf Deinem Urlaub haben wir gesehen, dass Du ein prächtiger Junge, Sohn und Kerl bist. Wenn der Krieg aus sein wird, wirst Du ein ganzer Mann sein. H. V."

Mutter: „Mein lieber Jörg, nun bist Du heute vor einer Woche wieder abgefahren. Ich konnte mich gar nicht daran gewöhnen, dass Du nicht mehr hier bist. Deine fröhliche Stimme und Dein fester Soldatenschritt fehlten mir doch sehr. Wir haben so große Freude an Dir gehabt und waren sehr glücklich, dass wir Dich endlich einmal hier wiedersehen konnten. Die schönen Tage sind gar zu schnell vergangen. Wir hoffen aber, dass es Dir gut geht, dass Du gut zu Deinem Truppenteil gekommen bist, und dass Du gesund bleibst.

Nach vielen Tagen Ruhe tönt jetzt, ½ 10 Uhr, Fliegeralarm. Herzlich grüßt Dich Deine Mutter."

„*K. 12.9.40. L. J.*

Der Brief vom 6.8., wir haben heute den 12.9., ist von der Feldpoststelle geöffnet worden. Man hat darin notiert, dass man 2 RM vorgefunden hat, und dann sind die beiden Ortsnamen unleserlich ausgestrichen ... Von Dives bei Cabourg ist 1066 Wilhelm der Eroberer nach Hastings übergesetzt. Das ist gewiss ein historischer Punkt, denn ohne die Zufuhr normannischen Bluts wären die Engländer wohl nicht die Eroberer der letzten 300 Jahre geworden. Wollen sehen, welcher Weg jetzt gewählt wird, um die Auswüchse jener Erbmasse zu beseitigen oder einzuschränken. – ... H. V."

Mutter: „... Wir bewundern Deine Tüchtigkeit im Schwimmen ... Als Du krank warst, bist Du doch unter ärztlicher Aufsicht gewesen? Habt Ihr dort ein Lazarett in Cabourg?

Wir haben gestern Einquartierung bekommen. Ein Feldwebel und ein Zahlmeister, beide in Zivil. Wir mussten leider Euer Kinderzimmer dazu hergeben. Wir hofften, da wir doch schon einen Studenten aufgenommen haben, um diese Einquartierung herumzukommen. Der Zahlmeister ist viel auf Reisen. Er hat eine Nacht hier geschlafen und kommt in 14 Tagen wieder zurück. Das ganze Haus bekommt Einquartierung und um den ganzen Hohenzollernpark sind sie verteilt ..."

„K. 17.9.40. L. J.

... Es war übrigens gestern die 5. Nacht ohne Warnung und Keller. Du befindest Dich übrigens in der Normandie im Ursprungsland der Gotik. Man legt die Gotik ja aus als die deutsche Ausdrucksform des religiösen Himmelstrebens. Ob die Ursprünge im Religiösen liegen oder nicht, doch in einer allgemein waltenden Anschauung der Germanen, die den Menschen nicht nur in den eigenen Boden, das eigene Land, nicht nur in die eigene irdische Welt als Gesamtheit, sondern in das Weltall überhaupt stellen, wird das zumindest zweifelhaft sein, wenn man weiß, dass Gotik die Bauform der Normannen, also der Wikinger ist. Dadurch erscheint auch der Drang der Germanen in die Weite nicht als Eroberungslust oder Raublust, sondern als angeborene Sehnsucht, die Weite zu erfüllen. Oder ist die Gotik nicht doch religiöse Ausdrucksform, nämlich der Germanen, die den Menschen als Glied des Weltalls sahen, und die abstarb, als das Christentum mit seiner räumlichen Enge sich durchgesetzt hatte, also am Ende des Mittelalters? – Ich beneide Dich um das, was Du sehen kannst. Aber natürlich, wir gönnen es Dir, freue Dich über all das Schöne. H. V."

„K. 30.9.40. L. J.

Wir haben einen Brief von Ottfried vom 22.9. bekommen: Er ist nicht mehr in Cherbourg. Sie haben den Hafen verlassen müssen und sind in den Atlantik hinausgefahren, eine ganze Flotte. Dann haben sie kurze Zeit in der Loire-Mündung gelegen und sind nun wohl schon wieder auf und davon.

Ich glaube, dass der neue Vertrag mit Japan die Friedensverlängerungs-Möglichkeiten beschneiden wird. Die jetzige englische Regierung wird ja bald fliehen müssen. Sie wird in den USA keinen Bundesgenossen zum Weiterkämpfen mehr bekommen. Das war ja aber wohl ihre Absicht, falls der Boden hier in Europa ihr zu heiß geworden wäre. Vielleicht steht das Ende näher bevor, als wir jetzt sehen können, vielleicht ist es auch weniger verlustreich, als wir bisher haben annehmen können. H. V."

„K. 3.10.40. L. J.

Ich habe nun schon Deinen Geburtstagsbrief in Händen. Es ist mit dieser Sache auch so wie mit allem Übrigen: Alles, was zum ersten Mal getan werden muss, wird uns schwer, wenn man sich nicht auf den Standpunkt stellen kann, dass es nicht doch ganz natürlich ist, und dass es einmal so kommen musste: Es ist von vornherein klar, dass der Sohn das Elternhaus verlassen muss und dass dann auch die Geburtstagsfeiern getrennt erfolgen müssen. Trinke an dem Tag einen kleinen Schluck, wir wollen es auf Dich auch tun. Ich verließ das Elternhaus als noch nicht ganz 17-Jähriger. Auch wenn der Krieg nicht wäre, könntest Du jetzt nicht hier sein; Du wärest im Arbeitsdienst. Nach allem, was wir aus Deinen Briefen herauslesen können, scheinst Du nicht gerade niedergeschlagen zu sein, im Gegenteil, manchmal scheint es uns so, dass Du guter Stimmung bist und in allem die richtige Haltung zeigst. Es sind ja nicht alle Familien in unserer Lage, zwei Söhne an der Front zu haben. Manche sind Soldat, aber nicht an der Front. Sie leben dann in den Tag hinein, Sorgen haben sie nicht … Ich halte es auch für richtig, in der Studentenzeit ein Amt zu übernehmen. In der ‚Kameradschaft Holstenland' wirst Du es schon können. Wie uns das in Danzig für Ottfried möglich sein wird, weiß ich noch nicht. Er scheint übrigens jetzt wieder in Cherbourg zu sein. H. V."

Mutter: … „Gestern drei mal Fliegeralarm, aber Bomben nur in der Umgebung. Sie mussten im Flakfeuer abdrehen. H. M."

„K. 14.10.40. Liebes Gefreiterchen!

Das war wirklich eine Überraschung, Deine Ernennung zum Gefreiten. … H. M."

Ottfried: „21.10.40 L. J.

… In dieser Zeit hat sich viel ereignet. Wenn wir auch jede Woche nur 1–2 mal fahren, sind wir doch vollkommen befriedigt. In einer Nacht haben wir, wie der Wehrmachtsbericht sagte, zwei

Handelsdampfer und 2 U-Jäger vernichtet. Wir waren bei diesen Unternehmen recht dicht unter der englischen Küste. Es war in dieser Nacht eine lustige Knallerei. Auf dem Rückmarsch gab es noch einige aufregende Stunden. Wir wurden von einigen englischen Zerstörern abgefangen, die bedeutend schneller waren als wir. Sehr schnell kamen sie auf. Wir fuhren mit AK ab in Richtung Heimat und nebelten. Der Tommy schoss Leuchtgranaten, die die Umgebung taghell erleuchteten, und richtete hiernach sein Feuer. Getroffen hat er nichts. Als unsere Verfolger etwa 2000 m heran waren, schossen unsere Boote jedes drei Torpedos, wovon einer traf. Darauf wurden wir die lästigen Verfolger los. Jetzt sind wir wieder weit im Süden. Keiner weiß, was wir sollen … H. O.“

Jörgs Briefe aus Cabourg vom 2.10.–30.11.40

„*C. 2.10.40. L. E.*

… Mich mit Ottfried zu treffen, ist wohl aussichtslos; denn er schwimmt wohl andauernd bei den Geleitzügen herum … Es wird hier kalt. Wir haben nicht einmal eine Heizung wie Ihr, die wir durchspülen können, sondern sind allein auf unsere Körperwärme angewiesen. Jetzt haben wir uns Untermatratzen für die Kojen besorgt und schlafen zu zwei Mann im Bett. Das ist dann ganz wohlig … H. J.“

„*C. 6.10.40. L. E.*

… Wir haben jetzt unsere Gruppe von neun Mann zusammengelegt, sodass wir in einer Stube schlafen und die andere mittels Sofas, Sesseln, Lampen und Tischen zu einem vornehmen Wohnzimmer, sprich Salon, umgewandelt haben. Es wird noch gemütlich bei uns. Auch unser Bootsmaat kommt jetzt oft zu uns, um mit uns zu spielen oder Musik zu hören …

Heute, Sonntagmorgen, sind die restlichen 21 EKs verteilt worden von unserem Admiral. Die Leute waren schon vorgeschlagen, lebten aber während der ersten Verteilung auf Jersey.

Auch unser Bootsmaat und zwei Mann aus unserer Gruppe erhielten es (Nazschka und Morgenrot, die ersten beiden MG-Schützen) … H. J.“

„*C. 12.10.40. L. E.*

… Vielleicht findet Ihr in einer Drogerie ein Fußmittel zum Laufen wie etwa ‚Geh wohl‘. Wir machen jetzt nämlich längere Übungsmärsche. H. J.

Hier ist das Gesundheitspäckchen gut angekommen …

Wir werden alle tüchtig ‚angeschissen‘ und ich mache darin keine Ausnahme, im Gegenteil ist es bei mir manchmal sogar häufiger als bei anderen, da ich oft etwas ‚drehe‘, also nicht mehr weiß, was nun soll. Dann sage ich mir nur: Du wirst schon mit der Zeit ruhiger, gib Dir man Mühe und beherrsche Dich. – Und es hat auch schon viel geholfen … Und wenn man dann seine Zigarre eingesteckt hat, dann flucht man nicht erst stundenlang, sondern vergisst eben den Fall. Man muss jede Kollision mit einem Vorgesetzten lächelnd nehmen, wenn auch nicht immer zu zeigen ist, dass man lächelt. Das ist mein Wahlspruch. So sieht mich nie einer verzagt, und ich bin es auch nicht, z. B.:

Da hatte unsere Gruppe den Proviantwagen abzuladen und ich stehe vor so einem zentnerschweren Butterfass und weiß nicht, wie ich es anfassen soll. Es rollt mir die Treppe hinunter und ein Deckel springt ab. Dann nehme ich es vor den Bauch und laufe einige Schritte, um es wieder abzusetzen. Da kommt ein Spaßvogel und rät mir, es auf den Rücken zu laden, und hilft mir auch dabei. Nun trage ich das Fass auch getrost an seinen Bestimmungsort, aber wie nun den Brocken an die Erde bringen? Die Arme und Glieder sind zu lahm, dass sie nichts mehr festhalten können. Schließlich liegt das corpus delicti mit zerbrochenem Rand am Boden und der Korporal donnert und wundert sich, wie man bloß so ungeschickt sein kann. All die dauernden Vorwürfe und Anklagen quittiert man dann mit einem Lächeln und ‚Jawoll‘ und für mich ist der Fall erledigt … H. J.“

Abb. 47
Winter in Nordfrankreich auf Lastwagen

„*C. 6.11.40. L. E.*
Nun bin ich wieder ‚daheim', wie wir es auch nennen können. (Inzwischen hatte ich drei Wochen Urlaub in Kiel.) Es sind etwa 70 von der Abteilung auf Urlaub, sodass ich heute gleich wieder auf Wache ziehen muss, um überhaupt das Personal zu stellen. Sonst wird anscheinend kein geregelter Dienst mehr gemacht.

Die Fahrt ging ganz vorschriftsmäßig vonstatten. In den 6 Std. Aufenthalt, die ich in Maastricht verbrachte, habe ich viele schöne Sachen gekauft ...

In Maastricht, glaube ich, lebt wohl die Bevölkerung vom Schleichhandel. Auf Schritt und Tritt sprachen mich Leute leise an, ob ich Strümpfe oder sonst etwas haben wollte. Dort ist auch die Rentenmark eingeführt, was mir sehr bei meinen Käufen zustatten kam. Das ist wohl der erste Schritt zur Zollunion mit Deutschland ... H. J."

„*C. 10.11.40. L. E.*
... Unser Zimmer haben wir uns zum Wärmen eingerichtet, d. h. im Badezimmer steht ein Ofen, dessen Rohr durch das Fenster in den Lichtschacht geht. Kohlen und Holz gibt es genügend, sodass wir alle paar Tage tüchtig einheizen können ...

Schreibe mir doch bitte, liebe Mutti, den Rest der ‚Glocke' aus dem Echtermeyer ab und schicke ihn mir. Die letzten zwei Zeilen, die ich habe, in der Mitte des Gedichts, sind ‚und des Himmels Wolken schauen hoch hinein.'"

Nach Großmutters Tod in Kreuz:

„*C. 20.11.40. L. E.*

Euer lieber Brief hat mich sehr gefreut, obwohl bei Mutti Trauer und Tränen durch die Zeilen zu lesen sind. Aber Abschied muss einmal sein und es fällt so vielen Menschen in Deutschland schwer. Aber gerade das Gemeinsame, das Euch verbindet, wird auch dies umso leichter ertragen lassen. Also Kopf hoch! Man muss das Unschöne vergessen.

Jetzt hat die Admiralswache für uns ein Ende; denn es ist ein Wachzug aus Reservisten aufgestellt worden …

Vor einigen Tagen habe ich einen Munitionstransport nach Cherbourg begleitet … Die Stadt ist nur wenig von Fliegerangriffen mitgenommen. Einige Häuser sind wohl zerstört, das Leben geht weiter. Überall sieht man dort farbige Gefangene, die aufräumen müssen oder Munition umstapeln. Wenn aus dem Fort eine solche Kolonne herauskommt, stehen die Frauen am Weg und winken ihren Angehörigen zu, wenn es Weiße sind. Niedergeschlagen sehen die Gefangenen nicht aus.

Nach langen Reden und dem Einreichen von Urlaubsgesuchen habe ich es so weit gebracht, einen Tag Urlaub nach Bayeux zu bekommen. Dort sah ich mir die schöne Kathedrale an. Der Teppich ist aber leider wegen Bombengefahr verpackt. Ich konnte nur Ansichten betrachten und schicke eine mit. Die farbige Karte dient als Beispiel für die Farbenpracht des Stücks. Die Reise legte ich z. T. im Bus zurück, zum Teil habe ich getrampt …"

Am 5.10.41, also ein Jahr später, erschien in der Berliner Börsenzeitung ein Artikel, den mir Vater schickte. Er berichtet, dass die Franzosen sich um den wertvollen Wandteppich jahrhundertelang nicht sehr gekümmert haben. Er wurde zwar in Bayeux ausgestellt, aber wissenschaftlich nicht ausgewertet. „Im Auftrage des

OKH und des Reichsführers SS sind jetzt deutsche Wissenschaftler aus dem Ansatz ihrer germanenkundlichen Forschungen darangegangen, den Teppich nach allen Seiten hin zu bearbeiten. Zu diesem Zweck wurde er für einige Zeit in der Abtei Mondaye untergebracht, und nun ist er an anderer Stelle gesichert bis zum Kriegsende. Der Vorgeschichtler Prof. Jankuhn hat selbst die fotografische Aufnahme, die auch Farbbilder und die Vorbereitung farbiger Reproduktion umfasste, geleitet. Er wird im Rahmen seiner Wikingerforschung den Teppich bearbeiten. Andere Fachleute wollen gesamthistorische, germanenkundliche, kunstgeschichtliche und textilgeschichtliche Untersuchungen beisteuern …"

„Die Partei hat mir ein Päckchen mit etwas Briefpapier, einem Taschenkalender und einer Rolle Drops geschickt. Sie hat gleichzeitig um einen Erlebnisbericht gebeten, den ich auch Euch beiliegend in ähnlicher Form mitschicke. H. J."

„*C. 22.11.40. L. E.*

Ein kleines Erlebnis.

Es ist im Juni irgendwo in der Normandie. Unsere Abteilung ist dem Feinde gefolgt und hängt ihm an den Fersen. Die Kolonne hat eben eine kleine Ruhepause eingelegt und ist nun wieder fahrbereit. Die Wagenbesatzungen haben ihre Plätze eingenommen, alles beschäftigt sich mit den Waffen, Handgranaten und der Munition, denn jeden Augenblick kann ein feindlicher Überfall stattfinden. Alles muss griffbereit liegen. Plötzlich hört man etwas sengen und zischen, als wenn ein Brennzünder Feuer gefangen hat. Da schreit auch schon einer über den wartenden Wagen: ‚Handgranaten!' Alles erhebt sich mit einem Schlage, bleibt stehen und jedem schießt jetzt wohl der Gedanke an die Menge der Granaten und der Gewehrmunition durch den Kopf, in deren Mitte er steht. Nur den Bruchteil einer Sekunde dauert diese Überlegung. Dann springt, stürzt und fällt alles aus dem Wagen. Einige landen auf dem Bauch, dem Kopf, den Armen, dem Rücken. Dort neben der Straße ist ein Graben. Man rollt sich hinein und presst das Gesicht und den ganzen Körper an den Boden. Gleich, jetzt muss das Unglück geschehen, muss die Explosion aufbrüllen, und vom Wagen wird nicht mehr viel zu sehen sein. Doch es geschieht nichts, bleibt alles ruhig. Man hört nur seinen eigenen keuchenden Atem und das klopfende Herz. Ja, ist denn das möglich? Langsam schieben sich die Köpfe über den Grabenrand – da steht er noch, der gute Wagen, und auf ihm sind noch zwei Mann drauf. Jetzt wird jedem klar, dass sie hier einem Streich zum Opfer gefallen sind. Alles springt auf. Man nimmt wieder seinen Platz ein und die Fahrt geht weiter.

Erst später erfährt man die Umstände: Ein Witzbold hatte einen anderen dazu angestiftet, eine geladene Signalpistole abzuziehen, ohne sich darüber klar zu sein, was für eine Panik er dadurch anrichten würde. Das Signalgeschoss berührte den neben der Pistole Sitzenden am Hosenboden und versengte ihm das Tuch. Hieraus entstand das verdächtige Geräusch. Der Leidtragende, dem die Hose anbrannte, wird wohl sein Leben lang an dies Erlebnis denken. H. J."

„*C. 24.11.40. L. E.*

Jetzt ist die Apfelernte in vollem Gange, d. h. der Sturm erntet … Wenn er die Äpfel alle ins Gras geworfen hat, schaufelt der Bauer sie auf einen Haufen. Überall sieht man es zwischen den Bäumen gelb hervorblicken, und zerkleinert sie dann mit einer Winde. Die Stücke werden in Lagen, mit Strohschichten gefestigt, mit primitiven Pressen ausgedrückt. So macht jeder Bauer seinen Cidre, den er morgens, mittags und abends trinkt.

Die kriegsgefangenen französischen Verwundeten sind wohl zum größten Teil wieder in der Heimat. Ich traf hier einen, der die deutschen Ärzte sehr lobte … H. J."

„*C. 30.11.40. L. E.*

… Wir machen jetzt öfter Verladeübungen, bei denen wir stundenlang in Drillichzeug sitzen und frieren … Dann nach so einer Verladung fahren wir ins Gelände und kommen erst am Nachmittag lehmbespritzt wieder … H. J."

Jörgs Briefe aus Cabourg vom 2.12.40–25.12.40

„*C. 2.12.40. L. E.*

Gestern war der Erste Advent. Auch wir haben ihn gefeiert. In unserem Theatersaal war ein Adventskranz aufgestellt, dessen Kerzen so heimatlich herüberstrahlten, dass wir wirklich in einer Stimmung waren. Dazu sprach der Pfarrer sehr schön von deutscher Weihnacht. Man merkt den Unterschied zwischen uns und den Franzosen hier am meisten. So verkaufen sie auch jetzt noch ihre Waren geschäftig und merken überhaupt nichts von einem Fest oder einer feierlichen Stimmung.

Auch Ihr werdet dort zu Hause am Adventskranz gesessen haben und zu uns herübergeblickt haben mit dem geistigen Auge, das nirgends einen Halt findet. So einte uns der gleiche Kranz, die gleiche Feier. Jetzt erst merken wir, was diese Feiern für ein Volk zu bedeuten haben. Sie sind das Band, das es überall zusammenhält. Sie sind Kultur, die diesem Volk gehört. Und diese Kultur ist genauso stark wie das Blut, das ein Volk bildet.

Abb. 48 *MG-Exerzieren auf dem Hotelplatz*

Abb. 49 *Waffenunterricht*

Vor einigen Tagen brachte einer auf unsere Stube einen schönen, rassigen, braunen und langhaarigen Jagdhund … Er muss schon älter sein, denn seine Schnauze zieren einige lange Fühl- oder Barthaare … Vor ein paar Tagen trafen wir nun unseren Bootsmaat, als wir den Hund ausführten. Er fragte natürlich gleich nach dem Namen. Das gab ein Gelächter, denn unser bärtiger Korporal wird auch von seinen Kollegen Rübezahl genannt, und wir haben ihn mit Absicht so nach ihm genannt … H. J."

„*C. 8.12.40. L. E.*

… Die ‚Glocke', die Dir wohl viel Arbeit gemacht hat, ist jetzt auch vollzählig in meinen Händen. Zur Hälfte kann ich sie schon. Da wir aber weniger Wache gehen, wo ich immer gelernt habe, stockt es etwas …

In der letzten Zeit haben wir einige große Übungen gemacht, an denen auch andere Truppenteile und Stukas teilnahmen. Es

Abb. 50 *Der Zug vor dem Marsch*

war recht laut, aber auch sehenswert. Wir pumpten uns dabei die Lunge aus dem Leibe. Auch das muss geübt sein.

Vor einigen Tagen ist unser Exerziergefreiter in einer Schlägerei mit Franzosen in angetrunkenem Zustand erschlagen worden. Man hat noch keinen Fingerzeig, wer es war. Wir haben ihn auf dem Friedhof in Caen beigesetzt. – Man darf eben nicht vergessen, dass wir in Feindesland sind. H. J."

„*C. 10.12.40. L. E.*

Heute hörte unser Zug die Führerrede in unserem Salon. Sie ist wohl als Aufmunterung gedacht; denn Überraschungen enthielt sie keine. Wir waren alle begeistert.

In unsere Gruppe ist jetzt ein fünfzigjähriger Kriegsfreiwilliger eingetreten. Er ist noch sehr rüstig. Der Grund seiner Meldung liegt in seinem Idealismus, den er auch in der Bewegung als alter Kämpfer bewiesen hat. ... H. J."

„*C. 15.12.40. L. E.*

... Jeden Tag vor Weihnachten fette Kuchenpakete, die meistens redlich verteilt werden. Sogar die NSDAP-Volkswohlfahrt schickte eines mit Keksen, Zigaretten, Rasierklingen, Drops und einer Ansicht des weihnachtlichen Altmarktes in Kiel. Dies Bild hängt jetzt in der Stube ... H. J.“

Das Beischreiben der NSDAP, Gauleitung Pommern, vom 6.12.40 aus Schneidemühl zum Paket der Volkswohlfahrt lautet:

„Lieber Kamerad!

Das zweite Mal feiern wir Weihnachten in dem uns aufgezwungenen Krieg. Vielen ist es nicht vergönnt, dieses schönste aller deutschen Feste im trauten Kreise zu verleben, da sie im feldgrauen Rock für die Heimat treue Wacht halten.

Aus dem gewaltigen Geschehen heraus, aufs Tiefste beeindruckt, stolz auf jeden Mann im feldgrauen Ehrenkleid, fühlt die Heimat gerade besonders an Weihnachten ihre innere Verbundenheit mit der Front. Eine große Freude ist es uns gewesen,

Abb. 51 *Zug in Marsch*

Abb. 52 *Gruppe vor dem Angriff in den Dünen*

diese Päckchen, die Euch hoffentlich eine Weihnachtsfreude bereiten werden, zum Versand zu bringen ...

Davon überzeugt, dass das kommende neue Jahr uns durch gemeinsamen Kampf und beständige Treue zum Führer ein siegreiches Kriegsende bringt, grüßt Euch die Heimat zu Weihnacht. Heil Hitler!"

Unterschriften vom Kreisamtsleiter der NSV und Kreisleiter I. A.

„*C. 18.12.40. L. E.*

Einige Leute haben Weihnachtsurlaub erhalten. Aber auch wir werden fröhlich feiern. Es sind Preise ausgesetzt für die besteingerichtete Stube. Die werden wir natürlich erschmücken. Dazu habe ich Weihnachtsbaumschmuck gekauft, der ja zum großen Teil aus Deutschland stammt. Wie die Weihnachtskarten ist er sehr knapp und an manchen Stellen wird er rationiert. Es sind wirklich deutsche Weihnachtsmänner und Schneelandschaften auf den Karten. Und man würde in Frankreich so etwas selten in der Natur sehen. Nun wünsche ich Euch ein frohes Weihnachtsfest. Mit meinen Gedanken werde ich bei Euch sein, und wenn ich die Kerzen anzünde, werden sie auch bei Euch aufflammen. H. J."

„*C. 25.12.40. L. E.*

Nun haben wir Weihnachten gefeiert und es war fast wie im häuslichen Kreise. Am Morgen des 24. ordnete der Spieß noch ein großes Reinschiff an. Am Nachmittag hielt der Ortskommandant, der im Zivilberuf Pfarrer ist, eine Predigt in der Kirche. Er hätte sie aber auch nicht zu halten brauchen. Es war in der letzten Zeit sehr kalt gewesen und der Reif bedeckte alles mit einem weißen Hauch. Das gab der Landschaft ein weihnachtliches Gepräge. Aber die Straßen waren vereist, sodass wir schlecht marschieren konnten.

Dann zog unsere Kompanie in die Kantine ein, die festlich ausgestaltet war. Nach einem prächtigen Kasslerschmaus wurde Punsch aufgetischt, dem alle tüchtig zusprachen. Dazu erhielt ein jeder eine Tüte mit Kuchen, Nüssen, Marzipan und Obst. Unser Kommandeur erinnerte in einer Ansprache an die Sonnenwende …

Doch gemütlich wurde es erst am Abend, als wir in der Stube saßen, den schönen Weihnachtsbaum anzündeten und jeder seinen Gedanken nachhing. Später sangen wir etwas, tranken ab und zu einen und klönten … In keiner Stube ging es so ruhig zu wie bei uns … Wir haben einen Radioten gekauft. Ein bombastischer Apparat, der ausgezeichnet spielt. Ich kann mir vorstellen, wie es bei Euch aussah, als Ottfried eintrudelte. Na, ich werde wohl auch bald kommen. Vielleicht allerdings nur. H. J.“

Eltern an Jörg nach Cabourg vom 20.11.–25.12.40

„*K. 20.11.40. L. J.*

Was sich die Engländer eingebrockt haben – hier trafen sie einige Häuser und wenige Menschen, in Hamburg war es wohl schlimmer, über Bremen ist hier nichts bekannt. Dafür haben sie Birmingham. Vielleicht hören sie bald damit auf, regellos abzuwerfen. Mögen sie doch herunterkommen, um das Ziel ansehen zu können.

Diese Nacht haben sie wohl nicht geworfen, obwohl sie uns von 4 Uhr ab in den Keller schickten. Ich habe im Anschluss dar-

Abb. 53 *Gruppe Thomsen*

an gelesen, bin also nicht wieder ins Bett gegangen ... Nachts vier mal Alarm, neun Bomben, sieben Tote ... H. V."

„*K. 25.11.40. L. J.*

Du stehst ja wohl nicht im Sturm wie Ottfried. Er schrieb am 7.11. und befindet sich wohl in der Gegend von La Rochelle. Das liegt mitten zwischen Bordeaux und Nantes. Ihre Übungen sollen durch Sturm sehr erschwert sein ... H. V."

„*K. 1.12.40. L. J.*

Dass Du den Teppich von Bayeux nicht gesehen hast, war wohl vorauszusehen. Dafür konntest Du aber eine schöne Kirche besichtigen. Du machst ja eine förmliche Bildungsreise, lernst das Ausland kennen und setzt nur fort, was Du auf den Seefahrten hier angefangen hast, Ottfried auch. Dann wird es aber Zeit, die Heimat kennenzulernen. Hoffentlich kann das Studium so eingerichtet werden. ... Dein Wagen-

Erlebnis ist gut geschrieben. Es ist mal nichts Ernstes … Koks ist knapp … H. V."

Abb. 54 *Jörg Weihnachten 1940*

„*K. 7.12.40. L. J.*

… Ich bekam das Bändchen von Jean-Baptiste Rousseau. Das ist nicht Jean-Jaques Rousseau. Dieser ist der bekannte Vorbereiter der französischen Revolution, Enzyklopädist, Verfasser des Emile und der Heloise, jener ist ein längst verschollener Dichter, der in der 1. Hälfte des 18. Jh. schrieb. Frankreich ist darin reichlich konservativ, während wir Deutsche solche Bücher nicht erwarben. Es war damals noch aus politischen Gründen nötig, Werke in England drucken zu lassen. Das Bändchen ist in London 1753 gedruckt …"

Mutter: „… 1. Advent, Kerzen und Tannenzweige in der Vase, kein Kranz … Dank für Pakete. Die Bäuerin in Melsdorf hat eine Gans gebracht. H. M."

Ich habe das Büchlein von Rousseau aus dem Bücherschrank einer Villa in Trouville als Wachsoldat mitgenommen. Später habe ich es meinem Patensohn Michael Zietz geschenkt.

„*K. 15.12.40. L. J.*

… Ottfried war aus Rotterdam auf Urlaub für acht Tage … H. M."

„*K. 18.12.40. L. J.*

… Ottfried ist nach Rotterdam zurückgefahren. Er war sehr angestrengt, die paar Tage Ruhe bei uns haben ihm gut getan.

In den nächsten Tagen geht ein Buch für Dich ab: Gmelin: ‚Die Krone im Süden'. Endlich einer, der den Mut hat, zur alten

Kaisergeschichte zu stehen, trotz vielen bisherigen unsachverständigen Schwafelns unberufener Redner. Du wirst Deine Freude daran haben. Es gibt hier keinen Ausweg, auch nicht in die ja unmögliche Unterstellung, wenn Heinrich der Löwe … oder, wenn Otto der Große … Wir haben eben zu unserer Geschichte zu stehen, wie sie verlaufen ist. Schließlich ist ja auch die Geschichte der damaligen Zeit nicht nur die Tat der wenigen Führer. Auch sie hatten mit dem Möglichen zu rechnen, und das ist eben das, was das Volk denkt und fühlt und schließlich getan wissen will. Die großen Kaiser sind nicht ohne den Rückhalt im Volke gewesen, es trug sie.

Wir dürfen nun wohl annehmen, dass auch Ihr Euch für eine kleine Feier zurechtmacht. Auch wir hatten sie ja im Felde. Ich denke noch an die Feier an der Beresina in einer Scheune des Dorfes Lasduny, wo wir im Winterquartier lagen. Ich half beim Vorbereiten, der Baum ging bis in den First. Die Vorbereitung war eigentlich am schönsten. Wir vier oder fünf Mann fingen schließlich, als alles fertig war, ein Weihnachtslied zu singen an. Das war nachmittags. Am Abend kam die Kompanie.

Bei etwas Muße müsste sich noch manches aufschreiben und festhalten lassen. Ich wünsche Dir ein geruhsames Stündchen. H. V."

Mutter: „Nun ist Ottfried schon wieder fort. Es ist kaum zu fassen, dass er hier war und dass er schon wieder fort ist. Heute war es ein leerer Tag, wie immer traurig, wenn Ihr wieder fort seid. Aber es ist ja nicht anders, Scheiden tut weh. – Ich bin froh, wenn Ihr immer froh und zufrieden schreibt.

Du hast uns so nette Bilder gezeigt …

Ihr werdet es Euch ja gemütlich machen können … Du wirst Weihnachten wohl bei Deinen Büchern sitzen und lesen. Und wir werden es auch tun; denn Vati hat auch mir ein schönes Buch ausgesucht. Es ist dann so recht Ruhe und man kommt dann leichter über die einsamen Stunden hinweg; denn es ist das erste Mal, dass wir Weihnachten allein feiern müssen … H. M."

„*K. 25.12.40. L. J.*

Die bescheidene Feier, die wir gestern allein hatten, war getragen von Wehmut und es ist fast zu sagen – bei Mutter wenigstens – von Leid. Der Baum stand wieder an seinem gewohnten Platz. Die Geschenke lagen auf der Anrichte: ein Fernglas, das Ottfried in St. Nazaire gekauft hatte, Handschuhe, eine Vase, die, so jung sie ist, doch schon ihre Geschichte hat. Ich hatte sie vor vier Wochen gekauft und in Mutters Glasschrank gestellt, sodass sie leicht hätte gesehen werden können. Ottfried hat sie gleich dort bemerkt, als er auf Urlaub hier war. Zum Glück war aber Mutter gerade nicht im Zimmer. Sie hat sie dann auch gerade am Tage vor Weihnachten wahrgenommen. Nun, der Baum war angezündet und von vorn klangen die Lieder der Weihnachtsstunde des Rundfunks, die Ihr wohl auch gehört habt. Jedenfalls dachten wir uns, Ihr säßet dort auch vor Eurem Baum und empfändet dasselbe wie wir. Das Zusammensein der Familie lässt eine so tiefe Andacht und Stimmung nicht aufkommen, wie wir sie gestern Abend, da Ihr in Frankreich steht, empfanden. Wir stellen uns vor, dass auch Du die Zeit und Muße fandest, aus dem Kreis der Kameraden herauszudenken und Dich in der gewohnten Ecke des Weihnachtsbaumes zu treffen …

Dieser Brief wird wohl am Neujahrstag bei Dir sein. Wir wünschen Dir ein gutes Jahr und schnelle, gesunde Heimkehr, damit Du dann an Deine Berufsausbildung herangehen kannst. H. V."

Mutter schreibt genauso sehnsüchtig, wehmütig, aber auch dankbar für die Sorge der Söhne um sie.

Ottfrieds Briefe an die Eltern vom 2.10.–5.12.1940 aus der Loire-Mündung und anderen Häfen der französischen Westküste

2.10.1940. Die vier Boote der T-Flottille fahren etwa alle drei Tage von Saint Nazaire aus Angriffe gegen die englische Südküste, legen dort Minen und treffen gelegentlich auf englische Kriegsschiffe. Es gibt kleine Gefechte, in denen die Engländer Verluste

Abb. 55 *Die Bretagne*

haben. Sie werden im Wehrmachtsbericht lobend genannt. In einem Gefecht mit englischen Zerstörern, die schneller sind und stärkere Waffen haben, steht Ottfried am achteren Geschütz und schießt auf Anweisung der Leitung. Als ein Soldat ausfällt, stemmt er aus dem Munitionsluk 1-Zentner-Granaten hoch. Sie selbst werden im Oktober nicht getroffen.

In den Häfen gibt es kaum etwas zu kaufen, nur Wein, Hühner und Weißbrot. Es geht das Gerücht um, dass sie nach Süden kommen. Dies hängt mit den Gesprächen Hitlers mit Franco, dem Diktator von Spanien, am 23.10.40 zusammen. Hitler hatte vorgeschlagen, Gibraltar von Land her zu nehmen, um den Engländern den Zugang zum Mittelmeer sperren zu können. Aber Franco stellte zu hohe Bedingungen für die Öffnung seiner Grenzen für deutsche Truppen. (vgl. Ploetz)

Jörg wurde zu dieser Zeit in Cabourg gegen Tropenkrankheiten geimpft.

Am 3.11.1940 beschreibt Ottfried ausführlich einen katholischen Gottesdienst, den er als Zuschauer erlebte. Er versteht wenig und beschreibt die Riten, die Worte und Gesänge wie ein Außenstehender, der von den religiösen Inhalten kaum etwas kennt. Es besteht eine große Barriere zwischen zwei Völkern, allein durch die Unkenntnis der Eigenheiten. Das Ehrenmal für die französischen Weltkriegstoten ist verwahrlost, die Straßen der Stadt sind dreckig, die Kneipen sind schmutzig und die Bevölkerung abweisend und frech in den Hafenstädten.

Ende Oktober sammelt sich die Flottille in einer Bucht an der südfranzösischen Atlantikküste und macht Schießübungen mit Torpedo und Geschütz. Die Bucht ist durch U-Boot-Netze abgesperrt. Das Wetter ist sehr stürmisch und sehr wechselhaft, aber noch warm.

Am 5.12. ist der Aufenthalt in Frankreich zu Ende. Sie laufen Rotterdam an.

Abb. 56 *Die französische Atlantikküste*

Briefe der Eltern und Ottfrieds an Jörg vom 3.1.–14.2.41

Peter Richter schreibt als neuer Leiter der Jachtschule einen Rundbrief im Januar 1941. Zuerst nennt er die acht Altmitglieder, die gefallen sind. Dann zählt er die Segelaktivitäten der 28 Jugendlichen auf, die neun Boote zu Wasser lassen konnten. Ottfried Benz hat den „Hermann Hölzke" aufgetakelt und konnte so ein „Dickschiff" zur Verfügung stellen. Es wurden wieder Preise ersegelt auf der Förde, in der Schlei und auf der Alster. Fahrtensegeln war wegen der Balkensperre bei Friedrichsort nicht möglich. (Ich hatte im Herbst 1939 als Takelmeister alle Boote abgetakelt und Masten, Spieren und laufendes und stehendes Gut sorgfältig beschriftet und verpackt. Ein halbes Jahr später, im Frühjahr 1940, konnte mein Bruder Ottfried daher schnell und richtig die sechs Jollen, den Drachen, das Starboot und die Jawl segelfertig in Dienst stellen.)

„*K. 3.1.41. L. J.*

Als wir am Altjahrsabend zu Hinrichsens eingeladen waren, hatten wir den Schlüssel bei Schulzens im Hause abgegeben, weil wir es für möglich hielten, dass einer von Euch käme. Es war aber Ottfried, der mit Gedanken schon in der Kieler Gegend war. Um 2 Uhr am Neujahrstag setzte er sich zu uns zum Rehbraten…"

Ottfried: „Nach einigen Unternehmungen in den Weihnachtstagen liegen wir hier seit dem 1.1. Auf der letzten Fahrt gerieten wir in einen gewaltigen Sturm, der zwei Booten einige Aufbauten etwas versetzte. Diese müssen jetzt wieder zurechtgerückt werden, sodass wir noch einige Tage hier bleiben können. Auf See ist es jetzt kalt und unfreundlich. Mit gewaltigen Eislasten läuft man in die Häfen ein. H. O."

„*K. 20.1.41. L. J.*

… Deine Auffassung von der ROA-Frage ist natürlich richtig. Man soll das tun, wozu man bestellt ist. Das bescheidene Ehrgeizchen, das in allen Eltern steckt, kommt in Deinem Fall also nicht zu seinem Recht ... H. V."

Ottfried „20.1.41. L. J.

Endlich komme ich auch einmal dazu, Dir zu schreiben ... Eigentlich sollte unsere Flottille am 15.1. in die Werft nach Rotterdam. Doch haben wir nichts Wichtigeres zu tun – so wird es also noch nichts. Hier hatte sich schon alles mächtig gefreut, einmal Urlaub zu bekommen; denn die meisten sind seit Juni nicht mehr zu Hause gewesen. Wenn man dabei noch Krieg führen soll und sich mit einem Bein immer an den Minen und sonstigen Tücken abstoßen muss, dann ist es eine unendlich lange Zeit. Jetzt sind wir hier wieder in Mittelnorwegen und werden wohl noch bleiben ...

Ich weiß nicht, ob ich Dir meine Fahrten so um Weihnachten beschrieben habe. Wenn doch, dann musst Du sie noch ein zweites Mal lesen. Als ich am 18.12. aus dem Urlaub nach Rotterdam zurückkam, ging's auch gleich wieder los mit kleiner Decksladung, da irgendwo unter die Küste. Ungestört wurde sie mit Sekundengenauigkeit in den Bach geschoben. Der Tommi wird sich bestimmt nicht schlecht gewundert haben. Unsere Hilfsschiffe wurden wieder zurückgebracht und dann ging's mit Höchstfahrt nach Wilhelmshaven, wo wir am 22. abends ankamen. Am 23.12. wurde das Zerstörerabzeichen verteilt. Es sollte eigentlich nur an Zerstörerbesatzungen verteilt werden, die drei Gefechte oder neun Fahrten mit Feindberührung hinter sich hatten. Es wurde dann auch an einzelne Schnellboots- und Torpedobootsflottillen verliehen. Wir haben mit 43 Feindfahrten die höchste Zahl in der ganzen Flotte. An Heiligabend wurde mit der ganzen Besatzung Weihnachten an Bord gefeiert. Es gab eine gewaltige Tüte mit allen möglichen Weihnachtswaren, sodass wir bis weit in den Januar noch etwas davon hatten. Zum Abendbrot bekam jeder ein halbes Huhn und eine Flasche Bier. Anschließend wurde etwas Punsch ausgeschenkt. Viel war's nicht, was sehr gut war, da wir am nächsten

Morgen in See gingen. Gegen 5 Uhr machten wir eine kleine Feier, zu der die ganze Besatzung versammelt war. Es war sehr nett. Ein Teil von uns musste den ganzen Abend noch arbeiten, da wir noch einiges vorhatten. Gegen 11 Uhr lag die ganze Belegschaft in den Kojen. Am nächsten Morgen ging's also in See. Ein sehr schneller Dampfer wurde nach Norwegen gebracht. Von hier machten wir einen frechen Vorstoß mit kleiner Ladung. Dann ging's nach Dänemark, wo wir die Scharnhorst und Gneisenau abholten und mit diesen beiden Schiffen ein Unternehmen von gleicher Art fuhren. Dann ging's durch den Großen Belt nach Kiel, wo wir am Neujahrstage um 11 Uhr eintrafen. Um 12 Uhr war ich schon an Land und suchte den Club auf. Hier wurde ich im Olympiahafen mit lautem Geschrei empfangen. Natürlich waren es nur KSV-er. Es waren auch Jürgen und Fidi Thode da, die ich später noch einmal besuchte. Jürgen lässt grüßen und will Dich, wenn Du auf Urlaub kommst, unbedingt einmal sehen. In Kiel blieben wir bis zum 10.1. Dann ging's durch den Kanal nach Cuxhaven und von da in den Norden. Das sind so unsere Festtage gewesen … H. O."

„*K. 29.1.41. L. J.*

Von Ottfried müssen wir annehmen, dass er an einer länger dauernden Unternehmung teilnimmt …

Dann habe ich Dir angesichts der kommenden englischen Angriffe auf Kiel etwas mitzuteilen, das ich Dir eigentlich mündlich beim nächsten Urlaub sagen wollte. Da aber dieser Urlaub vielleicht, wie Du schriebst, fortfallen kann, muss ich es wohl schreiben. Ottfried habe ich es bei seinem letzten Urlaub gesagt. Es ist möglich, dass wir, Mutter und ich, die Zerstörungen durch englische Flieger nicht überdauern. Für diesen Fall musst Du wissen, dass unsere Urkunden in einem Pappkarton im Weinschrank im Keller liegen. Dazu gehören auch Akten, aus denen hervorgeht, dass wir Aktien besitzen, die ich Onkel Otto u. Wilhelm leihweise überlassen habe. Sie haben diese Papiere für Kreditzwecke an die Deutsche Bank in Hamburg deponiert. Sie haben einen ungefähren Wert von 15 000 RM (fünfzehntausend). Dabei liegen auch Versicherungsscheine über eine Lebensversicherung bei der Gothaer Lebensv. Gesellschaft über 10 000 RM (zehntausend), mit Quittungen der Einzahlungen der jährlichen Prämien und bei der Berlinischen Lebensvers. Ges. über 2 000 RM (zweitausend). Alles das steht Euch zur Verfügung für Euer Studium. Ihr solltet Euch um Rat bei Dr. Hinrichsen oder Herrn Maaß wenden.

Ich hielt es für nötig, dass Ihr diese Dinge kennt. Gerechnet werden muss mit allen Möglichkeiten, man soll sie nur nicht zu Wahrscheinlichkeiten aufbauschen. H. V."

Mutter: „... Sorge um Ottfried ..."

„K. 4.2.41. L. J.

... Zu dem Inhalt Deines Briefes über Deine Auffassung zum ROA, muss ich sagen, Du hast eine sehr vernünftige Ansicht, ich freue mich dazu. Wenn es Dir auch jetzt nicht gelingt, zum ROA zu kommen, so hast Du doch bei Deiner zukünftigen Sanitätslaufbahn noch Gelegenheit, es zu werden. Ich hoffe, dass es Dir immer gut geht. H. V."

Ottfried „14.2.41. L. J.

Ich weiß tatsächlich nicht, wie lange ich nicht geschrieben habe, aber jetzt haben wir etwas Zeit. Wir liegen in Rotterdam in der Werft. Es wird wohl einige Zeit dauern. Eben sind die ersten Urlauber abgefahren. Ich fahre für etwa drei Wochen, 21 Tage.

Meinen besten Dank für Deinen Geburtstagsbrief (3.2.1919). Ich habe ihn heute bekommen. Es ist überhaupt die erste Post seit dem 15.1. ... Du hast ja ganz edle Grundsätze. Ich auch, doch lasse ich mir etwas mehr freien Lauf. Ich rauche z. B. oft ganz gewaltig, besonders abends an Bord. Das hat vor allem den Grund, weil ich mir sage, 35 Mann verpesten die Luft. Bevor Du darüber meckerst, rauchst Du selbst. Wenn ich einmal keine Zigaretten habe, und ich bin zu knickerig, welche zu kaufen, brauch ich auch nicht zu rauchen. Übrigens ist das viele Rauchen beim Trinken recht schädlich. Man wird dann bedeutend leichter betrunken.

Neulich schriebst Du mir mal vom verlorenen Skatspiel. Man soll grundsätzlich nur mit besten Bekannten spielen. Die anderen können einen nämlich gewaltig überfahren. Dann soll man am besten eine Zeit festsetzen, wann aufgehört werden soll. Spiele nie weiter, weil Du verloren hast, denn dann wirst Du leichtsinnig und verlierst immer mehr. Also Vorsicht! Ich habe auch schon oft verloren, aber mir macht's nichts aus, da ich als reicher Mann angesehen werde und es auch bin, denn ich versaufe nicht gleich meine gesamte Heuer. Außerdem habe ich Währung von jedem Staat: Norwegen, Deutschland, Dänemark, Holland, Frankreich und Kreditkassenscheine.

Ein Mädel habe ich mir noch nicht angeschafft. Ich komme ja auch kaum zum Schreiben. Und außerdem, wenn ich absaufe mit unserm Pott, dann weint sie ja doch nur. Von zwölf Booten leben nur noch sechs, also keine unbedingte Lebensversicherung. Wir hatten wieder einen tollen Monat, da oben in Norwegen. Viel Sturm, viel kalt, viel See, viel Wasser und ... wenig zu trinken, nur Brause, Kaffee, und Milch mit Kuchen und Schlagsahne, und dann viel Fisch. Eigentlich sollten wir noch weiter in den Atlantik zu neuen Unternehmungen, doch vor W.-haven kamen wir ins Eis und taten uns etwas. Da wurde dann gleich die Werftliegezeit angefangen, die ja schon beabsichtigt war. H. O."

Jörgs Briefe aus Cabourg vom 1.1.–26.2.41 an die Eltern

„*Cabourg, 1.1.41. L. E.*

... Auch nach den Festtagen wurde straffer Dienst gemacht. An einem Morgen haben wir einen Marsch unter der Gasmaske gemacht, der dann in eine Geländeübung ausartete. So wurde der Alkohol ausgetrieben und die Lunge gereinigt. Auch die Führer machten mit. Unter solchen Übungen bekommt man kein Heimweh.

Abb. 57
Weihnachten 1940

Den Abend des alten Jahres feierte die ganze Abteilung zusammen. Wir tranken Punsch und die Zeit wurde durch Vorstellungen einiger Witzbolde ausgefüllt. Während des historischen Augenblicks brachte der Kommandeur ein Siegheil auf den Führer und die siegreiche Beendigung des Krieges aus. Der Pionierzug brannte dann draußen ein Feuerwerk ab. Wir waren ganz zufrieden über den Verlauf des Abends ... H. J."

„*C. 8.1.41. L. E.*
... Es ist jetzt für diese Gegend ziemlich kalt geworden. So hat man schon 6 °C minus gemessen. Wir machen unsere Übungen jetzt vielfach mit Mantel oder wenigstens in Tuchzeug. Bis vor Kurzem zogen wir in Drillichzeug ins Gelände. Aber das französische Volk ist sehr verwöhnt. Man sieht die Leute mit Pelzen und Tüchern herumlaufen, die um das ganze Gesicht gewickelt sind.

Zu Weihnachten habe ich Päckchen von der Partei in Kiel aus Schneidemühl bekommen. Wie kommt die Gauleitung Pommern dazu, mir aus der Heimat Grüße zu senden? Name und alles andere stimmten. Driesen (Heimat der Familie Röschel) liegt doch in Brandenburg. H. J."

Das Netzebruch ist mit Driesen und Resten von Westpreußen 1938 Pommern angegliedert worden. Hitler wollte den Polen zeigen, dass er keine Revisionsabsichten hätte, um seinen Friedensbemühungen mit Polen Nachdruck zu verleihen.

„*C. 14.1.41. L. E.*

...Eure Neujahrsfreude habt Ihr also durch Ottfrieds Besuch gehabt. Überraschungen sind doch immer das Schönste. – ... Bei unserer Abteilung werden keine ROA gemacht, da man immer wieder denkt, man habe keine Zeit, sie auf eine Schule schicken zu können. Man will keinen Mann von der Abteilung fortlassen, um nicht geschwächt zu werden. Der Zuwachs ist nämlich sehr gering. Allerdings hat man aus den länger dienenden Soldaten die Unteroffizieranwärter besonders vorgenommen und fördert sie jetzt auch, da ein lang dienender Unteroffizier besser ist als ein ROA, der der Abteilung doch verloren geht ... Selbst mit den Vorgesetzten über den Vorschlag zum ROA zu sprechen, ist nicht ratsam und von vornherein erfolglos. Auch von außen, durch Anfrage der Eltern, kann nichts

Abb. 58
Ruhe nach dem Training

geschehen. Es haben sich schon welche die Finger verbrannt. In alter Frische grüßt Euch H. J."

„*C. 30.1.41. L. E.*

... Ich glaube, dass Ihr meine Auffassung vom ROA noch nicht völlig kennt. Ich rechne überhaupt nicht damit, dass ich zum ROA vorgeschlagen werde, wenn welche vorgeschlagen werden; denn ich bin wohl nicht der Mann, um Offizier zu werden. Vor allem mein körperliches Aussehen ist dazu nicht geeignet. Das hat nichts mit Minderwertigkeitskomplexen zu tun. Wenn man weiß, dass etwas nichts wird, soll man sich auf etwas anderes werfen. Wenn ich mein letztes halbes Jahr in der Sanitätslaufbahn abdienen werde, habe ich immer noch Chancen, vorgeschlagen zu werden, und zwar in der Laufbahn 11. –

Dann glaube ich, dass es mir mehr nützen kann, wenn ich möglichst lange in einer größeren Gemeinschaft zu leben habe, was ich jetzt ja tue. Später komme ich wahrscheinlich niemals mehr in diese Lage, in der ich besonders viel lernen kann, wie man mit Menschen umgehen muss und wie man mit ihnen auskommt. Auch für meine Gestalt ist es wesentlich besser so, da ich jetzt viele körperliche Anstrengungen habe und oft in der frischen Luft herumtoben kann. ... H. J."

„*C. 6.2.41. L. E.*

Ich danke Euch für die Ausführungen über den Todesfall (der Eltern durch Bomben in Kiel). Hoffen wir, dass er nicht eintritt. Wir sagen doch: ‚Eine jede Bombe trifft ja nicht.' Sicher werden auch Wilhelmshaven und Hamburg stärker angegriffen werden als gerade Kiel. Übrigens ist die Meinung nicht selten vertreten, dass wir gar nicht nach England übersetzen werden. Aber wer weiß das? Möglich ist alles ...

Da der alte Aufklarer bei unserem Korporal zu ‚verlaust' war, bin ich zum neuen Aufklarer bestimmt worden, da ich der Nächstjüngere bin. Ich werde das Amt also einen Monat lang ausführen und es dann abgeben. Dabei habe ich die Stiefel zu putzen, die Koje zu bauen, muss das Zimmer aufklaren und heizen. Wenn man das ein bisschen verteilt, ist das leicht zu machen … H. J."

„*C. 13.2.41. L. E.*

In der letzten Zeit waren wir wieder öfter im Gelände, wozu natürlich die Witterung günstig war. Nach so vielem Exerzieren ist es einmal schön, wieder im Freien herumtollen zu dürfen, wenn dies Tollen auch unter militärischem Zwang steht. Wir machten ein paar Langstreckenläufe nur in Turnzeug, und die fröstelnden Franzosen schüttelten überrascht die Köpfe. Heute haben wir eine Übungsfahrt ins Gelände gemacht mit Feldküchenessen und Zelten. Es kam uns vor wie auf dem Vormarsch. … H. J."

„*C. 18.2.41. L. E.*

… Es werden in Kiel nicht viele Menschen so gemütlich haben wie Ihr in Muttis Zimmer. Was treibt Ihr eigentlich an solchen Abenden? Lest Ihr viel oder stopft Mutti und näht unermüdlich? Wir hier gehen oft an Land, erzählen, treiben Schabernack und trinken ein Bierchen. Auf der Stube kann man nicht so gut lesen, zumindest keine ernsten Bücher, da meist zu viel Lärm bei uns ist. Das ist der Nachteil, wenn man aus mehreren Stuben eine zur Wohnstube ausstattet. Alles drängt sich dann hier zusammen.

Zur Urlaubssperre am 15. März kann ich nur sagen, dass schon seit Januar der Urlaub gesperrt ist. Wir können also nicht hoffen, sondern nur der kommenden Dinge harren …

Der Lokalschluss ist hier vorverlegt worden auf 8 ½ Uhr. Es wird als Strafmaßnahme für Ausschreitungen von Soldaten in einem benachbarten Ort gedeutet. Dort sollen in einigen Wirtschaften die Einrichtungen zerschlagen worden sein. H. J."

„*C. 26.2.41. L. E.*

Nun werdet Ihr wohl für einige Zeit Ruhe haben, wenn Ihr wisst, dass Ottfried im Dock liegt und ich auch nicht auf Reisen bin. Wir hörten auch die Führerrede vom 24.2. Ich dachte, dass der Führer gegen Amerika und die immer offenere Einmischung sprechen werde, aber er erwähnte es mit keinem Wort. Nur indirekt warnte er durch die U-Boot-Drohung. So konnte sich keiner beleidigt fühlen. Man kann sogar sagen, dass Verachtung für die USA bestand, indem sie nicht erwähnt wurden. Denn der Führer schreibt selbst im Kampfbuch (1924), dass die größte Wertschätzung für einen Gegner durch lautes Geschrei und Verleumdung bekundet wird. Auch die Ausführungen über den Goldstandard waren für mich besonders fesselnd, da ich kurz vorher ein Buch über diese Dinge gelesen hatte. Ich bekam da einen Einblick über die Zusammenhänge der Weltwirtschaftskrisen und die Goldpolitik nach dem Weltkrieg ... H. J."

Ottfrieds Briefe an die Eltern vom 18.1.–5.4.1941 aus Cuxhaven

Ab dem 18.1.1941 fahren die Boote an die norwegische Küste, nach Christiansand, Bergen, Stavanger. Abholen von Geleitzügen oder Dickschiffen bei starken Stürmen, die die Boote beschädigen.

Am 4.2.41 zurück nach Cuxhaven, von dort nach Rotterdam in die Werft. In Scheveningen in einer Kavalleriekaserne untergebracht, dann 21 Tage Urlaub. Fahrt über Berlin, um die Verwandten zu besuchen, dann nach Havelberg und Kiel.

Nach dem Urlaub am 19.3.40 wieder in Rotterdam, und an den Reparaturen beteiligt.

Vom 5.4.41 Ruhe in Rotterdam, wohnen in Den Haag in einem Nonnenkloster. Ostern Stadtbesichtigungen in Rotterdam und Den Haag, dann an den Strand und in die Dünen.

Er wünscht bei den schweren Bombenangriffen auf Berlin und Kiel, dass die Familie nicht getroffen wird.

Ottfrieds Bewerbung zum Studium für Maschinenbau bleibt irgendwo liegen. Aber ihm wird gesagt, wenn es abgelehnt wird, wird er von der Flottille zum ROA vorgeschlagen.

Jörgs Briefe an die Eltern aus Cabourg vom 4.3.–10.5.41

„*C. 4.3.41. L. E.*

...Vor wenigen Tagen hatte ich einen Zusammenstoß mit meinem Gruppenführer. Ich bin ja, wie Ihr wisst, sein Aufklarer. Nun hatte ich einen Monat herum und wollte abgelöst werden. Ich bat ihn also um Ablösung und er donnerte mich an, dass es unmilitärisch sei, als Aufklarer zu bitten, abgelöst zu werden. Dann fragte er mich, ob es mir denn nicht passte, und lockte mich schließlich mit mehrmaligem Fragen, dass ich sagte: ‚Es passt mir nicht.' Da ging er aber hoch. Als er sich aber wieder beruhigt hatte und fragte, warum es mir denn nicht passe, erwiderte ich, dass ich mir redliche Mühe gäbe und doch nur Undank erntete. Nach einem neuen Anfall ging er hinaus. Nun stimmte es auch, was ich gesagt hatte: Ich strengte mich an und er nörgelte herum oder schalt mich. Jetzt bleibt mir nichts weiter übrig als weiter aufzuklaren. Er benimmt sich auch schon anständiger und ist vollkommen ruhig. Trotzdem gefällt es mir nicht. Aber es wird schon mal ein Ende geben ... H. J."

„*C. 12.3.41. L. E.*

... Vor Kurzem wollte mein Korporal auch seine Strümpfe von mir gewaschen und gestopft haben. Ich trug sie natürlich zur Wäscherei, was er bezahlen muss. Er wird sich schon wieder beruhigen müssen. H. J."

„*C. 19.3.41. L. E.*

... Die Knöchel sind jetzt gut verheilt. Doch verliere ich meinen Daumennagel. Zuerst hatte ich eine Nagelbettentzündung, die bald verheilte, aber den Nagel löste. Es schmerzt nicht mehr. All diese ‚Stellen' habe ich auf Übungen durch Splitter bekommen, die ich mir beim Durchlaufen von Dornengebüsch geholt habe. In den letzten Tagen haben wir öfter Tagesübungen gemacht im Rahmen der ganzen Abteilung. Mit den Kraftwagen fuhren wir dann etwa 2 Std. im Gelände herum, machten dann einen Angriff, aßen aus der Feldküche und kehrten zum Abend zurück. … H. J.“

„*C. 25.3.41. L. E.*

… Da fuhr ich doch neulich mit 30 Mann nach Le Havre zum Umtausch von Kleidungsstücken. Ich tauschte Turnschuhe und einen Rock um und habe nun eine ganz neue Uniform. Das tat auch dringend not …

In dem kleinen Städtchen Lillebonne, in dem wir übernachteten, hatte man ein römisches Theater ausgegraben. Es war schlecht erhalten, aber man konnte es noch gut erkennen … H. J.“

„*C. 3.4.41. L. E.*

Jetzt sind große Veränderungen bei uns eingetreten. Es kommen Rekruten und mit ihnen wird eine neue Schützenkompanie aufgestellt …

Wir demnach ‚Alten‘ werden wohl jetzt eine ruhigere Kugel schieben als früher, da ja die Rekruten dran sind. Na, heute haben wir es noch gewaltig hingelegt …

Ich glaube eher, dass wir durch Libyen nach Ägypten und von dort nach Ostafrika durchstoßen werden, als über die Türkei und Syrien zu marschieren. Jetzt wird es dort wohl wieder vorwärts gehen. … H. J.“

„*C. 6.4.41. L. E.*

Jetzt ist von den Rekruten eine neue Kompanie gebildet worden. Auch unsere Gruppen sind aufgefüllt worden. Es sind zum größten Teil Ostmärker und die Verständigung ist noch nicht recht flüssig. Wir müssen immer zweimal fragen.

Heute Morgen auf der Wache hörten wir von den Ereignissen in Jugoslawien. Die Engländer brauchen jetzt nicht zu befürchten, dass wir zu ihnen übersetzen werden. Das ist wohl auch der Zweck der ganzen Operation; denn einen wirklichen

Erfolg werden sie sich sicher nicht davon versprechen können, wenn sie auch mehr als 200 000 Mann dort einsetzen. Wir werden sie aber mit Mann und Maus wegschnappen. Erst mal werden wir sie wohl in den Sack nach Südslawien hineinlassen und dann von Albanien und Bulgarien zuschnüren, dass keiner mehr heraus kann. Wir werden also abwarten und hoffen, dass für uns auch noch etwas abfällt. Grüße zum Osterfest. H. J."

„*C. 14.4.41. L. E.*

... Gestern habe ich eine Osterfahrt gemacht. Ich wollte eigentlich nach Honfleur, erreichte aber nur Trouville und Deauville, das große Pariser Modebad. Die Anlagen sind wirklich großzügig; obwohl das Leben und die Ordnung wegen des Winters fehlten, konnte man sich doch ein Bild vom Betrieb in der Saison machen.

Wenn man immer nach der Pfeife anderer tanzen muss und nur gehorchen darf, dann juckt es einem mächtig in den Fingern, einmal selbst etwas zu unternehmen. Man muss einmal heraus aus dem Alltäglichen. Das war auch das Motto, unter dem ich die Fahrt machte, und es werden weitere folgen. Heute machen die Unteroffiziere unserer Kompanie eine Fahrt nach dem Mont Saint Michel ...

Den Aufklarer bin ich seit dem 1.4. los. Ich habe ihn an einen Neuen abgegeben ... H. J."

„*C. 20.4.41. L. E.*

Ihr habt schlimme Nächte hinter Euch gebracht. Aber zu meiner großen Freude seid Ihr beide noch wohlauf. Es müssen schlimme Ostertage für Kiel gewesen sein. Die Zeit wird es so leicht nicht auslöschen, aber jeder Schlag fordert zu noch heftigeren Gegenschlägen heraus. Der Tommy versucht wohl das Letzte, um die Drosselung durch die U-Boote abzuschütteln, indem er die Basis zerstören will. Eure regelmäßigen Briefe sind ein guter Tatbericht, die ich gut bewahren werde ... H. J."

Abb. 59 *Pause auf dem Marsch*

„*C. 25.4.41. L. Mutti*, die Nachricht vom Tode unserer Großmama hat mich im ersten Augenblick erschüttert. Dann aber führte ich mir die Umstände vor Augen, den schnellen Tod und das frohe Osterfest, das sie noch verleben durfte, die viele Liebe, die sie noch in den letzten Tagen empfangen hat. Sie hat also ein glückliches Ende gefunden und das muss uns über ihren Verlust trösten. Ihre Gestalt, ihre Liebe und ihr Andenken wird mich immer begleiten.

Nun aber zu den Lebenden. Den Geburtstag des Führers haben wir in Trouville gefeiert. Er schloss mit einem großartigen Zapfenstreich, an dem alle Wehrmachtsteile mitarbeiteten ... H. J.“

„*C. 26.4.41. L. Vater!*

Seit langer Zeit ist wieder einer von unserer Familie verschieden ... Ihr sehnlicher Wunsch, den sie mir in fast jedem Brief schrieb, war der baldige Friede, und den werden wir bald erkämpft haben. Sie hat ihn sich 75 Jahre erkämpft und jetzt für immer errungen.

... Wir haben jetzt einen neuen Zugführer bekommen. Er heißt Oberfeldwebel Kolber. Er war lange Zeit Flaklehrer und beherrscht auch sein Stoßtruppfach vollkommen. Außerdem ist er ein guter Unterhalter, der auf jedem Gebiet bewandert ist. Wenn er einmal im Reden ist, vergisst er fast den Dienst und redet stundenlang in belehrender Weise. Er will den Zug auch auf geistigem Gebiet fördern. Ein sehr guter Gedanke von ihm. Während seiner 19-jährigen Dienstzeit sind 37 Züge durch seine Hand gegangen. H. J."

„*C. 3.5.41. L. E.*

Ich habe nun am letzten Sonntag meine Fahrt nach Honfleur machen können. Die Stadt war nicht so interessant, wie ich gehofft hatte. Es ist eine alte Handelsstadt mit gutem Hafen und Docks. Alte hohe Patrizierhäuser säumen das Hafenbecken. Die Sehenswürdigkeit der Stadt ist eine Kirche aus Fachwerk und Backsteinen, deren zwei Hauptschiffe innen als Tonnengewölbe ausgebaut sind, die von schlanken Holzsäulen getragen werden. Innen ist es sehr hell und freundlich. Mehrere hölzerne Vorhallen sind mit normannischem Zierrat geschmückt. Das wird wohl eine Urform der gotischen Kirche sein, da das sehr hohe Spitzdach schon auf das in die Höhe Strebende hinweist. Dies sieht wirklich aus, als wären zwei Langschiffe umgestülpt und mit Säulen abgestützt worden ...

Mit wie viel Maschinen greifen die Engländer denn immer an? Hoffentlich ist die Flak immer wach, dass sie jeden Angriff zeitig bemerkt ...

Was hältst Du vom Krieg im Irak? Werden wir durch die Türkei zu Hilfe kommen? Oder werden wir indirekt die Erhebung Arabiens leiten? Es sind jetzt günstige Umstände für die Araber, sich selbst zu befreien ... H. J."

„C. 10.5.41. L. E.

... Hier in Dives unterhielt der französische Staat eine Fabrik für Kartuschen. Aus irgendwelchen Gründen weigerten sich die Arbeiter, an ihnen zu arbeiten und sie auszubauen. Jetzt ist eine deutsche Baukompanie eingesetzt worden, die alle Maschinen auf Wagen lädt und nach Deutschland wegschickt. Auch in Caen und anderen Städten bauen wir so die Fabriken aus. Das ist eine gute Art, den Franzmann noch lange in Abhängigkeit von unserer Industrie zu halten. Es ist die beste Entwaffnung ... Es mehren sich hier die Gerüchte, dass wir umziehen werden. H. J."

Briefe der Eltern und Ottfrieds an Jörg vom 7.3.–11.4.41

„K. 7.3.41. L. J.

... Hoffentlich heilt Deine Beinwunde bald. Ottfried hatte auch am Fuß Eiterungen ... Wir dachten schon, dass Ihr auch in Bulgarien gegen die Engländer steht, als Deine Briefe ausblieben. Die Engländer müssen ja aus Griechenland vertrieben werden ... H. V. M."

„K. 13.3.41. L. J.

... Fliegerangriffe mit Toten und Verletzten in Berlin. ... Deine Schwierigkeiten mit dem Korporal musst Du selbst abmachen. Ratschläge sind nicht möglich. Lass den Streit ruhen. Ottfried hat auch manchmal Streit mit Vorgesetzten ... In Kiel werden jetzt alle öffentlichen Gebäude bewacht. In der Schule müssen immer ein Lehrer und 2 Schüler sitzen. H. V. M."

Mutter: „K. 19.3.41. L. J.

... Gestern ein schwerer Bombenangriff 4 Stunden lang. Es sind zahlreiche Brandbomben gefallen, die Brände verursachten. In die Aula des Gymnasiums fiel eine Bombe. Schünkes Wohnung nebenan ist der Dachstuhl abgebrannt. Gegenüber ist doch eine Bank, auch dort brannte der Dachstuhl. Bei Freese und dem Papierladen brannte es. Die Landwirtschaftliche Bank am Kleinen Kiel, die Möbelgeschäfte in der Kehdenstraße sind in den obersten Stockwerken ziemlich ausgebrannt. Vom Bodenfenster aus sahen die Brände recht unheimlich aus. Aber es wurde tüchtig gelöscht. – Wir haben jetzt im Keller Drahtbettstellen aufgestellt, auch Liegestühle stehen da und man kann sich etwas hinlegen. H. M."

Mutter: „K. 28.3.41. L. J.

... Ottfried ist nun hier und erholt sich ..."

Vater: „Nun ist ja der ganze Balkan unter unserer Kontrolle. Es kommt nur noch darauf an, die griechische Sache zu beenden. Die politischen Bemühungen werden dann in der Türkei und Syrien und Arabien fortgesetzt werden müssen, bis wir nach Ägypten hinunterreichen können. Ich denke, das kann geschafft sein, wenn England selbst sturmreif geworden ist. – Meine Arbeit in der Schule lässt nun nach."

Ottfried: „Am Sonntag muss ich fahren. Ich habe mich hier aber schon ganz gut erholt, was ich in Rotterdam fortsetzen werde. Ich traf hier ein Menge Bekannte ... H. O."

„K. 3.4.41. L. J.

Der Krieg tritt jetzt in einen neuen Abschnitt ein: In Afrika beginnt der Vormarsch auf den Suez-Kanal von Neuem, und zwar geführt von dem, der einzig und allein in der Lage ist, das britische Imperium zum Zerbrechen zu bringen; es war schon immer so, Germanen mussten gegen Germanen antreten, wenn einer von ihnen geschafft werden sollte. Oder sollte es nicht so sein, wie ich eben denke, dass wir gegen das britische Reich antreten? Sollten die internationalen kapitalistischen Mächte nicht vielmehr die Briten gegen uns vorgeschickt haben? Dann aber ist der Krieg schon in sein Gegenteil verkehrt: Wir gehen gegen die Engländer vor. Das, was jetzt in Griechenland und Serbien kommt, ist auch weiter nichts als ein letzter Versuch, uns vom Norden her am Vordringen gegen den Kanal, von dem das britische Reich ganz abhängt, zu hindern. In Kürze werden wir zwei Bewegungen auf den Suez-Kanal zugehen sehen. Diese Kämpfe entstehen aus der Erkenntnis, dass das britische Reich noch nicht zum Erliegen zu kommen braucht, wenn nur England besiegt ist. Es kann auch ohne England weiter bestehen und wird es auch, wenn die große verbindende Straße in der Hand der Angelsachsen bleibt. Wie wir aber den Kanal haben müssen, so müssen wir auch England haben. Ein Anheimfall Englands an die USA ist für Europa ebenso wenig erträglich wie ein Festsetzen der USA am Suez-Kanal. Erst wenn beides geschafft ist, sind wir frei. Dann ist der Zusammenhang Afrikas mit Europa gesichert, was wegen der Lebens- und Rohstofffrage notwendig ist.

Wie Ihr beide dabei mitwirken werdet, steht noch dahin. Wir wünschen Dir und Ottfried alles Gute. H. V."

Mutter: „Ottfried ist nach Scheveningen abgefahren, wo die Mannschaft wohnt und wartet. H. M."

„K. 8.4.41. L. J.

Wir erlebten diese Nacht den bisher schwersten Angriff: Einige Häuser in der Sternstraße schwer beschädigt. 4–5 Tote im Keller, Arbeitsamt, Eichhof – Brandbomben. Speeschule – Sprengbomben. Elektrizitätswerk-Brand, Mühlenstraße, Gartenstraße, Eichebrauerei. Das ist, was in nächster Nähe war. Schmidt, Nr. 7, Brandbombe im Zimmer, aber selbst gelöscht. Bei uns eine ungezündete im Hof. Der Park war voller Flammen, die nach und nach verlöschten. Drüben in Gaarden wohl schwere Schäden. 41 Tote im Ganzen. Mutti war sehr ruhig und widmete sich ihrem Helferdienst nach der Entwarnung. Die Obdachlosen waren im Clubhaus d. Westens am Arndtplatz untergebracht. Noch einige Male, dann sieht man wirklich, dass Kiel Kriegsgebiet ist … H. V. M."

Ottfried, „8.4.41. L. J.

Deinen Brief habe ich gestern erhalten. Der Urlaub ist ja schon eine Woche vorüber. Es ist immer sehr schön, einmal von dem ganzen Betrieb nichts sehen zu müssen. In dem Jesuitenkloster, das wir hier in Den Haag bewohnen, ist es eine reine Erholung. Wir machen hier etwas Exerzierdienst, Sport, Unterricht und Singen. Wem der Dienstplan einmal nicht passt, geht mal ins Revier, zum Zahnarzt oder sucht sich sonst ein Sonderkommando. Ich bin gerade mit acht Kameraden dabei, 400 Zentner Kohlen in unseren Klosterkeller zu fahren. Heute haben wir 100 Z geschafft. Bis Ostern hoffen wir, alles drin zu haben. Nur die Ruhe kann es machen, die ich, wie du weißt, schon immer in genügendem Maße gehabt habe. Die Leute, die mich kennen, auch die Vorgesetzten, bewundern mich. Die Vorgesetzten, die mich nicht kennen und mir befehlen wollen, ärgern sich zu Tode, doch sie können nichts ausrichten. Ruhe siegt immer. Anfang Mai werden wir wohl wieder fahren. Es wird wohl nicht lange dauern, dann fahrt Ihr bestimmt auch. Gleich nach Ostern werde ich mit aller Macht darauf drücken, dass ich ROA werde. Ich würde Dir raten, mit einigen Kameraden, Abiturienten oder Studierten zum K-Chef zu gehen und zunächst einmal anzufragen, wie man es denn werden kann. Wenn es ein halbwegs anständiger Kerl ist, sagt er Dir, wie man es macht. Wenn er keine Auskunft gibt, geht man nach vier Wochen noch einmal hin. Mehr als rauswerfen kann er einen ja nicht. Wenn er aber direkt sagt: ‚Sie sind feige' oder ‚Sie wollen sich ja drücken', mache ihn doch darauf aufmerksam, dass Du Dich beleidigt fühlst. Ich glaube, dass sich da bestimmt etwas machen lässt. Als ROA kommst Du bestimmt über kurz oder lang weg. Ich bin seit dem 1. Mai Obergefreiter und hierdurch zu den Gehaltsempfängern emporgestiegen ... H. O."

„*K. 9.4.41. L. J.*

Es wird täglich schlimmer. 3–4000 Obdachlose. Mutti kocht für sie in der Volksküche mit. Unser Schulviertel ist unbrauchbar gemacht. Sprengtrichter mitten auf dem Knooper Weg zwischen den Schulen. Dazu Brandbomben. Wir selber hatten eine im Dach, die wir Hausbewohner selber löschten. Auch die Werften haben bedeutenden Schaden erlitten ... Ich schreibe jetzt täglich. H. V."

Mutter: „Ich habe nie geglaubt, dass es so schlimm werden könnte. Die hellen Mondscheinnächte und die Brände leuchteten zu sehr. In der Sternstraße sind wieder Bomben gefallen. Das Altersheim am Hohenzollernring brannte noch heute früh. Aber wir hoffen, dass wir gesund bleiben ... H. M."

„*K. 11.4.41. L. J.*

Heute Nacht war es vollständig ruhig. Aber am 9.4. gab es 50–60 Tote und am 10.4. 180 Tote. Beiliegend ein Zettel für die Brieftasche: Adressen von Dr. Hinrichsen und Dipl. Hdl. Maaß. Sie bekommen auch einen solchen Zettel mit Eurer Anschrift (um sich gegenseitig zu benachrichtigen, wenn jemand tot ist). H. V."

M: „... Wir haben uns einen Osterkuchen gebacken und einen Puter haben wir zum Osterfest. ... H. M."

Briefe der Eltern an Jörg vom 16.4.–28.5.41

„*K. 16.4.41. L. J.*

In den vorigen Briefen gaben wir einiges an, was wir über die Zerstörungen zunächst hörten und sahen. Wir schreiben heute, was wir inzwischen selber in Augenschein nahmen und sonst noch hörten. In Gaarden waren wir noch nicht, es soll sehr schlimm sein. Insgesamt rechnet man mit 350 Toten. Diese Zahl kann noch nicht genau angegeben werden, weil die Vermissten besonders gezählt werden. Aber in einigen Tagen wird man genau feststellen können, wer von den Vermissten als tot zu gelten hat. Am 1.5., dem zweiten Ostertag, sind die ersten Opfer bestattet worden. Das ganze Führerkorps der Partei, die Behörden und die Marine waren vertreten.

Das Elektrizitätswerk hat ein Pappdach bekommen; Marine hat schwer gearbeitet. Die Dynamos werden ausgetauscht, es wird etwa 6 Wochen dauern, bis alles fertig ist. Heute sind zwei Krafterzeugungswagen aus Nürnberg – wohl vom Parteitagsgelände – am Werk aufgestellt worden. Die Straßenbahn geht nicht, weil es noch an Strom fehlt. Die an vielen Stellen aufgerissenen Gleise sind fast ganz wiederhergestellt. Die Germaniawerft bekommt Strom von der Stadt. Dort ist das Verwaltungsgebäude vollkommen zerstört, die Werkanlagen jedoch werden nach und nach in Betrieb genommen. Der U-Boot-Bau ist nicht unterbrochen. Schlimmer ist es auf den Deutschen Werken und auch wohl auf dem Arsenal. Der Gasbehälter am Eichhof ist zerstört. Seit gestern ist aber auch bei uns die Gasversorgung wieder gut. Das Wasser fehlte bei uns nur eine Nacht. Viele herangezogene Busse ersetzen die Straßenbahn-Linien 1, 3, 5 und wohl auch 8.

Die Hansastraße hat auf der Seite mit den höheren Gebäuden auf einer langen Strecke sehr viele Zerstörungen, ebenso auch gleich dahinter der Knooper Weg. Vor dem Gasthof Eichhof fiel eine Bombe, die den Eichhof etwas beschädigte, die Kasernen haben nichts abbekommen, mit Ausnahme einer kleinen Bombe auf die Umfassungsmauer, wobei auch ein Kasernengebäude leicht beschädigt wurde.

Überall in der Stadt sieht man vereinzelte verbrannte Dächer und Sprengschäden. Johansen & Schmielau haben größere Schäden an den Hintergebäuden, das historische Haus in der Hassstraße ist ein Schutthaufen. Ausgebrannt sind Papier-Engel und die Rüdel-Apotheke. Das war beim ersten Überfall. Wertvolle Apothekerwaren wurden dann in Rüdels Wohnung in Düsternbrook gebracht. Dies Haus brannte in der folgenden Nacht völlig aus. Die Admiralswohnung bekam am Eingang eine Sprengbombe. Bei Dr. Hinrichsen sind die meisten Fensterscheiben zersprungen.

Studienrat Junge ist mit Frau und Schwiegervater im Keller ertrunken. Es ist derselbe, der vor einigen Jahren mit StR. vom Ende in Bansin während der Kinderlandverschickung war und dort viele Schüler aus der Strömung rettete, während vom Ende ertrank. Eine Professorenfrau kam im Düvelsbeker Weg beim Löschen um. Zahlreiche Feuerwehrleute und Polizisten sind teils ein Opfer der Flammen, teils der Sprengstücke geworden. Vorgestern wurde unmittelbar am Rande des Hohenzollernparks, gegenüber dem Wichmannstift, nahe bei uns, ein schwerer Blindgänger mit 40 cm Durchmesser gehoben. Das Altersheim am Prof.-Peters-Platz ist fast vollständig ausgebrannt. In der Schillerstraße und in der Nähe der Kirche und in der Freiligrathstraße sind Häuser zerstört. Billström und Nachbarhaus sind abgebrannt. Die Dänische Straße hat schwer gelitten durch Brand- und Sprengbomben. Das alte Kasu-Haus, das Berghaus jetzt, ist völlig ausgebrannt.

Diese Beschreibung haben wir uns beim Schreiben diktiert, sodass jeder von Euch das Gleiche hat und wir schneller dazugekommen sind. In den ersten Tagen nach dem Unglück sind hier viele verreist. Wir waren froh, dass die letzten Nächte regnerisch waren. Heute ist es zum ersten Mal hell.

Wir haben jetzt Nachtjäger hier und es sollen auch wieder schwere Flak aufgestellt werden. In Serbien ist es ja nun fast aus. Hoffentlich fassen wir noch recht viele Engländer. H. V.“

Mutter: „L. J. wir freuen uns, dass es Euch gut geht. Wir hoffen, dass wir uns gesund wiedersehen. Alles Gute für Dich. H. M.“

„Kreuz/Ostbahn, 20.4.41. L. J.

Inzwischen ist Großmama Röschel am Herzschlag verschieden. Sie war im 75. Lebensjahr. Wir sind gestern, Sonnabend, hierher gefahren. Die Beisetzung findet am Dienstag, den 22.4. in Driesen statt, wo auch ihr Mann bestattet ist. Wir freuen uns, dass Du ihr zu Ostern noch so freundliche Worte schriebst; wir fanden sie hier vor. Sie hat tatsächlich bis in ihre letzten Stunden viel Liebe erfahren. Ottfried hatte ihr auch geschrieben.

Schreibe Du an Mutter ein paar Worte ... Ich werde Mittwoch Abend wieder in Kiel sein. Am Donnerstag beginnt der Unterricht wieder, wenn er nicht schon wieder am Mittwoch begonnen haben wird. Französische Gefangene verglasen die Fenster der Schule, ein paar Türen mussten wieder eingesetzt und ausgebessert werden. Sonst kam es nur auf eine Generalreinigung nach den Bombenangriffen an. H. V."

„*K. 25.4.41. L. J.*

... Hoffentlich bleibt Mutter noch recht lange in Havelberg, denn gleich in dieser Nacht fielen bei klarem Himmel wieder Bomben auf die Sternstraße und Möllingstraße in unserer Nähe. Der Angriff war nicht zur Entfaltung gekommen, da die Flak jetzt sehr gut ist ...

Im Kriege muss man alles tun, was gerade nötig ist.

Am Sonntag leite ich wieder die Kartenausgabestelle ... H. V."

„*K. 11.5.41. L. J.*

Ich bekam Deinen Brief von Deinem Besuch in Honfleur. Mir scheint, enttäuscht kannst Du doch wohl nicht gewesen sein. So die Entstehung der Gewölbebauten, also Steinbau auf germanischem Boden, beobachten zu können, ist doch ein Erlebnis, das nicht jedem geboten wird. Mir scheint, die Normandie ist überhaupt in kultureller Beziehung einzigartig. Alles zeugt doch von der hervorragenden künstlerischen und politischen Begabung der Normannen, die hiermit in einem wesentlich besseren Licht erscheinen, als sie das bisher taten. Man hat sich ja auch vor einigen Jahren bemüht, ihnen wenigstens auf Sizilien und in Süditalien gerecht zu werden. Otto Gmelin hat daran einen guten Anteil. Wendig sind sie gewiss immer gewesen. Es lag aber nicht im Sinn einer Pariser Zentralregierung, irgendeinen Fortschritt von ausgesprochen germanischen Räumen für Frankreich abzuleiten. So wurde das alles unterdrückt.

Die französische Zentralregierung und das Allgemeinbewusstsein des französischen Volkes haben sich den Flamen und den Normannen gegenüber verschieden verhalten. Gegen die Normannen hatte man nichts einzuwenden, umso mehr aber gegen die Flamen, die man als mindestens fremdartig und daher unzuverlässig auffasste. Vielleicht kam das von der Verwandtschaft zu den belgischen Flamen, sodass man, wie ein Volk nicht mehr genügend germanischen Einschlages ist, Abtrennungstendenzen vermutete. In Frankreich spricht man vom Regionalismus der Flamen und der Bretonen und meint damit das Bestreben, das mindestens bei den Bretonen deutlich war, kulturell selbständig, unabhängig von dem in Paris angefertigten Kulturrezept zu sein. Vielleicht befürchtete man in den flämischen Provinzen dasselbe. Es geht übrigens durch ganz Frankreich wie ein unausgesprochener Widerstand gegen Paris mit seiner Vereinheitlichung – es gibt in ganz Frankreich außer der Sorbonne in Paris keine selbständige Universität, alle sind nur Ableger, Abteilungen der Pariser Uni. – Bei einer bewussten Pflege der Mundarten, da diese in der Bretagne keltisch sind, muss der Regionalismus umso stärker sein. Merkwürdig, man beruft sich auf keltische Abstammung und steht im Gegensatz zur erinnernden Pflege eines letzten Restes keltischen Volkstums. Es ist, als wenn das Minderwertigkeitsgefühl des ostischen Menschen – 50% und mehr sind es in Frankreich – Angst vor der Überlegenheit der nordischen Bestandteile des eigenen Volkes hat. Uns kann die Sache recht sein. Eine Wiederaufnordung Frankreichs würde auch keine Aussicht auf friedliche Verständigung bieten. Aber wie wäre es mit einer Verselbständigung der Departements der Kanalküste? ... H. V."

„*Havelberg, 14.5.41. L. J.*

... Ottfried ist auch wieder auf seinem Boot. All unsere Urkunden habe ich aus Kreuz mitgenommen und lasse sie bei Großmutti im Schreibtisch. Das musst Du wissen. ... H. M."

„*K. 17.5.41. L. J.*

... Den Ausbau der Fabriken in Frankreich haben wir auch im Weltkrieg gemacht. Das hat uns sehr geholfen damals. Wir mussten nach dem Krieg nur alles bezahlen. H. V."

Mutter: „Ottfried war eine Nacht bei uns. Sein Boot geht heute in die Ostsee zur Übung. ... Halte Dich gesund. H. M."

„*K. 27.5.41. L. J.*

Am Geburtstag Deiner Mutter und dem Untergang des Schlachtschiffes ‚Bismarck'. So freudig auch sonst liebe Geburtstagszeilen beantwortet werden, so bedrückt fühlen wir uns doch heute, zunächst unter dem Eindruck der Frühmeldung vom schweren Kampf gegen die Übermacht, den die Bismarck auszustehen hatte, dann unter der Meldung von der endlichen Gewissheit von seinem opfervollen Verlust.

Ob so gewagte Unternehmungen nötig sind oder ob sie sich nur als eine unerbittliche Folge zu scharfer Propaganda erweisen? Ich kann das Gefühl nicht loswerden, dass unsere Propaganda zu weit geht, wenn sie die schonende Einsatzpolitik der Engländer geißelt. Natürlich tun die Engländer Ähnliches uns gegenüber. Aber die ständige Herausforderung führt schließlich zu einer Überspitzung, die einen Großeinsatz wohl als erforderlich erscheinen lassen könnte. Ich habe immer ein niederdrückendes Gefühl, wenn scharfe Ausdrücke über das Verhalten des Gegners fallen.

Sollte aber der Einsatz der Bismarck bezweckt haben, einen größeren Flottenverband aus seinen Häfen herauszulocken, um ihn den Angriffen unserer Luftwaffe auszusetzen, so wäre das meines Erachtens ein lohnenswerter Einsatz, auch wenn sich nachher ergeben sollte, dass der Erfolg nicht erwünscht groß war.

Wir sind vom Verlust der Bismarck nicht selber betroffen, aber der Untergang des Schiffes an sich, das doch einen sehr bedeutenden Anteil an der Flotte darstellt, die vielen Männer dazu, das ist Anlass zu nationaler Trauer, die nicht nur uns, sondern alle, die man spricht, ergreift. Hoffen wir nun aber wieder auf Erfolge.

Ottfried geht heute früh wieder nach Swinemünde. Sie hatten Befehl, die Bismarck einzuholen, kamen aber nur bis Dünkirchen, als sie die Nachricht vom Untergang erhielten und wieder in die Ostsee zurückfuhren. Ottfried sagt, die B. sollte Handelskrieg im Atlantik führen. H. V."

Mutter: „So ist es, wie Vati sagt: Man wird plötzlich von einer so tiefen Trauer ergriffen, wenn man den Verlust eines solchen

Schiffes mit so vielen tapferen Männern erfährt. Das ist der unerbittliche furchtbare Krieg. Wenn es doch bald ein glückliches Kriegsende für uns gäbe ... H. M.“

„K. 28.5.41. L. J.

... Nachdem hier lange von schweren Spannungen gesprochen wurde, die zwischen uns und den Russen bestünden, behauptet man jetzt, dass die Russen uns das Durchmarschrecht zugestanden hätten. Wir brächten daher viele Truppen durch Russland nach dem Irak, um von dort an den Suez-Kanal heranzukommen. Und zwar gehen die Truppen von der Ostseeküste zum Schwarzen Meer, dann aber auch durch die Ukraine dahin. Ottfried will täglich viele Transportdampfer beobachtet haben, die während seiner Schießübungen bei Swinemünde aus der Odermündung herausgekommen sind. H. V.“

Jörgs Briefe aus Memel vom 18.5.–21.6.41

„Memelland, 18.5.41. L. E.

Ich dachte nicht, dass ich Euch so bald hätte schreiben können. Aber es ging alles überraschend schnell, und so sitze ich hier auf einer Wiese, von drei Seiten durch Wald begrenzt und an der vierten zur Stadt offen. Unsere Kaserne ist eine flache Turnhalle. Als wir gestern Morgen hier ankamen, stand sie noch leer. Dann brachten LKWs die zusammensetzbaren Heereskojen aus Holz heran und wir schlugen sie schnell zusammen und stopften Strohsäcke mit Holzwolle. Sie bestehen aus einem neuartigen Papiergewebe mit großen Maschen von guter Haltbarkeit. Nun liegt die ganze Kompanie mit den Maaten zusammen in dem großen Raum, dessen Holzfußboden leider sehr staubt. Die Nacht war sehr kalt und wir froren empfindlich unter den Decken; denn es geht noch ein scharfer Wind über die Felder. Wir waschen uns in einer nahen Kaserne, in welcher gerade Rekruten eingezogen sind. Sie laufen alle noch in Zivil mit einem Zettel im Knopfloch herum wie wir vor eineinhalb Jahren. Jetzt haben wir die Tische und Stühle herausgestellt in die Frühjahrssonne, und in der Halle spielt sich ein richtiges Lagerleben ab. Die einen schreiben gleich mir, andere reinigen das Gewehr oder fegen und putzen. Aus einer windgeschützten Ecke schallt Ziehharmonika-Musik herüber …

Nun komme ich zur Fahrt selbst. Schon am Sonnabend wurde es bekannt, dass wir abrücken würden. Es wurde also noch kräftig Reinschiff gemacht und am Montag sollte es losgehen. Es war eine Mittagsmusterung der ganzen Abteilung angesetzt worden und dann sollten die Kompanien mit einem Zwischenraum von zwei Stunden abrücken … Dieser Tag war ein halbes Jahr lang so ersehnt worden, dass es die Freude des Abmarsches aufs Höchste gesteigert hatte, und jetzt sollte es wieder eine Täuschung sein? …

Aber am nächsten Tag ging es wirklich los. Es klappte wunderbar. Wir fuhren mit dem Wagen das letzte Mal nach Caen. Das Verladen ging sehr schnell. Um 18 Uhr saßen wir alle im Wagen und fuhren nach Osten. Es war herrlich. Wir verließen eine blühende Gegend. Der Flieder und die Kastanien waren in vollem Schmuck. Dort war der Frühling gewesen; denn die Obstbäume hatten ausgeblüht. Wir entfernten uns verhältnismäßig schnell … Die Aufenthalte waren nur kurz und immer so, dass man gerade Essen fassen, Kaffee holen oder sich waschen konnte. Des Nachts lagen wir sehr eng und ungemütlich in den Abteilen … Wenn man Pech hatte, blieb man den ganzen Tag dreckig. Man nahm aber alles in Kauf, denn wir fuhren. In der Nacht wurde der Zug gegen Sabotage durch Streifen gesichert, wenn er stand. Unsere Fahrt ging über Rouen nach … Königsberg bis in die nordöstlichste Stadt des Deutschen Reiches. Aus den Gebieten des Sommers zogen wir also durch den Frühling im Westen des Reiches in den Osten, wo uns Schneegestöber und Hagelschauer empfingen. Wenn es auch Nachkömmlinge des Winters sind, so brennt die Sonne im Windschatten doch ganz schön …

So grüße ich Euch beide fröhlich und wünsche Euch alles Gute. Euer Jörg.“

„M. 20.5.41. L. Mutti!

Ich glaube, dass Du Deinen Geburtstag im häuslichen Kreise verleben wirst, da ja auch die Luftangriffe nachgelassen haben. Hoffentlich findest Du alles so unverändert vor, wie Du es verlassen hast. Du schriebst mir, dass Du es in Havelberg aus Sorge um uns nicht mehr aushieltest. Aber auch wir sorgen uns um Dich, wenn Du in Kiel den Angriffen ausgesetzt bist. Wir verstehen aber auch wieder Deinen Drang nach vorn zum Schutze der Lieben. Wir spüren diesen Drang ja selbst. Auch wir wollen möglichst nahe dem Vaterland stehen, und das tun wir jungen Leute am besten möglichst dicht am Feinde. So ist das, was für Dich selbstverständlich ist, auch bei uns genauso, und wir wären nicht einander wert, wenn es nicht so sein würde.

Wir harren hier des Kommenden an unserem neuen Standort. Nachdem wir uns hier zwei Tage aufhielten, schlug auch der Wind um und bringt jetzt das warme russische Wetter mit. Es sprießt an allen Enden und wir erleben hier das zweite Mal in diesem Jahr den Frühling ... Dein Jörg."

„M. 31.5.41. L. E.

... Abteilungsübung: Am Mittwochabend stiegen wir auf einen Haffdampfer und fuhren nach Schwarzort, von wo wir noch etwa 15 km südwärts marschierten. Dieser Marsch in der Dunkelheit war eine Anstrengung, da wir am Vormittag geimpft waren und viele von uns Fieber, zumindest Schmerzen in der Brust hatten. Man versank tief in den mit Staub gefüllten Schlaglöchern, die wir in der Dunkelheit nicht sehen konnten. Wir trugen außer den Waffen das große Sturmgepäck, das ziemlich schnürt und drückt. Um Mitternacht langten wir am Rastplatz an und schlugen Zelte auf, um sofort filzen zu gehen. Viele der jungen Soldaten hatten sich Blasen geholt.

Am nächsten Morgen wuschen wir uns in der Ostsee. Unser Lager befand sich in der Nähe der Wanderdünen ... Ich konnte hier auf einer Streife ein Elchpaar in 20 m Entfernung beobachten und habe es im Bild festgehalten. – Am Nachmittag stürmte unsere Kompanie eine Stellung, während schwere Waffen uns unterstützten. Es war etwas schnell, der ganze Anlauf. Sonst ging aber alles klar, was bei dem heftigen Feuer und den Handgranaten nicht so selbstverständlich war. Als auf Befehl des Schiedsrichters unser Korporal ausfiel, übernahm ich die Gruppe und führte sie bis zum siegreichen Ende. Man muss da schwer die Ruhe bewahren, wenn man bestehen will.

Während des Gefechts zeigten sich wiederholt Elche, die wir natürlich peinlichst schonten. Sie hatten Schwein und kamen heil davon. Am Nachmittag marschierte die Kompanie im Gänsemarsch am harten Strand entlang bis hinter, also nördlich Schwarzort …

Jetzt zurück nach Frankreich. Meine Ausflüge habe ich zum größten Teil allein gemacht …

Die Normandie ist wohl im selben Maße germanisch-nordisch besiedelt wie das Flamland, aber sie ist losgelöst von jeglichem Heimatboden im Gegensatz zu den Flamen. Ich habe auch niemals etwas über Lösungstendenzen gehört. So ist sie völlig im französischen Staat aufgegangen. Das Volk verhält sich uns gegenüber ablehnend im Großen und Ganzen … Schickt mir bitte wieder Geld. Wir bekommen wieder normale Löhnung, 12 RM, weil hier keine Frontzulage besteht … H. J.“

„*M. 6.6.41. L. E.*

… Wir werden hier knapp mit dem Proviant gehalten … Hier laufen viele gefangene Franzosen herum, die in viele Privatbetriebe eingegliedert sind. Die polnischen Arbeiter müssen sich mit einem P auf der rechten Brustseite der Jacke kennzeichnen. Sie sind ziemlich zahlreich. Die Stadt ist ziemlich wohlhabend. Das bezeugen die gut erhaltenen Häuser und die pausbäckigen Kinder, die sich bei der Kaserne herumtreiben und für uns oft Besorgungen machen. Fast die ganze Stadt besteht aus ein- oder zweistöckigen breit hingestreckten Häusern, die z. T. noch aus Holz gebaut sind. Nach der Einverleibung des Memellandes sind schöne Neubau-Siedlungen an den Stadträndern entstanden.

Die Versenkung der ‚Bismarck' erklärt man hier z. T. mit dem mangelnden Wert, den man auf die leichte Flak gelegt hat. Wenn auch die Geschütze vorhanden gewesen sein sollen, wird die Ausbildung stark vernachlässigt worden sein, wie es bei der Marine Mode war.

Von Durchmarsch durch Russland ist hier nichts zu merken, aber vielleicht besetzen wir wirklich einmal Novaja Semelja. Wer weiß das? ... H. J."

„*M. 16.6.41. L. E.*

... Hier leben wir bei einem kleinen Bauern in einer Scheune. Es lässt sich ganz gut im Stroh schlafen, zumal wir eng zusammenrücken. Es ist auch ganz anregend, mal den ganzen bäuerlichen Betrieb kennenzulernen. Die Bauern haben zum größten Teil einen ordentlichen Besitz, haben aber oftmals unter litauischer Herrschaft Schulden aufgenommen ...

Die Einwohner erzählen immer noch zornig von den Litauern oder Schamaiten. Allen Handel hatten die Juden in Händen, die vorwiegend litauische Arbeitskräfte einstellten. Ein Deutscher wurde überall verstoßen. Auch jetzt sind Litauer im Memelland, die aus dem russischen Gebiet geflohen sind. Sie werden im Lager zusammengefasst und müssen tüchtig arbeiten, z. B. Erdarbeiten ... H. J."

Die drei Baltenstaaten wurden 1940 von der SU okkupiert und die sozialistische Ordnung eingeführt, d. h. sie wurden weitgehend enteignet.

„*M. 21.6.41. L. E.*

... Gestern Abend machten wir ein Kompaniefest, wo 538 l Bier ausgetrunken wurden. Eine primitive, aber humorvolle Kapelle sorgte für die Musik. Nach der nötigen Befeuchtung der Kehlen kamen wir recht gut in Stimmung. Das Wetter hat sich wieder in Sonnenschein verändert. Es ist recht angenehm. Heute sind wir zum Baden und Brausen in die Stadt gefahren … H. J.“ (Dies ist mein letzter Brief vor dem Angriff auf die Sowjetunion am Morgen des 22.6.41.)

Ottfrieds Briefe an die Eltern vom 11.5.–31.7.1941 aus Rotterdam

Rotterdam, 11.5.1941. Letzte Reparaturarbeiten in der Werft werden erledigt. Die Probefahrt gelingt sehr gut bei Sturm.

Ottfried hat die Bewerbung zum Studium vom 2. A. d. O. zurückbekommen. Auf dem Merkblatt steht, er soll eine Bewerbung an den B. I. schreiben mit Unterlagen, Zeugnissen usw. Der Marinebehörde ginge es aber besonders um Leute, die sich für die Beamtenlaufbahn verpflichten wollen. Rücksendung über die Dienststelle, also die Flottille.

Diese fährt am 24.5. durch den Kanal nach Swinemünde und macht in der Ostsee Schießübungen. Gerüchte sprechen von baldiger Abfahrt nach Süden.

Inzwischen scheint sein ROA-Antrag voranzukommen. Er wird nacheinander an die verschiedenen Maschinenräume kommandiert, um seine Führungsqualitäten zu prüfen, Kessel- und Turbinenräume des eigenen Bootes. Der L. I. hat angedeutet, er würde bald abkommandiert werden.

Aus Swinemünde berichtet er, dass eine Unmenge Truppen eingeschifft werden. Es sei unheimlich, keiner weiß, wohin. Die T-Boote liegen immer in Bereitschaft. Sie laufen dann Kiel an und von dort nach Norddänemark, wohl Frederikshavn, wo sie baden, wachen und warten, noch am 24.6.41. Aus Dänemark geht es zurück in die Danziger Bucht, wo sie weitere Übungen machen. Er berichtet von einem Besuch in Gotenhafen und Danzig. Ottfried macht in diesen Wochen einen U-Boot-Lehrgang mit. Bei einer Angriffsübung wird das U-Boot von einem deutschen Zerstörer unter Wasser gedrückt und beschädigt. Die Bugmannschaft ertrinkt, er in der Maschinenregion kann mit der Hälfte der Leute durch

Tauchretter gerettet werden. Dies teilte er den Eltern nicht mit. Er fragt immer wieder nach meinem Ergehen, ich war ja von Memel aus im Vormarsch mit der Marine-Stoßtrupp-Abteilung auf Libau.

Inzwischen hatte am 22.6.1941 der Ostfeldzug begonnen.

Die Vorgeschichte nach Ploetz:

Deutschland hatte nach dem Polenfeldzug die Hälfte Polens der Sowjetunion eingeräumt. Außerdem den ungestörten Zugang zu den Baltenländern, die die Sowjetunion in den nächsten Monaten besetzt und in Sowjet-Republiken umwandelt. Sie beendigt den Krieg mit Finnland durch einen „gnädigen" Frieden unter Abtreten von Karelien und Hangö an die Sowjetunion.

England bemüht sich um einen Stellungswechsel der Sowjetunion.

Am 26.6.1940 stellt die Sowjetunion Rumänien ein Ultimatum, die Nordbukowina und Bessarabien abzutreten. Rumänien nimmt es auf deutschen Rat an und räumt das Gebiet, das ganz in der Nähe der rumänischen Ölquellen ist, die Deutschland unbedingt braucht. Rumänien schließt sich an Deutschlands Dreimächte-Pakt an.

Am 12. November besucht der russische Außenminister Molotow Berlin und überbringt Forderungen: Stützpunkte an den Dardanellen, in Bulgarien und Finnland zu erlauben. Hitler lehnt ab, bietet aber der Sowjetunion an, dem Dreimächtepakt beizutreten, was sie ablehnt. Am 18.12.40 gibt Hitler die Weisung, die Unternehmung „Barbarossa" vorzubereiten.

Am 1.2.1941 wird der Sowjetunion mitgeteilt, dass in Rumänien 680 000 deutsche Soldaten zusammengezogen werden. Die Sowjetunion weigert sich, weitere Handelsbeziehungen anzunehmen.

Am 6.4.1941 beginnt nach Unruhen in Jugoslawien der Balkanfeldzug, der dazu führt, dass auch Griechenland und Bulgarien von deutschen Truppen besetzt werden, nachdem die britischen Truppen aus Griechenland und Kreta seit dem 1.5.41 vertrieben sind.

Die Besetzung der gesamten Balkanstaaten ermöglicht es, dass die noch zahlenmäßig unterlegenen deutschen Truppen den Vormarsch in die Sowjetunion am 22.6.1941 beginnen können.

Krieg in der Sowjetunion

Briefe der Eltern und Ottfrieds vom 8.6.–4.7.41 an Jörg

„*K. 8.6.41. L. J.*

In diesen Tagen vor einem Jahr begann der Kriegszug durch Frankreich. Hoffentlich verläuft Deine nächste kriegerische Tätigkeit auch so glücklich. Alles Gute. H. V.“

Mutter: „... Bei der Übung bist Du also gut abgeschnitten? Wir freuen uns dazu ...“

„*K. 18.6.41. L. J.*

... Es gehen hier die verschiedensten Gerüchte über die Ukraine um. Auf der Handelskammer hörte ich gestern, dass die verwaltungsmäßige Besetzung des ganzen Gebietes bereits erfolgt sei. Aus dem Ernährungsministerium sei ein ganzer Stab bereits seit einiger Zeit dahin abgeordnet worden, um die Landwirtschaft zu intensivieren und die Ernte zu erfassen. Dass dazu dann auch eine militärische Besetzung nötig ist, versteht sich von selber. Man spricht auch von einem Pachtvertrag auf 99 Jahre und von einem in Aussicht stehenden Besuch Stalins beim Führer. Der Zweck des Besuches sei der Beitritt zum Drei-Mächte-Pakt. Damit wäre dann den USA die Aussicht versperrt, Russland in Gegensatz zu Japan zu bringen, damit es vom Festland her gebunden sei. Es ist eine herrliche Prospektion, wenn alles wahr wäre, auf eine baldige Beendigung des Krieges. Denn ein frei bewegliches Japan müssten die USA fürchten und sie würden dann wohl nicht mehr dem Krieg beitreten. Vielleicht ist Ottfried durch Russland auf dem Weg zum Schwarzen Meer. Wir sahen schon die Karten an nach Möglichkeiten der Durchfahrt. Wir konnten aber nicht feststellen, ob der Kanal, der die Düna mit dem Dnjepr über die Beresina verbindet, die Durchfahrt gestattet.“

Mutter: ... „Ottfried war 3 Tage aus Swinemünde hier ...“

Vater: ... „Ich bin geneigt, diese Dinge für wahr zu halten. Bei den politischen Maßnahmen der Reichsregierung kann man seine Erwartungen nicht hoch genug spannen. Wir wollen sehen, was die nächsten Wochen bringen. H. V."

„K. 27.6.41. L. J.

In der Hoffnung, dass die Postsperre bald aufgehoben wird, schon jetzt diese Zeilen. Ottfried schrieb noch einmal aus einem dänischen Hafen. Er glaubt, bald in eine verlassene Gegend zu kommen. Vielleicht ist diese Gegend gar nicht so verlassen, vielleicht ist sie ein östlicher Meerbusen, das Operationsgebiet Deiner Truppe.

Da der Bericht die Erfolge noch nicht bekanntgegeben hat, wissen wir nicht, ob Du noch in der Ausgangsstellung bei Memel verharrst oder schon vorgegangen bist. Bald aber, vielleicht Sonntag, werden wir uns von Deinem neuen Standort ein Bild machen können.

Wir haben nun wieder englische Angriffe auszustehen. Diese Nacht war die vierte. Sie kommen zwar niemals zur rechten Entfaltung, obwohl sie meist recht heftig sind; die Stadtrandgebiete haben dann die Bomben zu ertragen. Kürzlich fiel eine über dem Kleinen Kiel und deckte eine Menge Dächer ab und zerbrach sehr viel Glas. Es soll eine gewesen sein, die ohne Aufschlag in der Luft zerspringt. Dabei soll eine sehr hohe Feuersäule entstanden sein ... Mögest Du gesund und unversehrt sein und möge dann die schwierigste Leistung schon vollbracht sein. H.V."

Mutter: „Wir erwarten morgen, am Sonntag, den Heeresbericht im Osten. Vielleicht können wir dann herausfinden, wo Du und wo Deine Truppe ist ... So sind unsere Gedanken immer bei Dir und Ottfried und unsere Sorge um Euch ist groß. Wir hoffen, dass Du gesund heimkehrst ... Heute ist Sturm und Regen. Da wird der Engländer wohl nicht kommen. H. M."

Ottfried: „30.6.41. L. E.

Noch immer liegen wir hier in Dänemark. Ob wir überhaupt hochfahren, ist ungewiss. Es wird viel gebadet und Sport gemacht ...

Die Erfolge in Russland sind ja gewaltig. Diesmal kann Jörg dabei sein. Hoffentlich geht es ihm gut. Auch diesen Gegner werden wir wohl bald besiegt haben. Dann bleibt tatsächlich nur noch England, das zu bezwingen ist. Hoffentlich geht es bald los. H. O."

„K. 30.6.41. L. J.

Deine Zeilen vom 26.6. aus dem Lazarett erhielten wir heute früh. Wir hatten bis Sonnabend geglaubt, dass Ihr noch nicht im Kampf gewesen seid, wenigstens nicht, bevor nicht aus der Grodnoer Gegend ein großer Vorstoß gemacht worden wäre. Die Bekanntgabe der bisherigen Kämpfe, die gestern, Sonntag, erfolgte, hat uns aber eines Besseren belehrt. Nun hast Du ja schon eine Art „Heimatschuss" und Deine ruhmreiche Laufbahn scheint damit auf längere Zeit unterbrochen, vielleicht sogar abgebrochen zu sein. Hoffen wir, dass eine vollständige Heilung erreicht wird.

Ich werde Dir gleich einige Bücher schicken. Ich hoffe, dass sie schon durchgelassen werden ...

Zu den Ereignissen in Russland muss ich leider sagen, dass ich eine ganz andere Entwicklung gesehen habe, als sie nun gekommen ist. Ich glaubte, der asiatisch-bolschewistische Vorstoß nach Europa sei seit dem Spanienkrieg zum Stillstand gekommen. Es wurde viel über die Ausmerzung von Juden im Kreis der Regierungsbeamten der SU gesprochen (1938 wurden führende jüdische Politiker von Stalin beseitigt), sodass man mangels jeder Nachrichten über die Entwicklung die geheime Hoffnung nähren konnte, dass die Stoßkraft dieser jüdisch-asiatischen Bewegung abnehme und Russland im Nachgeben begriffen sei, zumal ja auch an einen Sieg über uns, die wir nach dem Balkan völlige Bewegungsfreiheit haben, nicht zu glauben war. Dass Russland nun doch noch vorgetrieben worden ist, geht auf die Rücksichtslosigkeit zurück, mit der die Drahtzieher die Völker für ihre Ziele einsetzen, auch wenn sie dadurch nur einen kleinen zeitlichen

Aufschub erreichen können. Ich glaubte wirklich, dass Russland schon so wenig Stoßkraft aufzubringen habe, dass es uns in der vorläufigen Ausnutzung der Ukraine nachzugeben willens wäre. Da wir uns getäuscht haben, halten wir es nun für gut, dass die Auseinandersetzung schon jetzt gekommen ist. Das wird übrigens ein gewaltiger Auftrieb für unsere auswärtige Politik sein, unsere Stellung bei der Herstellung des Friedens wird bedeutend gestärkt sein. Schon jetzt ordnen sich die Völker um uns. Schon jetzt erscheinen wir als der europäische Mittelpunkt auf allem, was militärische Stärke und politische Zielsetzung betrifft. Die Neuordnung Europas nimmt immer wirklichere Formen an, und sie geschieht immer bestimmter ausschließlich unter unserer Leitung, ohne Dreinrede von außen. Es bleibt dann nur noch die Beseitigung des angelsächsischen Einflusses, der ja in Europa erhalten werden soll durch die erstrebte englisch-amerikanische Union. Aber auch das werden wir überwinden, denn aufgegeben kann die Besetzung Englands nicht sein. So gleichen wir dem Mann, der auf einer schwimmenden Scheibe steht und dem von der Seite her heraufgestiegene Neider auf allen Seiten die Bewegungsfreiheit nehmen. Er stößt sie wieder herab und atmet wieder frei. Vor allem hält er seine Scheibe in ruhigem Gleichgewicht. Ich wünsche Dir eine gute Heilung. H. V."

Mutter: „Freude war, als ich Deinen Brief sah, und Schreck, als ich ‚Lazarett Memel' darauf stehen sah. Aber gleich war ich beruhigt, als ich Deine lieben Zeilen las. Nun bin ich froh, dass Du so gut davongekommen bist. Hoffentlich heilt alles wieder gut. Nun brauchen wir vorläufig wohl nicht in Sorge um Dich zu sein, denn die Heilung des Muskelrisses im rechten Unterschenkel braucht wohl einige Wochen. H. M."

„*K. 4.7.41. L. J.*

Ottfried ist nach einem Brief vom 30.6. noch im Belt. Sie scheinen ein angenehmes Leben zu führen. – Ärzte bezweifeln, dass es sich um einen Sehnenriss handelt. Eher zerreißt ein Muskel. Es könnte sich um einen Riss der Gelenkkapsel oder um eine schwere Sehnenzerrung handeln. H. V."

Jörgs Briefe an die Eltern vom 26.6. und 29.6.41

„*Memel, 26.6.41. L. E.*

Nachdem wir am ersten Tag über die Grenze gegangen waren, langten wir am Montagabend vor Libau an. Dort entwickelte sich ein hartnäckiges Gefecht, bei dem ich ein Sehnenband am Fußgelenk zerrissen habe, während ich einen meiner verwundeten Kameraden aus der Feuerlinie schleppte. Es ist im Gipsverband und es schmerzt nicht mehr. Hier im Lazarett in Memel sind wir gut aufgenommen worden. Herzlich grüßt Euch Euer Jörg."

„*29.6.41. L. E.*

Jetzt komme ich zu dem eingehenden Bericht. Bis zum Sonntag lagen wir in dem Dorf Rund Görge bei Memel, etwa 10 km von der Grenze entfernt. Wir lagen seit Sonnabend in Alarmbereitschaft und hatten in der Nacht zu Sonntag kaum geschlafen. Um 2 Uhr morgens trat die Kompanie zum Appell an und der Spieß las die Proklamation des Führers für die Ostfront vor. Während der letzten Worte ging pünktlich um 3.05 der ungeheure Donner der Geschütze an der Front los. Es war ein Rollen und Tosen in der Luft. Auch über unsere Köpfe hinweg orgelten die Koffer der Eisenbahngeschütze.

Von unserer Kompanie waren zwei Flammenwerfer mit abgeteilt, um die Infanterie beim Nehmen der Grenzbunker zu unterstützen. Sie brauchten das aber gar nicht; denn die Russen räumten schon nach kurzem Beschuss die Bunker. Die meisten wurden gefangen genommen. Dann wurde hartnäckiger Widerstand nicht mehr geleistet, wenigstens an unserem Abschnitt nicht. Die Russen verließen entweder fluchtartig die Stellungen und wurden gefangen, dann kamen sie uns mit ‚Heil Hitler' entgegen, oder sie zogen sich in die Wälder zurück, und das war sehr

Abb. 60 *Konzentration vor dem Angriff*

gefährlich für unsere Kriegsführung, wie es die Zukunft noch zeigen sollte. Der Russe vermied, wenn möglich, den offenen Kampf. Es ist oft vorgekommen, dass aus Gehöften, an denen die Truppen schon lange vorbeigeflutet waren, der Russe schoss. Ebenso brach er nachts aus den Wäldern hervor und störte den Nachschub. Plötzlich erschienen dann irgendwo Panzer, die die nicht kampfkräftigen Transporte auf den Straßen angriffen.

Während dieses ersten Angriffs lag unsere Abteilung noch in der Reservestellung und wartete auf das Stichwort ‚Stoßtrupp-Aufgabe', das uns den Einsatz bringen sollte. Wir fluchten schon über die Müßigkeit, mit der wir die kostbare Zeit verbrachten, während da vorn die Kameraden den Barbaren einheizten. Da kam endlich gegen 16 Uhr der Befehl zum Abmarsch. Die Kolonne setzte sich in Bewegung. Wir überschritten bei Krottingen die Grenze und erwarteten auf einer Wiese die weiteren Befehle. Die Abteilung wurde als Divisionsreserve der 291. Division zurückgehalten, um an brenzlichen Stellen oder wo der Durchbruch zu erzwingen war, eingesetzt zu werden.

Gegen 20 Uhr kam der Befehl zum sofortigen Weitermarsch. Es ging ins litauische Gebiet hinein. Hinter dürftigen Drahtverhauen erhoben sich bis zu 30 m hohe Beobachtungstürme, die weit ins deutsche Land hineinsehen konnten. Sie standen auch später in den waldreichen Gebieten Litauens. Hier und da kamen uns erbeutete Kraftwagen entgegen, die z. T. aus deutschen Fabriken stammten.

Eine schwere Plage stellte für uns der Staub der Landstraße dar, der sich in die Kleider, auf das Gesicht und alles andere setzte, sodass wir aussahen wie die Schneemänner. In einem Bauernhof machten wir Halt. Wir fielen ins Stroh und schliefen fest. Es wurden doppelte Sicherungen, auch gegen Flugzeuge aufgestellt.

Der nächste Morgen sah uns wieder auf der Straße. Litauen ist streng katholisch. Überall sieht man die Kreuze und die Kapellenkästen am Wege stehen. Die Menschen sind sehr verschieden, aber zum größten Teil deutschfreundlich. Als z. B. ein verwundeter deutscher Offizier bei einem Bauern einkehren wollte, nahm ihm dieser die Maschinenpistole ab und schoss ihm ein ganzes Magazin in den Bauch. Wir dagegen kamen durch Orte, die mit der litauischen Fahne geschmückt waren. Wir hatten sie befreit. Später standen die Leute am Wege und bewarfen uns mit Blumen. Im Städtchen Skuodas reichte man uns Wasser und Zigaretten an die Wagen. Wir fuhren durch ausgedehnte Waldgebiete. Die Wege waren schlecht und ausgefahren. Die Brücken waren schwach und manchmal musste man sie erst verstärken, ehe wir ihnen unsere Wagen anvertrauten.

In Lettland wurde das schlagartig anders. Der Wald wich zurück. Das Land wurde sanft wellig. Es war gut bebaut. Statt der windschiefen Häuser standen stattliche Höfe, die z. T. auch aus Stein gebaut waren, am Wege. Es war alles ordentlich und gepflegt. Im Ort Prikula machten wir uns klar und empfingen Handgranaten. Das war gegen 17 Uhr.

Mit hoher Geschwindigkeit strebten wir der Front zu. Alle

Straßen waren vollgestopft mit Kolonnen. Die Infanterie hatte Bauernwagen beschlagnahmt und sie dicht besetzt. Wenn ein Pferd schlapp wurde, spannte man es aus und holte sich auf der nächsten Weide einen frischen Gaul. Am Wegesrand lag ab und zu ein russischer Panzer, die letzten glühten noch. Dann fuhren wir in ein größeres Dorf ein, wo schon einige andere motorisierte Einheiten standen. Es hieß Grobina. Das war das Stabsquartier der Division. Die Kommandeure meldeten sich zur Stelle bei Generalleutnant Herzog. Wer von uns Glück hatte, konnte noch einen Bissen erbeutetes Brot erwischen. Es war ein großes Gedränge auf der Dorfstraße. An beiden Seiten standen die schweren Wagen, während in der Mitte Ordonnanzen und Melder auf Kradrädern hindurchflitzten.

Um 20 Uhr am 23.6. wurde der Angriff auf das etwa 10 km entfernte Libau angesetzt. Die MSA, Marine-Stoßtrupp-Abteilung, sollte motorisiert vorstoßen unter Mitwirkung einer Heeresformation. Die Abteilung saß auf und bog am Dorfausgang auf die gut asphaltierte Straße Riga-Libau ein. Hier war eine Anzahl Pak, Panzer-Abwehr-Kanonen, in Stellung gegangen. Die Lage Libaus war großartig. Die Stadt hatte nur drei Zugänge, die nur wenige Kilometer breit waren. Der südliche Zugang war durch einen tiefen Wald geschützt, der von Russen besetzt war. Im Osten und Norden lagen zwischen den Seen starke Bunkerstellungen. Wir fuhren von Osten an. Nach kaum 2 km wurden Panzer gemeldet. Die Wagen fuhren links und rechts an den Straßenrand und wir sprangen ab. Die Panzerbüchsen und Pak gingen in Stellung. Feuernd kam das Ungetüm näher. Inmitten unserer Kolonne fuhr er getroffen in den Graben und brannte. Er war wohl als Straßensperre gedacht, denn der Wagen war hoch mit Holz bepackt. Er zog eine mit Flammöl gefüllte Feldküche. Wir saßen wieder auf und fuhren einige hundert Meter, als ein weiterer russischer Wagen ankam. Er wurde auf dieselbe Weise vernichtet, ohne seine Aufgabe, die Sperrung der Straße, erfüllt zu haben. Bei einem solchen Sprung vom Wagen sprang ich – etwa 5 m tief – in einen trockenen Graben und verstauchte den Fuß. Ich konnte aber noch laufen, wenn es auch schmerzte.

Abb. 61 *Korv. Kapt. v. Diest …*

Nachdem wir etwa 3 km gefahren waren, ließen wir die Wagen zurück und gingen im Straßengraben vor. Rechts stand ein Gehöft, in dem die Russen Widerstand leisteten. Einige Gruppen wurden abgeteilt, es zu nehmen. Die Granatwerfer beschossen das Gebäude. Bald brannte es lichterloh. Noch stundenlang hörte man das Krachen der dort lagernden Munition. Wir gingen weiter vor bis zur Kreuzung der Straße mit einer Bahntrasse. Da stand ein Stellwärterhäuschen und ein Dolmetscher telefonierte, dass die Deutschen noch nicht so weit seien. Wir erhielten kein Feuer mehr vom Feinde.

Abb. 62 *… und sein Grab in Prekuln*

Um 23 Uhr wurde der Befehl gegeben, einen Igel zu bilden. Unser Zug sollte also im spitzen Winkel zwischen Bahn und Straße in Stellung gehen. Die anderen Züge lagen links und rechts angelehnt. Es war eine stille Nacht, nur hier und da peitschten Schüsse herüber. Ein Ordonnanzoffizier kam von einer Erkundung zurück und gab unserem Zug den Befehl, eine verlassene Batterie vor uns zu besetzen. Unser Zugführer war sehr vorsichtig und wollte mit dem ersten Zug zusammen langsam sichernd vorgehen. Das stieß dort auf Ablehnung. Es war ja alles so ruhig. Der Feind schien sich ganz zurückgezogen zu haben. Während der erste Zug die Batterie nehmen wollte, grub sich unser Zug ein. Das war sehr gut. Die Nacht wurde nicht ganz dunkel. Im Norden blieb ein rötlich-gelber Schein, der unsere Silhouetten gut zeigen musste. Aber der Russe schoss nicht. Der Westen war eine undeutliche graue Masse, wo Bäume und Häuser nur verschwammen.

Es taute ziemlich stark, aber die empfindliche Kälte überwanden wir durch kräftige Schanzarbeit. Das war für uns ein Glück; denn kaum hatten wir unsere Deckung etwas getarnt, als es unheimlich in der Luft zu pfeifen begann. Es war etwa ½ 2 Uhr, als der Russe uns mit einem rasenden Infanteriefeuer überfiel. Um 2 Uhr sollten wir unsererseits zum Sturm übergehen, aber nun war uns der Feind zuvorgekommen. Als Erster wurde der Zugführer verwundet. So ließen wir etwa zwei Stunden dies Feuer über uns ergehen, als der Befehl kam, die Stellung zu räumen. Nachdem wir uns einige 100 m zurückgezogen hatten, wurde der Befehl zum Angriff gegeben. Gleichzeitig setzte unsere Artillerie ein und setzte einige Häuser vor uns in Brand. Hinter diesen Häusern zog sich eine Straße quer zur Angriffsrichtung entlang, die mit hohen Bäumen eingefasst war. In ihnen hatten sich Baumschützen eingenistet, die die Wiese, auf der wir lagen, gut übersehen konnten. Wir lagen wie auf dem Teller und der Feind konnte jeden Einzelnen sehen. Hinter dem Straßendamm stand gut geschützt eine Bunkerlinie, aus der ständig das Mg-Feuer herüberratterte. Wir arbeiteten uns also einzeln sprungweise vor, indem wir uns gegenseitig feuernd unter-

Abb. 63 *Baltikum*

stützten. Der Russe war kaum zu erkennen in seinen Stellungen. Doch als wir kurz vor der in Flammen stehenden Häusergruppe standen, überschüttete uns der Russe mit Granatwerferfeuer. Das forderte ziemlich viele Opfer in unseren Reihen. Als ich angerufen wurde, einen Verwundeten zurückzubringen, robbte ich dorthin. Mein Kamerad Rudolf Hahn hatte einen Halsdurchschuss erhalten. Während ein anderer, Korinth, noch herbeigesprungen kam, wurde der am Arm angeschossen. Er warf sich hin und ich verband ihm die Wunde. Dann legten wir Hahn auf meine Zeltbahn. Lerch half dabei. Er hatte Hahn auch verbunden. Dann zogen und schoben wir den Freund über die Wiese, um den Bahndamm zu erreichen, der wenigstens etwas Schutz bot. Wir hatten fantastisches Glück, dass uns nichts traf, während wir schleichend über die Wiese zogen. Der Zug ging weiter vor, durchkämmte die Häusergruppe und kam dann wieder zurück, da er sich gegen das Feuer der Bunker nicht halten konnte. Jetzt eröffnete der Feind das Feuer mit der Batterie, die wir des Nachts hatten nehmen sollen. Das ganze Nachtspiel war also nur eine Falle gewesen, um uns möglichst nahe an die Bunker zu locken. Es war ihnen nicht ganz gelungen. Aus den Wäldern zur Rechten und Linken setzte nun auch wohlgezieltes Feuer ein. Wir waren von drei Seiten umschlossen. Auf der Kreuzung von Bahn und Straße lag Batteriefeuer. Es war eine Hölle. Zu uns Dreien gesellte sich noch Vorarberger. Schiebend und ziehend schleppten wir den Freund am Bahndamm zurück. Als wir nahe der Kreuzung waren, versuchten wir den Verwundeten über den Damm zu tragen. Wir fassten die Zeltbahn an allen vier Ecken an und sprangen den Abhang hinauf, bis ich in ein Loch mit meinem verstauchten Fuß geriet. Es war eine Sehne gerissen und es schmerzte ungeheuer. Doch nachdem ich mich etwas ausgeruht hatte, konnte ich noch etwas weiter mit anpacken. Nach einigen Sprüngen waren wir im Unterstand, einer Abflussröhre unter dem Straßendamm, wo sich der Verbandplatz befand. Wir waren völlig erschöpft. Unser Stabsarzt widmete sich dem Verwundeten. Ich konnte mit dem Fuß kaum auftreten, ließ mir eine Binde anlegen und fuhr mit einem Pkw zum Dorf zurück, neben mir der schwerverwundete Hahn. Die Splitter einschlagender Granaten umzischten uns. Das Dorf Grobina war am Morgen mit Artillerie eingedeckt worden und brannte noch.

Am Ende des Dorfes lag der Feldverbandplatz, von dem aus die Verwundeten mit Sanitätskraftwagen zum Lazarett gebracht wurden. Es war etwa 11 Uhr. Ich legte mich in den Hof eines Hauses und schlief bis 3 Uhr. Inzwischen, gegen Mittag, war die Abteilung durch ein Infanteriebataillon abgelöst worden und sammelte sich im Ort. Wir konnten noch etwas Essen fassen, dann bestiegen wir die Wagen und fuhren noch einige Kilometer zurück, wo in einem Wäldchen der Abteilungstross untergestellt war.

Gegen 18 Uhr trat die Kompanie zur Vollzähligkeitsmusterung an. Mit leiser Stimme las der Spieß die Namen vor. Von unserem Zug fehlten über die Hälfte. Die anderen Züge waren nicht so stark mitgenommen. Nach der Musterung ließ ich mich wieder verbinden. Der Stabsarzt schickte mich ins Feldlazarett weiter zurück. Der Sankrawagen brachte mich nach Prikula. Dort war das Lazarett in einer großen Schule untergebracht. Die schweren Fälle lagen auf einer Bahre, wir leichteren hatten Strohlager bereit, auf denen sich herrlich schlafen ließ. Das zahlreiche Personal reichte uns prächtige Stullen herum, die mit requirierten Dingen bestrichen waren. Wir hatten längere Zeit nichts Ordentliches mehr gegessen. Am Morgen des 25. Juni wurde unser Kommandeur begraben. Neben ihm liegt Rudolf Hahn, der auch im Lazarett verstorben ist.

Am Abend dieses Tages wurden die Leichtverwundeten in eine nahe Villa gebracht. Einige Verbände erneuerte man noch, dann lud man uns auf drei LKW und fort ging es, dem Reich entgegen. Uns begegneten Munitionskolonnen, die im Schneckentempo an die Front gingen. Hier lag die Munition, die wir so nötig für die Bunker gebraucht hätten. Unsere Artillerie hatte sich dort verschossen. Die ganze Fahrt war eine Folter. Man saß gedrängt im Wagen und stieß sich an die Wunden. Gegen 5 Uhr morgens langten wir in Memel an. –

Hochbetrieb. Mein Fuß wurde geröntgt und dann, nachdem kein Bruch festgestellt war, packte ihn ein Stabsarzt in Gips ein. Die ersten Tage schliefen wir sehr viel. Die Bevölkerung brachte uns Blumen und Kuchen. Bücher und Zeitschriften verschenkte die Frauenschaft. Auch die Schwestern waren sehr freundlich. Wir konnten mit ihnen wieder lachen.

Nach einigen Tagen wurde der Gipsverband entfernt und ich musste das Bein auf einer Brownschen Schiene lagern. Kalte Umschläge sollten den Bluterguss tilgen. Seit gestern umschließt nur noch eine elastische Binde den Knöchel. Das Bein ist zwar noch immer geschwollen, aber das wird mit der Zeit fortgehen. Jetzt lerne ich wieder gehen. Ich kann schon sachte auftreten. Die Verpflegung ist alles andere als reichlich, aber wir werden schon nicht verhungern. H. J."

Memel. Jörg am 1.7.41 auf einer Karte an die Eltern:
„L. E.! Ich habe Euch einen eingehenden Brief geschrieben. Er darf nirgends gezeigt werden. Ihr dürft mit niemand darüber sprechen. Euer Junge."

Jörgs Briefe vom 6.7.–22.8.41

„*Memel, 6.7.41. L. E.*
... Wir träumen nur so im Duft von Blumen ... Gestern war ich das erste Mal wieder in der Stadt ... Ich konnte schon den Fuß ganz gut gebrauchen. Aber alles braucht eben seine Zeit ...

Im Zeitungsausschnitt steht ein Aufsatz über die Einnahme von Libau. Ich habe auch im Radio einen Frontbericht über Libau gehört, worin auch der Stoßtrupp erwähnt wurde. H. J."

„*Swinemünde, 10.7.41. L. E.*
... Am Sonntag war ich schon so weit wiederhergestellt, dass ich mit einem Kameraden einen längeren Marsch auf die Nehrung ... machen konnte. Dann am Montagmittag brachte man uns in einen Lazarettzug ... Bei Heidekrug kamen wir an einem Gefangenenlager von 50 000 Russen vorbei. Sie liegen auf einer Wiese, die mit Stacheldraht umzäunt ist. Es kam gerade ein neuer Transport an, und die Russen fuhren mit einem höllischen Grinsen an uns vorbei. Es sind die richtigen Untermenschen.

... Wir fuhren direkt vor das Lazarettschiff ‚Stuttgart' ... Es war eine herrliche Fahrt durch die Ostsee. Land sahen wir zwar erst bei Swinemünde ... Wir begegneten Vorpostendampfern und Geleitzügen ... Am Morgen holte man uns mit Musik ab. Mit Rosen bedacht zog ich mit vier Kameraden in das Lazarett Wasserstr. 2. Hier lag auch Ottfried im Winter 39/40 ... H. J."

„*Swinemünde, 12.7.41. L. E.*

Heute werde ich aus dem Lazarett entlassen und fahre sofort nach Libau ... H. J."

„*Memel, 15.7.41. L. E.*

... Ich werde morgen früh nach Riga aufbrechen und habe schon einen Kraftwagen, der mich dorthin bringt ... Bis Riga sind die Straßen nun vom Feinde frei. Die MSA soll dort in Ruhestellung liegen. H. J."

„*Riga, 20.7.41. L. E.*

... Die Straße nach Riga war sehr gut. Unsere Flieger hatten sie meisterhaft bombardiert, sodass die Trichter immer rechts und links neben der Straße lagen, aber der Fahrdamm nicht verletzt war.

Am selben Abend erkundigte ich mich noch beim MBD, Marine Befehlshaber Dora, über den Standort der MSA. Sie sollte

Abb. 64 *Lazarettschiff Stuttgart*

Abb. 65
Jörg verletzt nach Swinemünde

vor Pernau liegen. Abends sah ich mir die Stadt Riga an. Sie mutet mit ihren Anlagen und Bauten wie eine deutsche an. Aber die schönsten deutschen Gebäude, das Schwarzhäupterhaus und die Petrikirche, hatten die Russen mutwillig zerstört. Zwei der Dünabrücken lagen auch in Trümmern. ... In Pernau traf ich um 23 Uhr ein. Ich ließ mein Gepäck auf dem Bahnhof und suchte die Ortskommandantur. Die zeigten mir ganz in der Nähe den Tross der MSA ... Ich melde mich beim Spieß und steige dann zu den Kameraden auf den Wagen, die mir ihre Erlebnisse erzählen:

Sie hatten Libau im Straßenkampf genommen und lagen darauf sechs Tage im schweren feindlichen Feuer im NW von Estland, um sich dann zurückzuziehen. Gegen 2 Uhr des 19.7. ging es wieder hinaus. Kurz vor der Stadt Pernau bezogen sie eine Stellung an der See. Ununterbrochen strömten die Flüchtlinge herein, die Grauenhaftes erlebt hatten. Gegen 7 Uhr gingen sie an der Straße zum Angriff vor, aber nur als Reserve, da die Abteilung zu ausgepumpt war. Nachdem sie sich etwa 8 km hingeschleppt hatten, übernahmen sie die Sicherung der linken Flanke. Das Gefecht dauerte etwa 2 Std., währenddessen sie sich etwas in Deckung hielten. Während der Angriff fortgetragen wurde, besah sich ein russischer Flieger ihre Stellung. Dann kam der Befehl der Ablösung. Sie konnten gerade etwas zurückgehen, als eine Staffel Bomber anbrauste und genau auf die alte Stellung die Eier warf. In der Nacht setzten sie sich auf die Wagen und fuhren etwa 50 km zurück in Ruhestellung – so weit ihre Schilderung. – Wir liegen in einer Schule auf Heu. Heute hatten wir kein Wecken, konnten unsere Klamotten säubern und essen. H. J."

„*Estland, 28.7.41. L. E.*

... Der Bänderriss muss doch wohl ein Muskelriss mit Bluterguss gewesen sein ... Zum besseren Halt trage ich noch eine elastische Binde und um die Stiefel Marschriemen. Die Ruhe, die wir hier genießen, tut dem Fuß wirklich gut. Wenn auch die Truppen vor Moskau und Leningrad stehen, haben wir hier auch einen Frontabschnitt, der das ganze nördliche Estland und die Inseln umfasst. Reval ist heute noch nicht gefallen ... Estland ist auch einer der Kessel, in denen einige russische Armeen eingeschlossen sind. Er liegt aber etwas abseits und deshalb spart man hier etwas an Truppen und Kriegsmaterial ...

Nachdem wir hier in Hädemeste, 50 km südlich Pernau, die ersten Tage fast völlige Ruhe hatten, müssen wir jetzt allerhand Sicherungswachen stellen, sodass wir alle zwei Tage auf Posten stehen. Russen werden noch ab und zu aufgegriffen. Sie gingen in Zivilkleidern als Arbeiter. Man erkennt sie aber an ihren kahl geschorenen Köpfen.

Vor ein paar Tagen sprach uns der MBD, Admiral Burchardi, den Dank des Großadmirals und unseres Feldmarschalls aus. Er ist sehr stolz auf uns ... Wir haben jetzt einen neuen Kompaniechef. Aus unseren drei Zügen waren schon gleich nach den Verlusten vor Libau zwei Züge gemacht worden.

Die Bevölkerung hier hat ihr gutes Auskommen ... Wir leben hier einen großartigen Tag, da wir alles von den Bauern erhalten ... H. J."

Mein Gruppenführer, Bootsmaat Thomsen, übergab mir einen Brief der Familie Hahn, deren Sohn bei Libau gefallen war, und bat mich, ihn zu beantworten. Er lautet:

„*Kastorf, den 20.7.1941.*

Sehr geehrter Offizier!

Können Sie mir näher beschreiben, wo mein Bruder gefallen ist. Wir wissen gar nicht, dass er zu Wasser oder zu Lande gewesen ist. Ist er zu Lande gewesen, so werde ich als Bruder seine Ruhestätte wohl mal aufsuchen, ist er zu Wasser gewesen, so ist es nicht möglich. Hat er einen Kameraden von unserer Gegend, so schreiben Sie es auch mit.

Mit Deutschem Gruß Heil Hitler. Karl Hahn und Mutter. Bitte antworten Sie zurück an Auguste Hahn in Kastorf."

Ich schrieb sofort zurück und schilderte die erste Feindberührung vor der Festung Libau, bei der Jürgen Hahn einen Halsdurchschuss erhielt, mit mir zum Feldlazarett gefahren wurde und dort, in Prikula, starb. Er wurde neben dem Kommandeur der MSA, Korvettenkapitän v. Diest, bestattet.

„*Riga, 3.8.41. L. E.*

... Wir sitzen in Riga in einer alten Kaserne. In russischer Zeit lebten hier Tschekisten. Jetzt müssen die hier sehr zahlreichen Juden den Bau säubern und den Dreck abfahren. Sie sind auch willig bei der Arbeit. Die Juden sind durch einen gelben Stern gekennzeichnet, den sie fast mit Stolz tragen. Wenn auch ihre Geschäfte geschlossen sind, so betragen sie sich doch der Bevölkerung gegenüber sehr hochnäsig. Sie wollen trotz der Dreckarbeiten, die sie jetzt verrichten müssen, immer noch zeigen, dass sie einmal die Herren der Stadt waren. Von ganz Lettland sollen 20 % der ganzen Bevölkerung von Juden und Kommunisten verschleppt worden sein. In Estland wird es noch schlimmer sein, da dort die Kämpfe wesentlich länger andauern. Die Baltenvölker haben Freikorps aufgestellt, die vor allem die Heckenschützen bekämpfen sollen. Sie suchen auch berüchtigte Juden auf, die von ihnen selbst erschossen werden. Auf diese Weise reinigen sie sich selbst und wir laden auf uns keinen Hass der Bevölkerung. Den Bürgerkrieg bestreiten die Letten also selbst.

Das Leben geht in Riga seinen gewohnten Gang. Kinos und Theater sind geöffnet ... Am Freitagabend besuchte ich mit einem Kameraden die Operette ‚Zigeunerbaron', die in der Nationaloper auf Lettisch gespielt wurde. Die Mimik war sehr gut, sodass wir vieles verstehen konnten ...

Da unser Kommandeur, Korvettenkapitän von Diest, vor Libau gefallen ist, hatten wir bis jetzt einen Major der Infanterie, der uns führte. Doch jetzt sind wir wieder voll dem MBD unterstellt, der uns wieder einen Marineoffizier geben wird. H. J."

„*Riga, 8.8.41. L. E.*

... Vati schrieb im letzten Brief vom Ausholen des deutschen Einflusses nach Osten in Wellenform, von Wellen, die immer schwächer werden. Das stimmt wohl auf dem kulturellen und auf dem politischen Feld. Militärisch ist es aber nicht gut, wenn die deutsche Macht der russischen gegenüber immer schwächer werdend nachfolgt. Ein Heer darf sich nicht im Raum verlieren. Es muss immer einen Gegner haben und ein festes Ziel, nach dem es organisiert wird. Die Weite darf nicht den Menschen und die Führung überwuchern. Er selbst muss herrschen ...

In Riga fühlt man sich immer mehr in einer deutschen Stadt. Ich habe mir das deutsche Museum angesehen, wo der prachtvolle Silberschatz der Schwarzhäupter-Gilde ausgestellt ist. Es ist noch im Ausbau. Die Bestände werden noch gesichtet und nach und nach ausgestellt. Sehr viele Letten sprechen Deutsch. Die Jüngeren lernen fleißig und wir helfen ihnen dabei ... Heute Abend werde ich mir die Oper ‚Aida' ansehen ... H. J."

„Vor Reval, 22.8.41. L. E.

Seit dem 15. sind wir wieder unterwegs. Wir mussten zwei Tage fahren, um hier auf eine Halbinsel am Finnischen Meerbusen zu gelangen. Die Tage sind gefüllt mit Wachen, die wir zum Schutz gegen die See gehen. Die Russen haben eines Tages einen Stoßtrupp von 30 Mann hier gelandet, von dem wir die Hälfte aufgerieben haben … Unter den Gefangenen befindet sich ein Lette, der zum Dienst gepresst wurde. Jetzt wird er die Flinte umdrehen. Täglich hört man das Rollen des Geschützdonners. Die russischen Stellungen werden systematisch zusammengeschossen. … Aus dem Hafen laufen Geleitzüge und Kriegsfahrzeuge aus. Viele von ihnen fallen den deutschen Minen zum Opfer, die den Busen absperren. Der Rest wird mehr oder weniger erfolgreich von unseren Batterien unter Feuer genommen. Die Marine unterhält rege Beziehungen zu Finnland. So hatten wir heute ein Gefecht mit einem russischen Kanonenboot beobachten können. Es war aber schneller und wendiger als unsere Kanoniere und konnte entwischen.

… Die Flieger sind auf beiden Seiten sehr tätig … Zerstreute Feindreste können sich in den riesigen Räumen immer noch halten. Sie fallen unseren Spähtrupps aber einer nach dem anderen in die Arme, wenn man sie nur aufspüren kann … H. J.“

Briefe der Eltern an Jörg vom 14.7.–16.8.41

„K.14.7.41. L. J.

Mutti ist traurig, … dass Du geheilt bist und nun wieder an die Front gehst.

Vater bekommt früher Sommerferien … Am 2.7. hörte der Unterricht plötzlich auf. Wir hatten dann eine Schulsitzung im Rathaus, wo wir uns in verschiedene Behörden einreihen ließen, meist ins Kriegsschädenamt. Das ist eine neue Behörde … Wir wollen nicht verreisen, weil auch die Reise recht beschwerlich ist. Dann können wir vielleicht darauf hoffen, dass unsere Schule ebenso wie die anderen außerhalb Kiels wieder aufgemacht wird ... Dann kann auch Ottfried gelegentlich nach Kiel kommen. Und es wäre besonders für Mutti kein angenehmes Gefühl, wenn sie später erfahren müsste, dass sie sich in der Welt herumgedrückt hat, während ihr Sohn sie besuchen wollte. Und schließlich, wenn der Krieg in Russland aufhört, steht ja auch noch Dein Urlaub in Aussicht ... H. V."

„*K. 15.7.41. L. J.*

... Noch nie ist Dein Geburtstag mit so viel Besorgnis und guten Wünschen begangen worden wie jetzt ... H. V."

Mutter: „Ich war im Kino und habe die Wochenschau über die Kämpfe um Libau gesehen ..."

„*K. 23.7.41. L. J.*

... Wir rechnen mit einem neuen Einsatz Deiner Abteilung gegen Reval. In einem Brief, den ich eben an Ottfried schrieb, führte ich aus, dass das einige Volk in seiner geballten Kraft eine ungeheure Ausdehnungswirkung hat; die Wellen, die vom Mittelpunkt Europas ausgehen, schlagen in immer weiteren Kreisen nach dem Rande zu und finden da endlich ihre Grenze oder verschwinden. Letzteres wird in Russland sein. Nach Besiegung der Moskowiter wäre keine Kraft mehr da, die uns von Asien abhalten könnte, die Wellen unserer Kraft werden von selber schwächer werden mit zunehmender Entfernung vom Mittelpunkt. Wir werden von selber unser Ziel stecken. Anders im Westen. Dort prallen schon jetzt unsere Kraftwellen auf andere, auf die der sich vereinigenden angelsächsischen Macht. England wird als politische Selbständigkeit verschwinden, Amerika wird England sein. Hoffentlich kommen wir noch schnell genug dorthin, um ein Festsetzen der USA zu verhindern. Es ist in unserem Interesse, dass England ein selbständiger Kleinstaat werde, mit Auswanderung von viel Volk und Industrie. Andernfalls, ist es ihnen gelungen, uns zu blockieren, es bliebe uns nur Afrika und Vorderasien zum Teil. Ob das genügt zum Leben, ist zunächst nicht zu übersehen. In einigen Wochen werden wir klarer sehen … H. V."

„*K. 30.7.41. L. J.*

… Vielleicht kommst Du auch nach Finnland. Ich will Dir die Anschrift eines finnischen Ingenieurs geben, der mir öfter geschrieben hat: Kurt Lundell, Helsingfors, Högbergsgatan 35 ist sein Büro … Er hat Dich und Ottfried eingeladen und will alles für Euch tun.

Ottfried begleitet Transporte nach Norden. H. V."

„*K. 7.8.41. L. J.*

Ottfried ist in Danzig und bekommt neue Aggregate … Wir denken, dass auch Du schon weiter auf Reval vorgerückt bist. Schwierig wird es da wohl werden, denn es ist auch das Eingreifen der russischen Flotte zu erwarten. Vielleicht werden schon weit reichende Küstengeschütze in Stellung gebracht sein, die Euch von der See her freihalten. Dann sind die Inseln noch da, wohl für Euch. Bei Petersburg werdet Ihr ja wohl nicht zu helfen brauchen. Dort ist wahrscheinlich schon alles, was nötig ist, aufmarschiert.

Wir fühlen oder sehen hier doch, dass wir die anfänglich für die Niederringung Russlands nötige Zeit unterschätzt haben. Ich glaubte und hoffte immer noch, dass wir in Russland so frühzeitig fertig werden möchten, dass noch in diesem Jahr der Übergang nach England möglich werden könnte. Nun aber ist wohl nicht mehr anzunehmen, dass wir im September noch eine große Unternehmung werden durchführen können, auch wenn an ihrer Vorbereitung ausgiebig genug gearbeitet worden ist. Die Stabilisierung Russlands, wenn die Kämpfe vorüber sind, wird genug Zeit in Anspruch nehmen und die liegen gebliebenen englischen Vorbereitungen erfordern zu ihrer Wiederaufnahme auch Zeit, sodass ich glaube, dass der September, der allgemein für die günstigste Zeit gehalten wird, vorübergehen wird. Nun, vielleicht treten auch Zufälle auf, in Russland, die uns einen noch rechtzeitigen Abschluss des russischen Krieges ermöglichen.

Ich las in meinen Ferientagen ein Buch von Brinkmann, ‚Geist der Nationen'. Er führt als Kunsthistoriker eine Untersuchung über die Verschiedenheiten der Italiener, Franzosen und Deutschen in der Kunst durch. Dabei kommt er zu der Überzeugung, dass die drei größten, nicht nur in der Kunst maßgeblichen europäischen Völker auf gleicher geistiger Grundlage ruhen, dass ihre Unterschiede rassisch-mischlich bedingt sind. Von der Kunst her, so führt er aus, könnte daher recht gut eine Verständigung auftreten. Die drei großen europäischen Nationen könnten dann, zumal die gleichen geistigen Grundlagen, die für die Kunst wirksam sind, auch für Politik, Wissenschaft und alles andere gelten, ein Gesamteuropa heraufführen, an das sich die kleinen und geistig und wirtschaftlich und politisch sowieso schon abhängigen Staaten einfach anzuschließen hätten. Als Kunsthistoriker bleibt er aber bei der bloßen Feststellung der Gleichheit des europäischen Geistes stehen: Der italienisch künstlerische Geist hat zum Grundprinzip die Herausarbeitung der Darstellung des sinnlichen Seins, der französische die verstandesmäßig durchgedachte Form. Wir Deutschen würden einer Vergeistigung des Seins, also der Form in der Ordnung zustreben. Dabei unterlässt es Brinkmann nicht, darauf hinzuweisen, dass diese Grundsätze nur in der Theorie völlig getrennt sind, dass sie in der Wirklichkeit des Völkerlebens durcheinandergehen. Alle drei Völker haben sich durch die Jahrhunderte hindurch beeinflusst, und auf rassischer Grundlage entsteht auch im Lande ein Kunstwerk, das nach seinem ganzen Ausdruck eigentlich dem Nachbarvolk hätte zugeschrieben werden müssen. Das ist hauptsächlich in den flandrischen Provinzen Frankreichs so, wo Künstler hervorgebracht werden, die zwar Franzosen sind, aber wie Deutsche wirken.

Dies Buch ist gleichzeitig eine Abwehr der Meinung der Franzosen, die deutsche Kunst als abhängig und nicht eigenständig nachzuweisen. So wie auch das Buch von Pinder, das Du im Lazarett in Memel gelesen hast, eine handfeste Katalogisierung des deutschen Kunsteinflusses namentlich im Norden und Osten ist. Es ist richtig so, bevor die anderen Völker uns anerkennen werden, müssen sie erst wieder zum Bewusstsein gebracht werden, was sie uns verdanken.

Hoffentlich bekommst Du wieder Muße genug, um Dich wieder mit diesen Gedanken auch zu beschäftigen. H. V."

Mutter: „... Uns scheint, dass Du zu früh aus dem Lazarett weggelaufen bist. Dein Bein ist also noch geschwollen und schmerzt bei Anstrengungen. Du solltest Dich noch schonen. Ihr müsstet alle erstmal in eine Ruhestellung kommen ... Der Engländer kommt jetzt auch am Tag und wirft aus großer Höhe Bomben ab. Diese sind nicht gezielt ... H. M."

„*K. 11.8.41. L. J.*

Nach den letzten Nachrichten ist es im Baltikum wieder vorwärts gegangen, östlich von Reval ist der Finnische Meerbusen erreicht, Reval ist also schon recht eng umschlossen. Ihr werdet jetzt wieder dabei sein, bald nach der Absendung Deines Briefes vom 28.7. werdet Ihr die Ruhestellung verlassen haben, um Euch an der See nordwärts vorzuschieben. Nach allen Berichten sind die Kämpfe an allen Frontteilen recht schwer und wir sind eigentlich recht besorgt, diesmal um Euch beide zugleich, da ja auch Ottfried näher an das Kampfgebiet herangegangen ist. Schließlich muss auch einmal ein Aufräumen zur See kommen.

Klaus Schmidt, der in der Ukraine steht, hat seit vier Wochen nichts von sich hören lassen, der Sohn des Herrn Becker, USV, ist in der Ukraine gefallen. Der Sohn von Schultz, Leutnant der Artillerie, schrieb kürzlich von schweren Tagen südlich von Petersburg.

Wenn alles so schwierig ist, bildet ein gewisser Optimismus seine Blüten: Man glaubt an Revolution in Russland, daran auch, dass die Truppen die Waffen wegwerfen könnten, und man übersieht dabei ganz, dass das ganze System auf Unterdrückung und Gehorsam abgestellt ist und dass man diejenigen, die einer Revolution fähig gewesen wären, vorher umgebracht hat. Solche Art Optimismus kann mir nicht gefallen. Wir sehen, dass jeder Schritt erkämpft werden muss und zwar schwer. Wir hoffen, dass es in Zukunft schneller und leichter geht, da die besten Truppen und das beste Material schließlich aufgebraucht sein müssen. Dann werden wir neue Staaten gründen, eine Befestigungslinie bauen und den Hexenkessel im Osten dann seinem Schicksal überlassen oder nur wenig eingreifen, sodass ein USA- oder englischer Eingriff ausgeschaltet wird.

Wir dürfen, glaube ich, überhaupt nicht daran denken, dass die wirtschaftlichen und politischen Dinge mit Beendigung des Krieges geregelt sein könnten. Es werden sich auch lange nach dem Kriege Umwälzungen vollziehen, die durch die jetzigen Ereignisse ausgelöst sein werden. Die Zeit der Hochspannung wird mit Beendigung des Krieges noch nicht vorüber sein, noch lange nicht. Wir werden noch genug erleben, genug mitwirken können.

Hoffentlich erweist sich die Art der Führerauslese und Führerfeststellung als treffend genug, um nicht gleich wieder Rückschritte befürchten zu müssen, wenn Hitler eines Tages die Augen zumachen sollte. Wie oft sind im Laufe der deutschen Geschichte große Dinge, die im Werden begriffen waren, an mangelhaften Nachfolgern und auch an Kämpfen um die Nachfolge gescheitert. Oft genug hat das Ausland die Kämpfe geschürt.

Ich hoffe, dass Du diese Entwicklung heil und gesund miterleben kannst. H. V.

Der letzte Nachtangriff auf Kiel scheint nicht viel geschadet zu haben.“

Mutti: „... Sorge um beide. Freude um Briefe, die beweisen, dass sie noch leben. Ottfried fragt immer nach Dir und wir berichten ihm ... “

„*K. 16.8.41. L. J.*

Du schriebst mir am 8.8., dass die Ausbreitung des deutschen Einflusses im Osten in Wellenform, was die Kultur anbetrifft, wohl zulässig sei, nicht aber sei eine Intensitätsminderung, wie es bei Wellenkreisen selbstverständlich ist, auch auf militärischem Gebiet zulässig. Da hast Du völlig recht. Das Gebiet, aus dem Angriffe gegen das Reich kommen können, muss fest in unserer Hand sein. Es fragt sich nur, wie weit die Grenze dieses unbedingten militärischen Einflusses nach Osten hinaus verlegt wird oder werden kann. Darüber hinaus ebbt der Einfluss des Deutschen auf allen Gebieten ab. Es ist mit Heeresmacht unmöglich, bis an den Stillen Ozean zu gehen. Schließlich ist die deutsche Volkskraft nicht unerschöpflich. Und wenn tatsächlich die biologische Volkskraft noch gesteigert werden könnte, es würde am Willen fehlen. Hier laufen noch wer weiß wie viele Elternpaare herum, die ein vierjähriges Kind an der Hand führen, andere fehlen. Sie werden auch fehlen, denn der Hang zur Bequemlichkeit ist immer noch groß, wohl vorwiegend. Wenn die jetzt und in Zukunft zeugungsfähigen Geschlechter auch nicht mehr Kinder haben werden als die Eltern der trostlosen Nach-Weltkriegszeit, dann wird es mit dem gesicherten Reich der Zukunft der Deutschen nichts. Jeglicher Einfluss, politischer wie wirtschaftlicher, künstlerischer und militärischer, ist an den biologischen Bestand gebunden. Können wir nicht genug Menschen nach dem Osten verpflanzen, erreichen wir bestenfalls eine Förderung, aber nicht eine Beherrschung des fremden Volkstums. Jeder Sturmwind kann dann die deutsche Oberschicht wieder hinwegfegen und alle Anstrengungen der jetzigen und vorigen Generationen vernichten. Mir scheint, wir haben uns hier zu bescheiden, auf ein erreichbares Ziel zu beschränken. Es gibt auch auf dem Gebiete der Macht kein Maximum, sondern immer nur ein Optimum, das erreicht sein wird, wenn die Wogen der Ausdehnung und der Zusammenziehung endlich zum Stillstand gekommen sein werden. Je sicherer der Blick für das Mögliche, je schmerzloser wird der neue Zustand hergestellt sein. H. V."

Jörgs Briefe an die Eltern und Ottfried vom 26.8.–11.9.41

„*Vor Reval, 26.8.41. L. E.*

... Wachestehen war in letzter Zeit unsere Hauptbeschäftigung. So mussten wir nächtelang 5 Std. im Sturm stehen. Der Regen prasselte und es war saukalt. Aber der Russe zeigte sich nicht mehr. Noch einmal erbeutete einer unserer Spähtrupps einige Gefangene. Darunter befand sich auch ein Leutnant. Als er zum Verhör geführt wurde, erbat er sich noch eine Zigarette, um vor seinem Erschießen noch einmal rauchen zu können. Er war sehr erstaunt, als er hörte, wie gut es die Gefangenen bei uns hätten. Ein anderer, ein Ukrainer, der zwei Kommissare zuletzt erschossen hatte, erzählte, dass sie unaufhörlich durch diese Antreiber bedroht würden. Sie verbreiten auch die Gräuelmärchen über uns und halten Offiziere und Mannschaften in Schach. Der Russe hilft uns jetzt bei der Küche.

Das Essen war in letzter Zeit nicht besonders reichhaltig, da wir von Beständen zehren müssen ...

Die Leute hier leben zum großen Teil vom Fischen und von Viehzucht. Der Ackerbau ist in Küstennähe nur schlecht, da jedes Stückchen Land mit Findlingen jeder Größe besät ist ...

Die Küstenbatterien beharken jetzt stündlich russische Geleitzüge. Wir können gut mit Gläsern beobachten, wie die Treffer sitzen. Der Feuerorkan, der in den letzten Tagen die Front vor Reval überschüttet hat, ist abgeebbt. Man kann mit dem bloßen Auge das brennende Reval sehen. Die Bevölkerung wird viel zu leiden haben ... H. J.“

„*Estland, 1.9.41. L. E.*

Am 26.8. setzte sich die Kolonne wieder in Bewegung. Wir verließen die Halbinsel, die als zweite östlich von Reval liegt ... Wieder sollten wir eine 10,5-cm-Batterie sichern, die ostwärts Jontechtme aufgestellt werden sollte. Mit zwei Gruppen stießen wir in das Waldgebiet vor, das erst vor Kurzem von Russen geräumt worden war ...

Die Bevölkerung ist in dieser Gegend wohlhabender. Die Gebäude sind etwas besser in Schuss. Man findet manchmal rein nordisch aussehende Leute unter den Bauern ... Während ein Zug die Batterie sicherte, bewachten wir das Dorf ...

Am 29.8. fuhren wir auf Umwegen um 3 Uhr nach Reval hinein. Die Stadt war am Vortage gefallen, während sich die Russen entweder eingeschifft oder auf die östliche Halbinsel zurückgezogen hatten. Als wir um 8 die Stadt erreichten, brannte und schwelte noch alles. Der größte Teil der Fabriken war durch Feuer zerstört, während die Wohngebiete und der deutsche Stadtkern wenig gelitten hatten. Die Leute erzählten, dass die Russen besonders durch die letzten Luftangriffe entmutigt waren. Sie wollten nicht mehr kämpfen. Die Kommissare mussten sie mit Maschinengewehren auf die Schiffe treiben.

Wir besetzten den Kriegshafen, der vollgestopft war mit Fahrzeugen und Geschützen aller Art. Die Russen hatten alles unbrauchbar gemacht, jedoch bald setzten findige Leute die Wagen wieder in Bewegung. Wir sollten aufpassen, dass keiner etwas fortholte. Das war eine sehr schwierige Sache. Die Offiziere drängten sich durch die Posten hindurch und beschlagnahmten vieles. Doch jetzt wird schon aufgeräumt. Ingenieurtrupps setzen die Maschinen wieder zusammen. Arbeiter sammeln die riesigen Munitionsmengen ein. Wir selbst stehen schon drei Tage lang Posten ... H. J."

„*Reval, 4.9.41. L. E.*

Jetzt sind wir von der ewigen Wache abgelöst worden und konnten schon mehrere Tage in unserem Bau filzen. Überall findet man noch einen Gestank und unentwirrbares Durcheinander, wenn noch nicht von uns aufgeräumt ist. Die Räume sind voll des übelsten Kitsches. Es wäre wirklich schlimm, wenn überall dort, wo hier der Sowjetstern draufsteht, in Deutschland das Hakenkreuz zu sehen wäre. Fast alle Waren, Gegenstände, Bilder usw. sind so verziert.

Ich habe mir in den letzten Tagen die Stadt etwas näher in Augenschein nehmen können, da nur jeder zweite Tag mit Wache

Abb. 66 *Estland*

ausgefüllt ist. Reval hat einen geschlossenen Kern, der mit der alten, fast überall erhaltenen, Mauer umgeben ist. Daran schließt sich die Burg, die zur Altstadt hin auf einem allmählich ansteigenden Berg liegt, der nach den anderen Seiten 20 m steil abfällt. Hier liegen die alten Regierungsgebäude. Von der Burg sind nur noch einige Mauern zu sehen. Um den Kern herum dehnen sich die nichtssagenden Vorstädte aus. Die Altstadt ist jedoch gefüllt mit Sehenswürdigkeiten, engen Gassen, alten Häusern, die bis ins 15. Jh. zurückreichen. Überragt wird das Ganze von den vielen verschiedenartigen Türmen, deren höchster der von St. Olai ist, mit einer Länge von 126 m. Ich werde die Gebäude nach und nach besichtigen. Bis jetzt bin ich nur in die Jakobi-Kirche gekommen, die gefüllt ist mit alten deutschen Grabsteinen adeliger Geschlechter und wunderschönen Schnitzereien aus dem 16. und 17. Jh.

Abb. 67 *Reval*

Die Bevölkerung hatte uns bei unserem Einzug am 29.8. noch zugewinkt, mit Blumen und Päckchen beschenkt. Sie ist sehr freundlich und froh. Das ostbaltische Element überwiegt stark. Täglich bringt der Selbstschutz zahlreiche Kommunisten an oder solche, die sie als solche ausgeben. Ebenso wie in Riga nimmt jeder wohl auch seine persönlichen Feinde wahr und sperrt sie als Kommunisten ein. Doch das soll der deutschen Verwaltung gleich sein. Die Roten hatten hier eine schlimme Herrschaft geführt. Seit Februar hatten sie mit Verhaftungen begonnen. Lokale waren nur für Offiziere geöffnet. Auch jetzt noch hat die Stadt wenig zu essen, doch allmählich nimmt sie wieder die Verbindung mit dem Land auf. Man sieht die Bauern Vieh über die Straßen treiben. Bald werden wir wieder in der Stadt speisen können. H. J.“ (Vgl. Abb. 73)

„*Reval, 11.9.41. L. E.*

… Am 6.9. haben wir Reval verlassen. Wir fuhren die Küstenstraße entlang und langten am Abend in Hungerburg an, dem Badeort von Reval, an der Mündung der Narva gelegen. Die Landschaften wechselten oft. Um Reval herum ist das Land sehr karg und wird meistens als Weide benutzt, da etwa 20 cm unter dem

Rasen eine Steinschicht liegt, die sich in dünnen Schichten aufbaut. Weiter nach Osten durchfuhren wir dichte Wälder, in denen die Findlinge den Boden beherrschen. Die Gegend von Wesenberg bis Narva ist fruchtbarer. Überall standen die Hocken des Korns, das auf den Speicher wartet. Dazwischen erheben sich hier und dort aus der flachen Landschaft Halden wie in einem deutschen Erzgebiet. Der Braunschiefer wird dort abgebaut und oft an Ort und Stelle verflüssigt.

In Hungerburg ... durften wir von der Bevölkerung nichts kaufen, da sie selbst vollkommen ausgesogen ist. Deutsche Bomben haben einen Tanker vor der Narva-Mündung versenkt, dessen Aufbauten aus der Brandung herausragen.

Am nächsten Morgen überquerten wir bei Narva den Fluss. Die alte Stadt hat nicht viel gelitten. Von alten ruhmvollen Zeiten kündigt die gewaltige Ordensburg und das gegenüberliegende Iwangorod mit seinen ragenden Zinnen. Bald hatten wir die Grenze erreicht, hinter der sich die Stalinlinie entlangzieht. Sie ist an dieser Stelle etwa 5 km tief und umfasst mehrere Reihen Stacheldraht, Panzerfallen und Bunker. Neben Erd- und Betonbunkern haben die Russen alte Panzer eingegraben, deren Türme nur mit schwenkbaren Kanonen herausblicken.

Durch diese vielfache Linie gesichert, liegt Kingisepp, das fast vollständig niedergebrannt ist. Die Kämpfe um diese Stadt waren sehr hart, was an der großen Zahl der Gräber zu erkennen ist.

Hinter Kingisepp erstreckt sich eine öde Sumpflandschaft. Moore und Wälder lösen sich ab. Immer wieder sind Panzerfallen und Grabenlinien dazwischen. Wir wandten uns auf der gut ausgebauten Straße nach Norden. Oftmals konnten wir die Luga sehen, in die die Russen ihre Toten geworfen haben, um ihre Verluste zu verschleiern ...

An einer Bucht, kurz hinter der Front, bauten wir unser Lager. Hier sichern wir einige Batterien. Wir haben unsere Zelte aufgeschlagen und auf Tannenzweige eine dicke Lage Heu geschüttet. So halten wir es des Nachts aus. Einige Gruppen haben sich Erdbunker gebaut. Sie wollen es wärmer haben und legen den ganzen Wald um, um die Stämme zum Abstützen zu erhalten ... Das Wetter war in letzter Zeit kalt und stürmisch. Oft hat es geregnet. Fast ein jeder hat sich eine kleine Erkältung geholt ... H. J."

Briefe der Eltern an Jörg vom 23.8.–24.9.41

„*Kiel, 23.8.41. L. J.*

Wir haben nun Deinen Brief vom 14.8., auf dem Du mitteilst, dass Ihr Euch wohl nächstens nach N. wendet. Ich glaube, auch Ottfried ist nach dem Finnischen Meerbusen abgedampft. Seit dem 9.8. hat er uns nicht geschrieben. So werdet Ihr wohl beide gegen Petersburg stehen, Du wohl schon bald auf einer der Inseln. Hoffentlich übersteht Ihr beide diese Kämpfe gut.

Ich habe meinen Schuldienst wieder aufgenommen, nachdem ich von Anfang Juli, abgesehen von einem dreiwöchigen Urlaub, Schreiberdienste auf dem Rathaus geleistet habe. Gelegentlich war ich auch Dolmetscher bei französischen freiwilligen Arbeitern, die hier in Lagern, namentlich in Schulen zusammengefasst sind. Zuletzt habe ich durch Dolmetschen eine Untersuchung durch die Gestapo möglich gemacht. Die ganze Sache scheint mehr auf Unverständnis des Lagerleiters, des Schulhausmeisters, zurückzugehen, denn wirkliche Arbeitsverweigerung zu sein. Für jene Dolmetscherdienste habe ich mich zur Verfügung gestellt. H. V."

Mutter: „... Ottfried liegt in Südnorwegen. Er liest viel ... "

„*K. 31.8.41. L. J.*

Ottfried schrieb am 28.8., dass sie nun weiter nach N. gehen. Nach dem großen Debakel der Russen im Finnischen Meerbusen ist wohl jetzt das Weiße Meer dran. Dort scheint eine bedeutende Einfuhr aus Amerika eingesetzt zu haben. Man sieht es daran, dass vor Kurzem dort die Häfen bombardiert wurden.

Wir denken, dass Du entweder Reval oder Baltisch-Port mitgemacht hast oder noch für Ösel bereitstehst. Hoffentlich überstehst Du alles gut. Dann wird man Euch dort lassen, denke ich, auch wenn es nach England gehen sollte. Viele Leute glauben schon nicht mehr daran, dass wir nach England übersetzen werden. Sie meinen, wir kriegen es nicht fertig, Napoleon sei auch nicht zum Ziel gekommen. Ich finde diesen Vergleich urteilslos. Wir müssen übersetzen, sonst sitzen die Engländer und die Amerikaner am Kanal. Von Freiheit Europas und besonders unseres Landes ist dann nicht zu sprechen. Es gibt dann übrigens bald wieder einen Krieg, wenn überhaupt Friede geschlossen wurde. Nehmen wir an, dass diese gegenwärtigen Kämpfe die letzten sein werden, an denen Du Dich zu beteiligen hättest. Wir hoffen, dass Du alles glücklich überstehst. H. V."

Mutter: „... Sorge um beide Söhne. Viel Regen. Die Ernte wird nicht trocken. Viel eingemacht, Bohnen, Obst, Gurken ..."

„*K. 7.9.41. L. J.*

Ihr werdet wohl mit der Küstenwacht genug zu tun gehabt haben, sodass Ihr an der Einnahme Revals selbst nicht eingesetzt gewesen sein werdet. Die Russen werden auf den Inseln noch eine Reihe von Stützpunkten haben, die Ihr ihnen noch werdet entreißen müssen. Das ist wahrscheinlich nicht so ganz leicht, namentlich die Eroberung der großen Baltischen Inseln wird schwierig sein. ... H. V."

Mutter: „... Wir freuen uns, dass wir seit Langem von den Engländern zufrieden gelassen werden ..."

„*K. 14.9.41. L. J.*

Über die Behandlung der deutschen Soldaten durch die Russen erfahren wir Schlimmes aus Frontbriefen. Der Krieg muss nach und nach sehr grausam geworden sein ..."

Mutter: „... Ottfried fragt immer nach Dir. Er liegt in den Schären bei Trondheim ..."

„*K. 19.9.41. L. J.*

... Für die Darstellung Deiner Erlebnisse, die in den letzten Briefen so ausführlich war, danken wir aufs Beste ...

Ottfried hat sich ein Schiffbau- und ein Mathematikbuch schicken lassen. Er hat auch sonst schon manches gelesen, unter anderem von Rosenberg. Der ‚Mythos' ist nicht so schwer, wie er von Unkundigen gemacht wird. Der schwerste Teil oder der am meisten Mühe macht, ist der Artikel über Meister Ekkehart, der vielleicht auch nicht gerade geschickt dargestellt ist.

Wir hatten vor Tagen einige Fliegerangriffe, die in der Hauptsache abgeschlagen sind. Es konnte aber nicht vermieden werden, dass auch einige Bomben in der Stadt fielen, so bei Sartori & Berger. Im Allgemeinen haben die Außenbezirke mehr zu leiden als die Stadt selbst. Unsere Abwehr muss ausgezeichnet sein. H. V."

„*Kiel, Kieler Yachtschule, 24.9.41.*

Liebe Altmannen!

Nach dem Absegeln wird wieder eingeladen zu den monatlichen Treffen in den ‚Kulmbacher' am 1. Donnerstag. Der Krieg hat wieder Opfer aus unseren Reihen gefordert. Es fielen:

Hans Röer, als Kommandant eines Minensuchbootes,

Claus Günther Geithner, als Fahnenjunker einer Infanterie-Geschütz-Kompanie,

Rolf Hinrichsen, als Mar.-Ass.-Arzt auf dem Schlachtschiff Bismarck,

Marthiensen, bei Narwa, als Grenadier, gezogen nach einem Semester Medizinstudium."

Jörgs Briefe an die Eltern und Ottfried vom 18.9.–19.10.41

„*Sista-Palkino, 18.9.41. L. E.*

Wir liegen immer noch am gleichen Ort. Vor uns befindet sich die Küste entlang ein kleinerer Kessel, aus dem die Russen fast jede Nacht größere oder kleinere Ausbruchsversuche unternehmen.

Die vor uns liegenden Bataillone schlagen sie jedes Mal ab. Wir jedoch liegen einige km hinter der Front und bilden die Reserve. Wir werden wohl nicht mehr in direktem Kampf eingesetzt werden, da die Kämpfe vor Libau und Pernau uns zu sehr geschwächt haben.

So stehen wir in Bereitschaft, sichern, durchkämmen die Wälder und greifen überall zu, wo Leute gebraucht werden. Der Russe landet ab und zu kleinere Verbände aus dem Kessel, die das Hinterland beunruhigen sollen. Die werden dann aufgespürt und gefangen.

Wenn das Wetter einigermaßen gut und klar ist, schickt der Russe seine Flieger, von denen er nur noch wenige hat. Dann schlagen nachts an den in der Nähe liegenden Batterien Bomben ein. Auch bis zu unserem Lager verirrten sich manchmal einige. Sie richteten jedoch niemals Schaden an. Ebenso sucht die russische Artillerie, unsere Batterien außer Gefecht zu setzen. Sie treffen aber ebenso schlecht wie ihre fliegenden Genossen.

Es war sehr unangenehm, wenn des Nachts die Motoren zu hören waren und die Bomben zischten und pfiffen. Wenn es sehr nahe war, mussten wir aus unserem Zelt aufstehen und die kleineren Bunker in der Nähe aufsuchen. Doch dann taten wir uns zusammen, schachteten eine eineinhalb Meter tiefe Grube aus, schlugen die so zahlreichen Stämme und überdeckten und verkleideten sie. Jetzt lässt uns eine dicke Schicht Sand ruhig darunter schlafen.

Vor allen Dingen haben wir einen warmen Aufenthaltsort; denn in den letzten Tagen hat sich das Wetter sehr zu seinen Ungunsten verändert. Es regnet manchmal einen ganzen Tag hindurch. Wenn sich die Sonne dann wieder zu scheinen getraut, bringt der Nordwind doch noch so viel Kälte mit, dass es nicht mehr so mollig warm wird. Es herbstet in unserem Wald und unser idyllisches Flusstal zieht sich schon sein buntes Kleid an.

In dem nahen Dorf kommen jetzt die geflohenen Bewohner allmählich zurück. Sie hatten sich in anderen Ortschaften oder im

Wald verborgen gehalten und die Sorge um ihr Gut und die Kälte lässt sie aus dem Schlupfwinkel wieder hervorkommen. Die Sorge war berechtigt, denn die Wohnstätten sind entweder runtergebrannt oder Russen und Deutsche haben darin gehaust, vieles verbraucht, manches zerschlagen und vernichtet. Doch sie sind schließlich die Besiegten und dürfen sich nicht beklagen. Wenn auch der Bolschewismus sie zu Kolchosbauern gemacht hat, so findet man in Schuppen und Ställen doch die alten Heiligenbilder. Sie werden nun wieder hervorgeholt und wie in früheren Zeiten in die gute Stube gehängt ... H. J."

„*Sista-Palkino, 23.9.41. L. E.*

...Wir machen die verschiedensten Experimente mit Öfen. Zuerst taten wir Holzkohle in eine Blechbüchse, doch das hält nicht lange vor, sodass wir uns jetzt einen richtigen Ofen mit Rohr bauen. Wir werden uns schon einheizen. Allzu lange kann es auch nicht mehr mit diesem Kessel dauern. Man sagt, dass man Leningrad etwas zurückgestellt hat, um uns erstmal zu helfen. Jetzt erscheinen täglich einige Dutzend unserer Bomber und belegen die Russen gut und reichlich. Neulich sind tausend Russen in unserem Abschnitt übergelaufen. Sie erklärten, dass alle überlaufen würden, wenn sie nur wüssten, wie gut sie aufgenommen werden. Wir werfen viele Flugblätter in Gestalt von Passierscheinen über den Stellungen ab. Sie werden, wenn es geht, benutzt ... Die Soldaten sind als Gefangene sonst sehr furchtsam und zittern für ihr Leben. Vor einigen Tagen wurden einige Flintenweiber aufgegriffen, die auch spionieren sollten. Sie hatten bis zum Krieg in einem Zwangsarbeitslager gesessen und waren jetzt in die Front gesteckt worden.

Unser Kessel zieht sich etwa 40 km an der Küste entlang und reicht 20 km ins Land hinein. In den letzten Nächten konnten wir ununterbrochen Kanonendonner im Osten hören. Dort beschossen russische Schlachtschiffe und Batterien aus Kronstadt unsere Stellungen vor Leningrad. Mit welchem Erfolg, ist nicht festzustellen.

In den kalten Nächten konnten wir oft Nordlichter beobachten. Es ist oft sehr hell, manchmal kaum sichtbar. Bald schwillt es an, bald ab. Es wechselt die Form, tritt als Kreis, als Streifen oder als Halbring auf. Manchmal ist es sogar an verschiedenen Stellen des Himmels gleichzeitig zu sehen.

Wenn wir nachmittags wachfrei sind, fahren wir 10 km zurück in eine alte Kaserne, wo wir uns in einem geheizten Raum aufwärmen. Hier schreiben wir, lesen und spielen Karten. Wir haben fast jede Nacht Wache ... Die Abteilung gibt mir nicht mehr, was ich von ihr erwartet habe. Ich werde sehen, dass ich so bald wie möglich wegkomme. Ich will mich dann zur Sanitätskompanie überweisen lassen und dort etwas schaffen.

Vor zwei Tagen haben wir, die ganze Kompanie, einen Streifzug in die umliegenden Dörfer gemacht. Es waren 40 Russen gemeldet worden und wir sollten sie abfangen. Die Bevölkerung sagt jetzt selbst schon an, wenn sich irgendwo Russen herumtreiben. Wir besetzten also einige Brücken, über die sie kommen sollten, aber vergebens. Dann umstellten wir mehrere Scheunen und durchsuchten sie. Es waren Strohlager vorhanden. In einer Scheune hatten sie sich sogar eine Sauna angeheizt und sie noch vor Kurzem benutzt. Die Nester waren aber alle leer ...

In diesen Tagen habe ich das erste Mal Fußlappen angezogen. Es passt ganz gut, ist aber etwas kalt an den Füßen. Ich werde also wieder Strümpfe waschen müssen. H. J."

„*Sista-Palkino, 30.9.41. L. E.*

Wir haben jetzt eine Ruhestellung etwa 20 km hinter der Front bezogen und wohnen in einer alten Kaserne. Dort haben wir uns einen Kinosaal einigermaßen bequem eingerichtet. Wir machen viel Zeugdienst und bringen unsere Sachen in Ordnung.

Jetzt hatte ich nach zwei vollen Jahren Gelegenheit zu segeln. Hinter dem Quartier liegt ein größerer See, der einmal als Segelflughafen benutzt worden ist. Unter dessen traurigem Trümmerfeld der selbst zerstörten Anlage fand ich ein größeres Ruderboot. Ein Mast und zwei Segel lagen in der Nähe. So konnte ich nach mehrstündigem Basteln die Takelage wieder herstellen. Es muss allerdings schon einigermaßen Wind stehen, um die 10 qm zu blähen und das Boot zu rauschender Fahrt zu bewegen. Es kreuzt natürlich sehr schlecht, wenn es hoch kommt, kann ich 6 Strich am Wind halten bei einer Meile Abdrift. Ich habe mir immer den geeigneten Partner gesucht ... H. J."

„*Sista-Palkino, 7.10.41. L. E.*

Vor einigen Tagen habe ich eine sehr interessante Reise gemacht. Ich wurde abgeteilt, als Beifahrer zwei Kraftwagen zu begleiten, die Flak auf die Ostseite unseres Kessels bringen sollten. Als Beifahrer sitze ich auf dem rechten Sitz vorn im Wagen neben dem Fahrer und muss den bewaffneten Schutz übernehmen. Wir fuhren beim Morgengrauen los. Während der Fahrt legten wir 180 km zurück, obwohl der Bestimmungsort nur 40 km von uns entfernt lag ... Die Straße säumten ungeheure Wälder, die jetzt ihr Herbstkleid angelegt hatten. In allen Farben vom dunklen Grün bis leuchtendem Rot hatten sich die Bäume geschmückt. Zwischen ihnen standen wie die Wächter dunkle Fichten, als ob sich auch der Wald im Kriegszustand befindet. Ab und zu kündete ein Birkenkreuz von einem hartnäckigen Kampf. Manchmal war ein kleiner Friedhof entstanden, auf dem Soldaten neben Offizieren, auch Ritterkreuzträgern, friedlich kameradschaftlich nebeneinander liegen. Baukompanien hatten die Gräber sorgfältig geschmückt ... Je mehr wir uns vom Kampfgebiet entfernen, desto mehr Zivilisten trifft man an, die Herden werden zahlreicher und die Felder sind schon wieder unter den Pflug genommen. Der Russe wohnt in Straßendörfern, die Häuser bestehen aus Holz und sind zum großen Teil sauber mit Schindeln gedeckt. Manche Dörfer sind ziemlich vernachlässigt und sehen dreckig und zerfallen aus. Aber vor allem in der Küstengegend haben sich die Leute Mühe gegeben. Allerlei Zierrat schmückt die Fenster und Gesimse. Die Giebel sind oft sorgfältig mit verschiedenen Holzarten ausgelegt. Der größte Teil des Landes dient der Viehzucht. Das Getreide ist schlecht gepflegt und kurz. Sonst baut der Russe viel Kartoffeln und Kohl an, von denen wir uns auch vorwiegend in den letzten Wochen ernähren. Wie die Häuser und Felder, so ist auch der Mensch zerlumpt und verdreckt. Schon seit Wochen läuft der Russe in dicken Wollkleidern herum, obwohl die Kälte gar nicht empfindlich war.

An der Rollbahn werden Hunderte von Gefangenen mit Straßenarbeiten beschäftigt. Man kann Arbeitsdienstmänner und Landsturmleute mit der Waffe Wache stehen sehen. Manche haben sogar einen Gummiknüppel in der Hand.

Unsere Truppen haben bei Peterhof einen Durchstoß bis zur Küste gemacht. Der Keil ist nur einige Kilometer breit. Um Peterhof selbst wird noch gekämpft. Das Gebiet ist von Truppen und Artillerie überfüllt. In den Wäldern stehen Panzer bereit. Eine unserer Kompanien hat dort den Schutz einer Batterie übernommen. Sie wohnt im alten Schloss eines Großfürsten, das von den Roten wohl als Schulungsburg benutzt worden ist. Überall liegt Propaganda- und Lehrmaterial herum. In den unteren Sälen stehen Pferde. Wir konnten in einem der Gebäude unterkommen. Die russischen Bomber sind wagemutig und machen dauernd Einflüge. Trotzdem sind Jäger von uns immer in der Luft. Doch erst, wenn schon die Bomben gefallen sind, rasen die Jäger heran. Die sehr zahlreiche Flak ballert aus allen Rohren und ich konnte mehrmals beobachten, wie ein Bomber getroffen schwankte. Ein Flämmchen blitzte dann auf, aber er konnte weiterfliegen.

Schon seit 1 Uhr in der Morgenfrühe war Fliegeralarm. In einem der Gebäude schlug eine Bombe ein. An diesem Morgen hatten die Russen auch einen Landungsversuch gemacht. Mit zwei Schleppkähnen war der Feind gelandet. Als wir um 6 Uhr zurückfuhren, waren schon 150 Mann gefangen. Im gestrigen Wehrmachtsbericht ist die Landung erwähnt worden.

Über der Rollbahn, die der Russe einsehen kann, flogen sechs russische Bomber entlang, sahen unsere zwei Wagen und warfen schon ihre Bomben. Wir konnten gerade anhalten und in Deckung springen, als nur wenige Meter vor uns die Bomben den Fahrdamm aufrissen. Dann stürzten sich vier Jäger auf die Abziehenden, schossen und verschwanden. Ein Infanterist hatte mit dem Gewehr auf den Bomber angelegt und bekam nun eine Garbe des Bord-Mg in den Kopf. Als wir nach einiger Zeit wieder stehen blieben, feuerte der Flieger seine Granaten dicht neben uns hin. Wir konnten nur aufsteigen und abbrausen. Bald waren wir aus der feindlichen Einsicht verschwunden.

An der Straße hingen an Balken Spione, Heckenschützen und Leute, die Waffen an Zivilisten verteilt hatten. Es waren sogar junge Burschen darunter. Es wimmelte von Flüchtlingen, die die Vorstädte von Petersburg verlassen hatten. Alle waren abgerissen und verstört. Ihre kleine Habe trugen sie auf dem Rücken. Hier und da kündeten die Trümmer eines russischen Bombers von der Niederlage des Gegners. Ausgebrannte Panzer legten Zeugnis ab von einem Ausbruchversuch, den wir erfolgreich abgeschlagen hatten …

Eben hatten wir unser Zeug in Ordnung gebracht, als unser Zug nach vorn rückte, um den Schutz einer Batterie zu übernehmen. Wir liegen dicht neben unseren alten Bunkern. Am nächsten Morgen machten wir fünf Mann uns an den Bunkerbau. Jetzt ist er fertig. Wir schlafen übereinander, haben einen Raum zum Schreiben und Essen und einen guten Ofen …"

„*Sista-Palkino, 13.10.41. L. E.*

… Wir leben immer noch an der Mündung der Systa in dem gleichnamigen Dorf in unserem großen Bunker. Die Bevölkerung ist z. T. zurückgekehrt und sucht ihre Habseligkeiten zusammen. Die Kartoffeln und der Kohl werden abgeerntet. Wir selbst hätten in unserem Lager abgelöst werden können, aber im Dorf sind Läuse aufgetreten und besser wohnten wir dort auch nicht. Also blieben wir hier, stehen nachts unsere drei Std. Wache und leben einen ruhigen Tag. Hier weckt uns kein Unteroffizier.

Das Essen wird uns herausgebracht. Als Zusatznahrung haben wir uns Kartoffeln ausgegraben, die nun als Pellkartoffeln mit Butter und Salz verzehrt werden. Oft braten wir sie auch roh oder gekocht. Bei Lesen, Erzählen, Holzhacken und Kartenspiel geht die Zeit vorüber. Auf unserm Öfchen kochen wir die Wäsche. Wir wissen schon die Zeit auszunutzen, bloß Lesestoff ist etwas knapp. Einer von uns Fünfen hat sogar Preiselbeeren gesucht und jetzt wird mit Zucker eine gute Marmelade auch ohne Opekta gekocht.

Auch ich lerne in meiner handwerklichen Umgebung so manchen Handgriff und manche Verrichtung kennen … Als Wachkumpan habe ich einen Zimmermann, der sehr wissensdurstig ist. Ihm erzähle ich allerhand Geschichte, Geografie und sonstige Dinge, für die er sich interessiert. Es ist sehr schön, wenn man einem so etwas mitteilen kann …

Jetzt hat es das erste Mal geschneit. Der Schnee ist aber noch tauig und gibt nasse Füße, wenn die Stiefel nicht gut geölt sind … H. J."

„*Sista-Palkino, 19.10.41. L. Vater.*

… Diese Woche haben wir unsern Bunker mit einem Raum in der russischen Kaserne vertauscht, die wir schon einmal bewohnt haben. Diese hohen hellen Räume sind wirklich eine Wohltat, wenn man 14 Tage ‚in kleinen Verhältnissen' gelebt hat. Vor allen Dingen entsteht leicht ein Misston und Meckerei, die die Kameradschaft sehr leiden lässt. Eine Woche lang werden wir uns also gut ausruhen können.

Die viele freie Zeit geht mit Kartenspiel vorüber. Ich suche möglichst viel zu lesen. Jetzt werde ich versuchen, mich mit der russischen Sprache etwas anzufreunden. Ich ziehe aus einem kleinen Wörterbuch die gebräuchlichsten Vokabeln heraus und lerne sie. Es wird ja nicht viel dabei sitzen bleiben, aber es ist ganz gut, wenn man eine kleine Grundlage hat, auf der man später einmal weiterbauen kann, wenn man will. Trotz allem, schickt mir bitte etwas Gutes zum Lesen. H. J."

Briefe der Eltern an Jörg vom 28.9.–20.10.1941 nach Russland

„*Kiel, 28.9.41. L. J. und l. Ottfried.*

Ich will mit diesem durchgeschlagenen Brief gleich zwei Fliegen schlagen, wenn man ihn als Klappe bezeichnen kann. Jörg schrieb in seinem letzten Brief von ‚Rentenmark', die er nach Haus geschickt haben wollte. Man hört heute noch oft von Rentenmark reden, wo man Reichsmark meint, so sehr hat sich die Rentenmark im Bewusstsein des Volkes festgesetzt, so sehr aber ist es auch ein Beweis dafür, dass sie der Retter in der allerhöchsten Inflationsnot gewesen ist. Heute nun gibt es aber die Rentenmark als Währung nicht mehr, sondern höchstens nur noch als Geldschein, der in Friedenszeiten nur sehr spärlich umläuft, denn die Rentenbanknoten sollten im Jahr 1927 eingezogen sein, wurden aber im Bankenkrach von 1930 wieder in größeren Mengen in Umlauf gebracht, wahrscheinlich, weil man die schmal gewordene Golddecke nicht überanstrengen wollte, ebenso auch heute. Es war das natürlich eine Art Mogelei, die man sich leisten zu können glaubte, eben wegen des großen Ansehens der Rentenmark. Dann aber glaubte man, sich nicht getäuscht zu sehen, was sich auch tatsächlich als richtig herausstellte. So hat eigentlich ein zweites Mal die Rentenmark die deutsche Währung gerettet. Im Jahre 1923 war es aber so:

Die Markwährung von 1873 bestand bis in den September 1923 hinein; sie war eine Goldwährung, mit Ausnahme des silbernen 5-Mark-Stücks. Eben wegen dieses Stückes hatten wir eine sogenannte hinkende Währung. Das Stück war im Gegensatz zu den heutigen wirklich Silber. Also, die alte Währung inflatierte und hatte im Sommer 1923 fast keinen Wert mehr. Das Volk wusste keinen Ausweg mehr, nachdem man sich durch Lohnforderungen, die schließlich immer leichter gewährt wurden, geholfen hatte. Keine noch so große Lohnzulage half mehr über die sich in überstürzt erhöhten Preisen ausdrückende Inflation hinweg. Da half dann der nicht mal originale Versuch der Rentenmark.

Ihr kennt aus der Geschichte der großen Französischen Revolution die sogenannten Assignaten, ein Papiergeld, dessen Deckung der ungeheure Landbesitz war, den der Staat aus den Händen der getöteten und vertriebenen Adeligen sich angeeignet hatte. Die französische ‚Rentenmark' aber entwertete, wie ihr wisst, weil der Staatsboden nicht bewirtschaftet wurde und daher keinen Ertrag lieferte, also selber eigentlich wertlos geworden war, wenigstens für den Augenblick. Damals also ging ein Versuch fehl, das Geld auf den Bodenwert zu stützen.

Um nun auch die deutsche Rentenmark zu Fall zu bringen, zogen aus- und inländische Zeitungen eifrig die Parallele zu den Assignaten. Man wollte der Bevölkerung von vornherein den Glauben an die Möglichkeit der Rettung aus der Geldnot nehmen. Die Regierung schien die Gefahr aber zu erkennen und erließ Bestimmungen über die Spekulation mit der Rentenmark. Das Volk tat alles, was es tun konnte: Es glaubte an die Rettung, die sich da zu bieten schien. Dieser Glaube war die Rettung, er war das Wunder, das allein Rettung bringen konnte, wie das Ausland frohlockte, ehe die neue Währung eingeführt wurde. Das Wunder war da, das Volk hatte selbst herbeigeführt, was damals in der großen Revolution misslungen war, nämlich die Begründung einer Währung auf Boden, der selbst erst Wert bekam dadurch, dass er bearbeitet wurde.

Man sieht, hier hat nicht nur das Volk im Ganzen geholfen, hier half auch die anerkannte Tüchtigkeit des Bauernstandes mindestens dadurch, dass der Glauben des Volkes nicht zuschanden wurde. Die größeren Landbesitzer ließen jeder ein Stück ihres Landes zugunsten der neuen Währung verpfänden und arbeiteten ruhig weiter. Die neuen Noten aber hielten stand, bis im August 1924 die heute gültige Reichsmark eingeführt werden konnte, eben noch rechtzeitig, bevor die Rentenmark neuen Angriffen ausgesetzt war.

Wir hatten also zuerst die auf Gold gegründete Mark, dann, nach der Inflation, die Rentenmark von September 1923 bis August 1924, darauf die wieder auf Gold gegründete Reichsmark, die nun heute nicht mehr durch Gold gedeckt wird, sondern durch Urkunden wie Wechsel, Lagerhausscheine, Wertpapier-Depotscheine oder, wie der Führer sagt, durch die Arbeit des gesamten Volkes, denn in den Wechseln usw. steckt die Arbeit der ganzen Volksgemeinschaft.

Von Rentenmark zu sprechen, ist also überholt, es muss Reichsmark heißen, RM.

Dies Privatissimum für meine beiden Jungs. H. V."

„*K. 5.10.41. L. J.*

Wir erhielten gestern Deine ausführliche Schilderung Eures Lebens an der Petersburger Front. Wir freuen uns, dass Du nicht im dicksten Einsatz stehst, sind die Zufälle doch noch zahlreich genug, die auch in Deiner Lage zusammentreffen können. Was Du vom Verhältnis einiger Kameraden zu Vorgesetzten sagst, ist nicht erfreulich, aber man muss mit der Unzulänglichkeit der Menschen rechnen, der einen, die sich erniedrigen, der anderen, die die Kriecherei nicht durchschauen können. Das sind gewiss menschliche Schwächen, die noch dazu recht häufig vorkommen. Dagegen ist nichts anderes zu machen, als sich frei davon zu halten. Man braucht sich durch solche Missstände nicht vertreiben zu lassen. Aber wenn Du glaubst, bei einer Sanitätstruppe weiterzukommen, so tue es; nur musst Du die Begründung nicht so fassen, wie Du es im Briefe tatest. Wir hoffen, dass Du dann einer Sanitätsausbildung zugeteilt wirst und auf diese Weise eine Art vorärztlicher Praxis mitbekommst. Vielleicht kannst Du nach einer gewissen Zeit zum Studium abkommandiert werden. Wir wünschen Dir, dass alles nach Wunsch geschieht. H. V."

Mutter: „... Wir haben jetzt Besuch von Ottfried. Das war eine freudige Überraschung, als er am Dienstagabend bei uns ankam. Er liegt mit dem Boot in der Werft und wird wohl bis zum 15. hier bleiben. Ottfried kommt meist um 17.30 Uhr und bleibt bis zum nächsten Morgen, um 7 Uhr muss er wieder an Bord sein. Gestern hat er das ‚Eiserne' bekommen. Darauf haben wir eine gute Flasche Wein getrunken. – Nur sehr müde ist er immer noch von der Anstrengung in den Wochen vorher. Aber sonst geht's ihm wohl gut … H. M."

Ottfried: „L. J. … Wir waren eine ganze Zeit in Trondheim und hatten dort Tag und Nacht zu fahren. Nach einer wunderbaren Fjordenfahrt sind wir über Kopenhagen wieder in Kiel angelangt. In Kopenhagen habe ich mit einem Kameraden die ganzen Sehenswürdigkeiten in wenigen Stunden noch einmal betrachtet … H. Ottfried."

K.11.7.41. L. J.

Großmutter Benz: „Mein lieber Jörg.

Zu Deinem 20. Geburtstag am 15.7. wünsche ich Dir alles Gute. … Deine Großmutter … Du musst denken, Du hast eine gute Tat vollbracht, Du hast Deinen Kameraden das Leben gerettet."

„*K. 13.10.41. L. J.*

… Morgen beginnt der Dienst wieder. Heute Abend ist im ‚Deutschen Eck' eine Sitzung des Altherrenbundes der ‚Holstenland', dessen Kassengeschäfte ich auf Kriegsdauer zu führen bekommen habe. Ich hoffe, damit nicht allzu viel belämmert zu werden. Der BPA, ‚Bund persönlicher Freundschaften mit Ausländern', macht im Augenblick wenig Mühe. Ich habe den Briefwechsel mit einem spanischen Tierarzt aufgenommen, wollen sehen, was daraus wird.

Zu Deinen Segelfahrten auf dem Bolschewikensee freuen wir uns sehr, namentlich, dass Du nun auch wieder ein wenig Muße hast … Wie es heißt, werden jetzt schon Truppen aus dem Kreis um Petersburg herausgezogen, um sie woanders wieder einzusetzen … H. V."

Mutter: „… Ottfried ist noch hier, vielleicht bis Ende der Woche, dann soll er wieder in See gehen. Er kommt jeden Tag zum Kaffee. Dann gibt es Apfelkuchen, den ich jeden Tag wieder backe … H. M."

Mutter: „*K. 20.10.41. L. J.*

… Ich sammle Bücher mit der Frauenschaft für unsere Soldaten. Vater verschickt sie dann, auch an Euch. H. M."

Jörgs Briefe an die Eltern vom 21.10.–23.11.41

„*Sista-Palkino, 21.10.41. L. E.*

Hiermit erhaltet Ihr ein kleines Päckchen mit Briefen und Filmen. Ich habe die Briefe öfter durchgelesen. Es wird wirklich eine gute Sammlung geben und, im Zusammenhang gelesen, die Entwicklung meines Krieges zeigen. In den Brief über den Untergang der ‚Bismarck' habe ich eine russische Skizze beigelegt.

... Ich danke Dir auch für das Privatissimum über die Reichsmark. Ich habe heute ein Honorar von 100 RM dafür abgeschickt ... H. J."

„*Sista-Palkino, 26.10.41. L. E.*

Ich habe mich sehr gefreut, dass Ottfried wieder einmal bei Euch sein konnte. So hattet Ihr wenigstens von einem von uns etwas. Nun ist auch Ottfried mit dem EK II ausgezeichnet worden, was mir nicht so bald passieren wird, da ich nicht gut genug angeschrieben bin bei den Vorgesetzten. Aber darüber komme ich gut hinweg. Man lernt allmählich diese Methoden kennen und verachten.

Wie schön ist es doch, wenn man sich bei all diesem stumpfsinnigen Leben etwas geistig beschäftigen kann. So habe ich einem Kameraden die ganze Geschichte in großen Zügen dargestellt. Gestern Nacht nun erzählte ich ihm, wie ich mir den Staat nach dem Kriege vorstelle und wie wir es dann besser haben werden. Bei all dem Erzählen wird die Fantasie und das Denken so angeregt, dass es wie eine Erholung auf den ganzen Körper wirkt. Wenn ich so erzähle, muss ich immer weiterdenken und komme zu Anschauungen und Erkenntnissen, die mir früher niemals begegnet sind. Nur das Erklären müssen, das deutlich und klar Machen müssen, bringt weiter und führt zu neuen Aufgaben.

Im Augenblick bietet sich noch keine Möglichkeit, die Abteilung verlassen zu können, aber vielleicht werden die Verhältnisse in Petersburg klarer sein.

Nach einer Woche Ruhe in der Barackenstadt Peipijo sind wir wieder in unseren gemütlichen Bunker eingezogen. Die Küste wird jetzt stärker besetzt, da 20 Russen mit Schnellbooten zu Spionagezwecken gelandet sind. Sie sollen wohl auskundschaften, wo man landen kann, wenn es mit dem Leningrad-Kessel zu Ende geht und die Russen ins Wasser gedrängt werden. Sonst geht das Leben seinen alten Gang: wachen, schlafen, essen ... H. J."

„*Sista-Palkino, 28.10.41. L. E.*

Gestern haben wir uns an das Holzsägen gemacht. Ich fiel dabei natürlich ungeschickt auf, sodass keiner mit mir sägen, noch das Sägen mir beibringen wollte. So dachte ich mir also: ‚Macht es allein!' und ging in den Wald und zur Küste hinunter. Auf einem alten russischen Wachtturm sah ich über die Ufer des Finnischen Meerbusens hinüber. Eine kleine Halbinsel sticht neben der anderen in die See hinaus, sodass Land und Meer wie verzahnt und fest ineinander verbissen aussehen. Über das Wasser jagen tief hängende Schneewolken, die die Wellen gegen den Steinkranz am Ufer peitschen lassen. Wie Perlenschnüre umkränzen sie das sumpfige Ufer. Und zwischen ihnen lecken und spielen die Wellen. Die Wolken werden vom Sturm gegen den Wald getrieben, der wie eine undurchdringliche Wand vom Westen zum Osten das Ufer säumt und in der Unendlichkeit verschwindet. Man sieht die roten Stämme der Kiefern, die nicht wie ihre Brüder im Walde schlank aufgeschossen sind. In unsymmetrischen bizarren Formen scheinen sie wie belebt und von dem ewigen verbissenen Ringen mit Wind und Wetter erzählen zu wollen. Jetzt zaust wieder der Sturm in den Wipfeln und bringt die knorrigen Zweige heftig auseinander. Dann geht der Blick wieder hinaus auf die See, wo zerrissene Nebelschwaden über die Schaumköpfe hetzen, als wenn sie mit ihnen um die Wette liefen. Da reißt es in der Ferne, im Osten wie ein Vorhang auf und der dunkle Streifen des jenseitigen Ufers der Bucht ist zu sehen. Dort stehen die russischen

Batterien, die Lager und Bunker des Feindes. Was mag er jetzt wohl planen?

Mit diesen Gedanken ging ich wieder zurück in den sumpfigen Wald mit den aufgeweichten Wegen. Als ich bei unserem Bunker ankam, ‚durfte' ich doch eine Säge anfassen und es ging mit der Zeit ganz gut. Am Abend hat es dann geschneit, sodass jetzt der Winter wirklich eingekehrt zu sein scheint ... H. J."

„*Sista-Palkino, 3.11.41. L. E.*

Im Bunkerlager gingen in den letzten Tagen Gerüchte um über eine mögliche Abfahrt. Dann am 1.11. stand der Wagen schon um 6 Uhr vor den so wohnlichen Erdhöhlen. Wir waren gewohnt, bis 10 Uhr zu schlafen. Um 9 ging die Fahrt aus dem Barackenlager nach Westen. Nur langsam konnte sich die Kolonne durch den Schnee arbeiten. Oftmals mussten wir einen Wagen wieder flott machen, der sich quer gestellt hatte ... Die Menschen schienen unförmige Bündel zu sein, so hatten sie sich gegen die Kälte vermummt. Sogar der Fluss war erstarrt und das brandende Meer hatte sich mit einem Eisgürtel umgeben. Wir selbst fuhren in überdeckten Wagen. Doch die Beine schienen bald leblos vor Kälte zu sein.

Die Kolonne fuhr den Weg, den wir vor zwei Monaten auch hergekommen waren. Der Schnee linderte die Leiden des Krieges. Er überdeckte die Gräber und nahm den Ruinen ihr trostloses Aussehen. Bei Kingisepp erreichten wir die Rollbahn, die von Gefangenen gestreut wurde. Narvas trotzige Burgen blieben zurück. Gegen 18 Uhr trafen wir in der kleinen Stadt Zähvi ein und konnten eine alte Kaserne zur Nacht beziehen. Der nächste Morgen sah uns schon um 6 Uhr wieder auf der Achse. Die Fahrt konnte jetzt etwas erhöht werden, da die Straßen besser gepflegt waren. Mehr und mehr trat der Schnee hinter Wesenberg zurück, bis vor Reval nur noch einzelne weiße Flecke auf der braunen Erde lagen. Das Mittagessen konnten wir schon in einer Kaserne im Westen der Stadt einnehmen. Hier richteten wir uns für einige

Tage ein. Am Nachmittag ging ich mit einigen Kameraden in ein vornehmes Lokal. Wir aßen gut und hörten uns die Musik an. Es war schön, einmal wieder unter Menschen zu sein, etwas anderes zu sehen als den Wald.

Der nächste Tag sah die Kompanie Griffe kloppen und Arbeitsdienst machen. Es waren ‚Bolzen gedreht' worden, die uns ausgetrieben werden sollten. Am Abend sah ich im Theater die Operette ‚Der Graf von Luxemburg'. Es gefiel mir sehr gut. H. J."

„*Reval, 7.11.41. L. E.*

... Die Stadt steht ganz im Zeichen der Dankbarkeit für die Befreiung. An vielen Stellen sieht man deutsche und estnische Fahnen nebeneinander hängen ... Schon seit längerer Zeit wird ein estnisches Freikorps aufgestellt, das in Russland kämpfen soll. Beim Kampf um Estland hat jeder Mann mitgekämpft, meistens in illegalen Verbänden. Jetzt soll das Heer wieder organisiert werden. Die Uniformen und Ausrüstungsgegenstände müs-

Abb. 68 *Unser „Bunker"*

Abb. 69 *Unsere „Befestigung"*

sen sich die Leute so weit wie möglich selbst mitbringen. Die Russen hatten damals alles mitgeschleppt: Militärsachen, Stoffe, Lederwaren, Pelze und Lebensmittel ... Für alle Dinge ist ein Bezugsschein notwendig. Oftmals muss man das Material, Leder oder Stoff, selbst mitbringen. Es kann kein Kuchen gebacken werden, da kein Zucker in der Stadt ist. Alkohol darf überhaupt nicht ausgeschenkt oder verkauft werden. In langen Schlangen müssen die Menschen nach Fleisch anstehen. Doch in den Lokalen ist noch alles an Essen zu haben ... Auch das Kino haben wir besucht und im Theater habe ich mir die ‚Toska' und ‚Die Fledermaus' angesehen. Diese Stücke wurden in estnischer Sprache gespielt ... H. J."

„Dagö, 12.11.41. L. E.

Als wir am 8.11. von Reval abfuhren, zogen wieder Schneewolken über das Land. Der Schneesturm breitete schnell eine Decke über das Land. Je mehr wir aber nach Süden fuhren, desto brauner wurde wieder die Landschaft ... Die Flüsse in Dagö be-

Abb. 70 *Dagö, Schule*

decken sich mit einer Eisschicht, die man fast dicker werden sehen kann. Sonst haben wir uns ganz wohnlich eingerichtet. H. J."

„*Dagö, 18.11.41. L. E.*

Von Lihula fuhren wir in kurzer Fahrt zur Fährstation in Virtsu, wo wir nach Moon übergesetzt wurden. Die Fahrt ging dann über den Damm, der nur wenig durch Bombentreffer beschädigt war. Am Abend bezogen wir ein Quartier im Norden von Ösel in einer Schule.

In unserem Standort ist nach einer längeren Kälteperiode etwas milderes Wetter eingetreten. Die Insel ist ziemlich unfruchtbar. Wenn nicht Wald oder Ödland ist, sieht man im aufgepflügten Boden viele Steine. Es sieht aus, als wenn in einem Feld von Kieseln und Kalksteinen Kartoffeln gesät wurden. Die Bevölkerung ernährt sich zum großen Teil von Viehzucht und Fischfang. Sie besteht zu ¾ aus Schweden, die sich ziemlich passiv der deutschen Verwaltung gegenüber verhalten. Der Rest der Bevölkerung sind Esten, die uns sehr geneigt sind und die Polizeiaufsicht inne haben ... H. J."

„Dagö, 19.11.41. L. E.

Am nächsten Morgen setzten wir mit der Fähre nach Dagö hinüber und fuhren quer durch die Insel, wo wir im Hauptschulgebäude Quartier fanden. Am folgenden Tag holten wir Matratzenkojen aus den umliegenden Unterkünften, in denen früher Russen gelegen hatten. Wir richteten uns so wohnlich ein wie möglich. Statt des elektrischen Lichts spendeten ein paar Rohöllaternen mattes Licht, bei dem phantastische Skatpartien gekloppt wurden.

Findige Leute haben unserer Stube vom estnischen Selbstschutz einen Radioapparat mit Batterie beschafft, der uns die langen Abende verkürzen hilft ... H. J."

„Dagö, 23.11.41. L. E.

... Wir empfinden die starke Kälte nicht so sehr, da wir uns ganz allmählich an sie gewöhnen konnten. Unterwäsche und Strümpfe habe ich in genügender Zahl. Auch einen Schal und Kopfschützer hat man uns geliefert ...

Jetzt ist hier in Kärdla, dem Hauptort der Insel, starkes Tauwetter eingetreten, das Schnee und Regen brachte. Die Straßen sind darauf wieder völlig vereist ... Wir haben in den letzten Tagen russische Munitionsvorräte zusammengetragen und für den Abtransport bereitgestellt. Eigentlich hatten wir Minen, russische Holzminen, räumen sollen, mit denen die Insel vollkommen verseucht ist, doch durch den Frost wird das Auffinden unmöglich gemacht.

Der Unterschied zwischen dieser Inselstadt und den russischen Dörfern fällt sehr stark ins Auge, wenn auch alles mit großen Schwierigkeiten hier aufzubauen und heranzuschaffen war. In vielen Häusern hört man Radioapparate. Die Gebäude sind zwar aus Holz, jedoch sehr sorgfältig gebaut und gedeckt. Urlaub ist möglich. H. J."

Jörgs Briefe an seine Eltern vom 26.11.–16.12.41

„*Dagö, 26.11.41. L. E.*

...Wir hatten in Estland mehrmals Gelegenheit, in einer Sauna zu baden. Das ist eine wunderbare Angelegenheit. In dem heißen Wasserdampf schwitzt der Körper allen Schmutz heraus. Sogar Pickel verschwinden nach dem Baden. Man fühlt sich angenehm ermattet ... H. J.“

„*Dagö, 27.11.41. L. E.*

Jetzt ist unser Heim wieder etwas gemütlicher geworden. Einige Kameraden haben eine Lichtmaschine aufstellen können, sodass unsere Räume in hellem Glanze stehen ... Unser altes Radio spielt dann die schönsten Sachen und die Nachrichten verbinden uns mit der Heimat und der Weltgeschichte ...

Es ist möglich, dass aus meinen letzten Briefen aus dem Wald eine etwas gedrückte Stimmung sprach. Ich habe mich seit der Zeit stark verändert. Aus einer meist passiven Haltung bin ich etwas robuster und ausfälliger geworden. Ich war zu höflich und rücksichtsvoll zu jedem. Jetzt bin ich aktiv und gebe überall stark contra, wenn jemand von mir etwas will. Diese Haltung hat mich beliebt gemacht und es macht jetzt wirklich Spaß, im Kameradenkreis zu leben ...

Inzwischen haben unsere beiden anderen Kompanien die Insel Odensholm vom Festland aus besetzt, wie Ihr auch im Rundfunk gehört haben werdet ... H. J.“

„*Reval, 10.12.41. L. E.*

Am 8.12. sind wir wieder mit den Wagen abgefahren, um den Flugplatz zu erreichen ... Nachdem wir uns eine halbe Stunde gemüht hatten, besorgten wir uns aus den umliegenden Häusern Schlitten und ließen unsere Lasten von Pferden ziehen. Jeder entgegenkommende Schlitten wurde umgewendet, sodass bald ein jeder fahren konnte ...

Erst am nächsten Morgen stiegen wir ins Flugzeug ein. Wir flogen etwa eine halbe Stunde. Es war herrlich, ... eine ununterbrochene Eisfläche zog sich über das Wasser, so weit man sehen kann. Wir flogen in etwa 100 m Höhe. Über dem Flugplatz zog der Pilot noch eine schöne Kurve und ... dann setzte die Maschine auf. Die Russen trugen unsere Sachen in ein Gebäude. Ein Kraftwagen brachte uns bald nach Arensburg auf Ösel, wo schon Quartier für uns bereitstand. H. J.“

„*Reval, 14.12.41. L. E.*

Nicht lange konnten wir in Arensburg, der winkligen Kleinstadt, bleiben. Ich konnte noch eine Aufführung einer estnischen bäuerlichen Bühne ansehen, den ‚Vetter von Dingsda‘. Dann fuhren wir schon auf der vereisten Straße nach Moon hinüber, ohne dass ich noch das alte Ordensschloss gesehen hatte. An der Fährstelle warteten wir 3 Std. auf den Eisbrecher ... Unsere Wagen standen schon dort und brachten uns in schneller Fahrt nach Lihula ...

Starker Frost hatte am Morgen die Straßen in glitzernde Flächen verwandelt. Wir schleuderten öfter bedenklich, doch gelangten die Wagen wohlbehalten mittags am 12.12. in Reval an ... Vor allen Dingen danke ich für Vatis Ratschläge, die mich in der Haltung bestätigen, zu der ich mich jetzt durchgerungen habe. Diese Schwierigkeiten mit den Kameraden beruhten wohl vor allem darauf, dass wir noch sehr jung und uneinsichtig waren. Ihr seid damals alle schon ältere Leute gewesen, die nicht so leicht in Streit miteinander zu bringen sind. Ich werde mich also von jetzt an so zu verhalten suchen, dass ich mit jedem klar komme und am besten abschneide. ... Ich komme nicht auf Urlaub. H. J.“

„*Reval, 16.12.41. L. E.*

Wir liegen in einer Kaserne am Rande der Stadt, und der Schneesturm tobt um die Hausecken ... H. J.“

Briefe der Eltern an Jörg nach Nordrussland vom 23.10.–24.11.41

„*Kiel, 23.10.41. L. J.*

...Wohl wissen wir, dass Du, obwohl Du nicht in der eigentlichen Front vor Petersburg stehst, doch Gefahren ausgesetzt bist. Es ist immer wie eine Erlösung, wenn wir dann von Dir hören, dass Du wieder einmal gut hindurchgekommen bist. Angriffe durch Flieger mit Bordwaffen, wie man heute sagt, sind das Scheußlichste, was man sich denken kann. Ich entsinne mich noch lebhaft eines Angriffs, den ich 1917 auf dem Rückmarsch von der Front erlebte. Es war ein ganz niedrig fliegender Engländer, der auf uns mit MG schoss. Er ließ von uns ab, als wir uns in den Ackerfurchen und hinter Buschreihen versteckt hatten. Dabei war er so niedrig, dass wir alle Einzelheiten erkennen konnten. Wir hatten keine Waffen bei uns.

Ich hab immer gefunden, dass der Gebildete als Soldat aus anderen Gründen mehr Achtung bei den Kameraden genießt als diese selber untereinander. Es ist nicht nötig, so beobachtete ich, dass er alles kann, was die anderen durch ihr Handwerk verstehen. Mir scheint, sie sehen, dass sie das ja auch können müssen, sonst könnten sie ja auch gar nichts. Beim Gebildeten setzen sie stillschweigend andere Kenntnisse und anderes Können voraus, das sie in gegebenem Augenblick wie selbstverständlich in Anspruch nehmen. Wie oft verlangen sie Aufklärung, wo sie nicht aus noch ein wissen. Es ist aber auch selbstverständlich, dass auch der Gebildete danach strebt, von den Handgriffen sich möglichst viel anzueignen; das muss er schon aus Selbsterhaltungstrieb, er würde sonst die Kampf- und Widerstandskraft der Truppe herabsetzen; er würde auch sonst über seinen verfehlten Einsatz ins Grübeln und in Unzufriedenheit kommen.

Es gibt recht wenig Kameraden, die nicht stolz auf ihr eigenes Können sind und die nicht alles einsetzen, was sie können. Stolz aber ist der Beginn eines Strebens oder wenigstens ein Ausdruck des Strebens. Auch wenn dies Streben sich nicht auf Verbesse-

Abb. 71 *Finnischer Meerbusen und Ingermanland*

rung der Leistung beziehen kann, eben weil die Höchstleistung auf diesem bezüglichen manuellen Arbeitsgebiet schon erreicht ist, so lässt sich doch ein Streben nachweisen, im Wunsche, sich mit der erreichten Höchstleistung einzusetzen. –

Ottfried ist am 17. ausgefahren, angeblich in die Lübecker Bucht. H. V."

Mutter: „... Vati leitet wieder die Ausgabe von Kleiderkarten in seinem Bezirk. Es ist schon die dritte ...

Ich freue mich, dass Du einen Kameraden hast, der Deinen Erzählungen gern lauscht. Ich weiß, wie schön Du erzählen kannst. Du hast es so oft beim Abtrocknen des Geschirrs in der Küche gemacht. Die Arbeit war immer sehr schnell getan und für mich war Deine Erzählung interessant und für Dich war es eine gute Einprägung und Übung. ... H. M."

Mutter: „*K. 2.11.41. L. J.*

Auch Dein Geburtstagsbrief für Vati kam pünktlich an ... Jeden Tag fragte Vati: ‚Hat Jörg noch nicht geschrieben?' Ich sagte dann immer ganz ruhig: ‚Er wird schon noch kommen.'...

Ich schenkte Vati ein seidenes Halstuch zum Wintermantel ... Wir dachten an Euch beide, wie schön es wäre, wenn Ihr auch hier sein könntet. H. M."

Mutter: „*K. 13.11.41.*

... Es ist aber auch etwas in Deinen Briefen da, was uns beunruhigt. Ist es, dass Du Dich mit Deinem Vorgesetzten nicht so gut verstehst? Bei Ottfried schien es anfangs auch nicht so gut zu gehen, aber jetzt scheint er zufrieden zu sein. Es wird immer Enttäuschungen geben und man muss darüber hinwegkommen. Man muss dann auch wieder versuchen, das Bessere, das Gute in dem anderen Menschen zu finden ... H. M."

„*K. 23.11.41. L. J.*

Ich habe Dir vor Kurzem einige kleine Bändchen abgeschickt ... Ich nahm ‚Zarathustra'. Von dem ist ja im Weltkrieg so viel Aufhebens gemacht worden, oder viel mehr davon, dass ihn die deutschen Soldaten im Tornister hatten. ‚Der Wanderer zwischen beiden Welten' hat ihn neben dem Neuen Testament bei sich. Ich lese Walter Flex gerade mit einer Schulklasse. Er scheint mir für Dich auch wieder lesenswert, ich würde ihn Dir schicken, obwohl Du ihn als Schüler gelesen haben wirst ...

Unterwegs befinden sich auch die ‚Sieben Aufrechten'. Ich fand bei Mühlau gerade eine kleine Einzelausgabe ... H. V."

„*K. 24.11.41. L. J.*

... In einem Deiner letzten Briefe sprachst Du von Schwierigkeiten, das richtige Verhältnis zu den Kameraden herzustellen. Dies ist auch die Frage, die zwischen den Offizieranwärtern auf der Reise durch Deutschland besprochen wird, die Walter Flex

Abb. 72 *Verbrannte Stadt in der Sowjetunion*

beschreibt. Als ich das mit meinen Schülern las, dachte ich an Dich. Eigentlich müsste es selbstverständlich sein, solch Kameradschaftsverhältnis, namentlich nachdem die HJ ja zur Genüge den Unterschied zwischen gebildet und nicht verwischt hat. Wenn wir damals im Weltkrieg noch besonderen Stolz auf unsere bessere Schulbildung an den Tag gelegt hätten, so wäre das vielleicht verständlich gewesen. Die kaiserliche Zeit ist ja verschrien genug wegen ihrer Aufspaltungstendenzen. Heute sollte es leichter sein, mit den Kameraden auf einen erträglichen Stand zu kommen. Dabei ist wohl zu unterscheiden zwischen dem kameradschaftlichen Verhalten im Kampf und im gewöhnlichen Tagesverkehr untereinander. Dass man sich nicht immer vertragen kann, wirkt sich in der Schlacht nicht aus. Dann wird das Leben auf einmal auf eine andere Grundlage gestellt, man hilft sich, um die Truppe nicht zu schwächen, wenn man es nicht aus dem Gefühl der Volksgemeinschaft oder einem allgemeinen menschlichen Bewusstsein heraus tut. Man hilft sich gegenseitig aus Egoismus, wenn man den sittlichen Grundsatz hier einmal ausschalten will. Die schlimmsten Nörgler sind dann oft die besten Kameraden.

Aus meiner Fronterfahrung muss ich nun sagen, dass schlechtes Benehmen wohl vorkam, aber nicht von Ungebildet zu Gebildet, umgekehrt schon gar nicht, sondern Zank und Streit war öfter zwischen Gleichgestellten. Ich habe solches nie mir gegenüber bemerken können, auch nicht anderen Gebildeten gegenüber. Es war eine Selbstverständlichkeit, dass wir andere Menschen waren, andere Ausdrucksweise, anderes Benehmen, andere Interessen hatten. Vielleicht wäre so etwas wie Gegensätzlichkeit aufgetreten, wenn wir unser Anders-Sein besonders betont hätten; dann hätte man es nicht als selbstverständlich hingenommen, man hätte uns damals als aufgeblasen angesehen und das hätte den Spott der anderen nach sich gezogen. Mit der Kameradschaft wäre es aus gewesen. Auch oft auftretendes Besser-Wissen-Wollen zerstört die Kameradschaft. Belehrung erst gar, die nicht gewünscht wird, wirkt wie der bekannte Wurf der Perlen vor die Säue; sie werden mit Füßen getreten und auf den Werfenden achtet keiner. Wer sich nicht vordrängt, wird oft aufgerufen zur Schlichtung eines Wissensstreites. Hat er auf dem fraglichen Gebiet die nötige Kenntnis, so soll er dem Wunsch nachkommen, sonst soll er ehrlich ablehnen. Man kommt zu ihm, nicht er zu ihnen. Er soll auch keine Moralinsäure verspritzen. Die Frage der üblen Witze behandelt Flex sehr gut. Sein Wurche hat es so weit gebracht, dass beim Witze-Erzählen die anderen auf ihn sehen. Lachte er nicht, so war der Witz schlecht und ungehörig.

Wir hatten einen sehr geweckten Schuhmacher in der Korporalschaft, das waren damals etwa 20 Mann. Der stellte einmal fast unvermittelt die Frage, ob wir Gebildeten den Ungebildeten nach dem Kriege das Du aufrechterhalten würden. Er hatte erkannt, dass man sich in anderen Kreisen anders bewegt. Und er erkannte das als richtig an. Er erwartete, dass ich nach dem Kriege Sie zu ihm sagen würde, weil es so üblich ist. Das ist ja wohl heute keine Frage mehr.

Der Soldat hat gewisse Schmerzen, wenn er nicht die natürliche Gabe, mit Menschen aller Lebensstufen umzugehen, mitbrächte. Lernen ist hier sehr schwierig.

Ich grüße Dich herzlich. Alles Gute! Dein Vater."

Ottfrieds Briefe an die Eltern vom 9.8.–5.12.1941 aus Dänemark

Dänemark, 9.8.1941. Von Dänemark aus nimmt die Flottille an Geleitzügen an der Küste Norwegens teil. Am 3.9. bittet Ottfried aus Trondheim um Bücher über Mathematik und Schiffbau. Den „Mythos des 20. Jahrhunderts" von A. Rosenberg liest er gerade. Immer wieder fragt er nach mir. Am 27.10. sind die Boote wieder in der Ostsee, Swinemünde, am 6.11. in Memel. Tag und Nacht Schießübungen, dann die Torpedos wieder auffischen „... Von der B. I. kam ein Schreiben, ich solle mich zum 1.10.1942 noch einmal bewerben. Ich werde mich noch einmal bewerben und werde jetzt zum ROA eingereicht. Bis der Vorschlag zurückkommt, dauert es natürlich seine Zeit, doch werde ich bestimmt zum 1. Oktober Unteroffizier sein. Dann geht die Sache schon etwas schneller und ich glaube, ich werde kaum etwas verloren haben."

Dann liegt das T-Boot in Elbing zur Gesamtüberholung.

Am 14.11.41 berichtet er: „Hier ist noch alles beim Alten. Viel Arbeit, aber mit viel Spaß verbunden. Ich werde hier zu sämtlichen Belehrungen herangezogen, die uns das Kommando, die Werft oder die einzelnen Firmen bieten. So kommt es öfter vor, dass ich an einem Tage von einem Fachvortrag von einem Turbinenkonstrukteur zu einem Vortrag von einem Dipl. Ing. über Fernmessgeräte geschoben werde ..."

Briefe der Eltern an Jörg nach Nordrussland vom 26.11.–27.12.41

Mutter: „*Kiel. 26.11.41. L. J.*

... Nun seid Ihr also wieder auf einer Insel und werdet die Einsamkeit einer Insel besonders erleben. Du wirst ja bald Umschau halten und erforschen, was zu erforschen ist ... H. M."

„*K.2.12.41. L. J.*

... Ottfried ist am Sonnabend und Sonntag hier auf Durchfahrt gewesen, er kam von Swinemünde und geht nach Rotterdam in die Werft. Von dort hofft er, bald auf Urlaub zu kommen … Vielleicht gelingt es, Euch beide hier zu haben, und zwar gerade zu Weihnachten.

Ich habe Dir noch in den letzten Briefen, als ich über Kameradschaft schrieb, etwas über das Verhältnis zu Vorgesetzten sagen wollen. Es ist klar, dass auch der Vorgesetzte seine menschlichen Schwächen hat und vielleicht der Schmeichelei oder Liebedienerei zugänglich ist. Im Frieden wird das mit Speichellecken oder anders bezeichnet. Dazu ist zunächst zu sagen, dass der einzelne Mann es nicht ändern kann. Wenn alle die Absicht hätten, es zu ändern, so wäre diese üble Schwäche ja gar nicht vorhanden, sie könnte gar nicht erst entstehen oder sich auswirken. Ist sie einmal in Erscheinung getreten, so muss man sich damit abfinden. Es hilft keine hochnäsige Ablehnung, auch keine Beschwerde, diese am allerwenigsten. Man muss dann eben, so gut es geht, mit den Wölfen heulen. Dies Konzert ist zwar nicht angenehm, weder für den, der mitmachen muss, noch für die Zuschauer. Aber es ist der Weg, auf dem die Unannehmlichkeiten, die einen sonst treffen können, zu vermeiden sind. Es gibt viele Möglichkeiten, die ein Vorgesetzter hat, sich für eine hochnäsige Bemerkung oder Ähnliches zu rächen, ohne dass Du es merkst. Du kommst später auf Urlaub als andere, Du hast irgendwelche Aufträge zu erfüllen, und zwar öfter als andere. Man kann Dich auch als bockig verschreien und bei Beförderungen übergehen. Dagegen ist dann nichts zu machen. Es ist Deine Pflicht, den Mittelweg zu finden. Es gibt schon Möglichkeiten dazu, die im Einzelnen von hier aus nicht anzugeben sind. Das muss die jeweilige Lage bringen. Es kann sein, dass Deine Veranlagung Dir diesen Weg versperrt. Die Benze sind wie die Röschel von sehr rechtlichem Sinn, ja, manchmal übertreiben sie das wohl noch. Es gibt Beispiele, die sehr lehrreich sind. Onkel Ernst, mein Bruder, hat immer Schwierigkeiten beim Kommiss gehabt. Er hat auch genügend darunter gelitten. Und dass mit Großpapa Röschel und seinem Sohn, Onkel Alfred, nicht immer gut Kirschen zu essen gewesen ist bzw. war, hast Du wohl gehört. Gegen eine hinderliche Veranlagung, sei sie auch noch so ehrenvoll und rühmlich, kann man im Allgemeinen nichts machen. Es gibt aber doch Gelegenheiten zu ihrer Besänftigung, Milderung würde hier Verschlechterung heißen. In einer für den Augenblick zusammengeschweißten Gemeinschaft würde das aber nicht bedeutungsvoll genug sein, um darüber nicht hinweg zu kommen. Also, man muss es lernen, sich nach der Decke zu strecken, auch in dieser Hinsicht. H. V."

„*K. 7.12.41. L. J.*

... Wärest Du zu Weihnachten ohne ein herzliches Wort von uns, täte uns das leid, Dir und uns. Also, dies soll der Weihnachtsbrief werden, trotz alledem.

Wir glaubten vorige Weihnachten, in diesem Jahr würde wohl der Krieg zu Ende sein. Wir hielten es für wahrscheinlich, die Abrechnung mit England selbst, und dann sollte wohl dem Friedensschluss nichts mehr im Wege stehen. England aber zeigte, dass seine Hilfsquellen noch lange nicht erschöpft sind; da war noch die starke russische Hilfe, eigentlich nur die andere Seite unseres einen Feindes, die uns nun noch im nächsten Jahr in Anspruch nehmen wird. Dann hat England noch eine starke Stellung in Afrika und in Vorderasien inne, und beide können noch gestärkt werden durch Zufuhr aus den USA, ja sogar durch Besetzung von starken Küstenplätzen durch die USA. Wir haben also außer den Russen und den Engländern in Asien und in Afrika noch die USA in Afrika fernzuhalten oder wieder zu vertreiben. Vielleicht ist die Britische Insel 1942 noch nicht an der Reihe. Auch dort haben wir es schon mit den USA zu tun, nämlich in Nordirland. Vielleicht wird gegen Weihnachten 1942 mitgeteilt, dass Marine-Stoßtrupp-Abteilungen Fernando-Po besetzten oder andere wichtige Plätze in Afrika oder am Atlantik, wie eben jetzt die letzte Insel im Baltikum, Odensholm, durch Nachbartruppen von Euch vorgenommen worden ist, oder seid Ihr es etwa gewesen?

Die Befriedigung, die der junge Deutsche dann haben kann, ist es, mitgemacht zu haben, denn es ist das Deutschland der Jugend, das hier gesichert werden soll. Es ist ein Deutschland, in dem die Zukunft besser sein soll, als es bisher gewesen ist, in dem nicht jede Altersschicht in Besorgnis zu leben braucht, ob wohl ein Krieg ausbräche; ein Friede muss begründet werden, in dem diese Besorgnis ausgeschlossen ist, ein Friede, der jedem seine Entfaltung gestattet. Dann wird es eine deutsche Blüte geben, wie sie wohl die Ottonen und die Hohenstaufen mit den Kräften ihrer Zeit hervorzuzaubern vermochten. Das hitlerische Deutschland ist in einer Entwicklungsreihe mit diesen alten deutschen Reichen die denkbar beste heutige Vollendung des damals schon Angestrebten. Endlich das gesicherte Reich aller Deutschen, in dem der Einzelne ausgewogen in seinem Inneren ist, weil er dann die Möglichkeit hat, frei nach seinen Kräften zu wirken, im Geist in ausgeglichener Ruhe.

Das ist das Bild, das schon in dieser Weihnacht heraufzieht vor den in die Zukunft schauenden jungen Deutschen.

Es gibt Familien, die das nicht sehen und die am liebsten sich in den Genuss der Zukunft setzen möchten, ohne an ihrer Gestaltung teilgenommen zu haben. So wie es europäische Völker gibt, die ebenso denken und handeln, und das ist das Große an unserem deutschen Kampf: Wir ringen nicht nur allein; was wir erreichen, kommt auch den europäischen Völkern allen zugute, ob sie wollen oder nicht.

Dieser Gedanke ist gewiss weihnachtlich, steht doch auch das Tagesgestirn vor einem neuen Aufstieg und steht doch auch die Natur vor neuer Belebung. Das wiedergeborene Jahr und das wiedergeborene Reich mit seinem Wirkfrieden.

Dass Du in diesem Gedanken Deine Ruhe finden mögest, das wünsche ich Dir von Herzen. Dein Vater."

„*K. 17.12.41. L. J.*

... Es gibt ein Auf und Ab im Gemütsleben der Menschen, das vermutlich bedingt ist durch Veränderungen, die im Blutkreislauf vor sich gehen. Diese Veränderungen sind vermutlich vom Wetter und von der Verdauung abhängig, und das scheint in unserer Familie mehr der Fall zu sein als in anderen. Man hat früher das gesamte seelische Leben auf diese physiologischen Vorgänge zurückführen wollen; das ist nun wohl auch überwunden. Geleugnet werden können aber Zusammenhänge zwischen dem körperlichen Leben und der Seele, also dem Fühlen, Denken und Wollen, nicht. Wenn man das weiß, kann man sich etwas wappnen gegen Depressionen, die auf missliche Körperfunktionen zurückgehen … H. V."

„*K. 22.12.41. L. J.*

… Es ist gut, dass Du wieder an den Rand der Zivilisation gerückt bist. Ich habe den ganzen Winter 1915/16 in einem armseligen Panjedorf gelegen, und was dann später noch kam, auch in Frankreich, gestattete uns höchstens einmal, Zaungast der menschlichen Zivilisation zu sein. H. V."

Mutter: „Nun ist bald Weihnachten. Ottfried ist schon acht Tage hier. Wir sind so froh, dass er das Weihnachtsfest bei uns verbringen wird … H. M."

Ottfried: „L. J. Ich bin heute acht Tage hier und habe wie immer Kabel und Leitungen durchgesehen, wegen eventueller Bombenschäden … H. O."

„*K. 27.12.41. L. J.*

… Ottfried fährt schon am 29.12. Du wirst ihn wohl nicht sehen. Im Januar jedoch wird er zu einem Unteroffizier-Lehrgang geschickt, der in Gotenhafen oder hier in Kiel gehalten wird. Also besteht Aussicht, dass Ihr Euch nach zweijähriger Trennung wieder mal seht. Wir sahen Dich vor 15 Monaten das letzte Mal.

Wir hoffen, dass Du genügend warme Kleidung hast … Da nun aber zur Sammlung aufgerufen worden ist – morgen werde ich mit einem Waschkorb von Haus zu Haus gehen … Wir haben daher gute Wollstrümpfe und eine Strickjacke, auch einen Schal, für Dich zurückbehalten … sechs Paar Strümpfe und eine Strickjacke geben wir in die Sammlung. Pelzsachen haben wir leider nicht. Wir sind übrigens gespannt, ob Pelzmäntel abgegeben werden, nachdem doch eigens dazu aufgerufen wurde.

Zu Weihnachten schenkte ich mir ,Des Reiches Straße' von Radlob, das eine sehr gute Darstellung der politischen und kulturellen geistigen Geschichte des Reiches ist, als Wanderung auf der alten Straße ins Reich, beginnend in Frankfurt und verlaufend über Fulda, Erfurt, Weimar, Leipzig, Wittenberg nach Berlin. Der Fortschritt gibt die Hauptpunkte der ganzen Reichsgeschichte an.

Dann bedachte ich mich noch mit der Festschrift für Johannes Haller, den ,Epochen der Geschichte des Reiches'. Es handelt sich in der Geschichte um Beiträge jüngerer Forscher über den Reichsgedanken ... Mutter hat einen Roman von Kinau und einen von Heinrich Wolfgang Seidel. H. V."

Mutter: „Das Fest war schön mit Ottfried. ... Vielleicht überraschst Du uns mit einem Urlaub ... H. M."

Jörgs Briefe an die Eltern vom 17.12.41 – 5.1.42

Am 17.12.41 schreibt die Ortsgruppe Kiel-Humboldt, Wilhelminenstraße 32/34 den „Humboldtbrief":

„Liebe Kameraden an allen Fronten!

Als der Führer den meuchelnden Stoß der Sowjets im Gegenschlag auffing, fuhr die Deutsche Wehrmacht gleich einem befreienden Blitz in die dumpfe Gewitterschwüle, die von Moskau aus über dem Ostraum brütete. Das Wetter, das dieser Blitz auslöste, brachte den Aufbruch Europas. Sein grelles Licht zerriss den schmutzig grauen Nebel, mit dem Plutokratie und Bolschewismus ihre heimtückischen Absichten zu tarnen suchten, und durchleuchtete Zusammenhänge, die wir nur ahnten, die aber in ihrer ganzen Schändlichkeit erst durch die Erklärungen des Führers offenbar wurden.

Und als genau acht Tage nach dem Beginn der neuen Offensive die neue Fanfare mit den Takten ,Kameraden, die Rotfront ...' aus dem alten Kampflied Horst Wessels Millionen Hörer in atemloser Spannung erschauern ließ und in dramatischer Steigung Sonderbericht auf Sonderbericht mit genauen Zahlenangaben die Gewissheit von dem Umfang des Sieges im Osten brachte, da stand mit der Deutschen Nation die neue europäische Front dankbar, stolz und ehrfürchtig im Bann dieser unvergleichlichen Siegeschronik.

Und als wiederum nach wenigen Wochen die Fanfare des Ostfeldzuges durch den Äther rauschte und in vier großen Sondermeldungen der Siegeslauf der Deutschen Wehrmacht verkündet wurde, da wurde die unvorstellbare Größe der bolschewistischen Niederlage Wirklichkeit.

Der Glaube und Wille des Führers, der aus dem Nichts eine Weltgeschichte machende Bewegung schuf, der gegen eine Verschwörung unversöhnlicher wutschnaubender Feinde das Großdeutsche Reich baute, der Millionenheere auf den Schlachtfeldern Polens, Hollands, Belgiens, Frankreichs, Serbiens und Griechenlands zerschmetterte und die Macht der Britischen Flotte auf den Meeren entthronte, dieser Glaube und Wille beseelt die siegreichen deutschen Kämpfer im Osten.

Denn hier heißt es gegen den sowjetischen Menschenfeind und für die europäische Freiheit zu kämpfen. Durch die revolutionierende Strategie und Taktik des Führers: Durchbruch, Abdrängung, Einkesselung, Vernichtung bis zum Chaos sind auch diese Schlachten gekennzeichnet, die hier der Vollendung entgegengehen. Deutschland ist unüberwindlich und steht militärisch und politisch auf einer unangreifbaren Höhe wie nie zuvor. Deutscher Geist und deutsche Tapferkeit bestimmen das Gesicht auch dieser Schlachten.

Nur eins tut uns, die wir daheim bleiben müssen, in der Seele weh, dass wir in dieser Zeit, in der Weltgeschichte von allergrößtem Ausmaß gemacht wird, nicht mit dabei sein dürfen. Aber wir haben ja hier auch unsere Front, die wir zu halten auch gewillt sind. Wenn wir auch wissen, dass wir auf alles gefasst sein müssen, weil der Krieg in eine Entscheidungsphase tritt, so können wir

Euch verraten, dass Kiel noch steht. Unsere Luftabwehr ist bedeutend verbessert und die Aussicht der Feinde, uns etwas anzuhaben, hat sich erheblich verringert. Bei der Zusammenballung der gewaltigen deutschen Kampfkraft für den bevorstehenden letzten Kampf werden auch von der Heimatfront neue gewaltige Aufgaben und Schwierigkeiten zu meistern sein. Da kommt es nicht nur für Euch Kameraden draußen, sondern auch für uns daheim darauf an, durchzuhalten bis zum letzten Atemzug. Auch die Arbeiten innerhalb der Ortsgruppe haben sich durch die Aufgaben, die der Krieg bedingt, gewaltig vermehrt. Sie werden aber trotz fehlender Kräfte gemeistert. Wenn ich Euch einige besonders bemerkenswerte Aufgaben nenne, wie Büchersammlungen, Flaschensammlungen, Stiefelsammlungen, Grammofon- u. Schallplattensammlungen, maßgebliche Mitarbeit bei statistischen Erhebungen usw., so könnt Ihr Euch einen kleinen Begriff davon machen, wie vielseitig der Einsatz erfolgt.

Liebe Kameraden an allen Fronten, ich hoffe, dass der heutige Humboldtbrief, der schon lange fällig gewesen ist, wegen der Papiereinsparung aber immer wieder zurückgestellt werden musste, Euch gesund und munter antrifft.

Ich danke allen Kameraden, die es sich trotz knapper Zeit nicht nehmen ließen, an die Ortsgruppe zu schreiben, recht herzlich für ihre Berichte und Grüße.

Unser Ortsgruppenleiter Parteigenosse Hans Carstens ist durch die Übernahme des Gruppen-Propagandaamtes sehr in Anspruch genommen. Er hat mich beauftragt, Euch seine besonders herzlichen Grüße zu übermitteln. Er hofft, dass Ihr das Weihnachtsfest in alter Frische und Gesundheit verlebt habt, und wünscht Euch allen ein glückliches neues Jahr. Heil Hitler, Schmidt, Ortsgruppenorganisationsleiter.“

„*Reval, 25.12.41. L. E.*

Vor mir steht die große Kerze und spendet Licht zu diesem meinem Weihnachtsbrief. Ab und zu nehme ich einen kleinen Schluck aus der Cognac-Flasche, die wir von der Kompanie bekommen haben, oder ich greife zu dem Gebäck, das Ihr mir geschickt habt. In der Ecke steht unser schön geschmückter Baum. Der Schmuck hat uns viel Geld gekostet. Solche Sachen sind nur zu Wucherpreisen zu haben. Unter der Hand haben wir noch 20 Kerzen zu 3,50 RM gekauft. Wenn ich mit diesem Brief fertig bin, werde ich zu den Kameraden hinuntergehen und auch den Tag etwas feiern.

Den Heiligen Abend hat die ganze Abteilung in einem großen Saal der Stadt gefeiert. Wir aßen zuerst gut und tranken dann Punsch. Ich hatte eine Quelle, wo es einen guten Weißwein gab. Das schmeckte sehr gut, zumal es nicht rechtmäßig war. Am Schluss der Feier hatten alle einen kleinen Schwips, der uns lustig auf den Weg zur Kaserne begleitete. Man darf sich keinen Stimmungen an einem solchen Tag überlassen; denn man erntet nur Traurigkeit und Sehnsucht. So brachten auch wir den Abend so heiter wie möglich hinter uns. Wir feierten nicht seine eigentliche Bedeutung, sondern nur das Fest als günstige Gelegenheit, einmal ausgelassen zu sein. Das ist auch in vollem Maße gelungen. Als Geschenk erhielt jeder ein Buch und eine Tüte mit Kuchen, Schokolade, Bonbons und Zigaretten. Von Euch sind bis jetzt drei Päckchen mit Kuchen und allen guten Dingen angekommen. Alles schmeckt wieder so heimatlich. Mutti hat so liebevoll für mich gesorgt … H. J."

Am 27.12.41 kamen wie alljährlich die Jachtschüler des Jachtclubs von Deutschland in Kiel im Clubhaus zusammen und feierten ihr Weihnachtsfest. Jeder alte Jachtschüler an der Front erhielt einen fröhlichen Brief mit den Versen:

„Da Ihr draußen an der Front,
haben feiern wir gekonnt
hier in Kiel das Weihnachtsfest
und es ist sehr schön gewest.
Doch bei all dem Feiern hier
haben nie vergessen wir,
dass Ihr für uns draußen steht

und wie jetzt es Euch ergeht.
Drum von mancher Seglerhand
sei Euch dieser Gruß gesandt."

An Jörg, Lille Benz, unterschrieben den Brief 15 Jungen.

Das Fest verlebte die MSA in Reval. Doch der Tagesurlaub wurde nur bis 20 Uhr erlaubt, weil einige Soldaten die Grenze um 23 Uhr nicht eingehalten hatten. Zusammen mit meinem Freund Ulrich Lehmann bastelte ich daher einen Neujahrsgruß an den Kompanieführer Olt. Reupke und schob ihn anonym in seinem Quartier unter die Tür:

„Kennst Du die erste Kompanie,
das sind Kerle, solche sahst Du noch nie.
Soldaten sind es aus gutem Holz,
von militärischer Art und aufrecht und stolz.
Doch unter der Herde großer Schar
ist immer manches schwarze Paar.
Da bleibt einer über Urlaub oder nimmt's
mit der Wache nicht so genau,
ein andrer macht Mist, weil er völlig war blau.
Wenn Du so was hörst, beginnst Du zu toben,
Kameradenerziehung, das Wort tust Du loben.
Und doch wurde jeder Bolzen vollbracht,
ehe der Nachbar etwas Schlechtes gedacht.
Niemand weiß, was der andere Morgen
den Kameraden bringt für neue Sorgen.
Du aber bestrafst den ganzen Verein,
sperre doch lieber die Schuldigen ein.
Du nimmst uns alles, die Freizeit, die Ruh,
und auch noch den Heimaturlaub dazu.
So schädigst Du nur Geist und Moral,
Du verschlechterst die Mannschaft mit jedem Mal.
Ein jeder büßt willig für das eigne Verbrechen,
ein jeder Fehler ist streng zu rächen.

Doch Du verbitterst Deine Soldaten,
lässt Du sie büßen für fremde Taten.
Nun find im neuen Jahr viel Glück
und mildere unser bös Geschick.
Dies wünscht von Herzen nun für Sie
die ganze erste Kompanie."

Die folgenden Seiten dieses Kapitels habe ich nicht in meine Briefe gesetzt. Aber die Reaktion des Offiziers beschäftigte mich derart, dass ich eine Verteidigung vorbereitete, die ich zitieren wollte, falls ich dazu gezwungen wäre.

Das Jahr 1942 begann mit einem Appell in den Kompanien. In der 1. K. berichtete der Chef, Olt. Reupke, dass einer seiner Soldaten ihm Grüße in Versen zugesandt habe. Er würde ihn gern sprechen und erwarte, dass er am Ende des Appells vortrete. Dann verlas er einige Befehle der oberen Dienststellen und erklärte schließlich, als niemand vortrat, sehr erregt, dass in dem Brief des Soldaten nicht nur Grüße, sondern schwere Vorwürfe ständen: Er hatte der K. den Stadturlaub gekürzt, um 20 Uhr mussten sie schon in der Kaserne sein, obwohl die anderen Kompanien bis 23 Uhr Urlaub hätten. – Demgegenüber müsste er sagen, alle wüssten doch, dass er diese Kürzung vorgenommen habe, weil in Reval Urlaubsüberschreitungen und andere Verfehlungen vorgekommen seien. Dem und weiteren Disziplinlosigkeiten hätte er entgegentreten müssen. Der Schreiber des Briefes würde für seine Vorwürfe bestraft werden. (Deutsche Marineinfanterie S.133)

Als ich gerade vortreten wollte, fasste mich Ulrich Lehmann, der hinter mir stand, an der Schulter und hielt mich zurück. Er flüsterte mir ins Ohr: „Du bist verrückt!"

Ein paar Tage später setzte sich der Feldwebel Supke, als wir beide in einem Café in Reval Tee tranken, zu uns. In einem sonst harmlosen Gespräch berichtete er, dass ihm die Suche nach dem anonymen Schreiber übertragen worden sei. Wir taten harmlos und fragten ihn aus, wer es denn nun sei, oder was ihm denn drohe, wenn er ermittelt sei. Supke behauptete, dass er es schon genau wisse und er ihn nun bald überführen würde.

Ob er durch unsere gespielte Ahnungslosigkeit nun eines Besseren belehrt worden war oder selbst von der Harmlosigkeit des Schreibens überzeugt wurde, ist ungewiss.

Aber ich sah mich jetzt einerseits bestätigt, dass ich den Brief anonym abgeschickt hatte. Andererseits musste ich damit rechnen, dass ich entdeckt werden und dann zur Rechenschaft gezogen würde. Daher arbeitete ich – gerade 20 Jahre alt – folgende Rechtfertigung aus:

„Ich habe diese merkwürdige Form einer Verständigung gewählt, weil es mir trotz aller Bemühungen nicht gelang, mich mit Ihnen auszusprechen. Ich konnte es nicht, da eine tiefe Kluft zwischen Ihnen und mir liegt – anscheinend; denn Sie sind Vorgesetzter und ich nur Untergebener. Aber weshalb muss diese Kluft so tief sein, kann nicht doch eine Brücke hinüberführen? Ja, diese Brücke besteht: Ein Soldat versteht sich ja mit dem anderen. Auch die Unteroffiziere benehmen sich in nichts übel, und bei den Offizieren ist es ebenso. Sie sind ja alle Menschen, die keinen Unterschied in dem anderen sehen. Aber sollte hier ein zu großer Unterschied sein, wenn der eine dem anderen Befehle erteilen kann, sodass sie sich nicht mehr verstehen können? Warum soll man sich nicht gegenseitig aussprechen, wenn doch jeder seine kleinen menschlichen Sorgen hat? Und wenn die Sorgen die gleichen sind, – auch die Freuden sind ja die gleichen und machen ja auch keinen Unterschied. Wenn man auf anderem Wege keine Verständigung finden kann, ist gerade die Freude, der Humor und der Witz die Brücke, die ein jeder beschreiten kann. Es ist immer schon so gewesen, dass derjenige, welcher losbullerte, wenn er der Gegenstand einer humorvollen Auseinandersetzung war, der Blamierte war. Es ist ein altes Wort, dass man auf einen Witz immer Kontra geben muss, und dies macht natürlich jeder nach seinem Können.

Für einen Vorgesetzten nun macht es doch keine Schwierigkeiten, dieses Kontra so zu gestalten, dass der andere sich zurückziehen muss, denn er hat eine lange Zeit der Lebenserfahrung und Menschenkenntnis meistens voraus.

Diese Art der gegenseitigen Belustigung besteht unter allen Kameraden. Warum soll sie nicht auch zwischen Vorgesetzten und Untergebenen bestehen? Sie ist uns von vielen großen Soldaten sogar vorgemacht worden. Darin bestand zum großen Teil sogar ihre Größe und vor allem die Volkstümlichkeit des großen Soldaten, dass sie neben ihren guten Soldateneigenschaften auch die Fähigkeit hatten, sich mit ihren Männern von Mensch zu Mensch verständigen zu können. ‚Der Alte Fritz' ist doch geradezu der Name für den großen Preußenkönig, der diese Fähigkeit bestätigt. Neben seinem Feldherrengenie besaß der Mensch dafür einen großen Humor und jeden Soldaten, der ihm eine schlagfertige Antwort geben konnte, versuchte er durch eine Entgegnung zu übertrumpfen. Es kam aber auch vor, dass er selbst in dieser Kunst geschlagen wurde, wie zum Beispiel als er einen Offizier mit zerhauenem Gesicht fragte, in welcher Schänke er sich diese Blessur geholt habe. Er bekam zur Antwort: ‚Bei Kollin, wo Eure Majestät die Zeche bezahlen mussten.'

Jetzt zeigte sich der General als großer Mensch. Er nahm diese scharfe Rede lächelnd hin und beförderte den Mann sogar noch. Noch viele andere Soldaten zeichneten sich so aus. Unter ihnen sticht besonders ‚der alte Wrangel' hervor. Auf ihn einzugehen, ist hier nicht der Platz.

Das alles zeigt, dass der Mensch nicht in seinem Beruf verknöchern soll. Es ist das Wesen des Menschen, dass er über den Dingen stehen soll. Der Beruf soll ihm eine ideale Lebensaufgabe sein, er darf ihm aber nicht ein Kasten werden, der ihn von der Außenwelt abhält. Der Mensch lebt durch seinen Beruf für die Vervollkommnung des Ideals des Menschen. Und gerade dadurch, dass jeder seinen Mitmenschen versteht und so für die Gemeinschaft arbeiten kann, wird viel Ärger vermieden. Den Begriff des Menschen kann man auch als Volksgenossen umdeuten, und so erhält die Arbeit für die Gemeinschaft einen nationalen

Sinn. Eine Gemeinschaft aber darf keine Klüfte kennen, die sie durchziehen.

Vor allen Dingen muss der Soldat immer Kamerad, d. h. Mensch, bleiben, da er am meisten auf die gegenseitige Hilfe angewiesen ist. Einem guten Soldaten folgt man in die Schlacht aus Pflichtbewusstsein, einem ausgezeichneten Kameraden geht man aus menschlicher Anteilnahme nach. Sind diese beiden Eigenschaften in einem Menschen vereint, muss es ein unlösbares Band zu ihm ergeben.

Ich bitte Sie, Herr Feldwebel, dies Schreiben nicht als eine Beleidigung hinzunehmen oder irgendwelche Spitzen herauslesen zu wollen. Es soll der schlichte Versuch einer Verständigung sein. Ich habe Sie schon immer als Soldat verehrt, als Führer, der seine Leute schon jeher zu Kerlen erzog, wie können Sie dann nicht ein ebenso prachtvoller Mensch sein?“

Da eine Entdeckung weiterhin drohte, schrieb ich die Adressen meiner Briefe statt wie bisher in Sütterlin, jetzt in lateinischer Schrift. Diese war ja von Hitler 1941 zur Regelschrift erklärt worden. In meinem militärischen Führungsbuch stand ein kurzer Lebenslauf von mir in Sütterlin, sodass man jetzt nicht mehr durch einen Schriftvergleich mit meinen jetzigen Briefen den Täter ermitteln konnte.

Die Untersuchung wurde eingestellt. Die Truppe ging wieder an die Front. Olt. Reupke wurde abkommandiert. Die 1. K. erhielt einen neuen Chef. –

Jörgs Briefe an die Eltern vom 1.1.–20.1.42

„*Reval, 1.1.42. L. E.*

Es ist ein schöner idealer Weihnachtsgedanke, mit dem Ihr das Fest begangen habt. Immer in allen Zeiten ist es so gewesen, dass sich der Deutsche oder das Deutsche Reich und Volk gegeben und verschenkt haben. Jeder hat etwas bekommen, ganz so als wenn es selbstverständlich wäre. Es ist so, als wenn die Eltern in jedem Jahr die Kinder beschenken; schließlich nehmen sie alles als selbstverständlich hin. Dieser Zustand gibt uns aber weder das Recht, in Europa nach dem Rechten zu sehen, wenn es nicht ein Akt der Notwehr wäre, wie es in diesem Kriege ist. Gerade zu Weihnachten kommt dieser Gedanke.

Den Urlaub nach Deutschland hat uns unser K.-Chef gesperrt. Es sind einige Urlaubsvergehen und einige Wachvergehen vorgekommen, und darauf bestrafte er die ganze Kompanie. Wir sollten die Kameraden erziehen, so sagt er; aber wie sollen wir wissen, dass gerade der oder ein anderer den Bolzen drehen wird. Wenn die Tat geschehen ist, nützen keine Ermahnungen. So verdirbt er unseren Geist. Es kommen immer mehr Urlaubsübertretungen vor. Der Urlaub geht nur bis 22 Uhr, auch gestern am Altjahrsabend, während andere Kompanien mit noch jüngeren Soldaten bis 23 Uhr frei haben und auch Nachturlaub beantragen können. Es ist ein unhaltbarer Zustand. –

Das neue Jahr haben wir natürlich wieder mit einem besoffenen Kopf empfangen. Wir warfen Handgranaten und Sprengkörper. Dazu wurde mit allen Gewehren, Maschinengewehren und Pistolen geschossen. Unfälle sind nicht vorgekommen. Wir haben also die Jahreswende würdig begangen. Die Wut auf unser Dasein haben wir heruntergespült, dann aber stießen wir auf ein glückliches Jahr an, das wir alle gesund überleben wollen … H. J."

„*Reval, 7.1.42. L. E.*

Heute habe ich unseren Weihnachtsbaum abgerissen. Er stand so dicht am Ofen, dass alle Nadeln herunterfielen, und sah wie ein Gerippe aus. Nun dient er uns zum Feueranmachen. Ja, wir haben es immer recht warm. Manchmal können wir vor Hitze kaum einschlafen. Zudem tönt immerzu die schönste Musik aus unserem Radio aus Frankreich. So schlafen wir mit Musik ein und wachen auch auf, wenn zackige Märsche durch die Stube hallen.

Wir leben richtig in den Tag hinein und stehlen uns die Stunden fort. Wenn um 4 Uhr ‚Ausscheiden' gepfiffen wird, wandert alles die 3 km in die Stadt hinein und verteilt sich in die Lokale. Dort trinkt man seinen Tee oder Kaffee aus Blümchen und isst irgendwo etwas Vegetarisches oder ein Fischgericht … So sitzt man in den Lokalen, erzählt, beobachtet und peilt die Mädchen an, die in rauen Mengen herumsitzen … Fast alle Esten gehen gut angezogen. Die Lebensmittel und Kleidungsstücke waren so billig, dass jetzt noch die Mädchen für jeden Tag in der Woche ein sehr gutes Kleid haben. Zudem trägt jetzt alles im Winter dicke gute Pelze, mit denen sich jede vornehme Dame sehen lassen kann. Auch die Männer gehen mit guten Sachen. Zu dieser Blüte des estnischen Lebens gelangte das Land aber erst in den letzten 30 Jahren, bevor die Russen kamen. 20 Jahre lang musste die Blüte vorbereitet werden.

Man sieht kaum dunkle Menschen. Fast alle sind blond, haben aber zum großen Teil breite Gesichter und zur Hälfte eingebogene Nasen. Die Menschen sehen merkwürdig jung aus. Sie erhalten sich lange Zeit ihr frisches Aussehen.

Oftmals verbringe ich auch den Abend im Theater … H. J."

„*Reval, 9.1.42. L. E.*

… Für den Dienst habe ich einen wollenen Kopfschützer. Auch sonst bin ich vollends versehen mit warmen Sachen. Als Posten ziehen wir einen Pelzmantel an. Die Sammlung der Pelz- und Wintersachen soll ja die Truppen versorgen, die an der Front viel mit dem kalten Boden in Berührung kommen, die sich hinlegen müssen oder in kalten Löchern wohnen …

Es ist ja sehr schön, dass Ottfried doch noch die Chance als ROA hat, in der Marine etwas zu werden. So sieht die Familie wenigstens nicht ganz unfähig für den Soldatenberuf aus. Schließlich haben wir Benz ja auch eine Soldatentradition aus alten Zeiten, die gewahrt werden muss.

Wir mussten uns Passbilder anfertigen lassen und da habe ich mir auch gleich einige große Bilder bestellt. Man sieht so, wie man sich Jahr für Jahr verändert … Auf jeden Fall drücken sie eine andere Haltung aus … H. J."

„Reval, 16.1.42. L. E.

Das war mal wieder eine ereignisreiche Woche. Am letzten Wochenende brachte ich mit drei Kameraden acht Militärgefangene zur Bahn. Die Leute hatten allerhand ausgefressen. Viele von ihnen waren wegen Entfernung von der Truppe bestraft worden. Die höchste Strafe betrug vier Jahre Zuchthaus. Wir stellten die Bedeckungsmannschaft und wurden von einem Unteroffizier der Feldgendarmerie geführt.

Man hatte uns gesagt, dass es nach Dorpat ginge, und deswegen hatten wir nichts mitgenommen als unseren Mantel und Waffen. Die Kompanie hatte sich natürlich falsch erkundigt, es ging nämlich nach Pleskau. Zur Hinreise benutzten wir einen geschlossenen Güterwagen, der wie jeder andere hier im Osten eingesetzte Wagen durch einen Kammerofen geheizt wurde. Von Zeit zu Zeit mussten wir das Rohr abschrauben, um den Ruß darin zu entfernen. Im Umkreis von einem Meter war es leidlich warm, sodass wir sogar des Nachts etwas schlafen konnten, wenn wir die unbequeme Lage im Sitzen oder Liegen auf den schmalen Bänken aushielten.

Die Gefangenen verhielten sich alle ruhig. Es wäre auch völlig sinnlos gewesen, jetzt im Winter einen Ausbruchversuch zu unternehmen. Nach 20-stündiger Fahrt waren wir in Walk, wo unser Wagen an den Zug nach Pleskau angehängt werden sollte. Gegen Morgen wollte ich noch eben Brot holen. Als ich aus der Verpflegungsstelle heraustrat, sah ich gerade den letzten Wagen verschwinden. Ich fasste es nicht tragisch auf, ging in die Stadt und aß erst mal drei Portionen Mittag. Das tat mir bitter not. Am Abend konnte ich in einen leeren Lazarettzug steigen. Er war mit Pelzen und Wollsachen vollgestopft. Die leeren Wagen waren mit einer Truppe belegt, die aus Frankreich kam. Sie waren seit dem 4.12. unterwegs. In Insterburg waren ihnen wollene Sachen aus der Sammlung zugeteilt worden. Ich sah noch mehr Transporte, die Truppen aus Frankreich brachten.

In dieser Nacht schlief ich z. T. im Gepäcknetz, z. T. auf dem Boden, je nachdem, wie mir die Glieder schmerzten. Als der

Wagen kalt wurde, zog ich in einen anderen um, wo ich der sechste Bewohner eines Abteils war. Ein Teil des Zuges wurde von der Lokomotive geheizt, die im östlichen Hügelgelände keinen Dampf mehr abgeben konnte. Der andere Teil des Zuges bezog seine Wärme aus einem Heizwagen. Diese Fahrt dauerte 24 Std. Die Strecke war so verstopft, dass wir oftmals stundenlang stehen mussten. Die Strecken sind zum großen Teil eingleisig, sodass natürlich der starke Verkehr nur langsam bewältigt werden kann. Kein Zug darf mehr als 40 km Geschwindigkeit fahren, da sonst die Schienen locker werden würden. Sie sind alle nur genagelt. Trotzdem muss man sich wundern, in welch einer Ordnung sich der Verkehr abspielt. Fahrpläne können natürlich nicht eingehalten werden.

Ich streifte also am Morgen des dritten Tages durch die Stadt Pleskau. Es war einmal eine Provinzhauptstadt; denn manche großen Gebäude deuten auf die Bedeutung des Ortes hin. Außer ihnen sieht man neben kümmerlichen Holzhäusern Mietskasernen, die einzustürzen drohen, da sie seit Jahrzehnten nicht ausgebessert sind. Das Essen in den russischen Lokalen ist unbeschreiblich ekelhaft. Neben der Bevölkerung, die ziemlich friedfertig ist, sieht man Gefangene, die vor Schwäche fast umfallen. Keiner erhält mehr als eine Scheibe Brot am Tage.

Ich erkundigte mich auf der Ortskommandantur nach meinen Kameraden und wurde auf eine falsche Spur geschickt. Es waren nicht die richtigen. Endlich fand ich sie im Gefängnis. Sie machten sich gerade fertig, um zur Bahn zu gehen. Ich hatte also ‚Schwein'.

Auch hier gingen die gefangenen Russen laufend am Hunger zugrunde. Die Genossen stürzten sich dann auf den noch warmen Kameraden und zogen ihm die Kleidung aus, indem sie blöde lachten: ‚Ruski tot! Ruski kaput!'

Unsere Militärgefangenen erhalten Militärverpflegung. Sie sitzen hier einen Teil der Strafe ab und gehen dann an die Front, soweit sie ‚Frontbewährung' haben. Die Zuchthäusler werden nach Deutschland geschickt, müssen die Uniform ausziehen und Zwangsarbeit machen. Bei Kriegsende treten sie ihre Strafe an, es waren alles keine Verbrechergesichter. Sie hatten unüberlegt gehandelt. Einige waren augenscheinlich dumm.

An diesem Abend traten wir wieder die Rückreise an im Güterwagen ... Diese Fahrt dauerte genau sechs Tage. Es war ein Erlebnis, aber schön ist etwas anderes ... H. J."

„*Reval, 20.1.42. L. E.*

Jetzt haben wir hier die große Winterkälte. Das Thermometer sinkt nicht über 20 °C und steigt bis 30 °C Kälte. Als wir vor einer Woche in Pleskau waren, maß man nur 41 °C. Unsere Ohren schlackerten bedenklich, aber man kann sich auch daran gewöhnen. Man muss ab und zu die Gesichtspartien reiben, dann kann nichts abfrieren ... Es wäre ganz schön, wenn Mutti mir Handschuhe machen würde, und zwar mit zwei Fingern, also dreiteilig: Daumen, Zeigefinger und die übrigen. Damit kann man wenigstens das Gewehr anfassen.

Die Lippen springen bei der Kälte leicht auf. Ich habe mir aber eine fettige Salbe besorgt, die ich mir ab und zu aufschmiere. Man lernt, wie man sich zu erhalten hat. In unserem Bau ist es sehr schön warm ...

Schnee liegt zwar in den Straßen, aber er ist glatt getreten ... Wer schnell fortkommen will, benutzt einen Stehschlitten zum Abstoßen. Man nennt sie Rennwölfe. Die Steuerfähigkeit wird durch 2 lange federnde Stahlkufen erhöht ... H. J."

Briefe der Eltern an Jörg vom 6.1.–21.1.1942 nach Nordrussland

„*Kiel, 6.1.42. L. J.*

... Bei uns ging es froh her in den Weihnachtstagen, denn wir hatten ja Ottfried hier, und dann hofften wir im Stillen, dass Du auch bald zu uns kommen würdest ... Ottfried fuhr am 29.12. abends von uns weg nach Rotterdam. So waren wir nun wieder allein. Am Altjahrsabend sind wir schon um 11 Uhr schlafen gegangen ... Wir hoffen auf ein glückliches neues Jahr, dass Ihr, unsere Jungen, und Vati und ich gesund bleiben und dass Ihr gesund aus dem Kriege heimkehrt … – Ich gehe jetzt oft zur N.S.-Frauen-Nähstube und helfe mit, dass die Wollsachen für unsere Soldaten fertiggestellt werden. Vatis Schal wäre auch noch hier für Dich … H. M. und V."

„*K., 13.1.42. L. J.*

Wir sind im Besitz Deines Neujahrsbriefes und bedauern, dass Du nicht ganz unbesorgt sein kannst. Es ist wahr, das von Dir angedeutete Verfahren, einige Widerspenstige und Leichtfertige zur Ordnung zu rufen, ist altpreußisch und heute nicht mehr angebracht. Es führt in der Tat zu nichts, eine Gruppe von Menschen ‚im Ganzen zu bestrafen', weil einige sich gegen die Ordnung vergangen haben. Die Unschuldigen müssen das als Ungerechtigkeit empfinden und neigen nach und nach dazu, den Weg der Ordnung auch zu verlassen. Mindestens entsteht ein großer Unwille. Ich habe es immer als sehr bequem, auch in der Schulklasse, gehalten, die Erziehung der unordentlichen Kameraden der ganzen Klasse zu übertragen, und zwar dadurch, dass man sie alle ‚bestraft', statt die paar Übeltäter herauszugreifen und richtig und gründlich zu bestrafen. Sie sind ja doch festgestellt, man hat sie ja doch.

Für Dich in Deinem feinen Rechtsempfinden liegt nun die Gefahr nahe, dass Du die ‚Gesamtbestrafung' nicht auf Dich beziehst und dass Du Dich den Einschränkungen entziehst. Das würde aber Dich gerade einer gerechten Strafe ausliefern. Es bleibt Dir nichts anderes übrig, als zu denken, dass beim Kommiss eben nicht alles vollkommen sein kann. Ist doch selbst die bürgerliche Ordnung, die getragen wird von Menschen, die sich diese Aufgabe selbständig und frei gewählt haben sollen, lückenhaft und nicht frei von Fehlern in der Leitung. Um wie viel mehr müssen nicht Fehler sein in einer militärischen Ordnung, die nur für den Augenblick und nicht für Lebenszeit aufgestellt ist, und von Menschen geleitet wird, die gerade zur Verfügung standen oder sonst Fähigkeiten gezeigt haben. Man muss diese Dinge mit Gleichmut sehen, Besserungsversuche und Wünsche sind nicht angebracht, in gar keiner Weise. Brocke Dir nichts ein! Schimpfe auch nicht vor den Kameraden. Ich glaube übrigens nicht, dass der Kompanieführer den Heimaturlaub für die ganze Abteilung oder den noch anstehenden Rest sperren kann; der Urlaub ist generell von der Division verfügt. Am Abteilungsführer ist es lediglich die Reihenfolge festzustellen. Urlaub in größerem Maße richtet sich nach strategischen Erfordernissen. Mir scheint, es ist nun die Aufgabe der Einsichtigen, durch Treue im Kleinen der Kompanieführung zu zeigen, dass der Geist der Kompanie nicht vergiftet ist. Im Inneren eine leichte Wurschtigkeit gegen die Unbilden, die eine erzwungene Gemeinschaft mit vielleicht nicht ganz hochstehenden Kameraden mit sich bringt, nach außen Sorgfalt und Hingabe. Mir scheint übrigens auch, dass man bei diesen Dingen das Ganze, also das in Not befindliche Volk, nicht aus den Augen lassen darf. Zwistigkeit, Unwille und ähnliche Zersetzungserscheinungen schwächen nicht nur die eigene Widerstandskraft, sondern auch die der kleinen Gemeinschaft, in der man zu leben hat, und wirken ansteckend auf andere, benachbarte Truppenteile. Was daraus schließlich werden kann, ist wohl klar … –

Ottfried wird in den nächsten Tagen von Rotterdam auslaufen, das Boot soll um diese Zeit fertig sein. Vielleicht beginnt auch sein Lehrgang bald.

Ich grüße Dich herzlich und hoffe, dass Du die Ohren steif hältst, wir müssen es hier auch tun, und Deine Mutter ist sehr tapfer … H. V.“

„K., 21.1.42. L. J.

Das mit den Beförderungen beim Kommiss ist so eine Sache. Der eine hat die nötige militärische Haltung und wird befördert, dem anderen liegt Militärisches nicht. Ich traf neulich die Mutter eines meiner früheren Schüler. Diesem Jungen geht es wohl gut beim Militär. Seinem Bruder aber geht es denkbar schlecht. Er wird ‚der Professor‘ genannt, ein Zeichen, so sagte sie, dass er keine soldatische Haltung hat. Er ist Abiturient wie Du, noch ohne Studium.

Ob überhaupt in der Familie Benz jemals wirkliche Soldaten gewesen sind? Von den beiden Vorfahren, kurz vor 1800, die wir fast nur als Soldaten kennen, wissen wir fast nichts. Ihre soldatischen

Leistungen sind uns unbekannt. Sie waren auch nicht Dauersoldaten, Angeworbene, sondern Landeskinder, die ihrer Kantonpflicht genügten. Vielleicht waren sie auch keine Soldatenfiguren. Später ist dann niemand mehr aus unserer Familie Soldat gewesen. Aus den Seitenlinien wohl. –

Ich selber wurde als Freiwilliger beim 4. Garderegiment abgelehnt, und da Lehrermangel damals herrschte, wurde ich auch zu keiner anderen Truppe zugelassen. Im Felde, im Osten, wurden wir als ‚Armierungssoldaten' öfter für die Front gemustert. Ich kam nicht dazu, trotz Meldung. Später bin ich dann eine Art wissenschaftlicher Soldat gewesen, auf meine Ausdeutung von Luftbildern wurde Wert gelegt. Aber an Beförderung war nicht zu denken, ich hatte ja keine militärische Ausbildung genossen. Diese letzte Stellung bot mir einige Befriedigung, obwohl für die Person nichts dabei herauskam. Erst als ich es ablehnte, wieder, nach einer kurzen Ruhepause beim Armeekommando, eine Bildstelle an der Front aufzumachen und zu leiten, mit dem Hinweis darauf, dass mir ja dann alle Rangstufen bis zum Feldwebel unterstellt sein würden, betrieb man meine Beförderung. Meine Einreichung zum Unteroffizier kam nicht mehr durch, da der Friede kam. Das ist die ganze Soldatengeschichte der Familie, so geringfügig, obwohl der Name ‚Benz' so etwas bedeuten soll wie ‚Bannerträger'. Aber muss das ein Heeresbanner gewesen sein, das die Vorfahren in uralten langobardischen Zeiten getragen haben? Es kann auch wohl ein Kultbanner gewesen sein. Und im Kult der Vorfahren liegt die Wissenschaft. Träger des Banners der Wissenschaft, das sollen wir sein! H. V."

Jörgs Briefe an die Eltern vom 26.1.–24.2.42

„*Baltisch-Port, 26.1.42. L. E.*

Ich danke Dir, Vati, für die guten Ratschläge, die Du mir gegeben hast. Ich werde mir große Mühe geben, alles jetzt von der neuen Seite anzufangen. Es stimmt, es ist furchtbar leicht, zu tadeln und überall schwache Stellen zu finden. Man muss mitgehen und das große Ziel nicht aus den Augen lassen. Das hatte ich wohl im Auge behalten, aber ich dachte, dass wir es besser erreichen würden, wenn auch die kleinste Einheit in Ordnung ist. Zu viel Reinigung bringt aber auch Verwirrung.

Auf jeden Fall haben wir jetzt einen neuen Ko-Chef bekommen. Er wird die Kompanie anders anfassen; denn er sieht ganz sympathisch aus. Auch ein neuer Kommandeur steht über uns. Es ist Fregattenkapitän Dr. Wolfgang v. Beckerath. Als Kapitän kann er allerlei durchsetzen für die Abteilung und das ist sehr wichtig. Wir gehen also neuen Zeiten entgegen.

Im Augenblick bin ich mit Kameraden in Baltisch-Port. Hier müssen ein Gefangenenlager und der Hafen bewacht werden. Doch ich habe diesmal ein Böhnchen geschnappt. Ich sitze mit zwei Mann abwechselnd in der Telefonvermittlung. An einem Klappenschrank habe ich 30 Nummern zu bedienen. Man lernt schnell die Bedienung. Dieser Posten ist deshalb so gut, weil man nicht draußen zu stehen braucht. Dort herrscht nämlich eine Kälte von 30 °C. Wir können es nicht messen; denn unser Thermometer sinkt nur bis 30 °C ... Man kann es aushalten; denn wir haben alle Pelzmäntel erhalten, dazu Filzmützen, wie sie hier und in Russland üblich sind. Die Mäntel bestehen aus grauem Stoff, der innen mit Schafspelz gefüttert ist. Wir ziehen sie über unsere anderen Mäntel. Die Mützen sind mit Klappen versehen, die Hals und Backen schützen. Das ist eine wunderbare Ausstattung ... H. J.“

„*Baltisch-Port, 28.1.42. L. E.*

Jetzt sind wir schon einige Tage hier und wir haben uns schon ganz schön eingelebt. Der Klappenschrank wird spielend bedient. In der Freizeit lesen wir ...

Viele Gefangene sind sehr willig. Man holt diese Leute zu selbstständigen Arbeiten heran. Soweit es Handwerker sind, können sie ihren Beruf ausüben. Z. T. sind es Ukrainer, die ganz vernünftig aussehen. Ein Teil gehörte zu der Besatzung des

Abb. 73 *Baltisch-Port*

Stützpunktes hier, der andere Teil blieb vom Dampfer ‚Stalin' hier sitzen. Diese Leute vom ‚Stalin', also aus dem russischen Stützpunkt Hangö an der finnischen Küste, sind manchmal widerspenstig. Sie stehlen und verweigerten einmal sogar die Arbeit. Man muss sie dann hart anfassen. Es kamen auch Erschießungen vor. Täglich werden sie zur Arbeit geführt, die morgens und nachmittags je 4 Std. dauert. Sie verladen Kohlen, Holz oder Stein. Die Verpflegung ist für Gefangene verhältnismäßig gut. Bloß die Brotzuteilung ist knapp. Immer fünf Mann bekommen ein Brot. Wir brauchen zu zwei Mann ein Brot. Trotzdem sehen die Leute gut genährt aus. Unsere Wachen sorgen dafür, dass die Unterkünfte sauber sind. Es werden sogar Zeugmusterungen durchgeführt und nachgesehen, ob die Gefangenen rasiert sind und ob die Füße sauber sind. Sie versuchten sich vielfach durch leichte Verletzungen, Verbrennungen usw. von der Arbeit zu drücken, aber jeder wird gezwungen mitzugehen, wenn es nichts Schweres ist. Ärztlich behandelt sie ihr eigener Feldscher ...

Die Stadt Baltisch-Port liegt an einer Bucht, die nach NW zu offen ist. Dort liegen einige Inseln, die sie gegen die Ostsee etwas decken. Dieser Platz friert sehr spät zu und das Eis ist niemals sehr stark. Schon ein leichter Ostwind treibt das Eis im Frühjahr hinaus. In früheren Zeiten sammelten sich dann in der Bucht viele Schiffe, die nur darauf warteten, dass der Finnbusen eisfrei würde, um nach Petersburg zu fahren.

Die Russen erkannten die günstige Lage des Hafens, der überhaupt nicht ausgebaut war. Sie verschickten die 1100 Menschen zählende Bevölkerung und bauten den inneren Teil der Bucht zu einem großartigen Hafen aus. Fertig ist zwar noch nicht viel geworden, aber man sieht schon, wie es werden sollte. Am Ufer sollte sich eine Kaimauer von ca. 10 km Länge entlangziehen, von der mehrere Molen in die Bucht vorstoßen. Am Strand sind Straßen und Geleise in großer Zahl. Im Nordteil tritt ein bis zu 10 m hohes Steilufer an die See heran. Hier wurden aus dem Sandstein Lücken herausgesprengt für Öl- und Munitionslager. Es war alles noch im Aufbau. Einige Jahre später hätte der Russe hier eine großartige Flottenbasis besessen. Am Lande hatte man schon eine ganze Anzahl Kasernen fertiggestellt, die nicht einmal schlecht aussehen. Nur die großen Räume, in die immer ein Zug hineingeht, sind unvorteilhaft. Wir haben das Gleiche in Gotenhafen gesehen. Der östliche Mensch hält seine Soldaten mehr wie ein Massenvieh statt wie Menschen.

Die russische Kirche hatte der Bolschewist in eine Kaserne umgewandelt, während ihm die evangelische Kirche als Kino diente. Unweit des Hafens hatte man ein Bahngleis bis an die Steilküste geführt und alle Wagen der Eisenbahn mit Pferdegespannen in den Abgrund gejagt. In der Zeitung und in der Wochenschau ist das Bild oft gezeigt worden. Jetzt legt sich mildernd eine dicke Schneedecke über die Trümmer ... H. J.“

„*Baltisch-Port, 2.2.42. L. E.*

Jetzt ist die Beförderung zum Obergefreiten herausgekommen und zwar rückwirkend vom 1.10.41. Es hat so lange auf sich warten lassen, da unser damaliger Spieß die Gefreitenbeförderungen an die falsche Dienststelle geschickt hatte. Als wir nun ein Jahr später zum Ob. Gfr. befördert werden sollten, kamen keine Urkunden für uns an. In den darauf folgenden Monaten wurden aber die Leute befördert, deren Gefreiter im Vorjahre zurückgestellt war, da sie Bolzen gedreht hatten.

Nun hatten wir in der letzten Zeit viel Wache zu stehen und diese Leute wurden als Wachhabende eingesetzt, da sie schon Ob. Gfr. waren, während wir Alten hübsch Posten standen. Ja, es kommen manchmal merkwürdige Sachen vor …

In unserer kleinen Stadt ist es mittlerweile etwas wärmer geworden. Man misst nur noch -10 °C. Dazu scheint die Sonne herrlich und lädt richtig ein, ins Freie zu gehen …

Man muss wirklich staunen, welche Kasernenbauten die Russen in so kurzer Zeit, in zwei Jahren, ausführen konnten. Es ist alles, auch baulich, sehr nett geworden, für russische Verhältnisse natürlich. Da ist ein Verwaltungsgebäude im Rohbau fertig, das nach Großstadt aussieht, aber alles Gips. Die Russen wollten wirklich eine Millionenstadt aus diesem Städtchen machen. H. J.“

„*Reval, 8.2.42. L. E.*

Jetzt sind wir wieder in unserem alten Quartier in Reval …

In den Briefen habt Ihr mir geschrieben, dass ich Euch so nicht besonders gefalle, wie die Bilder zeigen. Oft macht man sich ein ganz anderes Bild von demjenigen, den man lange nicht gesehen hat. Der Humor ist erst recht nicht abgestorben. Wir sagen immer: ‚Nicht ärgern, nur wundern!‘ Die Familienchronik soll mir ein schöner Trost sein für die missglückte Soldatenkarriere, die ich gar nicht erhofft hatte. Ich halte also weiter hier unser Banner hoch. In der letzten Zeit habe ich mir den neu aufgestellten Notke-Altar angesehen. Er ist wirklich ein wunderbares Kunstwerk. Die Figuren haben nicht die Puppengesichter, sondern zeigen wirklich innerliche Züge. Es ist eine schöne Holzschnitzarbeit. Im Rathaus hat man jetzt den Silberschatz der Revaler Gilden und Zünfte ausgestellt. Man kann so etwas nicht beschreiben. Es genügt, dass die Werke von deutschen Handwerkern gefertigt worden sind.

Wenn man sich in Reval etwas umsieht, findet man immer wieder neue Dinge, die man betrachten möchte … H. J."

„*Sista-Palkino, 17.2.42. L. E.*

Jetzt sind wir vor einer Woche mit der Bahn nach Narwa gebracht worden. Diese Stadt mit den wehrhaften Burgen habe ich mir gut angesehen. Die alten Zeiten ziehen vorüber, wenn man in den Trümmern der großartigen Russenfestung Iwangorod herumstreicht oder auf die hohen Türme des Ordensschlosses steigt. Hier standen sich seit jeher der Osten und das Deutschtum gegenüber und jetzt haben wir die alte Wacht wieder aufgenommen und treiben sie unter stärkstem Einsatz immer weiter vor.

Doch nicht lange blieben wir an diesem Platz. Wir fuhren mit den Kraftwagen in unser altes Lager, das wir vor Weihnachten vor Petersburg verlassen hatten. Der Russe hatte es über das Eis herüber angegriffen, war dann aber mit hohen Verlusten zurückgeworfen worden. Jetzt müssen wir die Eiswache übernehmen. Mehrere Bauernhäuser nahmen uns nacheinander auf. Man hat sich da die besten ausgesucht. Nach einer gründlichen Reinigung sind sie jetzt läusefrei und dienen als Kaserne. Mit allen Kräften geht es jetzt an den Bau eines Blockhauses, das uns im Rücken der Stellungen aufnehmen soll.

Zimmerleute leiten den Bau an. Die Schwierigkeit liegt im Herbeiholen der Stämme. Oftmals waten wir bis zum Bauch im Schnee, auf den geschwollenen Schultern die dicken Kiefern. Gegen den Wind werden uns zwei Bohlenwände schützen, die mit Erde ausgefüllt sind. Es wird eine schöne warme Bude werden … Während so die Nächte kalt sind, kann man tagsüber ohne Mantel herumlaufen. Die Sonne wärmt schon ganz anständig … Wir müssen höllisch aufpassen, dass uns nicht die Russen zu nahe kommen, aber unsere Stellungen sind sehr gut angelegt … Man bekommt die Klamotten nur sehr selten von der Haut. Es macht zu viel Umstände. Auch das Waschen muss man sich allmählich abgewöhnen ... H. J."

„*Sista-Palkino, 24.2.42. L. E.*

... Unser Bunkerbau schreitet jetzt rüstig vorwärts. Er wird eine Doppelwand aus dicken Baumstämmen haben, deren Zwischenraum mit Erde ausgestampft wurde. Nicht nur das Heranschaffen der Stämme ist eine harte Arbeit, auch die Erde lässt sich schwer dem Boden entringen. Wir müssen erst mal eine 30 cm dicke gefrorene Schicht durchschlagen. In diesem Jahr ist der Schnee früh gefallen und deshalb ist die Erdrinde nur wenig gefroren. Wenn man das Loch nur eine Nacht über liegen lässt, hat sich wieder eine steinharte Schicht von 10 cm gebildet. Dazu quillt schon in einer Tiefe von einem Meter das Grundwasser aus dem Boden. Jetzt sprengen wir die Erde mit Handgranaten heraus.

Der Russe hat sich nicht sehr auffällig benommen. Vor einigen Tagen wollte zwar eine Skipatrouille die Küste erreichen, aber an unserer Sperre scheiterte das Unternehmen. Man kann die Russen sehr schlecht auf der Eisfläche sehen, da sie gute Schneetarnung besitzen. Aber in dem knirschenden Schnee ist leicht zu hören, wenn sie herankommen.

Neulich bedachte uns der Feind mit Artilleriebeschuss und Bombenhagel. Es sollte eine große Zermürbungsbeschießung sein. Doch kurz vorher hatte sich ein russischer Offizier gefangen nehmen lassen und hatte die Sache ausgeplaudert. Das ganze Getobe verpuffte ins Leere ... H. J."

Briefe der Eltern und Ottfrieds an Jörg vom 25.1.–22.2.1942 nach Nordrussland

„*Kiel, 25.1.42, Lieber Jörg.*

Es ist klar, dass man nach ernsten Erlebnissen auch ernst aussieht, dabei ist also nichts. Überhaupt ist unsere Familie ernster als andere. Und wir haben es dann immer schwer, wieder zu leichter

Unbekümmertheit zurückzukommen. Das war bei uns zu Hause auch schon so. Aber es ist schon so, die Eltern sähen ihre Kinder lieber unbekümmert und froh, mindestens heiter, auch dann, wenn es nicht geht. Auf einmal sind sie dann bestürzt, wenn sie sehen, dass sie sich das Gesicht ihres Jungen so ganz anders vorgestellt haben, als es nun in Wirklichkeit ist. Von Deinen Briefen her wussten wir, dass auch Dir nicht alles nach Wunsch geht. Aber immer wieder kam der alte Frohsinn zum Vorschein und wir hoffen, dass er auch nicht ganz totgeschlagen werden kann in den Widrigkeiten des Soldatenlebens. Du bist nun zwei Jahre lang Soldat, bist früh von zu Hause weggekommen, hattest anfänglich oder doch später gute Kameraden, manchmal klappt es nicht so mit ihnen, vielleicht aber geht es jetzt auch wieder ganz gut. Ich denke, die Veränderung, von der Du in Deinem Brief sprichst, mit dem die Bilder ankamen, wird so dauerhaft nicht sein, und es wird der alte Frohsinn wieder zum Durchbruch kommen. H. V."

Mutter: „... Ich habe Deine Bilder betrachtet. Sie sind anders als die vorjährigen, die in Kiel gemacht wurden. Uns gefallen die Kieler Bilder besser. Die Feinheiten der Gesichtszüge sind doch vorzüglich herausgearbeitet. Dann Dein froher, unbeschwerter Gesichtsausdruck, das sieht so frei und glücklich aus. Künstlerisch ist es bestimmt auch wertvoller als das aus Reval. Aber das ist ja auch vom ersten Kieler Fotografen gemacht. – Das Revaler Bild zeigt eine andere Haltung, viel erlebt und ernst blickst Du drein. Das kann auch nicht anders sein und doch bedrückt es uns ... H. M."

„*Kiel, 2.2.42, L. J.*

wir stehen jetzt vor schwerer Arbeit. Im März findet eine Kaufmannsgehilfenprüfung statt mit 300 Kandidaten. Dann folgt die Reifeprüfung von drei Handelsschulklassen. Die Vorarbeiten beginnen schon jetzt. H. V."

Mutter: „... Vatis Zimmer ist nicht geheizt ... Ottfried ist seit ein paar Tagen in Kiel. Heute beginnt sein Kursus, der einige Monate dauern soll ... Nun fehlst nur noch du ... H. M.

„*Kiel, 8.2.42. L. J.*

Wir bekamen gestern Deine Briefe vom 20. und 26.1. Der vom 20.1. ist von der Zensurbehörde geöffnet worden. Es hat nichts Beanstandenswertes darin gestanden ... Wir wissen dich jetzt auf einem Druckposten am 30-Klappenschrank ...

Ich möchte noch einmal auf die Verhältnisse von Mensch zu Mensch zurückkommen, von dem wir in den letzten Briefen öfter sprachen. Es hat sich auch bei dir gezeigt, dass du ein ausgesprochenes Gerechtigkeitsempfinden hast. Das ist nicht nur bei den Benz so, sondern ganz erheblich auch bei Mutters Röschel. Großvater Röschel hat dabei oft den Kürzeren gezogen. Dies und eine leichte Erregbarkeit, die sich bei der Parteinahme für oder wider oft einstellt, macht es uns schwer, mit den Menschen auszukommen. Es kommt noch hinzu, dass wir viele Dinge schwerer ertragen als andere, die leichter über Widrigkeiten des Zusammenlebens hinwegkommen. Das sind Besonderheiten, die man beachten muss. Das sagt sich zwar leicht, ist es aber nicht. H. V. ... H. M."

Ottfried: „*Kiel, 22.2.42. L. J.*

Jetzt sollst Du auch mal wieder drankommen. Ich sitze hier am Sonntag in der Kaserne und habe Wache ... Ich kenne den ganzen Zauber schon und wenn etwas neu ist, lerne ich es schon beim Vortrag. Die anderen sind alle eifrig beim Lernen und fragen dies und jenes. Ich gebe an den Nachmittagen fast immer Nachhilfestunden. Gern tue ich es bei einem Kameraden von Bord, dem das Lernen etwas schwer fällt, der es aber alles gut begreift. Mit ihm bin ich öfter im Theater. Neulich war er mit zu Hause. Ich habe immer einige Freunde, mit denen ich dann meist zusammen bin. Die Hauptsache ist dabei, dass sie ähnlich denken wie man selbst und dass sie auch einmal gegen ihren eigenen Willen etwas für den Kameraden tun. Man muss es dem aber auch selbst ab und zu so machen. Es ist dabei gar nicht nötig, dass der andere genauso klug und gebildet ist. Oft sind die Klugen eingebildet und können daher nur Freund eines Eingebildeten sein. – Ich gratuliere zum Obergefreiten. Spät kommt er, aber er kommt. – Mein Schulkamerad Plambeck ist vor einigen Tagen vor Moskau gefallen. H. Ottfried."

Jörgs Briefe an die Eltern vom 2.3.–20.3.42

„*Sista-Palkino, 2.3.42. L. E.*

Bei meiner Bunkerwache hatte ich mir eine leichte Mandelentzündung zugezogen. Ich wurde mit 37,8 °C in unsere Revierstube eingeliefert und bin jetzt wieder so weit, dass ich wohl morgen entlassen werden kann. Das waren ein paar schöne Tage des Ausschlafens.

Die Krankenstube ist in einem der besten Häuser eingerichtet. Unser Zimmer hatte sogar Tapeten und eine schmutzige Decke, die einmal weiß gewesen ist. Merkwürdig ist es jedoch, dass trotz des Bolschewismus in der Ecke das Heiligenbild steht. Davor hängt noch eine Öllampe, die wohl einmal das ewige Licht spendete. An den Wänden hängen noch Bilder des Zaren, der jetzt aus seinem verblichenen Goldrahmen auf uns herabschaut. Außerdem kann man ein Familienbild sehen, das wohl schon vor dem Weltkrieg aufgenommen worden ist. Es sind energisch aussehende Leute, die z. T. wohlhabend waren und gerade Nasen haben. Man sieht, dieses Volk hier war nicht immer arm und geknechtet.

Am 24.2. hatten die Russen ihren ‚Tag der Roten Armee'. Man merkte, dass bei ihnen nicht alles in Ordnung war. Sie schossen nervös mit Leuchtkugeln, aber die ganze Küste entlang zog ein Geruch von Fusel oder Schnaps, wenn er aus dem Munde weht. In der Tat muss der Russe besoffen gewesen sein.

Jetzt haben wir von einem Spähtrupp einige Leute weggefangen. Als einer verhört wurde, sagte er, dass die Angriffe des Winters die letzte Chance der Russen waren. Im Frühling und im Sommer fühlten sie sich unterlegen und wären schon in großer Sorge um ihr Schicksal. H. J."

„*Sista-Palkino, 6.3.42. L. E.*

Jetzt haben wir auch das Osterfest hinter uns. Als Festgeschenk gab es eine Tafel Schokolade …

In der Gruppe lebe ich mich gut ein. Mit dem Gruppenführer ist ganz gut auszukommen. Er ist sehr verspielt und wenig ernsthaft, ist aber eine gute Natur …

Das Essen ist ganz reichlich. Zu Mittag bekommen wir einen l Essen, der füllt. Ein halbes Brot für den ganzen Tag genügt mir … Bloß zu trinken ist etwas wenig, da man jetzt keine rechte Wasserquelle hat. H. J.“

„*Sista-Palkino, 6.3.42. L. E.*

… Mit dem Ob. Gfr. ist es so: Das Geld ist ja ganz gut, aber als Abiturient ist es nicht schön, aufs tote Gleis abgeschoben zu werden, und dafür gilt dieser Dienstgrad …

Heute werde ich entlassen und ich werde mit dem angenehmen Gefühl dies Haus verlassen, dass ich in einen soliden, getarnten Bunker einziehe. In den letzten Tagen hat uns der Russe nämlich besucht und mit Bomben beschenkt, die nicht allzu weit von uns platzten. Außerdem hatte er Schnupfen und wendete sich da persönlich an das Haus, das mit der Roten-Kreuz-Fahne gekennzeichnet ist. Er rotzte hierbei heftig mit dem MG ins Dach, konnte aber nicht behandelt werden, da er wohl keine Zeit hatte … H. J.“

„*Sista-Palkino, 9.3.42. L. E.*

Jetzt bin ich in den großen Bunker eingezogen, an dem wir so lange gebaut haben. In den ersten Tagen zog es zwar durch und durch; denn man konnte die Fugen nicht so recht dicht bekommen, aber jetzt ist alles schon verschalt, sodass die Wärme in den vier Wänden bleibt. Ein eiserner und ein aus Ziegeln gebauter Ofen spenden Wärme … Wir wohnen ganz gemütlich in der Bude. Doch die Leute vom Ersatz sind noch etwas neu und grün, aber wenn man sie genügend anspitzt, wird es gehen … H. J.“

Abb. 74 *Die Systa*

„*Sista-Palkino, 13.3.42. L. E.*

Ich habe in den letzten Tagen meine Verhandlung geschrieben wegen Umschreibung in Laufbahn 11, Sanitätswesen, nachdem ich vom Assistenzarzt den Rat bekommen hatte. Doch jetzt sagte mir der Hauptfeldwebel, dass es verboten ist, während des Krieges seine Laufbahn zu wechseln. Das ist natürlich nicht wahr, er will damit nur keine Arbeit haben. Wenn also die Abteilung in Ruhe liegt, werde ich sofort wieder einreichen ...

Gestern haben wir gemerkt, wie es ist, wenn der Nachschub nicht ganz hinhaut. Der Wagen mit Brot war nicht rechtzeitig eingetroffen, sodass wir nur die Zulagen, also Butter und Wurst hatten. Da wir einen kleinen Vorrat an Brot hatten, saß alles ganz still da und leckte an seiner Portion. In solch einer Niedergeschlagenheit merkt man erst, was für ein unersetzbares Nahrungsmittel Brot ist ... H. J."

„*Peipia, 17.3.42. L. E.*

Vor drei Tagen wurden wir nun in unseren Stellungen abgelöst. Auf Pferdeschlitten brachten wir unsere Sachen in das alte Barackenlager Peipia, wo wir schon im Herbst gelebt hatten. Es war schneidend kalt und ich hatte Glück, dass ich einen Wagen erwischte. Sonst hätte ich die 15 km zu Fuß latschen können.

Wie Ihr aus meiner Feldpostnummer ersehen könnt, bin ich einer neuen Kompanie zugeteilt worden. Gestern hatten wir eine Übung im hüfttiefen Schnee. Es war ganz ergötzlich, aber man muss sich an alles gewöhnen.

Unser neuer Ko-Chef ist anscheinend gut. Es ist Ob.Lt. Schorlmann, Reichstagsabgeordneter und SA-Gruppenführer. Er kümmert sich sehr um seine Leute. So ist er auch bei unseren Skiübungen zugegen und flößt den Leuten, die nicht den Willen haben zu üben, den Mut ein … H. J."

„*Sista-Palkino, 20.3.42. L. E.*

Nur drei Tage lagen wir in Peipia. Dann zogen wir wieder hinaus in die alte Stellung. Wir wohnen zwar jetzt nicht im Bunker, sondern in einem guten Bauernhaus. Wir haben einen eisernen Ofen aufgestellt, von denen die Kompanie immer einige bei sich hat, sodass wir nicht über Kälte zu klagen brauchen. Unser Zug stellt den Reservezug, der nur im Alarmfall eingesetzt wird.

Die Sonne ist jetzt so warm, dass es von den Dächern zu tauen beginnt. Es ist richtig frühlingshaft am Tage. Doch in der Nacht sinkt das Thermometer immer noch auf -30 °C. Ich bin eben vom Posten gekommen. Da wurde mir doch plötzlich so flau und schwindelig, wie es noch nie vorgekommen ist. Obwohl ich immer die Nase gerieben hatte, war sie doch angefroren und gefühllos bis auf den Knochen. Ich rieb sie mir ordentlich mit Schnee ab, sodass sie wieder durchblutet wurde. Jetzt in der warmen Stube kribbelt sie ordentlich, doch sonst ist sie wieder gesund. Man muss sich also noch gehörig vorsehen. Wir haben nun hohe Filzstiefel zur Wache an, damit auch unten nichts erfrieren kann.

Ihr schriebt über Angriffe der Engländer … H. J."

Briefe der Eltern an Jörg vom 27.2.–15.3.1942 nach Nordrussland

„*Kiel, 27.2.42. L. J.*

... Die Arbeit reißt nicht ab; der Dienst ist beschwerlich geworden, da wir in fünf Schulhäusern zu unterrichten haben, so zerstreut ist unsere Schule untergebracht. Ich pendele ständig hin und her. Wir stehen jetzt in den Prüfungswochen ... Die Zeit ist so sehr ausgenutzt, dass wir uns von den diesmaligen Kartenausgaben befreien lassen mussten. Wir scheinen wirklich die am meisten geplagten Leute in der Stadt zu sein. Dazu die Überstunden ...

Wir hatten diese Nacht den zweiten englischen Angriff, den uns die Anwesenheit der großen Schiffe im Hafen zugezogen hat. Der Letztere hat allerhand zivilen Schaden verursacht. In unserer Gegend ist das am Prof.-Peters-Platz gelegene Altersheim fast völlig zerstört. In unserem Haus sind dabei einige Scheiben zerplatzt, in unserer Wohnung nicht. Was heute Nacht geschehen ist, wissen wir noch nicht. H. V."

Mutter: „... Wir waren heute von ½ 10 Uhr bis 11 im Keller ... Die Fenster des Luftschutzkellers sind zugemauert gegen Gas. Es kommt jetzt auch eine eiserne Gasschutztür hinein.

Ottfried war gestern bei uns ... H. M."

„*Kiel, 8.3.42. L. J.*

... Ich bin gerade mit der Lesung der ‚Baltischen Tragödie' von Friedrich v. Vegesack, der selber Balte ist, fertig. Es ist eine sehr lesenswerte Darstellung der letzten Jahrzehnte baltischen Schicksals, von etwa 1900 bis zur lettischen ‚Agrarreform', d. h. bis zur Aufteilung der Güter und damit der Vertreibung und Verelendung der Deutschen. Von großer Geschichtskenntnis getragen, fußt das Buch auf Familienüberlieferung, Briefen und Memoiren und mutet durch die Darstellung des Innenlebens der Handelnden wie ein Roman an ...

Der Fehler der ‚Barone' war wohl eine zu große Abgeschlossenheit und eine damit verbundene Ungerechtigkeit. Die sozialen Unterschiede waren zu groß gelassen, niemand tat etwas zu ihrem Ausgleich. Nicht nur in der Lebenshaltung, sondern auch im Denken und Fühlen war eine ‚Glaswand' aufgerichtet, die es verhinderte, dass beim Bolschewikensturm ein einheitlicher Widerstand der Eingesessenen gebildet wurde. Es gab daher drei kämpfende Parteien, die Russen, die Balten und die ‚Kullen'. Dieser Ausdruck bedeutet wohl so viel wie ‚Unterrassige'. Im Ernst einer Entscheidung standen immer beide Parteien gegen die Balten.

Sehr viel Sorgfalt wird auf die Klärung der Frage verwendet, welchen Wert die Letten haben. Sind sie Schurken? Nein! Sind sie Manns genug, sich selber zu regieren? Haben sie genügend weiten politischen und wirtschaftlichen Blick? Nein! So bedürfen sie der Führung auf allen Gebieten, aber der selbstlosen Führung, damit keine ‚Glaswand' wieder entsteht. Nach den doppelten Erfahrungen, die diese baltischen Kleinvölker mit dem Bolschewismus machten, müssten sie sich der deutschen Führung restlos anvertrauen, nur dürfte dies Vertrauen nicht enttäuscht werden. Man lasse ihnen die Führung auf völkischem Gebiet: Im Kampf gegen Asien stehen aber die Deutschen. Hoffentlich sind unsere Vertreter, die dort zur politischen und wirtschaftlichen Führung, auch der Verwaltung, eingesetzt sind, selber Männer, Herren, die ohne Eigennutz die Einordnung dieser Völkerchen in den deutschen Bereich vorzunehmen verstehen. Die Rosenbergsche Agrarordnung scheint mir ein guter Ansatz zu sein. H. V."

„*Kiel, 15.3.42. L. J.*

Wir haben jetzt Deine Briefe vom 17. und 24.2., die ersten, die Du uns aus Deiner Frontstellung geschrieben hast. Wir waren etwas beunruhigt ... Wir hoffen und wünschen, dass Ihr Eure Aufgaben ohne Verluste durchführen könnt. Ihr scheint ja wieder die Flanke an der See zu halten zu haben, Euch also nach beiden Seiten, nach der See und der Front zu verteidigen zu haben.

Vielleicht aber seid Ihr, wenn der Brief bei Euch eintrifft, schon im Angriff. Alles Gute!

Die beiden Luftangriffe auf Kiel, die im Bericht erwähnt worden waren, haben hier doch einige Schäden angerichtet. Wir sind unbeschädigt durchgekommen. Auch Ottfried, der beim letzten Angriff den Festungsalarm mitgemacht hat, ohne jedoch wirksam werden zu können. Unsere und seine Gedanken sind ständig nach Nordosten gerichtet und wir sehen Dich an der Front an der Küste stehen.

Meine Abschlussarbeiten gehen ihrem Ende entgegen ... H. V."

Mutter: „L. J. ... Als die Post von Dir wieder so lange ausblieb, sagte ich gleich, dass Du wieder nach vorn in die Front gekommen bist ... Nun ist die große Sorge um Dich wieder da ... Wenn Ottfried kam, waren seine ersten Worte immer ‚Hat Jörg geschrieben?' Wir hoffen, dass Du gesund bleibst ... H. M."

Jörgs Briefe an die Eltern vom 22.3.–12.4.42

„Sista-Palkino, 22.3.42. L. E.

... Wir leben hier ein ganz annehmliches Leben, obwohl es manchmal etwas aufreibend durch die vielen Wachen ist. In die Häuser haben wir uns zweistöckige Kojen gebaut ... In das Mittagessen brockt man sich etwas Brot, dann wird man bestimmt satt. Wenn der Proviant aber nicht reichen will, röstet man vor dem Feuer einige Stullen. Das schmeckt außerordentlich gut, obwohl keine Butter draufgestrichen wird.

Die Deutschen sind in Estland nicht alle unbeliebt gewesen. Ich habe mit Esten gesprochen, die Unterschiede machten zwischen Land- und Stadtbalten. Gegen das Deutsche an sich waren sie auch nicht feindlich eingestellt, wenn sie nur gerecht behandelt wurden. Aus allen Worten klang aber das Vertrauen zu uns und der Wille zur Mitarbeit, wenn sie auch oft erst zur deutschen Gründlichkeit und Schnelligkeit im Arbeiten mit sanftem Druck gezwungen werden müssen. Esten sind aber ein besseres Volk als die Letten. Sie sind offener und wesentlich mehr nordisch durchsetzt. Sie ähneln mehr den Finnen. H. J."

„Sista-Palkino, 26.3.42. L. E.

... Mit dem Waschen ist es überhaupt so eine Sache. Da müssen sich neun Mann aus einer Pütz waschen und außerdem noch darin Zeug waschen ... Immer wenn ein Haus durch Bomben oder Artillerie unbrauchbar geworden war, wurde es von uns abgerissen und zersägt. Innerhalb mehrerer Wochen verschwand es so bis auf den Ofen und den Schornstein, die ein trauriger Denkstein sind ... Neben überschneiten Granattrichtern sieht man hier und da einen toten Russen ... H. J."

„Sista-Palkino, 1.4.42. L. E.

... Ängstigt Euch nun bitte nicht zu sehr, denn ich liege ja an einem ausgesprochen ruhigen Abschnitt. Unser Bunker ist fest und sicher gebaut ...

In der letzten Zeit habe ich als Hilfsgruppenführer die Ausbildung unserer Neulinge betrieben. Das Praktische ist ja sehr einfach und anschaulich zu zeigen, aber den Unterricht volkstümlich zu gestalten, ist im ersten Augenblick etwas schwierig. Man kommt aber schnell dahinter, wie es die Leute am besten verstehen ... H. J."

„Sista-Palkino. 12.4.42. L. E.

... Das Tauwetter ist schon so weit fortgeschritten, dass die befestigten Straßen gut zu befahren sind. Was noch nicht ganz ordentlich ist, das besorgen die russischen Dorfbewohner, Männer und Frauen, die in Arbeitsgemeinschaften zusammengefasst sind. Sie schaufeln Schneemauern an den Straßenrändern und heben Gräben aus. Auch Faschinen und Knüppel zu Knüppeldämmen werden von ihnen zurechtgelegt und warten nur auf den Abtransport.

Wir selbst müssen auch alles dransetzen, um unsere Wege und Bunker gegen das Tauwetter zu sichern ... Zwischen den Steinen der Küste steigt das Wasser auf und bedeckt die Eisdecke. So sinken die Minenfelder ins Wasser und manchmal zeigen Detonationen, dass sie sich selbst entzündet haben …

Wir müssen jetzt gefallene Soldaten, Freund oder Feind, begraben, die beim Angriff am 10.12.41 gefallen sind. Damals wurde unsere ganze Stellung aufgerollt. Jetzt erst sieht man die Bescherung. Der Feind wird im Bombentrichter versenkt, die Kameraden erhalten ein Soldatengrab … H. J."

Briefe der Eltern an Jörg vom 1.4.–19.4.42 nach Nordrussland

„*Kiel, 1.4.42. L. J.*

Wir erhielten heute Deinen Brief, den Du am 6.3., also kurz nach Deiner Entlassung aus dem Revier, geschrieben hast und in dem Du schilderst, wie die Russen die Krankenstube angegriffen haben. Wir sind es schon gewöhnt, dass die Rot-Kreuz-Flagge nicht beachtet wird, wenn es um Angriffe auf in der Nähe befindliche militärische Ziele geht. Wir sind es auch gewöhnt, dass sie und die Eng-

Abb. 75 *Die Brüder auf dem letzten gemeinsamen Urlaub*

länder mit Vorbedacht gekennzeichnete Krankenhäuser angreifen. Das liegt auf derselben Ebene wie der Angriff auf Lübeck, der wohl ¼ der Altstadt in Trümmer gelegt hat. Die großen Kirchen sollen vollständig ausgebrannt und nicht wieder herstellbar sein. Auch Teile des Rathauses, Patrizierhäuser und ein Museum sollen unwiederbringlich verloren sein. Dabei sollen die Flieger wegen Fehlens durchgreifender Abwehr ganz niedrig geflogen sein, zu wiederholten Malen, sodass man von Vorsatz sprechen muss. Es ist nicht entschuldbar. Das ist gewiss kein Krieg mehr, es ist Zerstörungswut.

Abb. 76 *Urlaub*

Ich lese jetzt das Buch von Giselher Wirsing ‚Der maßlose Kontinent', in dem gezeigt wird, wie England nur auf Beistandsversprechen der USA in den Krieg gegangen ist, ebenfalls auch Frankreich, das erst recht. In Amerika gibt es nur eine zum Kriege treibende Gruppe, die der großen Bankiers, die die Schwer- und Rüstungsindustrie beherrschen. Sie betreiben mit den ihnen hörigen Zeitungen eine krass kapitalistische Innenpolitik, die dann folgerichtig in Außenpolitik einmündet. Das alles ist uns zwar bekannt, aber es werden hier die Zusammenhänge und Einzelheiten nachgewiesen. Es ist ein gutes, aufklärendes Buch. Bei Euch fallen die Bomben und Geschosse, weil Morgan es will, denn er verdient daran. Man sollte diese Leute mit Marter zum Tode befördern können … H. V."

Mutter: „… Wir haben jetzt hier in Kiel eine gute Flak und hoffen, dass wir gut durchkommen … H. M."

„*Kiel, 7.4.42. L. J.*

... Durch den japanischen Zugriff auf Ceylon und weiter auf Vorderindien wird die europäische Kriegsführung stark beeinflusst werden. Wir dürfen wohl annehmen, dass auch Indien nur stützpunktartig von den Briten befestigt ist, sodass es den Japanern in verhältnismäßig kurzer Zeit möglich sein wird, durch Indien durchzustoßen. Wenn sie dann an der Grenze von Afghanistan stehen werden, werden wir so weit sein müssen, um vom Kaukasus und durch die Türkei vorzustoßen, um die Engländer in Vorderasien zwischen zwei Feuer nehmen zu helfen. Nach Russland wird also der Suezkanal und die Hinausdrückung des südlichen Absperrungsgürtels drankommen, der durch Afrika geht, ursprünglich nur durch das Mittelmeer, und der dann weiter nach Süden hinunterzudrücken ist. Das müssten wir eigentlich bis zum Herbst geschafft haben. Für 1943 steht dann nur noch England selbst aus. Das ist so das Bild, das ich mir vom Fortgang des Krieges gemacht habe ... H. V."

„*K. 17.4.42. L. J.*

... Ottfrieds Lehrgang läuft wohl Mitte Mai ab ...

Mein Schuldienst hat nun auch wieder begonnen ... Wenn ich wieder hinfahre zu Onkel Ernst Genrich in Havelberg, werde ich mir den Küchentisch sichern müssen, damit wir später Holz zur Ausbesserung Deines Stuhles haben: Er ist aus demselben Baum geschnitten wie Dein Stuhl ... H. V."

„*K. 19.4.42. L. J.*

... Ich will noch ein paar Zeilen dazu schreiben. Ich lege Dir ein Blatt der ‚Berliner Börsen Zeitung' von heute bei, der einen großen Artikel der Verteidigungsbauten der Deutschen am Atlantik enthält. Die Bilder wirst Du vielleicht schon woanders gesehen haben. Es sind aber in der Hauptsache die Gedankengänge, die uns anziehen. Schon Karl Gantzer führt in seinem Buch ‚Deutschland als europäische Ordnungsmacht', das ich Dir frü-

Abb. 77 *Die Eltern in Sorge*

her einmal sandte, aus, dass die Franzosen, immer wenn sie in die Politik Europas eingriffen, sich zerstörend betätigten. Sie waren die Reichszerstörer und damit auch die Zerstörer der europäischen Ordnung, der natürlichen nämlich. Den gleichen Gedanken führt Herre in seinem Buch ‚Deutschland und die europäische Ordnung', das jetzt in der ‚Weltpolitischen Bücherei' Rosenbergs erschienen ist, aus, mehr ideengeschichtlicher und daher tiefgründiger als Gantzer.

Beide aber stellen die französische Politik als zerstörerisch heraus. In dem Zeitungsaufsatz nun wird die Kehrseite gezeigt. Immer, wenn sie aktiv auftraten, waren sie die Zerstörer einer natürlichen Ordnung, aber auch in der Verteidigung und in der vorbauenden und vorsorgenden Haltung versagten sie. Sie nutzten nicht einmal die natürlichen Vorzüge, die ihnen die Gestaltung ihrer Küsten bot. Sie ließen die großen Möglichkeiten eines Einsatzes für Europas Sicherung vorbeigehen und spielten so gleichsam dem großen Europafeind die Herrschaft in die Hände. Der Verfasser scheint daraus zu schließen, dass wir das Recht gewinnen, die Punkte besetzt zu halten zu unserer und Europas Sicherung, indem wir das Versäumte nachholen. Hoffen wir, dass wir am Wind bleiben. Die alten Befestigungsbauten am Atlantik sind germanisches Werk, sie sind normannisch oder westgotisch. … H. V"

Mutter: „Wir freuen uns, dass Du in eine andere Kompanie versetzt wurdest, in der es Dir besser zu gefallen scheint … H. M."

Jörgs Briefe an die Eltern vom 20.5.–31.5.42

„*Reval, 20.5.42. L. E.*

Meine Fahrt vom Urlaub bei Euch zurück zur Front lief im Allgemeinen planmäßig ab …

Der Zug war sehr überfüllt … Mit dem Zug, der am gleichen Tag nach Riga fuhr, kam ich nicht mit, denn meine Platzkarte lautete anders. Aber am nächsten Tage hatte ich einen sehr schönen Wagen und viel Platz zum Schlafen … H. J.“

„*Sista-Palkino, 21.5.42. L. E.*

… In Kotly wurden wir mit dem LKW in die Stellung gebracht, wo ich schon um 20 Uhr auf Posten zog. So schnell geht es und wir brauchen jeden Mann, da allwöchentlich einige Leute fahren … Das Wetter ist sehr feucht. Manchmal gießt es in Strömen, sodass der Boden, der schon ganz schön trocken war, aufgeweicht ist. Wir stehen bis zu den Knöcheln im Wasser. Der Bunker ist etwas in die Erde eingebaut. Jeden Morgen steht er bis an die Dielen im Wasser, das wir dann mit einer Flügelpumpe herausschaffen. Es ist eine Sisyphusarbeit; denn von den Seiten dringt es immer wieder nach …

Die Landbestellung wird mit allen Mitteln vorangetrieben, soweit es bei fehlendem Ackergerät möglich ist. So werden jetzt gerade Saatkartoffeln wagenweise an die Güter verteilt … H. J.“

„*Sista-Palkino, 25.5.42. L. E.*

Heute am Pfingstsonntag haben wir Tageswache und brauchen nicht an den Panzergräben zu arbeiten … H. J.“

„*Sista-Palkino, 28.5.42. L. E.*

Zu unserer Wasserplage ist jetzt eine neue, die Mückenplage getreten. Wie aus dem sumpfigen Boden gestampft umschwärmten uns seit gestern Hunderte von diesen Quälgeistern, die sich in der feuchtschwülen Gewitterluft sehr wohl fühlen. Gesicht und

Hände sind mit Beulen bedeckt, Mückenstifte gehen von Hand zu Hand, und es wird sehr viel geraucht; denn Tabaksqualm treibt ja diese Biester fort …

Zu Pfingsten hatte ich mich mal wieder in der Gegend umgesehen … Wie hat sich alles verändert, wie schön ist es auf einmal an vielen Stellen geworden. Jetzt erst, da alles grünt und blüht, erhält man einen richtigen Einblick in die unberührte Urwaldlandschaft. Das ist nicht der eintönige Kiefernwald, der so wenig anziehend wirkt, sondern das Durcheinander von allen Laub- und Nadelhölzern in den verschiedensten Altersstufen. Dazu tönt schon beim ersten Morgengrauen, um 2 Uhr, der Chor der Vögel, die auf Brautschau sind …

In diesen Tagen, da uns die Nachrichten von den großen Erfolgen im Südabschnitt der Front erreichen, wird unser Gegenüber sehr unruhig. Wenn er tagelang kaum einen Schuss hören ließ, reißt jetzt in den Abendstunden das Geknatter nicht ab. Angriffsabsichten scheint er jedoch nicht zu haben. H. J."

„*Sista-Palkino, 31.5.42. L. E.*

An diesem Sonntag brauchen wir nicht zu arbeiten. Es ist ein Ruhetag … Ich habe diese Ruhe benutzt, um mir einen Mückenschleier zu nähen. Vier der mitgebrachten Fußlappen nähte ich zusammen und nähte vorn ein Fenster ein, das aus engmaschigem Fischernetz besteht. Das Ganze ist weit und wird über den Kopf gestülpt und unten am Hals zugebunden. Um die weiße Farbe wegzubringen, habe ich es in Moorwasser gewälzt … Abends schießen wir dem Russen mit Granatwerfern oder Leuchtkugeln seinen Wald in Brand. Die so entstehenden Feuer werden mit MG-Feuer bestreut, damit er nicht löschen kann … H. J."

Elternbriefe an Jörg vom 23.5.–19.6.42 nach Nordrussland

„*Kiel, 23.5.42. L. J.*

… Nach allem, was wir also nach dem dreiwöchigen Urlaub von Dir wissen, lässt sich noch nicht viel wieder sagen …

Ottfried kam eben auf einige Minuten vorbei. Er ging zum Club ... Seine Beförderung ist noch nicht ausgesprochen ...“

Mutter: „... Es waren so schöne, glückliche drei Wochen, die wir mit Dir verleben konnten. Wir waren so froh, dass wir Euch beide bei uns hatten ... H. M.“

„Kiel, 29.5.42. L. J.

... Ottfried ist am 28.5. früh mit noch 60 anderen Feldwebeln und U.-Offizieren in Neustrelitz ‚an Land gegangen‘ ... Er ist Maschinen-Maat d. R. Am Abend vorher brachen wir noch eine Flasche auf guten weiteren Verlauf und auf Deine Gesundheit auf. Es war Mutters Geburtstag. H. V.“

„Kiel, 19.6.42. L. J.

... Ich las gestern einen Aufsatz aus dem Buch von Naumann über den Überlieferungszusammenhang des germanischen Königtums. Es war der über die metaphysische Verbundenheit des Königs, über ‚das Glück des Königs‘, wie die alten Berichte sich ausdrücken. Es fällt einem wie Schuppen von den Augen, wenn man Vergleiche zieht. Das hitlersche Führertum erscheint so als unmittelbare Nachfolgeschaft des altgermanischen Königtums, und wir können nur hoffen, dass ihn ‚das Glück des Königs‘ nicht verlässt, dass er in ständiger Berührung mit dem Göttlich-Ewigen des Deutschen Volkes steht und immer die richtigen Entscheidungen treffen möge.

Nach unserer noch immer stark rationalistisch anmutenden Einstellung ist das tatsächliche Vorhandensein im Metaphysischen verhafteter Menschen wie eine Offenbarung eines neuen Menschseins. Ich will nicht sagen, dass sich der seherisch-sichere Mensch nur ein oder wenige Male findet: Es gehört dazu eine gleiche Einstellung des Volkes, nicht zwar, als ob es eine gleich enge Beziehung zum Göttlichen haben müsste wie der Führer, es bedarf bei ihm vielmehr nur der richtigen Erkenntnis des Nötigen, ohne die Wege dahin sehen zu können, sodass der Führer bei ihm gelegentlich seine Zuflucht nehmen kann, sei es, dass er es nötig hat, sich in seiner

Auffassung vor einer noch zu treffenden Entscheidung zu stärken, sei es, dass er nach gefällter Entscheidung die Gleichheit seines Wollens mit dem des Volkes festzustellen sich genötigt sieht.

Ein größerer Einschlag dieses gefühlsmäßig begründeten Denkens und Wollens ist uns allen wohl nötig. Das würde dennoch nicht bedeuten, dass die rechtstandsmäßige Wirkung eingeengt werden müsste, wir brauchen sie so bitter nötig; ohne das wissenschaftliche Denken würde der Krieg nicht fortgeführt werden können, es ist erst jetzt wieder ein wissenschaftlicher Reichsrat neu gegründet worden. Auch die Altvorderen waren klare Denker, nüchtern wie wir den Tatsachen gegenüberstehend, aber sie besaßen, was sich bei uns erst wieder neu zu bilden beginnt: Die Beziehung zum All, zum Göttlichen, die metaphysische Verbundenheit, die Urbeziehung, religio. Ihr Jungen werdet darin weiter kommen als wir ... H. V."

Jörgs Briefe an die Eltern vom 7.6.–3.7.42

„*Sista-Palkino, 7.6.42. L. E.*

Heute, Sonntag, sitze ich vor dem Bunker, an einen Baum gelehnt in der Sonne ... Seit langer Zeit habe ich mir den ‚Zarathustra' vorgenommen und grüble etwas in ihm. Man kommt selten dazu, etwas Schweres zu lesen bei dem Lärm und Leben im engen Bunker, aber manchmal findet sich doch Zeit dazu. Es steht viel Wahres darin und manchmal kann ich Vergleiche mit mir ziehen oder mit den Leuten, neben denen ich lebe. Manchmal hat man einen wirklich guten Kameraden, mit dem sich reden lässt, obwohl es ein einfacher Mann ist. Das ist aber selten. Die Mehrzahl ist widerwärtig, aber man muss doch mit ihnen auskommen. Ich bin nie der Unterlegene, aber es ist nicht schön, sich mit solchen Leuten zu streiten.

Meine Verhandlung für die San.-Laufbahn ist jetzt zum Kommandeur abgegangen. Der Ko.-Chef hat eine gute Beurteilung geschrieben, und ich hoffe, dass es gut geht. Er schreibt etwa: Aufgeschlossen, rege, interessiert sich sehr für Medizin. ... H. J."

„*Sista-Palkino, 15.6.42. L. E.*

Diesen Brief gebe ich einem Urlauber mit. Ich konnte in den letzten Tagen nicht schreiben, da wir einen russischen Angriff erwarteten. Er kam aber nicht. Zu dem Zweck, als Vorsichtsmaßnahme, wurden Rucksäcke und alles Wesentliche zurückgebracht. Auch die Feldküchen gingen über die Sista-Brücke ins Hintergelände. Wir standen immer zur Hälfte der Belegschaft in den Postenständen und mussten umgeschnallt, vollständig fertig zum Jumpen, schlafen. Der Russe beobachtete unsere Stellung durch Flieger und hatte auch eine neue rote Fahne in seiner Kampflinie aufgestellt. In der Ferne hörte man den Donner einer Schlacht. Aber, wie gesagt, wir warteten vergebens ... Zur Latrine können wir nur mit dem Räuchertopf gehen, sonst sieht der Arsch wie eine Buckelwiese aus ... H. J.“

„*Sista-Palkino, 21.6.42. L. E.*

... Vor wenigen Tagen ist mein Korporal verwundet worden, Oberschenkel-Durchschuss. Ich band ihm kunstgerecht die Bein-Schlagader ab und vollbrachte damit meine erste ärztliche Hilfe. Er ist außer Lebensgefahr, aber wird nicht wieder zurückkommen. Ich besorge die Geschäfte der Gruppe, stehe aber unter Aufsicht eines anderen Gruppenführers. Hoffentlich sehen sie es auch bald, dass ich es auch allein kann. Es sind zwar Rowdys in der Gruppe, aber mit etwas Überlegung werde ich schon klarkommen.

... Da habe ich vor Kurzem mit Leuchtspur die russische Brustwehr in Brand geschossen. Sie bestand aus ausgetrockneten Zweigen. Das war natürlich Zufall, wahrscheinlich ein Querschläger. Da hättet Ihr mal sehen können, wie die Roten sprangen, um die Brände zu löschen. Als wir aber plötzlich mit Maschinengewehren hineinhielten, verschwanden sie eiligst.

Unsere Kompanie hat neulich in der hellen Nacht einen russischen Bomber abgeschossen. Mit einem MG 08/15 haben wir ihn heruntergeholt. Er schlug in der Uferzone auf. Das ist allerhand Können gewesen. H. J."

In diese Zeit fiel ein Ereignis, welches ich nicht in meinen Briefen nach Hause erwähnen konnte. Dies will ich hier nachholen, wie ich es aus der Erinnerung in meinem Buch „Deutsche Marineinfanterie 1938–1945" auf Seite 169 ff. beschrieben habe:

„Die Abteilung sollte zwei weitere Kompanien aufbauen und erhielt dazu den nötigen Ersatz. Er reichte aber nur für eine Kompanie. Mit dem Rest mussten die Lücken in den alten Kompanien aufgefüllt werden. Nachdem die Neuen etwa drei Wochen wie üblich in die Kenntnisse der Fronttruppe eingeübt waren, bekam einer dieser Ob.Gfr. einen jungen Bergmann in seine Gruppe, die gerade in der HKL an dem Flüsschen Woronka lag. Auf seinen Kontrollgängen traf er ihn mehrmals in seinem Postenstand schlafend an und weckte ihn mit einem leichten Schlag auf den Stahlhelm mit dem Spaten. Als auch eine eindringliche Belehrung, dass er seine Kameraden schwer gefährdete, nicht fruchtete, setzte sich der ‚Alte' neben ihn, um den Grund des Versagens eines kräftigen Mannes zu erfahren. Nach einem anfänglichen Zögern erzählte dieser, dass seine Kompanie am Schluss der Rekrutenzeit in Libau zur Abschirmung einer Exekution befohlen wurde. Sie mussten zusehen, wie einige Juden einen Graben ausheben, dann sich ausziehen und die Kleider sorgfältig neben sich legen mussten. Dann marschierte eine lettische Polizeitruppe an und erschoss die wehrlosen Menschen.

Beim Abmarsch wurden die Rekruten vergattert, sie dürften auf keinen Fall dies Erlebnis irgend jemand erzählen. Der Gruppenführer, dem dies erzählt wurde, war nun in die Vergatterung seines Untergebenen mit einbezogen. Er konnte niemanden nach der Wahrheit fragen. Der Kompaniechef war zudem ein Reichstagsabgeordneter. Der Ob.Gfr. wusste natürlich nichts von der ‚Wannsee-Konferenz' vom 20.1.1942, auf der Heydrichs Plan der Vernichtung der Juden beschlossen worden war, auch nichts von der ‚Aktion Reinhard' vom 4.7.1942, unter der die Erschießungen von Juden ab 22.7.42 durchgeführt werden sollten."

Ich war dieser Ob.Gfr. und fand meine Entscheidung, mich von der kämpfenden Truppe zu entfernen, um mitten im Krieg Medizin zu studieren, nun in einem weiteren Punkte bestätigt. Ich hatte in meiner Verhandlung geschrieben: „Ich könnte durch meinen Dienst als Sanitätssoldat dem Führer und dem Deutschen Volk am besten dienen."

„Sista-Palkino, 24.6.42. L. E.

Ich stehe jetzt zwischen zwei Feuern: Ich soll und muss in der Gruppe befehlen, stoße dort aber auf Widerstand, da mich die Leute nicht anerkennen. Sie sagen: ‚Du bist gar nicht der Gruppenführer!' Rückendeckung beim Zugführer erhalte ich nicht und der Maat, der die Aufsicht haben sollte, kümmert sich fast gar nicht um uns. Meine Lage ist sehr schwierig. Das ‚Diensttuer-Patent' erhalte ich nicht, da meine Verhandlung für die Sanitätslaufbahn läuft. Manchmal weiß ich nicht, was ich tun soll, aber trotzdem! …

Jeden Morgen und Abend müssen wir unseren Bunker ausspützen. Es scheint eine Quelle darin zu sein …Wenn also die 25 Eimer heraus sind, tritt ein anderes Übel auf. Der Modder unter den Brettern stinkt wie eine Jauchegrube, aber das ist immer noch besser als absaufen. H. J."

„Sista-Palkino, 30.6.42. L. E.

Es ist ein wunderbarer Anblick, den man hat, wenn man tagsüber am Strand sitzt, ein Bild des Friedens. Die unberührte Natur des Niemandslandes wuchert nur so aus dem Boden. Herrliche blumige Wiesen dehnen sich bis zu den Stellungen des Feindes und bilden eine Farbensymphonie von Grün, Gelb und Rot. Kein Schuss tönt oft stundenlang. Nur die Ruinen der Bauernhäuser, ihre Öfen und Schornsteine, recken sich in die Luft und erinnern an den Krieg.

… Unteroffiziere unserer Ablösung erzählen von 20 % Malariamücken. Wir haben nur die Schnaken, die zwar lästig sind, aber nicht gefährlich werden können. H. J.“

„*Ust-Luga, 3.7.42. L. E.*

… Jetzt ist die Ablösung geglückt. Zwar liegen wir noch in Russland, aber doch in einer schönen Gegend am Finnischen Meerbusen … H. J.“

Jörgs Briefe an die Eltern vom 7.7.–10.8.42

„*Rutschi, 7.7.42. L. E.*

Hier an der Lugabucht sieht man wieder einmal, welch große Pläne die Russen hatten, um zur Herrschaft über die Ostsee zu gelangen. Ein Küstenstreifen von rund 5 km Länge ist aufgeschwämmt und mit einer Kaimauer versehen worden. Doch außer einem kleinen Hafenbecken ist nichts vollendet worden. Große Becken und Molen sind schon angedeutet und halb fertig. Das ganze Gelände hat Ähnlichkeit mit Baltisch-Port. Ich glaube, dass die Arbeiten hier abgebrochen wurden, als die Russen diesen Stützpunkt in Estland 1939 besetzten … H. J.“

„*Rutschi, 12.7.42. L. E.*

Vati, Du schriebst im Brief vom 19.6., dass die junge Generation wesentlich weitere Fortschritte im gefühlsmäßigen Denken machen würde als die Weltkriegs-Generation. Das ist anscheinend nicht der Fall; denn im Kreise der Kameraden gibt es genauso wenige Idealisten als wohl im Weltkrieg unter den Deinen. Denn das ist doch der höchste Ausdruck des gefühlsmäßigen Denkens. Die Leute sind zum größten Teil krasse Materialisten und man hat seine Mühe, sie einigermaßen zu überzeugen. Ein rechter Glaube ist nur selten vorhanden. Nun mag ja die Generation, die jetzt 10–15 Jahre alt ist, besser darin denken.

... Die Bevölkerung ist in dieser Gegend nicht faul gewesen. Überall sind die Wohnungen ausgebessert, Dächer geflickt und sogar Häuser neu errichtet worden. Es herrscht allgemein Sauberkeit. Auch die Felder sind gut bestellt mit Roggen, Rüben, Kohl und Kartoffeln. Auf den Wiesen wird schon die erste Heumahd eingebracht. Jetzt traut sich auch wieder die menschliche Eitelkeit hervor. Während die Männer zwar zerfetzt und abgeschabt gehen, haben die Frauen doch reine weiße Kleider an, die manchmal sogar modisch geschnitten sind, sodass es ganz nett aussieht. Meistens jedoch sieht das Kleid wie ein Nachthemd aus. H. J."

„*Rutschi, 16.7.42. L. E.*

Jetzt ist mein Geburtstag auch mit Saus und Braus vorübergegangen. Am Vortage war ich beim Spieß und kaufte 1,5 l Schnaps, 60%-ig, den ich mit Eiern und Blaubeeren zu zwei guten Likörsorten mischte. Er war wirklich ausgezeichnet und trank sich wie Wasser. Am Morgen des 15.7. gab mir der Zug unter Führung des Zugführers noch vor dem Wecken ein Ständchen und überreichte mir einen Blumenstrauß. Abends saß ich dann mit den Obergefreiten zusammen. Wir feierten bis 2 Uhr ...

Auch sonst geht es uns ganz gut mit dem Essen. Die Bevölkerung bringt uns Blau- und Erdbeeren, Milch und manchmal sogar Eier. Dies tauschen wir gegen Brot ein. Zucker gibt es genügend. So fängt der Tag mit Blaubeersuppe an und hört mit Erdbeerkompott auf. In der letzten Zeit sind die Leute in Ust-Luga sehr kritisch geworden und tauschen lieber Schnaps und Zigaretten ein ... Neben verhältnismäßig wenig Russen leben vor allem Esten und Finnen hier. Zum größten Teil sind alle drei Bevölkerungsgruppen nordische Menschen.

Ich gehe im Zuge als Gruppenführer. Wenn einer ausfällt oder verhindert ist, übernehme ich immer diese Gruppe. Es macht Freude. Die Gruppe erhalte ich nicht, weil meine Verhandlung stark im Laufen ist. Ich gebe beim Spieß ordentlich Druck, dass es schnell geht. H. J."

„Rutschi, 21.7.42. L. E.

… Ich stehe seit einiger Zeit in dauerndem Hoffen und Warten. Alle Dienststellen habe ich besucht, um nur einen Fortgang meiner Verhandlung zu erreichen. Ich versuche jetzt als ROA vorgeschlagen zu werden, um später als Sanitäts-ROA studieren zu können. Nun arbeitet aber die Schreibstube so langsam, dass man immer drücken und drängen muss. In meinem Zug nehme ich eine Sonderstellung ein. Das kam so: Da mein Gruppenführer im Lazarett ist, wurde mir schließlich die Gruppe übergeben, aber nur für kurze Zeit. Am folgenden Tage kam ein Kamerad, so lange Soldat wie ich, und man übertrug ihm die Gruppe, da er Unteroffizieranwärter und Berufssoldat ist. Ich lief zum Zugführer, der gerade in der Zeit häufig wechselte, und stellte ihm die Sache vor. So wurde ich also für die nächste frei werdende Gruppe vorgesehen. Ich machte den Dienst als Ausbilder mit und unterstützte meinen Gruppenführer. Als der Ko.-Chef sah, dass hier zwei Mann vor der Front standen, bestimmte er kurz, dass ich diese Ausbildung noch mitmachen solle.

Ich gehe nun im Glied. Wenn ein Gruppenführer einmal fehlt, springe ich für ihn ein. Auch die Reihe der U. v. D. (Unteroffiziere vom Dienst) gehe ich mit. In letzter Zeit konnte ich oft Gruppen führen. Ich merkte selbst, dass ich die Sache kann, und die Leute freuen sich, wenn sie bei mir sind, da ich den Dienst sehr interessant gestalte. Aber was nützt es? Ich trete immer wieder ins Glied zurück und kann warten, dass bald die Verhandlung durchkommt. Es ist verheerend, so ewig bangend zu leben. Doch ich zeige nicht, wie es mir eigentlich zumute ist. Ein gefallener Soldat hat mir einmal gesagt, man müsse das tun, wie es bei den Oberen üblich ist, nämlich zu lachen, wenn man weinen möchte. So bin ich auch immer strahlend aufgelegt und werde mich schon durchsetzen. H. J."

„Rutschi, 26.7.42. L. E.

Es ist wieder etwas Einschneidendes passiert. Ich hatte mich also mit allen möglichen Stellen in Verbindung gesetzt und war zur Überzeugung gekommen, dass ich einen Antrag auf ROA stellen müsste. Nun wurde plötzlich unser Sanitäter abkommandiert und der überredete neulich den Abteilungsarzt, dass ich das kleine Revier übernehmen sollte. Gut, ich erhielt Bescheid und kümmerte mich um das Revier. Das erfuhr natürlich der Ko.-Chef und fuhr den Abteilungsarzt an, was der mit den Leuten seiner Kompanie zu tun hätte. Es wurde ein anderer Sanitäter herbeigeholt, der mich ersetzte.

Als ich mich nun nach dem Lauf meines Antrags erkundigen wollte, schickte mich der Spieß zum Ko.-Chef hinauf. Der warf mir erstmal Intrige vor, was ich jedoch vollkommen ablehnte, da ich mit dieser Sanitätersache nichts zu tun hatte. Er sah es ein, sagte dann aber, dass er mich nicht zum ROA machen könne, da meine Führung nicht gut genug sei. Es stehe darin: ‚Zu viel unmilitärisch und zu weich.' Jetzt will er mir aber eine Chance geben und mich als Exerziergefreiten einsetzen. Dann könne ich meine Härte gegen meine Untergebenen beweisen. Ehe ich nicht Unteroffizier sei, könne eine Bewerbung zum ROA überhaupt nicht in Frage kommen. Mit guten Wünschen entließ er mich.

In die Sanitätslaufbahn kann ich auch nicht eintreten, da Medizinstudenten nur als ROA, nicht als Gast (das ist der unterste Grad, als Matrose, und ich bin ja Ob.Gfr.) in diese Laufbahn dürfen. Ich werde also sehen, dass ich möglichst bald Unteroffizier werde. H. J."

„*Rutschi, 29.7.42. L. E.*

Jetzt bin ich schon 3 Tage in einem anderen Zug und habe eine Gruppe als Ausbilder übernommen. Der Gruppenführer ist ein ‚Zukommandierter', der das Geschäft nicht versteht. Es war die verlausteste Gruppe, aber nach zwei Tagen sagte der Zugführer, dass die Gruppe sich sehr herausgemacht habe. Ich bringe die Leute ordentlich auf den Damm, treibe ihnen die Schwächen und Faulheiten aus und lasse tüchtig laufen. Es ist wirklich schön, eine Stellung zu haben, in der die volle Verantwortung auf einem liegt.

Ich bin wirklich glücklich und kann mich jetzt wirklich entfalten. Da muss ich reden und reden und die Freude ist so schön, wenn ich sehe, dass es Erfolg hatte, wenn der Mann sich gebessert hat. Ich glaube, mit etwas Geduld werde ich den Widerspenstigsten hinkriegen. Man muss da jeden einzeln nehmen, sodass jeder seine Extrawurst hat, aber es hat Zweck, denn alle Leute sind anders geartet. Viele Gruppenführer scheren alle über einen Kamm. Das ist nicht richtig; denn jeder denkt doch, er sei besser als der Nachbar. Ihr seht also, dass ich ordentlich in meinem Fach bin. Die nötige Autorität kann ich mir auch verschaffen. H. J."

„*Rutschi, 3.8.42. L. E.*

Ich fühle mich immer mehr in mein Amt ein. Der Unterricht geht flott und die Führung macht keine Schwierigkeiten. Oft gebe ich sogar Zugunterricht, Singen oder Weltanschauung, sodass ich ein richtiges Redetalent ausbilden kann. Es geht alles so frei vom Munde, dass ich niemals Lampenfieber empfinde. Das gibt ein schönes Gefühl der Sicherheit.

Fast täglich donnern über unserem Haus die Ketten deutscher Bomber nach Norden. Ihr habt im Wehrmachtsbericht von dem Bombardement der Inseln Lavansari und Seiskari gehört. Wenn dort die schweren Bomben einschlagen, zittert sogar hier das ganze Gebäude. Die Fensterscheiben springen und der Kalk rieselt von der Decke. Man muss wirklich staunen über die Gewalt deutscher Bomben. H. J."

„*Rutschi, 10.8.42. L. E.*

In unserer Gegend sind vor kurzem Partisanen abgesprungen, die sehr gut mit Munition, Schlauchboot, Funkapparat, Sprengmitteln und Proviant ausgerüstet waren. Wir mussten sie in einem großen Sumpfgebiet suchen. Sie sollten Brücken sprengen und Nachricht geben, was auf den Straßen nach Leningrad vor sich ginge. Schon kurz nach Mitternacht brachen wir auf und durchsuchten das riesige Gebiet planmäßig. Von allen Seiten gingen die

Suchgruppen vor. Wir mussten dichten Wald und Moorgebiete durchqueren, in denen wir bis zu den Waden im Wasser standen. Das Gehen war sehr beschwerlich. Wege waren überhaupt nicht vorhanden. Das Orientieren auf dem Marsch erfolgte ausschließlich nach dem Kompass. Außerdem regnete es oft in Strömen, sodass wir durchnässt und äußerst ermüdet bei Dunkelheit heimkehrten. Eine andere Suchgruppe fand einen Russen, der sie am andern Tage zum feindlichen Vorratslager führte ...

Ich habe Vatis lange Ausführungen über das Denken aufmerksam gelesen. Es ist wirklich so, dass nur ganz wenige Menschen sich weitergehende Gedanken machen. Aber auch die Konzentration auf den Augenblick ist bei 50 % nicht vorhanden. Diese Leute müssen mit Gewalt oder Druck dazu geführt werden, dass sie das militärisch Beste denken und ausführen. Es ist schon immer so gewesen, dass es unbequem war, sich zusammenzureißen. Aber der Mensch muss eben zu seinem Glück oder dem des Staates gezwungen werden. Von Weltverbesserung kann dabei keine Rede sein ... H. J."

Elternbriefe an Jörg vom 20.7. und 29.7.1942 nach Nordrussland

„*Kiel, 20.7.42. L. J.*

Dein Brief vom 12.7. liegt heute vor, er trägt den Stempel vom 13.7. Es ist der Brief über das reine Denken und das vom Gefühl beeinflusste Denken. An Deiner Auffassung meiner paar Bemerkungen darüber erkennt man, dass Du jung bist: Du suchst das Denken bei allen Volksgenossen. Es ist aber eine Gabe, die die Vorsehung nur sehr spärlich geschenkt hat. Dabei ist zwischen den üblichen Funktionen, ohne die der menschliche Tages- und Berufsablauf nicht geschehen kann, und dem Denken über die Stellung des Menschen in der Welt, über den Sinn der Welt und des Lebens und ihren Zusammenhang miteinander, dem weltanschaulichen Denken also, zu unterscheiden. Das Letztere ist das, wovon ich sagte, es sei nur wenigen gegeben. Die allermeisten

Menschen machen sich über die Fragen des Lebens keine Gedanken. Du wirst es also auch bei den meisten Deiner Kameraden vermissen.

Die meisten machen sich Gedanken nur über ihre persönliche Lage des Augenblicks und der nächsten Zeitspanne. Ich spreche hier vom alltäglichen Denken, man könnte auch sagen, vom notwendigen oder vom vorsorglichen Denken. Das andere ist dann das weltanschauliche, Du kannst auch sagen, das religiöse Denken.

Man kann nun den Versuch machen, den großen Fragen nach dem Sinn des Lebens nur mit dem Verstand beizukommen. Man entdeckt dann die mechanischen Gesetze des Weltzusammenhangs, Gravitation, Schwerkraft usw. Man glaubt, die letzten Fragen nach dem Woher dieser Kräfte auch noch verstandesmäßig lösen zu können. Ein ignorabimus (wir werden es nicht wissen) gibt es so nicht. Damit steht dann auch das Wissen im Vordergrund der Wertschätzung des Menschen, der Bildung, d. h. der Verstandesbildung. Schul- und Hochschulbildung ist begehrt und geschätzt. Mit aufs Beste ausgebildetem Verstand öffnet man sich die höchsten Stellungen in der Gesellschaft. Über die letzten Dinge kann man aber nichts aussagen. In der etwa an solch einen Menschen herantretenden Frage nach dem Sinn der Welt, oder wie sie formuliert werden möge, wird er versagen, obwohl es doch zu seinen Führerobliegenheiten gehört, Auskunft darüber geben zu können. Dass seine Entscheidungen im Amt, also bei einem einen Gesetzesvorschlag abfassenden oder beurteilenden Minister, auch nur einen mechanischen Lebensablauf beurteilen zu können, nicht gelingen, ist bei der Art seines Denkens nicht verwunderlich.

Neulich meldete sich bei Prof. Grabow, dem Direktor des Wellingdorfer Gymnasiums, ein Ehemaliger mit dem Ritterkreuz. Er war schwer verwundet, von nun ab kriegsunfähig, Unteroffizier. Herr Grabow erzählte auf einem Spaziergang, dass dieser Schüler eigentlich nicht durchs Examen gesollt hat, nur habe Grabow darauf hingewiesen, dass in diesem Jungen möglicherweise echte Führereigenschaften liegen: Er zeichnete sich beim Turnspiel nicht nur durch körperliche Gewandtheit, sondern durch Führung aus. Daraufhin ließ ihn der Schulrat durch. Grabow hatte das vom Denken nicht begründete, oder doch von ihm nur wenig gestützte Gefühl, dass in diesem Jungen mehr Werte lägen, als nach seinem Wissensstand angenommen werden konnte. Man beurteilte ihn zunächst nur nach seinem Wissen, dann, nach Grabows Anregung, auch nach den in ihm, da er jung war, noch schlummernden Wertanlagen, die willensmäßiger und gefühlsmäßiger Natur waren. Man hatte recht mit dieser zweiten Beurteilung.

Wir haben einen ähnlichen, leider nicht so glücklich verlaufenen Fall in unserer Familie: Von Studienrat Müssel rein vom wissensmäßig-schulischen Standpunkt beurteilt, erfuhr Ottfried doch von Prof. Fürsen, dem Oberstudienrat, eine andere Bewertung. Dieser sagte mir, er sehe in Ottfried ein Erwachen einsetzen und deshalb hätte er ihn gern durch die Prüfung gebracht. Es war nur schade, dass sich dies Erwachen, da es sich wenig im Lernen zeigte, auch sonst in der Schule nicht andeutete. Es ging mehr außerhalb der Schule vor sich. Darum wurde ihm auch ins Zeugnis seine Teilnahme im Segelsport neben der mathematischen Anlage geschrieben. Auch hier Einsatz sittlich-gefühlsmäßig begründeter Werte. Deutlich ist es an der Darstellung von Kampfhandlungen, die er uns gab, zu sehen.

Grabow und Fürsen beurteilen zwei Schüler nicht nur nach ihrem Wissen, das ja recht augenblicklicher Natur ist, sondern sie haben das Gefühl, es könnten in ihnen Werte stecken, die die Schule nicht zu erfassen vermag: Lehrer wie Schüler stellten sich oder wurden gestellt auf den Boden der Tatsache, dass außer dem schulisch bildbaren Denken auch noch zwei andere Wurzeln des Lebens vorhanden sind: Fühlen und Wollen, die die eigentliche Wertigkeit ausmachen.

Von hier aus lässt sich der Kamerad oder auch allgemein der Volksgenosse wesentlich richtiger beurteilen. Wir sehen ihn hier als vollen Menschen, nicht nur als Teilmenschen mit seinem Verstand. Auch der Verstand ist verschieden gegeben und auch verschieden bildbar. Natürlich kann man auch Gefühle verfeinern und den Willen verstärken, Erziehungsziele, die die Schule auch verfolgt, aber beide sind doch mehr urwüchsig, brechen aus der inneren Natur des Menschen hervor, sie äußern sich im Zusammenleben mit anderen, wenn irgendein Einsatz gefordert wird. Solcher Einsatz geschieht weniger aus verstandesmäßigen Erwägungen heraus. Diese können nur eine Anfangsrichtlinie gewährleisten und in den Wartezeiten vor dem Einsatz als Stütze gewertet werden, im Einsatz selbst entscheiden Gefühl und Wille. So sind die Menschen erst nach erfolgtem Einsatz richtig zu werten. Dann hat es sich entschieden, wer Kamerad und Volksgenosse ist. Vorher tritt leider allzu Menschliches in den Vordergrund, es wird viel geschmäht und genörgelt, man sieht da schwer hindurch.

Der ‚rechte Glaube', von dem Du sprichst, wird sich, so hoffen wir, auch bei Deinen Kameraden noch zeigen und zwar nicht durch Worte, sondern durch die Tat. Ich grüße Dich herzlich und rate, die Welt nicht allzu sehr verbessern zu wollen. H. V."

„*Kiel, 29.7.42. L. J.*

Wir bekamen gestern Deinen Brief vom 16.7., in dem Du uns Deine Geburtstagsfeier beschreibst. Es muss Dir, danach zu urteilen, doch gut in Deiner Kompanie gehen. Und dann scheint man sich Deinem Wunsch nach Versetzung auch nicht zu verschließen …

Zum Brief vom 21.7.: Eine Zwischenstellung, wie Du sie jetzt wohl einnimmst, ist gewiss nicht angenehm. Aber Du hast recht, sich nichts anmerken zu lassen … Zunächst aber musst Du abwarten, es kann ja kaum noch lange dauern. Von selbst allerdings geschieht bei den Soldaten kaum etwas. Wünsche müssen immer wieder vorgetragen werden. H. V …"

Elternbriefe an Jörg vom 9.8.–22.8.1942 nach Nordrussland

„*Kiel, 9.8.42. L. J.*

Wir haben Deinen Brief vom 26.7., worin Du von Deinem Kampf um Beförderung berichtest. Wir empfinden mit Dir Deine Sorge. Wir wünschen und hoffen, dass es Dir gelingen möge, das zu erreichen, was Du vorhast. Im Soldatenleben hat Strenge und Härte die Vorherrschaft gegenüber der Güte und Freundlichkeit. Lass die Güte beiseite und sei energisch und hart, wie es von Dir verlangt wird. Du musst allein an Dich denken, um weiterzukommen. Ideale kann man hierbei nicht verwirklichen. Bei Energie und Härte kann auch noch Freundlichkeit walten. Glück auf zum Gelingen!

Wir haben seit Montag Nacht Ottfried wieder einmal in Kiel. Er macht einen zehntägigen Kursus mit. Am Donnerstag muss er wieder nach Elbing. Heute, Sonntag, auch schon Sonnabend, konnte er zu Hause schlafen. Ottfried scheint zufrieden zu sein mit seiner Korporalschaft. Er fasst seine Gruppe energisch und hart an, ist aber auch freundlich zu ihnen, sodass sie ihn gern haben. Dir, mein lieber Jörg, wird es auch schon gelingen. ... H. D. Mutter.“

„*Kiel, 10.8.42. L. J.*

Ich lese eben die Zeilen, die Deine Mutter für Dich geschrieben hat. Sie schrieb gestern Abend daran. Sie enthalten wirkliche Weisheit, ja, sogar Soldatenweisheit. Du siehst, was eine Mutter kann, wenn es sich darum handelt zu helfen. Aber in diesem Augenblick brauchtest Du die gut gemeinten und gut gedachten Ratschläge nicht mehr. Dein Brief vom 29.7. kam eben an, in dem Du berichtest, dass Du nun die neue Gruppe und damit den richtigen Ton gefunden hast. Hast Du aber erst den Ansatzpunkt, so musst Du es auch fortzusetzen wissen. Wir sind beide froh, dass Du nun erfolgreich in Deine neue Aufgabe hineingestiegen bist. Erhalte Dein Selbstbewusstsein! Daran liegt viel ... H. V.“

„*Kiel, 17.8.42. L. J.*

Dein Brief vom 10.8. zeigt uns, dass auch hinter der Front einmal Front sein kann. Das ist im Osten wohl keine Seltenheit, wird doch immer wieder von der Niederkämpfung von Partisanen berichtet, die nicht einmal durch die Luft gekommen zu sein brauchen, sondern meistens Überbleibsel der regulären, aber zurückgeschlagenen Truppen sind, zuweilen wohl auch nachträglich aufgeputschte Bürger sein können. Ruhm kann man bei solchen Aufgaben als deutscher Soldat hinter der Front wohl nicht ernten ...

Die englischen Schiffsverluste sollen sich nur so fortsetzen, wir sind gut im Zuge. Vielleicht wird es bald auch in Ägypten weitergehen. Die krampfhafte Geleitzugsache, die die Engländer gewagt haben, lässt darauf schließen ... H. V.“

„*Kiel, 22.8.42. L. J.*

Wir haben heute Deinen Brief vom 16.8., worin Du von Deinen Bestrebungen um Reinlichkeit berichtest. Es gibt solche Dreckschweine, auch ich erinnere mich eines Menschen, eines Gebildeten sogar, der sich 10 Jahre in Frankreich umhergetrieben hatte und ein beneidenswert gutes Französisch sprach. Bei Kriegsausbruch 1914 hatte ihn die französische Regierung als lästigen Ausländer abgeschoben. Bei uns war er voller Läuse und nicht zu bewegen, zur nahen Anstalt zu gehen. Wir ließen ihn allein in einem Zimmer auf einer Sofabank schlafen ...

Am Tage des englischen Überfalls auf die Küste bei Dieppe hatten wir drei oder vier mal Luftalarm ... Es kam aber niemand herauf und die Sache war immer bald vorüber, auch nachts. Es liegen einige große Schiffe im Hafen. Die Vernebelung ist immer sehr dicht ... H. V. und M.“

Jörg geht von der Infanterie zur Sanitätstruppe

Jörgs Briefe an die Eltern vom 16.8.–14.10.42

„*Ust-Luga, 16.8.42. L. E.*

... Der Dienst nimmt mich stark in Anspruch und es macht viel Freude, wenn es auch nicht Freude des Lachens ist, sondern Schaffensfreude, die genauso erfrischend ist. Die Leute, die als Ersatz gekommen sind, sind dreckig zum Teil und unsauber. Da mussten zwei Mann vom ganzen Zug mit Schrubbern im Bach gewaschen werden, weil sie einen Gestank ausströmten, wie es Ziegen nicht schlimmer machen. Sie waren grauenhaft verpestet, aber das Beispiel wird Wunder wirken.

Gestern waren wir wieder seit den ersten Morgenstunden auf Partisanenfang ... Wir fingen nichts, obwohl wir einen eingeborenen Führer mithatten. Dieser Ingermanländer ist Selbstschutzmann und trug ein Gewehr. Diese Ingermanländer sind ein Gemisch von Esten, Finnen und Russen. Sie beherrschen alle drei Sprachen. Ihre Landnahme datieren sie ins 13. Jh. Rassisch sind sie zu je einem Drittel nordisch, ostisch und ostbaltisch gemischt. Ich hatte schon früher geschrieben, dass sie fleißig und reinlich sind und anständige Häuser bauen. Dieser Mann zeigte uns ein Grundstück des Deutschen Barons v. Seeglitz. Die Ruinen großer Ställe und Wohnungen, die ausnahmsweise aus Stein errichtet waren, zeigen, wie weit es hier ein deutscher Siedler bringen kann. 1918 musste er flüchten. Die Wirtschaft brannte ab ... Als einziger Schmuck hängt ein Bild im Raum, das den Deutschen als Sanitäts-Offizier im Kreise seiner Kameraden im Weltkrieg zeigt, russisch natürlich ... H. J.“

„*Ust-Luga, 5.9.42. L. E.*

... Es ist nur gut, dass Kiel genügend geschützt ist. Der Tommy kann dann nicht so viel schaden. Wir erhalten jetzt auch zeitweise

Abb. 78 *Jörg wird Sanitäter*

Besuch vom ‚Iwan mit Propeller'. Er legt seine Eier aber sehr ungenau ab. Uns hat er noch nicht ausgemacht.

Jetzt ist uns das ‚Band des Winterkampf-Ordens' verliehen worden. Wir nennen ihn ‚Rheumatismusorden'. Die Bedingung sagt: 60 Tage östlich Narwa bis zum 15.4. eingesetzt. Das rote Band mit dem schwarz-weiß-schwarzen Strich in der Mitte ... H. J."

„*Aseri, 13.9.42. L. E.*

Im letzten Abteilungsbefehl wurde ich in das Stabsrevier umkommandiert, um zwecks späterer Übernahme in die Laufbahn 11 dort angelernt zu werden. Am 9.9. fuhr ich in Rutschi ... ab und bin am 12.9. in Aseri an der Küste Estlands nördlich Wesenberg eingetroffen. Ich muss jetzt warten, bis die Fähre zur Insel fährt ... Mein Kompaniechef hat mich sehr freundlich und mit den besten Wünschen verabschiedet. Er las mir meine Führung vor, die ausgezeichnet ist. Darunter steht ‚Eignung zum Maat der Reserve' ..."

„*Tytärsaari, 26.9.42. L. E.*

Die Fähre muss gleich wieder rüberfahren. Dann muss der Brief geschrieben sein ...

Ich bin jetzt ein richtiger ‚Gast' geworden, d. h. ich muss scheuern, waschen und allerhand Dreckarbeiten machen. Daneben reinige ich die Instrumente, sorge für Verbandsstoff und Heilmittel. Während der Revierstunden helfe ich verbinden und

Abb. 79 *Nach Tytärsaari*

bei Operationen kann ich dem Arzt assistieren. Ich lerne sehr viel und es macht Spaß, wenn ich auch von 6 bis 20 Uhr keine Ruhe bekomme und ‚im vollen Rennen kacke', wie Vati sagt.

Abends aber brate ich Kartoffeln, Kartoffelpuffer oder Eierplinsen, auch Griesbrei ist nicht zu verachten ... H. J."

„*Tytärsaari, 6.10.42. L. E.*

Mit der Fähre, die heute abfährt, fahre ich aufs Festland, um mich am 15.10. in der Sanitätsschule Sanderbusch bei Wilhelmshaven zu melden. Dort werde ich einen Sanitätsgasten-Kursus von voraussichtlich 4 Wochen abmachen müssen ...

Der Inselarzt hier sah mich bald gern und gab mir immer mehr Verantwortung. Er zeigte mir viel und ich lernte eine Unmenge ... Auf jeden Fall werde ich jetzt einen Schritt weiter machen.

Die Insel hatte ich in der letzten Zeit auch angesehen. Es ist ein Granitblock, der nur an der höchsten Stelle, wo ein Leuchtturm steht, abgewaschen ist. Sonst ist er mit Tannenwald dicht bedeckt, in dem es von Blau- und Preiselbeeren wimmelt. Wir haben immer Marmelade gekocht und richtig geschwelgt. Der Wald ist durchsetzt mit großen Findlingen. Man kann das Eiland in vier Stunden gut umgehen. Während eines vorübergehenden Aufenthaltes wirkt sie ganz idyllisch ... So weit die Insel.

Auf merkwürdige Weise hatte ich Einsicht in meine Führung. Der Arzt schrieb mir eine sehr gute Führung, die der letzten als Gruppenführer in nichts nachsteht. Wie dort als nächster Dienstgrad ‚M. A. Maat der Reserve' angegeben ist, steht hier ‚San. Maat d. R.' ... H. J."

„*Berlin, 14.10.42. L. E.*

... In Berlin habe ich mich umgesehen. Ich kannte es gar nicht mehr ... Das Zeughaus habe ich aber besichtigt ... H. J."

Elternbriefe an Jörg vom 28.8.–3.10.1942 nach Nordrussland

„*Kiel, 28.8.42. L. J.*

... Mancher spricht schon jetzt von Verständigungsfrieden. Ich verstehe nicht, was das jetzt soll. Von Verständigung kann man doch nur sprechen, wenn beiden Parteien die Mittel zur Fortsetzung des Krieges ausgegangen sind. Dabei ist zu beachten, dass der Krieg mit Waffen und mit Subsistenzmitteln für die Zivilbevölkerung geführt wird. Dass uns die Waffen ausgehen, wird wohl keiner annehmen. Dazu sind dann doch die Industrie- und Bergbaugebiete, auch die Ölgebiete zu gewichtig, die wir jetzt schon übernommen haben. Die Mittel der Ernährung werden es also in der Hauptsache sein, die den Miesepetern Kopfschmerzen machen. Man glaubt nicht, dass es uns gelingt, die besetzten Gebiete in gehöriger Weise auszunutzen. Heute las ich einen Bericht über die eben stattgefundene Washingtoner Getreidekonferenz, die es ja mit einer Restriktion des Getreideanbaus in den Hauptweizengebieten zu tun hat. Darin wurde auseinandergesetzt, dass

Europa nur eine 10%-ige Steigerung seiner Erträge nötig hat, um autark zu werden. Dass dies nur eine kurze Zeit, etwa 3–4 Jahre dauern wird, glaube ich gern. Aber gelingen wird es. Wozu da eine Verständigung nötig ist, kann ich mir nicht vorstellen. Hoffen wir, dass auch die nächste Ernte mindestens beim Durchschnitt bleiben wird.

Übrigens, die Miesepeter sind immer Leute, die keine Angehörigen an der Front haben. Wir kennen da keine Ausnahme. Das bedeutet natürlich nicht, dass alle, die keine Angehörigen an der Front haben, Miesepeter sind. – Hoffentlich bekommen derlei Leute nicht die Oberhand. H. V."

„*Kiel, 19.9.42. L. J.*

Wir erhielten gestern Deinen Brief vom 13.9., in dem Du uns mitteilst, dass Du nach Deiner Stabsinsel unterwegs bist. Da seit dem 25.8. noch kein Brief wieder angekommen war, glaubten wir, dass Ihr wieder nach Frankreich zurückverlegt worden seid, zumal ja in der Zwischenzeit der britische Landungsversuch bei Dieppe gewesen war. Der fehlende Brief kam nun an, es ist der vom 5.9.

Wir beglückwünschen Dich nun zu beidem, zum ‚Winterband' (wir nannten es ‚Gefrierfleisch-Orden') und zur Versetzung. Wir empfinden es als eine sehr angenehme seelische Entlastung, dass Du nun aus der Front zurückgezogen bist. Wir mussten, je weiter der Herbst sich nähert, mit einem neuen Fronteinsatz rechnen, und damit mit einem langen Bunkerwinter mit seinem Einsatz an seelischer und körperlicher Leistung. Wir wünschen Dir, dass Du nun Deinen Weg machst.

Die Ortsnamen, die Du in Deinem Brief erwähnst, sind hier nicht zu finden ... Auch die Insel Tytärsaari ist nicht drauf ...

Wenn wir wieder ein Paket schicken können, sollst Du von Scholz ‚Das Vermächtnis des Prinzen Friedrich Karl' haben, das ein hervorragend geschriebenes Buch ist und das ich Mutter geschenkt habe, da ich es Dir nicht schicken konnte ...

Ich stecke in Prüfungsarbeit ... Vielleicht können wir etwas auskneifen, um eine andere Luft zu atmen. Wir dachten an St. Peter ... H. V."

„*Kiel, 3.10.42. L. J.*
... Von der Pike auf zu dienen, hat noch keinem geschadet, im Gegenteil, er wird dadurch in den Stand gesetzt, sich nichts vormachen lassen zu brauchen ...
Heute und morgen werde ich wohl mit Ottfried, oder er mit mir, eine Zuckerrübenpresse bauen; denn er hat uns einen Seesack mit Rüben mitgebracht, die wir nun in Sirup verwandeln wollen ... Es ist nicht verwunderlich, wenn die Brotration heraufgesetzt wird. Das neue Brot enthält einen starken Gerstezusatz und riecht, wie wenn in der Brauerei neu angesetzt wird. Aber es schmeckt gut und ist bekömmlich. Wir hoffen fürs nächste Jahr ein Heraufsetzen der Fettmenge. H. V."
Ottfried: „L. J. Ich bin wieder einmal auf Urlaub, doch sieht es vorläufig noch mehr nach Arbeit aus ... H. O."

Jörgs Briefe an die Eltern vom 15.10.–22.11.42 von Sanderbusch

„*Sanderbusch bei Wilhelmshaven, 15.10.42. L. E.*
... Der Betrieb ist ziemlich militärisch und der Tag vollkommen ausgefüllt. Das Essen ist ausgesprochen gut, wie ich es seit Frankreich nicht mehr gehabt habe ... Am 15.12. wird der Kursus beendet sein ... Meine Adresse ist jetzt: 1. Sanitätsschule Sanderbusch bei Wilhelmshaven. H. J."

„*Sanderbusch, 21.10.42. L. E.*
... Nun die letzten Luftangriffe auf Kiel, da bin ich beruhigt, dass Ihr nichts abbekommen habt ...
Die großen Reden haben nicht ihre Wirkung verfehlt, als sie den Winter einleiteten. Es beruhigt sehr, zu lesen, dass auch Ihr die Besserung merkt. Es geht wieder aufwärts ... In W'haven

konnte ich schon zweimal die Bombenschäden bestaunen, die wesentlich größer als in Kiel sind. Da ist kein Haus, dem man nicht Schaden ansieht. … H. J."

„*S. 24.10.42. L. Vater.*

Geburtstag! Tag der Freude! Ein Sinnbild deutscher Weltanschauung ist dieser Tag, einer Geisteshaltung, die nichts weiß vom Unglück des Lebens, und die Welt und den Lebenskampf nicht als Jammertal auffasst, sondern die Geburt eines Menschen als ein Glück feiert und an sie mit jedem Jahr in freudiger Lebensbejahung erinnert. Dieses Fest bestätigt es immer wieder, dass das irdische Leben des Menschen nicht nur eine Leidenszeit und unheilvolle Zwischenstufe zu einem besseren Zeitalter im Himmel oder im Paradiese ist, sondern der volle Inhalt des Menschenlebens überhaupt ist. Der Lebenskampf ist uns eine Genugtuung und Aufgabe, in der der Mensch völlig aufgeht. In diesem Sinn wünsche ich Dir ein frohes Geburtstagsfest. Ich werde in Gedanken bei Euch sein. H. J.

P.S. Ich werde auch den Tag feiern …

Die Schule war nur für die Hälfte der jetzigen Belegung bestimmt. So müssen wir in einem Zimmer mit 16 Mann wohnen, in das sechs Mann hinein sollten. Ich schlafe in der dritten Koje unter der Zimmerdecke. Die Luft ist da natürlich nicht sehr angenehm … H. J."

„*S. 3.11.42. L. E.*

… Ihr schriebt im Brief vom 19.9. von dem Buch von G. Scholz ‚Das Vermächtnis'. Ich würde mich freuen, wenn Ihr es jetzt schicken könntet … Gestern sah ich ‚Turandot' und hatte sehr große Freude an der Aufführung. In der Gruppe habe ich eine gute Stellung und kann oft schlichtend und mäßigend, aber auch organisierend eingreifen. Besonders unter den älteren Kameraden habe ich Freunde, mit denen ich mich gut verstehe und immer zusammen bin.

Durch einen meiner Lehrer bin ich aufmerksam gemacht worden auf einen Abiturienten, der auch schon drei Jahre Soldat ist und jetzt Studium-Urlaub zum 1.12. erreicht hat. Erstmal hat er für ein Semester die Erlaubnis. Aber das Weitere wird sich von selbst einrenken. Er zeigte mir ein Schreiben vom Beratungsdienst des Reichs-Studentenwerks: ‚Betreff Beurlaubungen von Angehörigen der Kriegsmarine'. Danach können Soldaten, die bis zum 1.12. drei Jahre herum haben, zum Studium beurlaubt werden, wenn sie das Abitur 1939 oder früher abgelegt haben und sich freiwillig zum Wehrdienst gemeldet haben. Bei dem Antrag muss das Reifezeugnis vorgelegt werden, aus dem die Beabsichtigung des Studiums hervorgehen muss, also bei mir Medizin. Ich glaube, dass ich es im Zeugnis stehen habe. Wenn das nicht der Fall ist, habe ich als Schüler in einem Formular geschrieben, dass ich Medizin studieren will. Schicke mir bitte eine Abschrift des Zeugnisses mit Stempeln und dem Studienvermerk. Wenn er nicht vorhanden ist, suche ihn bitte bei der Schule nachträglich zu erhalten aufgrund dieses Formulars. Ich werde mich inzwischen mit den Vorgesetzten verständigen, ob jetzt unter diesen Umständen das Studium anzuraten ist. H. J."

„*S. 7.11.42. L. E.*

Ich habe jetzt mit meinem Zugführer, einem Marine-Oberassistenzarzt, gesprochen. Er hat nicht sehr große Hoffnung, da mir noch ein Monat fehlt, um drei Jahre voll zu haben. Trotzdem rät er mir einzureichen. Ich werde jetzt sehen, was aus der Meldung wird … H. J."

„*S. 14.11.42. L. E.*

Ich habe nun eine Meldung geschrieben. Als ich damit aber vor den Ko.-Chef trat, sagte er kurz, dass er mich nicht beurlauben kann, da mir noch 15 Tage fehlen. Der Kamerad, dem der Urlaub genehmigt wurde, war schon im Oktober 39 in die Kriegsmarine eingetreten. Er hat also schon mehr als drei Jahre voll. Alle finden es lächerlich, dass es sich um diese 15 Tage dreht, aber was kann man ausrichten gegen Sankt Bürokratius? Bei meinem neuen Kommando werde ich noch mal einreichen …

Mein Zeugnis werde ich aufbewahren. Von einem Studienvermerk steht nichts in meinem Führungsbuch. Das hatte damals schon mein alter Kompaniechef bemängelt, als ich mich umschreiben lassen wollte ... H. J."

„*S. 18.11.42. L. E.*

... Die Studiumserklärung ist wohlbehalten eingetroffen und ich glaube, dass sie genügen wird, wenn ich sie gebrauche ...

Wenn mein Kursus zu Ende geht, werde ich höchstwahrscheinlich an ein Lazarett kommen, zum Fronteinsatz bestimmt nicht ... H. J."

„*S. 22.11.42. L. E.*

... Man merkt jetzt, dass der Lehrgang seinem Ende zugeht, und alles freut sich, dass der Druck bald aufhört. Wenn auch noch so viel geschimpft wird über die strenge Zucht, es ist richtig. Die Angehörigen der Sanitätslaufbahn führen nachher das feinste Leben in der Truppe ... H. J."

Briefe der Eltern an Jörg vom 1.11.–13.12.42 nach Wilhelmshaven-Sanderbusch

„*Kiel, 1.11.42. L. J.*

Zu Deinem Geburtstagsbrief habe ich mich sehr gefreut, Deine Gedankengänge reichen tief ins Weltanschauliche hinein und berühren dort die Fragen aller Fragen: Wozu leben wir? Welches ist der Sinn des Lebens? Es gibt keinen anderen Sinn als den, das Leben zu erhalten. Dazu gehört die Bereitschaft zum kämpferischen Einsatz auf allen Gebieten. Man kann sich sogar fragen, ob der Einsatz des Soldaten der höchste Einsatz ist, ob er für das Leben überhaupt geführt wird. Das kommt darauf an, wo dieser Einsatz geschieht. Geschieht er am Rande der menschlichen Wohnsitze überhaupt zur Inbesitznahme neuen Bodens oder zur Ausbreitung des menschlichen Lebensbereiches an sich, so ist es der höchste Einsatz, es geht eben ums Ganze. Es braucht sich dabei nicht nur um die geografische Ausweitung des Lebens zu handeln. Auch der Chemiker und der Physiker sorgen für neuen Lebensraum, und auf geistigem Gebiet tritt der Philosoph hinzu. Der Soldat, der Gelehrte, der Künstler sind die Kolonisatoren des Menschengeschlechts, sie sind die eigentlichen Ausweiter seines materiellen und geistigen Lebensraumes.

Damit treten die Soldaten der meisten Kriege aus der Reihe der Kämpfer um das Ganze in die zweite Linie: Handelt es sich doch nicht nur um die Erhaltung und Besserstellung eines bestimmten völkischen, nicht allgemein menschlichen Lebens. Auch in diesem Kriege gibt es einen Einsatz zweiten Grades, im Kampf nämlich um die Erhaltung unserer eigenen Art unter vielen oder mehreren gleich hoch stehenden Völkern.

Im Osten dagegen scheint mir doch höchst deutlich ein Kampf erster Ordnung vorzuliegen. Von gleicher Art lässt sich wohl bei den Führern des Bolschewismus sowohl wie bei einigen der von ihnen geführten Völkergruppen kaum sprechen. Ist doch der Bolschewismus so ganz gegen das hochstehende Menschentum Mittel- und Westeuropas gerichtet, dass man von Menschenfreundschaft bei ihnen überhaupt kaum sprechen muss.

Zu dieser Gruppe der Feinde einer höheren Menschlichkeit treten die ausbeuterischen Juden und angelsächsischen Gruppen der Ichsucht hinzu. Bei ihnen handelt es sich in keiner Weise um die Erhaltung edlen Menschentums. Sie suchen nur Sklaven, die für sie auch noch arbeiten können. Wir stehen so hoch, dass wir sie als Feinde der Menschheit überhaupt betrachten können, und der Kampf gegen sie ist Einsatz erster Ordnung. Es ist der Kampf und der Aufstand der Menschen an sich gegen seine Vampire, gegen Geschöpfe, die des Menschentums entbehren. H. V.“

Mutter: „… In der schönen bunten Vase, die auf dem Glasschrank steht, in der stehen heute zwei weiße Chrysanthemen und erfreuen uns. Von Dir und von Ottfried sollen sie sein … Zum Mittagessen aßen wir Rehbraten. Zum Kaffee gab es den letzten Bohnenkaffee. Danach rauchte Vati eine gute Zigarillo … H. M.“

„K. 15.11.42. L. J.

Überlege Dir, ob wir nach W'haven oder nach Bremen kommen sollen. Können wir da unterkommen für eine Nacht? H. V.“

Mutter: „... Nun gibt es viele Bucheckern. In der Zeitung wurde aufgerufen zu sammeln und abzugeben. Für 11 Pfund bekommt man einen Berechtigungsschein für 1 kg Öl oder Margarine ... So bin ich dann an verschiedenen Tagen nach Kitzeberg gefahren und habe im Buchenwald die Eckern aufgelesen und habe bald die 11 Pf. voll bekommen. Es war natürlich ein mühevolles Suchen und eine Anstrengung, aber jetzt freue ich mich sehr, dass ich mal etwas mehr Fett übrig habe und zu Weihnachten auch schöne Kuchen backen kann. Die 4 Pf. Öl, die ich für diese Anstrengung bekomme, ist es mir wert.

... Wir freuen uns, dass Du wieder in Deutschland bist ... Kommst Du dann gleich wieder ins Frontgebiet oder bleibst Du noch hier im Reich? ... Wir möchten Dich so gern mal sehen. Vielleicht wird es doch noch etwas mit Deinem Studium? Wenn es für Dich schwierig ist, dann kommen wir zu Dir. H. M.“

„K. 1.12.42. L. J.

Eben erhielten wir Deine Karte, dass Du mit Mandelentzündung ins Revier musstest. Hoffentlich ist es keine langwierige Sache. Es wäre, glaube ich, gut, Redoxon zu nehmen. Das ist Vitamin C. Ich nehme es schon seit einigen Wochen ... Am 17.12. gibt es für mich Ferien ... H. V.“

Mutter: „Wir sitzen in Vatis Zimmer und trinken Tee. Vati erzählt, wie er Zigarillos sparen will. Ich habe wieder 11 Pf. Eckern gesucht und habe nun drei Ölscheine für die Weihnachtskuchen ... H. M.“

„K. 13.12.42. L. J.

Zwar hatten wir uns im Voraus gefreut, dass Du auf Urlaub kommen würdest. Es ist aber Krieg und in solchen Zeiten muss man mit allem rechnen ... Wir haben uns in diesem Winter anders eingerichtet. Wir bewohnen mein Zimmer und das Esszimmer ... H. V.“

Mutter: „Schade, dass Ihr beide nicht zum Fest kommen könnt. Ottfried ist jetzt in Danzig. Die Fahrt von Elbing nach Danzig soll sehr stürmisch gewesen sein. Viele wurden seekrank, er aber nicht ... H. M.“

Ottfrieds Briefe an die Eltern vom 4.11.–22.12.1942 aus Rotterdam, Elbing und Danzig

Am 4.1.1942 berichtet Ottfried nach dem Urlaub vom Silvesterfest mit Kameraden in Rotterdam an Bord seines T-Bootes. „Von der B. I. habe ich drei Fragebogen bekommen, die ich ausgefüllt habe. Ich wusste nicht genau, welchen Dienstgrad Du im Weltkrieg hattest und welchem Truppenteil Du angehörtest.“

Am 18.2. sendet er den Eltern aus Kiel die herzlichsten Glückwünsche zu ihrem Hochzeitstag am 20.2.1914. Er war offensichtlich auf einer Unteroffizierschule in Kiel-Wik.

Am 31.5.42 meldet er sich aus einem Durchgangslager in Neu-Strelitz ... Bis zur Abkommandierung hatten es die frisch gebackenen Maaten wie in der Sommerfrische: Wandern, Baden, gut Essen und Ausruhen.

Am 22.6.42 erreichte er über Berlin Elbing. Dort wird er zur Mannschaft eines neuen Torpedobootes geschult. Zuerst war Baubelehrung.

Er besorgt sich Bücher über analytische Geometrie und Trigonometrie, um sich weiterzubilden. Hauptsächlich aber arbeitet er am Abnahmestand für Hilfsmaschinen und kann selbstständig arbeiten. Dann übernimmt er eine Korporalschaft, um sie in die Maschine des Bootes einzuweisen. Dies sollte ihm zur Qualifizierung zum ROA dienen. Die Meldung muss bis zum 1.8.42 eingereicht sein. Die Aussicht, zum Wintersemester zum Studium entlassen zu werden, wird wohl nichts. Nur fortgeschrittene Studenten werden zum Studium kommandiert. Außerdem müsste dazu auch seine Dienststelle seine Abkömmlichkeit erklären und das wäre wohl ausgeschlossen, sagt ihm sein L. I., der leitende Ingenieur des

Abb. 80 *Rotterdam*

neuen Schiffes. Der Kompaniechef bestätigt dies: Die Personalfrage der Marine sei so schwierig, dass man ihn bestimmt nicht gehen lassen werde. Dann hätte Ottfried hier auch eine planmäßige Stelle als Unteroffizier, aus der heraus er aufgrund der Verordnung nicht entlassen werden würde. Auch eine Meldung zum Studium in Danzig sei unnötig oder sogar hinderlich. Außerdem habe sich Ottfried außerordentlich bewährt und er werde ihn in kürzester Zeit zum ROA vorschlagen. Er rät ihm aber, sich aktivieren zu lassen. Ottfried will sich das noch überlegen.

Am 30.7. nimmt er an einem Feuerlöschkursus in Wilhelmshaven teil und erlebt wieder Fliegeralarm jede Nacht. Wieder in Elbing geht der Einbau der Maschinen weiter. Es gibt viel zu lernen. Die Zeit ist mit Weiterbildung und Lesen voll ausgefüllt.

In der ROA-Sache erfährt er am 20.11.42, dass er erst von See aus vorgeschlagen wird. Er solle noch einige Zeit mit dem neuen Boot zur See fahren.

Am 2.12. ist das Boot nach Danzig gefahren und die Mannschaft wird eingeübt. Urlaub gibt es wieder nicht für ihn, da er für das Einfahren der Maschine zu wichtig ist. Am 22.12. meldet er, dass er die Festtage also an Bord bleiben muss.

Jörgs Briefe an die Eltern vom 3.12.–21.12.42

„*S. 3.12.42. L. E.*

Meine Mandelentzündung stellte sich an ihrem dritten Tag als Diphtherie heraus. Diese ist nun überwunden und ich befinde mich bereits auf dem Wege der Besserung. Das kam so: Beim ‚Reinschiff' am Sonnabend erkältete ich mich stark. Am Abend trank ich noch drei Schnäpse vor dem Schlafengehen – eine einmalige Zuteilung – und hoffte, so die Krankheit ausschlafen zu können. Doch am verschneiten Sonntag wachte ich mit Fieber auf. Im Krankenrevier maß man 38,8 °C. Und ich ging mit Halswickel und Gurgeln in die Koje. Im Laufe des Tages stieg es auf 39,6 °C. Dabei hatte ich unvorstellbare Halsschmerzen. Meine Koje lag 20 cm unter der Decke des engen Zimmers, darin eine unvorstellbare Luft herrschte; denn es wurde von 16 Mann bewohnt. Ich aß nichts, sah nichts und wurde fast wahnsinnig in dem Mief bei dem Fieber. In der Nacht konnte ich mich jedoch im Schlaf erholen. Als ich wieder untersucht wurde, schleuste man mich ins Revier ein mit 37,6 °C. Ich war diphtherie-verdächtig. Endlich am Dienstag brachte man mich in die Isolierabteilung des Lazaretts. Hier machte man allerhand mit mir. Zuerst jagte mir eine Schwester 10 ccm Behringserum in die Arschbacke, dann wurde Blut abgenommen, gezählt usw. Auf jeden Fall fühle ich mich wohler. Der Kloß im Hals ist zwar immer noch da, aber er drückt nicht mehr so gewaltig, auch hat er an Farbe und Belag verloren.

Ich erhalte hier flüssige Magenschonkost, d. h. alles ist zu Brei gestampft. Es schmeckt aber schon wieder, wenn auch das Schlucken noch ein Umstand ist. Mein Kursus ist damit beendet, und auch die Gruppe braucht keine Prüfung zu machen, da sie isoliert wird ... H. J."

„*Bedburg-Hau, 7.12.42. L. E.*

Gestern Abend sind wir in den Lazarettzug verladen und hierher in die Klever Lande gebracht worden. Am Morgen langten wir nach einer unruhigen Nacht an und bezogen noch nicht sehr wohnlich eingerichtete Säle.

Meine Krankheit hat sich sehr gebessert ... Ich bin fieberfrei. Gesund werde ich aber erst geschrieben, wenn sechs Abstriche negativ ausgehen. So kann ich auf eine Entlassung in diesem Monat nicht mehr rechnen ... H. J."

„*Bedburg-Hau, 13.12.42. L. E.*

... Dies Lazarett ist eine Irrenanstalt vor dem Kriege gewesen. Gitter und andere Dinge deuten noch darauf hin. Eine Unzahl von Gebäuden, die man nicht übersehen kann, erstrecken sich in den Anlagen eines großen Parks ... Nur gut, dass man schon gesund ist. Ich werde mich jetzt abends aus dem Bett stehlen und Weihnachtsbriefe schreiben ... H. J."

„*Bedburg-Hau, 21.12.42. L. E.*

Ich ... habe nun erfahren, dass ich auch ohne Prüfung zum San. Obergefreiten ernannt bin.

Das war auch zu vertreten, aber außerdem bin ich zum ROA vorgeschlagen worden ... Man sagte außerdem vorher, dass erst das nächste Kommando den Vorschlag einreichen würde ...

Es ist hier bekannt geworden, dass vor dem 5.1. keiner entlassen wird. Ich kann bis dahin keine drei negativen Abstriche haben ... Ihr könnt glauben, dass es nicht leicht war, 21 Tage im Bett zu bleiben, wenn man sich auch schon gesund fühlt. Beim Rauchen habe ich den toten Punkt überwunden ...

Gestern Abend feierte das ganze Lazarett das Weihnachtsfest. Ein brennender Lichterbaum stand im Tagesraum ... Die Bücher waren sehr sorgfältig verteilt worden. Ich erhielt so das ‚Kampfbuch' ...

Zuerst wurden Weihnachtslieder gesungen, dann entschuldigte sich unsere Schwester für die Umstände, unter denen Weihnachten gefeiert werden müsste. Hierauf wurden Bierzeitungen verlesen. Ich hatte in ironischer Weise die Zustände in unserem Krankenzimmer geschildert und fand viel lachenden Beifall. Gegen 8 Uhr scheuchten uns aber Flieger das erste Mal in den Keller ... In diesem Jahr wird es wohl wieder das große Fest der Erinnerungen und Hoffnungen werden, und die Erinnerungen werden die merkwürdige Eigenschaft haben, dass alles Üble abfällt und nur das Schöne, Gute und Freudige im Gedächtnis bleibt. Da die Hoffnungen aber überhaupt rosig zu sein pflegen, wird das Fest aber auch eine frohe Stimmung beherrschen. Auch ich werde in meinen Gedanken bei Euch am Tannenbaum sitzen und im Geist bei jedem strahlende Augen sehen. So wünsche ich Euch das dritte Weihnachtsfest ohne Euren Jörg. Nur seine Gedanken und die herzlichsten Grüße werden bei Euch sein ... H. J."

Elternbriefe an Jörg vom 18.12.42–4.1.43 nach Bedburg-Hau

„*Kiel, 18.12.42. L. J.*

... Besinnlichkeit, Rückblick und Vorausblick, die bei solcher Muße sich aufdrängen, sind nicht zu verachten. Man findet sich nach solchen Zeiten meist besser mit der Vergangenheit und der Zukunft ab und weiß die Gegenwart dann besser auszunutzen. Man muss es nur nehmen, wie es kommt, als Soldat zumal lässt sich oft nichts ändern ... Ottfried wusste bisher nicht, ob

Beurlaubungen zu Weihnachten oder Neujahr stattfinden werden, wenn, dann auch nur auf einige Tage. H. V."

„*Kiel, 20.12.42. L. J.*

Eben wurde mitgeteilt, dass der Führer die Italiener zu einem hohen Rat empfangen hat. Es sei dabei der Beschluss gefasst worden, bis zum Siege alles zu tun, was zur Zusammenfassung der Kräfte nötig ist. Das sollte eigentlich selbstverständlich sein, ist es aber bei den Italienern vielleicht nicht. Wenn es um die Italiener geht, hat man meist das Empfinden, dass solche Beschlüsse eine schlaffe Zeit abschließen und dass man eigentlich wieder einmal an Gefahrenpunkten vorbeigelaufen ist. Hoffentlich ist es nun auch wirklich vorüber, und hoffentlich gelingt es wirklich, alle italienischen Kräfte zusammenzufassen und einzusetzen. In der Hohenstaufenzeit haben sie sich vom Papsttum missbrauchen und gegen das auch ihnen heilsame Reich aufwiegeln lassen. Gegen das heutige Reich, ohne das sie gar nicht leben könnten, lehnen sie sich vielleicht nicht mehr auf, aber sie setzen sich allem Anschein nach nicht voll, und vor allem nicht ausdauernd, ein und sind uns auf diese Weise ein Hemmschuh. Ohne Italien ist das Reich weder heute noch damals zu vernichten noch zu errichten gewesen. Ohne Einfluss auf Italien nehmen zu können, bleibt eben die Einschließungsfront am Mittelmeer gegen uns bestehen. Wir können sie nur von Italien aus durchbrechen oder weiter nach Süden hinaus vorschieben. Vielleicht können wir im Februar schon, wenn der Frühling dort unten beginnt, einen großen Vorstoß unternehmen. Mit Staunen sehe ich, dass wir uns zwischen Don und Wolga im Vormarsch befinden. Sollten wir selbst im Winter die Front nach Osten vortreiben können? Sollten wir den Russen beweisen können, noch in diesem Winter, dass sie nichts mehr ausrichten können? Ich wage es noch nicht zu glauben.

So ist die Jahreswende wieder voller Hoffnungen und Aussichten, im starken Gegensatz zum vorigen Jahr. Damals hatten wir eigentlich nur die Hoffnung, genügend Widerstand aufbringen zu können. Zwar ist das Ende auch diesmal nicht abzusehen, aber kann man nicht die Hoffnung haben, dass zum nächsten Winter eine kleine Lockerung vorgenommen werden darf, dass Ihr dann Euer Studium schon aufnehmen könnt? Wollen uns zu Weihnachten und zum neuen Jahr wünschen, dass wir dem großen Ziel beträchtlich näher kommen und dann unsere eigenen kleineren Absichten verwirklichen können! H. V."

Mutter: „Nun steht Weihnachten schon vor der Tür. Die letzten Wochen sind so schnell vergangen. Du warst noch ein kleiner Junge, als Du uns ein Gedicht aufsagtest zu Weihnachten. Es fing an: ‚Een, twee, dree Dag, denn ist Winachen ...' Was war damals für ein Jubel in Euch. Man möchte sich danach zurücksehnen. Wie schwer dagegen ist heute das Leben ... H. G. M."

„Kiel, 1. Weihnachtsfeiertag 1942. L. J.

Der Heiligabend ist vorüber, an dem man immer so wehmütig gestimmt ist, wenn nicht alle Familienmitglieder beisammen sind. Wir bekamen Deinen so lieben, herzlichen Weihnachtsbrief am Heiligabend, der uns sehr erfreute und für den wir Dir danken. Von Ottfried kam der Brief heute Morgen ...

Unseren Weihnachtsbaum haben wir in diesem Jahr auf der Anrichte aufgestellt, und zwar in einer Vase. Wir haben zwei große Tannenzweige in die Vase gesteckt, mit Silberfäden behängt und sechs Kerzen, die wir noch in der Truhe vorfanden, angesteckt ... Mein Nähtisch war aufgeklappt, mit einer weißen Decke bedeckt, darauf stand die Edeltanne, Dein und Ottfrieds Bild, daneben ein Tulpentöpfchen, dann Vatis Weihnachtsgeschenk, ein dickes, wohl sehr schönes Buch, welches er sich gekauft hatte ... Dann kam mein Weihnachtsgeschenk, drei wohl sehr schöne Romane, zu denen ich mich sehr freute. Auf der Anrichte, zu beiden Seiten der Tanne, lagen Eure Weihnachtsgeschenke, für jeden ein Buch und ein Seidenschal ... H. M."

„*Kiel, 4.1.43. L. J.*

... Übrigens ist es noch von einem anderen Gesichtspunkt wichtig, nicht zu früh gesund sein zu wollen. Im Gefolge von Diphtherie treten oft Nierenkrankheiten, Rheumatismus und andere Krankheiten auf, wenn man sich zu früh an die Arbeit macht. Allerdings soll man sich auch während der Genesungszeit richtig verhalten, man soll mit seinem Körper nicht spielen ... Morgen beginnt mein Unterricht ... H. V."

Mutter:... „Dein Freund Rasmussen war vor ein paar Tagen hier. Er fragte nach Dir, ob er sich mit Dir treffen könnte. Bis zum 18.1. hat er Urlaub.

Ottfried ist noch in Danzig. Auf der Fahrt nach Swinemünde hatten sie einen Unfall und mussten zurück... H. M."

Jörgs Briefe an die Eltern vom 26.12.42–21.1.43 aus Bedburg-Hau

„*Bedburg-Hau, 26.12.42. L. E.*

Nun haben wir auch das Fest hinter uns. Am Heiligen Abend kam der Pfarrer und dann zündeten wir den Baum an und klönten und spannen ein ganz schönes Garn. Jedoch, als ich das Bett aufsuchte, fing meine große Zehe an, sich zu röten und zu schwellen. Es war mir, als wenn sie mir hundert Mal ausgerissen würde, eine Nagelbettentzündung. Ich behandelte sie mit Seifenbädern und Ichthyol, sodass ich jetzt kaum noch etwas merke ...

Die Feiertage vergingen mit Lesen und Spielen ... Dazu gab es allerhand kleine Gebrauchsgegenstände, die man nur noch selten erwischen kann. Man sieht, das Volk tut alles, um uns bei der Stange zu halten, so sagt man bei uns. Wir sehen uns also verpflichtet, uns wieder ein Jahr dankbar dafür zu zeigen ... H. J."

„*Bedburg-Hau, 1.1.43. L. E.*

... Wir hörten im Radio die Rede des Dr. Goebbels und die Aufrufe des Führers zum Jahreswechsel. Sie wirken sehr beruhigend und geben der Hoffnung und Gewissheit Ausdruck, dass die Zukunft für uns spricht. Auch dies Jahr wird uns neue Erfolge bringen ... Ich habe mich in den letzten Tagen in den ‚Kampf' vertieft ... H. J."

„*Bedburg-Hau, 21.1.43. L. E.*

Gestern war wieder ein Schmerzenstag. Gegen 9 Uhr brachten sie mich in den OP-Saal zur Phimose-OP., örtliche Betäubung, ich fühlte jeden Schnitt und jede Naht. Nach 3 Std. stellte es sich heraus, dass eine Blutung nicht gestillt war. Der Arzt nahm mich also noch einmal vor und nähte ohne Betäubung an diesem empfindlichen Teil. Ich musste kräftig die Zähne zusammenbeißen, denn es ging mir bis in die Knochen ...

Am Montag war ich aus der Di-Abteilung entlassen worden und ließ die Brust röntgen. Dann wurde auf elektrischem Wege das Herz geprüft, indem man einen schwachen Strom durch den Körper schickte. So kam ich vom Regen in die Traufe. Ich liege hier in einem großen Saal mit 20 Männern zusammen ...

Ich habe jetzt das Buch über Friedrich Karl gelesen. Wenn er wirklich so gewesen ist, hatte er ja sehr moderne Ansichten über Truppen-Erziehung gehabt. Seine Grundsätze über das Verhältnis von Vorgesetzten zu Untergebenen sind dieselben, die der heutige Staat hat. Sie werden bloß immer noch nicht alle angewandt. Es muss sich erst langsam entwickeln. Das Buch hat mir also sehr gefallen. H. J."

Elternbriefe an Jörg vom 10.1.–26.1.1943 nach Bedburg-Hau

„*Kiel, 10.1.43. L. J.*

... Eine unserer Lehrerinnen ist jetzt für einige Monate zum Schuldienst freigegeben worden. Sie war bisher im Lazarett Warschau tätig. Sie berichtet, dass Diphtherie stets sehr ernst genommen wird, nachdem man die Erfahrung hat machen müssen, dass bei zu früher Entlassung Lähmungen an Gliedern und Sprechwerkzeugen hervorgerufen werden und dass Rheumatismus als Folgeerscheinung nichts Seltenes ist ...

Gestern wurde der Kriegseintritt National-Chinas bekannt gegeben. Die Japaner haben gewiss, so sieht es jedenfalls im Augenblick aus, manche Vorteile aufgegeben, die sie sonst eingesteckt oder behalten hätten. Wenn auch die Chinesen gegen die Chinesen nicht viel ausrichten können, sie werden doch die Wache gegen Tschunking übernehmen können, um Japan nach Australien frei zu machen. Das wird uns in Afrika von Vorteil sein. Die zwei Fronten werden immer deutlicher. Niemand kommt um die Entscheidung herum. Auch die Türken nicht, die sehr lange auf sich warten lassen – vielleicht müssen sie das … H. V."

„*Kiel, 18.1.43. L. J.*

… Wir hatten am Sonnabend und Sonntag hier Störangriffe von 7–11 Uhr abends an beiden Tagen. Gestern wurde kurz vor Abblasen ein viermotoriger Bomber abgeschossen, der gegenüber von uns bei der Lutherkirche und Stadtgärtnerei niederging. Ein Flügel soll auf dem Dach des Pfarrhauses hängen geblieben sein. Es entstand ein großer kurzer Brand, ein Schuppen soll dabei noch in Flammen aufgegangen sein und die MG-Munition zerknallte. Bomben wurden nicht geworfen.

Ottfried ist noch oder schon wieder in Danzig, nachdem sie sich bei zwei Kollisionen, mit einem U-Boot und einem Küstenfrachter ausweichend, beschädigten … H. V."

„*Kiel, 26.1.43. L. J.*

… Über die Rücknahme der Front kann man sich kaum auslassen. Vielleicht bahnt sich auch schon ein Gegenschlag an. Wir müssen es doch mit einer übermächtigen Übermacht zu tun haben. Wenn nur die Aufgaben uns nicht über den Kopf wachsen. Man kann auch nicht verlangen, dass wir einige Aufgaben von uns wälzen, z. B. die europäische. Es lässt sich eben nicht sagen, dass wir uns auf den Schutz unserer Grenzen beschränken sollten. Das geht schon wegen der Luftgefahr nicht an, die ja doch jetzt nur ferngehalten worden ist, dadurch dass wir so weit in Russland stehen. Und dann zwingt uns unsere Lage geradezu zum Einsatz für gesamteuropäische Belange. Unser Schutz ist der Schutz Europas. Man kann uns später einmal, falls diese Rückschläge nicht wiedergutgemacht werden können, nicht vorwerfen, dass wir uns übernommen haben. Die Aufgabe, die zu lösen wir im Begriff sind, haben wir uns nicht selbst gewählt. Sie liegt von Anbeginn an in uns drin. So schon bei Liegnitz 1241 gegen die Mongolen. H. V."

Elternbrief an Jörg vom 31.1.1943 nach Bedburg-Hau

„*Kiel, 31.1.43. L. J.*

... Hoffentlich ist die Unregelmäßigkeit am Herzen wirklich nicht ernster Natur. Und hoffentlich kannst Du bald wieder wirken ... So etwas schwächt natürlich die Kampfkraft und die Widerstandskraft im Allgemeinen.

Der diesjährige Rückschlag schafft recht viel Unmut. Es gibt immer wieder Leute, die die Flinte ins Korn werfen und missmutig werden. Man erkühnt sich sogar jetzt offen von Schuld zu sprechen. Da hilft kein Hinweis darauf, dass uns Abseitsstehenden doch alle Voraussetzungen zum Urteil fehlen; so viel könnten wir doch beurteilen, heißt es dann. Man tut wunder wie einsichtig man ist, und sieht nicht, dass selbst zum bescheidensten Urteil die Prämissen fehlen.

Im Gespräch mit oder besser gegen meinen Kollegen Dr. Rehbein bin ich zu folgender Klarheit gekommen. Alle völkischen und politischen Fragen haben ihre Wurzeln außerhalb der sinnlich begründeten Vorstellung und des Verstandes überhaupt. Sie liegen also im Metaphysischen verankert. Damit sind sie mit dem reinen Verstand nicht erreichbar. Ohne Voraussetzung eines schicksalsmäßigen Waltens kommen wir als Menschen nicht aus. Wer der Sache, also dem jetzigen großen Kriegsgeschehen und den politischen Umwälzungen, mit dem Verstand allein naht, muss notwendigerweise auf Unzulänglichkeiten in der Führung stoßen, weil er auch sie nur als Werkzeug des Verstandes sieht.

Dabei ist es gerade das Wesen eines guten Führers, das Geschehen fühlend, ahnend zu ertasten, intuitiv die Maßnahmen zu treffen, und sein Führerglück walten zu lassen. Es gibt Führer, die auf keinem Gebiet eine glückliche Hand haben und deshalb wegen dieser Unzulänglichkeit entfernt werden müssen. Es gibt aber Führer, die mit der Sicherheit des Traumwandlers immer das Richtige tun. Diese Männer soll man gewähren lassen. Erst wenn ihr ‚Königsglück' sie verlässt, soll man sie entfernen, um vielleicht mit dem nächsten unterzugehen. Da der Führer aber stets auch ein Mensch ist, einer zwar, der mehr jenseits des Verstandes verwurzelt ist als jeder andere Volksgenosse, müssen Fehler vorkommen, oder vielmehr, genauer, es müssen Maßnahmen getroffen werden, die sich für den Führer nachher als schädlich oder geradezu falsch herausstellen. An der Planung haben selbstverständlich die nur verstandesmäßig angelegten Menschen keinen Anteil. Wenn alles gut geht, staunen sie über die Möglichkeiten, später erkühnen sie sich, ein Urteil zu fällen.

Die tägliche Beobachtung lässt uns nun die Volksgenossen in drei Gruppen einteilen:

Die Soldaten. Sie fühlen sich als unter dem Schicksal stehend, die Verstandesfrage nach dem Warum stellen sie nicht. Sie sind nur Werkzeuge schicksalhafter Vorgänge. Erst eine nach und nach sich einstellende Unzulänglichkeit fragt nach dem Warum. Das ist dann der Beginn der Zersetzung und damit des Unterliegens.

Die Angehörigen der Soldaten. Auch sie fühlen sich unter einem Schicksal. Auch von ihnen stellt niemand die Frage der Zersetzung. Man bangt, wenn man weiß, dass der Sohn an einer Stelle schwerer Kämpfe steht. Tritt das Schlimmste ein, so fühlen sie sich gebeugt unter das Unabänderliche.

Sie sind diejenigen, die sich anmaßen zu verlangen, dass die schwierigsten politischen und kriegerischen Vorgänge ohne Rückschlag, womöglich in fünf Minuten, vor sich gehen. Nur wer sich einseitig auf die Urteilskraft seines Verstandes verlässt, kommt zu dieser Anmaßung. Du wirst keinen Vater eines beteiligten Soldaten unter ihnen finden. Herzlichen Gruß! Dein Vater!"

Mutter: „... Tante Friedel schrieb uns, dass beim vorletzten Angriff auf Berlin ganz in ihrer Nähe, 150 m an dem Haus vorbei Bomben niedergegangen sind, auf die Deutschlandhalle ... Wir waren in der Sonnabend-Nacht von 3 bis ½ 5 auch im Keller, aber es kamen nur die Flugzeuge von Berlin zurück ... H. M."

Jörgs Briefe an die Eltern aus Bedburg-Hau vom 27.1.–18.2.43

„*B.-Hau, 27.1.43. L. E.*

Jetzt ist meine Sache schon sehr schön verheilt und ich kann mich wieder wohlfühlen. Es hat sich nun aber herausgestellt, dass bei der Herzprüfung nicht alles so war, wie es sein sollte. Ich werde also aus dieser Abteilung entlassen, um wieder in die Di-Abteilung zu gehen ...

Es ist ja allerhand, dass so dicht an unserer Wohnung eine Bombe niederging. Nun könnt Ihr wohl sicher für die Zukunft sein, denn eine alte Regel sagt, dass eine Granate nicht in einen alten Granattrichter fällt. Man kann das auch auf Flugzeuge ausdehnen ... H. J."

„*B.-Hau, 3.2.43. L.E.*

Stalingrad gefallen! Und selbst ist man an das Lazarett gebunden, gammelt man herum, langweilt man sich und kann nichts nützen. Oftmals kommt der Gedanke, wenn man doch auch wieder mithelfen könnte im unmittelbaren Einsatz. Dann glaube ich, dass es nicht richtig war, mich wegzumelden von der Truppe, doch man muss es nun nehmen, wie es einem zufällt. Ich muss jetzt warten und kann nur den Weg weitergehen, den man eingeschlagen hat, aber es beruhigt nicht ganz. ... H. J."

„*B.-Hau, 9.2.43. L. E.*

... Vatis Auseinandersetzung über die verschiedenen Arten der Volksgenossen sind sehr aufschlussreich. Es wird jedoch nur wenige Menschen geben, die keine Angehörigen unter den Waffen haben. Wenn sie nicht allzu viel reden, werden sie keine Gefahr bilden. Auch unter den Soldaten gibt es manch einen, der Unsinn daherredet. Das sind aber meistens keine Verstandesmenschen, sondern haltlose Dummköpfe, oftmals Bauern, die gar nicht überlegen, sondern einfach kapitulieren, ganz ohne Grund. Diese Leute sind durch einige Worte leicht zu überzeugen. Der größte Teil jedoch ist so eingestellt, wie Du es unter Ziffer 1 dargestellt hast. Es ist kein Zeichen zur Beunruhigung vorhanden. H. J."

„*B.-Hau, 18.2.43. L. El.*

... Man wird zum Fatalisten. Wie es kommt, so muss man es nehmen. Aber diese Denkungsart wird nur vorübergehend sein.

Es gefällt mir gar nicht, dass Mutti sich nicht wohlfühlt. Du müsstest einmal völlig ausspannen, d. h. die Ehrenämter für ein paar Wochen abgeben, um wieder auf den Damm zu kommen. Das wird bestimmt niemand übel nehmen. Nachher kannst Du wieder umso mehr den Verpflichtungen nachgehen ...

Ich bin von der alten Station zum E.K.G. geschickt worden, mit dem Erfolg, dass ich nächsten Dienstag mit mehreren anderen Genesenden nach Garmisch in ein Erholungslazarett geschickt werde. Ich freue mich schon darauf; denn ich habe noch niemals einen Berg gesehen ... H. J."

Elternbriefe an Jörg vom 7.2.–2.3.1943 nach Bedburg-Hau und Garmisch

„*Kiel, 7.2.43. L. J.*

Dein Brief zu Ottfrieds Geburtstag ist sehr rühmlich und ehrend für Dich; Du hast recht, man ist oft nicht zufrieden, wenn man sich nicht voll eingesetzt sieht. Wir freuen uns, einen so pflichtbewussten Sohn zu haben. Trotzdem sind wir aber selber recht beruhigt, dass Ihr im Augenblick nicht in den Brennpunkten des Kampfes steht. – Mutti ist nicht auf dem Posten: Vitamin-

Spritzen und Pillen und Tropfen haben anscheinend nicht den gewünschten Erfolg, sie wieder voll auf die Beine zu bringen. Jede Kleinigkeit regt sie so auf, dass sie immer wieder zurückgeworfen wird, wenngleich sie auch einmal einen kleinen Anlauf zur Besserung genommen haben sollte. Leider eckt sie auch immer häufiger an. Ihr rechtlicher Sinn lässt sie sich in manche Angelegenheit stecken, die sie gar nichts angeht und die sonst auch mit viel Gleichmut behandelt werden könnte. Also, es ist ganz gut, dass Du dort im Lazarett ‚herumgammelst'. Schreiben solltest Du aber im nächsten Brief, wie es mit Deiner Gesundheit steht. Das sollte ein ‚Kranker' nie vergessen.

Hier werden allerhand Erhebungen gemacht über den notwendigen Einsatz der felddienstfähigen Soldaten ... H. V."

Mutter: „Dein letzter Brief hat mich ganz stolz gemacht. Ich bin glücklich, dass meine Söhne so pflichttreue Gesinnung haben. Aber jetzt bin ich doch froh, dass Ihr nicht gerade dabei seid. Du hast zwei Jahre in der Front gestanden. Nun lass auch mal andere dabei sein, die bis jetzt zu Haus geblieben sind. Du solltest Deinen Weg in der Sanitätslaufbahn weitergehen, den Du jetzt beschritten hast. Auch dort können Dir Möglichkeiten des Einsatzes geboten werden, die Dich zufriedenstellen ... Werde gesund ... H. M."

„*Kiel, 16.2.43. L. J.*

... Sobald Deine Lage dort geklärt ist, solltest Du Dich auch zum Studium melden. Ich werde Dir dann das nötige Schreiben zur Unterschrift zusenden. H. V.

Da ja doch wohl die Möglichkeit besteht, dass Du gleich nach Wiederherstellung an die Front kommst, wäre es richtig, Mutter besuchte Dich dort, ehe es zu spät ist. Schreibe so schnell wie möglich über die Möglichkeit eines solchen Besuches ... H. V."

„*Kiel, 21.2.43. L. J. nach Garmisch.*

Ich lege Dir eine Meldung zur Immatrikulation in Kiel bei, die Du nur zu unterschreiben brauchst ...

Ottfried hat sich gemeldet und beschafft sich schon ein Zeugnis über praktische Tätigkeit und eine Bescheinigung über Wehrmachtsangehörigkeit … H. V."

„*Kiel, 2.3.43. L. J.*

Mutter hat eine Ausspannung sehr nötig. Obwohl Ihr beide monatelang nicht in unmittelbarer Gefahr gewesen seid, hat sie sich nicht erholen können. Da sind wir auf den Gedanken gekommen, dass sie Dich einmal besucht. Es sind dann gleich zwei Ziele erreicht: ein Besuch bei Dir und die Luftveränderung. Ich bitte Dich, besorge ihr ein Zimmer. Als Besuch eines kranken Soldaten wird sie bevorzugt … Wenn Du Unterkunft für Mutti gefunden hast, so telegrafiere sofort … Mutter würde gern Montag fahren und Dienstag ankommen. H. V."

Jörgs Briefe an die Eltern vom 23.2.–28.2.43 aus Garmisch

„*Garmisch, 23.2.43. L. E.*

Gestern Abend sagte ich nun endlich dem Gefängnis in Bedburg-Hau Lebewohl … Schon um 14 Uhr kamen wir mit dem Elektrozug hier an. Herrlichstes Wetter. Die Alpen rückten immer näher, bis wir endlich in die Berge hineinfuhren. Der Schnee liegt erst am Fuße der Berge. In den letzten Tagen soll er getaut sein. Aber trotzdem ist es ein großartiger Anblick, wie der Felsen sich ohne Übergang aus der Ebene erhebt. Es gibt kein sanftes Ansteigen. Man steht mit einem Mal mitten im Gebirge.

… Ich bewohne in einem kleinen Gebäude ein Einzelzimmer.

Voraussichtlich werden wir vier Wochen hier bleiben, und ich hoffe, in dieser Zeit wirklich wieder der Alte werden zu können … H. J."

„*Garmisch, 24.2.43. L. E.*

… Ich wünsche Euch viel Glück zum Hochzeitstag …

Nun zu mir: Heute war meine Aufnahmeuntersuchung, wo festgestellt wurde, dass ich sehr blass bin und auch noch dicker

Abb. 81 *Auf der Zugspitze*

sein könnte, worauf man mir Fichtennadelbäder, Liegekuren und doppelte Zulagen verschrieb. Ich glaube wirklich, dass ich bald besser aussehen werde. Die Sonne brennt einem auf den Pelz und die Luft ist so gut, nichts mehr vom Nebel des Niederrheins, dass der Erfolg nicht zweifelhaft sein kann ... H. J.“

„*Garmisch, 28.2.43. L. E.*

... Möglichkeit des Besuches ist natürlich gegeben, wenn es nicht zu teuer ist. Ich bleibe vier Wochen hier und gehe dann zur Sanitätsschule zurück, von wo ich ein Kommando bekomme.

Euren Hochzeitstag habe ich zu einem Besuch auf die Zugspitze benutzt. Die Bahnfahrt mit Seilbahn kostet 11,50 RM. Während im Tal dichter Nebel lag, herrschte oben die herrlichste Sonne. Es war wirklich befreiend, als wir in 2600 m Höhe den 5 km langen Tunnel verließen und oben schönes Wetter fanden. Dort am Endbahnhof steht das Hotel ‚Schneeferner-Haus‘ mit einer schönen Liegeterrasse. Von dort fährt man mit der Seilbahn bis zum Gipfel, zur Wetterstation. Unter uns in etwa 1800 m Höhe wogten die Wolkenmassen wie eine Waschküche. Dauernd wechselten die Nebelgebilde, die einmal höher an den Felsen heraufkrochen, ein andermal wichen, dass man die Tannenwälder und schneebedeckten Almen sehen konnte. Urplötzlich tauchte dann ein Felsgrat aus dem weißen Meer auf, wie eine Insel in der tobenden, gärenden Flut, um ebenso plötzlich wieder zu verschwinden, vom Chaos verschlungen. Ich fühlte mich wie ein Mensch, den die Sintflut auf die letzte Bergspitze getrieben hat, ringsumher donnert die Flut an. In der Runde sieht man noch andere Spitzen von dem verschlungenen Lande aufragen wie Recken, die sich nicht ergeben wollen, doch eine nach der anderen fällt. Über den grausigen Endkampf der Nachbarn vergisst man die eigene Gefahr und kann nur schauen.

Wir konnten die Dolomitenspitzen in Italien sehen, aber das Tal enthüllte sich nicht. Trotz einer Kälte von 11° herrschte bei Windstille eine schöne Wärme. Von dem Höhenunterschied merkte ich erst etwas, als der Zug abwärts fuhr. Da erst empfand ich Druck auf den Ohren, den dichteren Luftdruck. Das Tal lag noch immer vernebelt und drückend. Heute ist wieder herrlicher Sonnenschein. Ich werde gleich einen Spaziergang machen, der Genesung entgegen. H. J."

Jörgs Briefe an die Eltern vom 3.3.–10.7.43 aus Garmisch, Scheerenberg und Kampen

„*Garmisch, 3.3.43. L. E.*

... Unser Kriegslazarett ist ein altes Privatsanatorium des Dr. Wiggert, das die Marine mit allem Personal übernommen hat. Hier lagen früher vor allem Herz- und Stoffwechselkranke ...

Vorgestern habe ich die Partnachklamm besehen. Dort durchbricht der Bach einen Berg von 50 m Höhe. Steil abfallende Wände, geheimnisvolles Licht und bizarre Eisgebilde sind die Sehenswürdigkeiten.

Den Brief an die Uni mache ich jetzt fertig... H. J."

„*Garmisch, 5.3.43. L. E.*

Um 13 Uhr erhielt ich Euren Brief. Ich freue mich, dass Ihr Euch so schnell entschlossen habt. Um 16 Uhr ging ich ins Dorf, um ein Zimmer zu suchen. Keiner hatte eines ... Endlich nach zwei Stunden fand ich eines, privat, am Westabhang des Wank-Berges, dicht bei uns in Partenkirchen ... Ich war schon froh, dass ich wenigstens eines hatte, wenn auch zwei Betten drin stehen. Mit Heizung und Frühstück täglich 2 RM. ‚Johann Reindel, Partenkirchen, Brunnhäuselweg 8' ... Sie soll mit dem Omnibus hierher fahren, vor die Haustür, Koffer aufgeben, und an der Wache nach mir fragen. Dann flitze ich herbei und bringe Dich unter, Mutti ... H. J."

Beide Eltern konnten sich aus Kiel lösen und verlebten 14 herrliche Tage in Garmisch-Partenkirchen.

„*Scheerenberg, 30.3.43. L. E.*

Am Morgen des 28.3. kam ich in Sanderbusch an. Von dort schickte man mich mittags weiter nach Scheerenberg. Die Fahrt durch Holland war sehr schwierig. Zuerst wusste keiner, wo der Ort liegt. Dann sagten die Bahnbeamten, natürlich Holländer, wie immer die größten Umwege oder überhaupt nichts. Das Volk ist störrisch oder zeigt ganz offen seine Ablehnung gegen uns. Am Mittag des 23. kam ich hier an. Mir wurde gleich das neue Kommando, Marinelazarett Kiel-Wik, angewiesen. Von dort werde ich meinen Studienurlaub einreichen ...

Es war doch gut, dass ich das Seitengewehr noch erhielt. Denn hier in Holland muss jeder bewaffnet gehen ... Ich traf hier Oberassistenzarzt Dr. Anschütz, Gustel, als Zugführer. Wir unterhielten uns 2 Stunden lang über alles Mögliche und aßen Spiegeleier. Es ist das erste Mal, dass ich einen Segelkameraden antreffe ... H. J."

„*Kampen auf Sylt, 27.6.43. L. E.*

... Meine ROA-Sache ist abgeschlossen und liegt schon bei der B. J. in Kiel ... Der Oberstabsarzt Dr. Ohlshausen der Insel Sylt hat für mich eine Führungszeugnis-Zusammenfassung geschrieben, die nicht besser hätte ausfallen können. Er benutzte die Beurteilungen aus dem Führungsbuch und fasste das Gute daraus zusammen, wie er mir sagte. Ich sprach mit ihm noch über weltanschauliche Fragen und nahm die Lehre mit, dass alles im Augenblick Scheinende schon einmal in der Geschichte der Philosophie gesagt worden sei. Dass man nur das Alte zu achten brauche, um es dem Neuen anzuhängen. –

Die Arbeit im Revier nimmt mich ganz in Anspruch. In meiner freien Zeit beschäftige ich mich mit medizinischen Fragen und übe mich im Färben und Mikroskopieren. Die Gelegenheit dazu ist sehr günstig, da unser Revier mit allen möglichen Geräten ausgerüstet ist. Es kommt vor allem auf die Handfertigkeit an ... H. J."

„*Kampen, 3.7.43. L. E.*

... Der Dienst ist wie üblich abwechslungsreich. Ich lerne spritzen, Blut abnehmen und den Papierkrieg kennen, der ja bei der Marine das Wichtigste ist. Ich bin voll beschäftigt. Doch finde ich immer noch Zeit, um am Nachmittag mein tägliches Bad in der Nordsee zu nehmen, wo breite Ölstreifen, die sich in den Sand gefressen haben, auch vom Kriege sprechen. Die Kameraden leisten mir dabei Gesellschaft ... H. J."

„*Kampen, 10.7.43. L. E.*

... Jetzt ist die Zeit wieder gekommen, dass man nicht die Nachrichten abwarten kann. Die Tage sind spannungsgeladen, nur weiß man nicht, was eigentlich gespielt wird. Wie weit gehen unsere Pläne? Wie hoch soll man für jeden Kriegsschauplatz die Hoffnungen stellen? Man muss also unserer Führung volles Vertrauen schenken, was nichts anderes bedeutet, als auf seine eigene und des Volkes Kraft zu bauen.

Mit Deiner Vermutung, der Ausspruch des Oberstabsarztes beziehe sich auf Schwatzhaftigkeit meinerseits, hast Du nicht recht. Er selbst führte den Faden, wenn ich auch das Thema angeschlagen habe. Im Übrigen habe ich auch noch keine Gelegenheit gehabt, mich weiter darüber zu unterhalten. Wenn er nicht anfängt, werde ich natürlich nicht fragen. Herzlich grüßt Euch in Eurer Weltferne und Abgeschiedenheit Euer Junge."

Elternbriefe an Jörg vom 14.6.–30.6.1943 nach Kampen

„*Kiel, 14.6.43. L. J.*

... Ich bin inzwischen auf den Gedanken gekommen, mich schriftlich an den 2. A. d. O. (Admiral der Ostsee) zu wenden; es ist ja jetzt ein neuer. Was sagst Du dazu und wie denkst Du Dir den Inhalt dieses Schreibens? Wenn die Hasseer Sache gemacht wird, wie man es Dir versprach, wäre es ja nicht nötig ...

Ottfried wird am Mittwoch dieser Woche auf einige Tage Urlaub haben, dann werden sie ausfahren. Sein letzter Brief war von der Zensur geöffnet. Schon mehrmals war dies der Fall in den letzten Wochen. Man muss wohl vorsichtig sein. Vielleicht hängt es auch mit seinem Vorschlag zum ROA zusammen. Oder mit dem Einsatz des neuen Bootes?

Gestern, am 1. Pfingsttag, hatten wir Alarm. Wir waren noch beim Frühstück, als das Einnebeln begann. Es war offenbar ein schwerer Angriff, der aber nicht zur Entfaltung kam; ein heftiges Sperrfeuer hinderte sie daran, über die Stadt zu kommen. In der Umgebung scheint einiges geschehen zu sein.

Am Mittwoch früh beginnt mein Unterricht wieder ... Vom 3.7. werden wir für drei Wochen nach Missunde gehen. Der Wirt hat es eben bestätigt ... H. V."

„*Kiel, 20.6.43. L. J.*

... Wir hoffen mit Dir, dass Deine Sache nun doch ins Laufen kommt und dass Du uns schon Bestimmtes schreiben kannst, wenn Du wieder an uns denkst ... Wir freuen uns mit Dir, und wir leiden mit Dir, wie es die Zeit will. Froh sind wir auch, dass es Dir dort in Deiner Inseleinsamkeit gefällt ... H. V."

Ottfried: „Ich bin jetzt noch einmal auf eine Woche auf Urlaub gekommen. Es ist dann wohl für einige Zeit der letzte.“

„*Kiel, 23.6.43. L. J.*

... Wir freuen uns auch, dass Dir der Dienst Vergnügen macht und dass er vom Alltäglichen abweicht. Dass der Obermaat ein großer Idealist ist, ist an sich sehr schön, man findet nicht allzu viele heutzutage. Mit Weltanschauungsfragen beschäftigen sich nach wie vor nur wenige. Auch unter den Schülern findet man gewiss nicht mehr als früher, vor der Machtergreifung, oder noch früher. Die großen Umwandlungen des Denkens gehen meist nur von einigen wenigen aus. Ein größerer Teil selbst denkender Menschen macht dabei mit, die große Masse bleibt unbeweglich. Daher ergibt sich auch die Notwendigkeit, das am Ende einer Umbruchzeit Gewonnene zu betrachten, in leicht fasslichen Leitsätzen niederzulegen und eine Art Dogma zu errichten, das dann wieder die Weiterentwicklung hemmt und gar zum Stillstand bringt. Wenn nun auch die Notwendigkeit klarer Begriffe und damit das heuristische Gespräch (in dem Ursache und Wirkungszusammenhänge gefunden werden sollen) gegeben ist, so kann es doch zu weit gehen, es kann von den Notwendigkeiten des kleinen täglichen Lebens abziehen oder, was noch schlimmer ist, zum Gerede ausarten.

Ottfried bekam gestern von seiner Dienststelle ein Telegramm, noch nicht zu reisen und weitere Befehle abzuwarten. Diesen brachte dann auch ein Gefreiter vom Schiff gestern Abend. Es handelt sich um Beschaffungen im Arsenal und in Hamburg. Er wird erst Donnerstag fahren. H. V.“

„*Kiel, 30.6.43. L. J.*

... Dein Oberstabsarzt hat mit seiner Philosophie sicher recht, man braucht nicht zu meinen, man habe etwas Neues entdeckt. Es handelt sich nur um neue Formulierungen oder, wie man jetzt sagt, um neue Symbole.

Ich lese jetzt das Bändchen von Hamkens: ‚Die Sinnbilder im Schleswiger Dom'. Er belegt im Einzelnen, was schon länger bekannt war, dass das Heidentum bis weit ins christliche Zeitalter hinein nachwirkte, das 14. Jahrhundert ist nicht zu viel als Grenze dafür angesetzt, nicht nur hier im Norden, wo das Christentum an sich schon spät festen Fuß fasste: Vicelin.

Achte in Deinen Briefen darauf, dass sie gelegentlich geöffnet werden können. Von Ottfried kommen einzelne geöffnet an … H. V."

Mutter: „… Ottfried kam mit dem Boot nach Kiel, morgen geht er in See, vermutlich Kanalküste. H. M."

Elternbriefe an Jörg vom 4.7.–10.8.1943 nach Kampen

„*Missunde/Schlei, 4.7.43. L. J.*

… Angesichts der hiesigen wackeligen Post ist es wohl angebracht, schon jetzt die Geburtstagsgrüße zu schicken. Ich wünsche Dir also zu Deinem 22. Geburtstag eine noch glückliche Laufbahn … Wenn Du dann noch gesund bleibst, hätten wir alles beisammen … Man kann sich freilich ein gerechtes Glück nicht ohne einen glücklichen Kriegsausgang denken; wünschen wir den noch hinzu, und zwar dass er bald kommen möge. H. V."

Mutter: „… Wir wünschen, dass Du gesund bleibst und gesund aus dem Kriege heimkehrst … H. M."

„*Missunde/Schlei, 8.7.43. L. J.*

… So sitzen wir hier schon seit Sonnabend, aber schlafen viel, sitzen im Gras, lesen, gehen spazieren … Hoffentlich geht Dein Gesuch nun durch. Wenn es nicht sein sollte, so äußere keine Verärgerung … H. V."

„*Missunde/Schlei, 14.7.43. L. J.*

Heute ist der Vortag zu Deinem 22. Geburtstag. Willst Du zurückschauen auf die wenigen Jahre Deines bewussten Lebens, so darfst Du Dir sagen, dass Du sie in Ehre und Treue gelebt hast und dass Du in ihnen tüchtig gewesen bist. Du bist geworden, wie Du sein kannst. Das ist nicht bei allen so. Manche fördern mangelhafte Anlagen ihrer werdenden Persönlichkeit und verzichten darauf, das Bild, das sie von ihrer Sippe und Rasse ererbt haben, herauszuarbeiten oder doch mindestens wie eine Fahne – als Idealbild – vor sich hinzustellen und vor sich herzutragen. Du aber suchst das in Dir vorhandene Mögliche zu verwirklichen, und zwar das helle Bild, nicht das dunkle.

Diese Geburtstagszeilen wirst Du wohl erst später erhalten, zu spät gewiss nicht, da sie Dich loben. H. V.

Zu der Frage der ‚Philosophie und die anderen' habe ich natürlich nur zur Vorsicht raten wollen …"

Mutter: „… Erinnerungen an Geburtstage auf See mit Kameraden. Wir waren oft in Sorge um Euch … Die guten Ratschläge von Vati musst Du ihm nicht übel nehmen. Er meint es ja nur gut. Ich habe dagegen nicht solche Bedenken … H. M."

„*Kiel, 10.8.43. L. J.*

Dass Dir noch nicht abgesagt worden ist, deutet vielleicht wirklich auf eine Annahme … Wenn von einer Veränderung der Lage gesprochen wird, kann man vielleicht annehmen, dass die Großschiffe wieder in Dienst gestellt werden müssen. Ob sie bei einem Übergang nach der Insel wesentliche Hilfe leisten können, ist wohl fraglich. Es sind ihrer zu wenig. Oder sollte man die italienischen deutsch besetzen wollen? Oder müssen?

Von Ottfried hörten wir noch nichts wieder.

Heute werden die Hamburger Männer und einsatzfähigen Frauen zur Rückkehr aufgerufen. Onkel Otto ist wohl schon wieder dort, das ist anzunehmen, da sie bei ihrer Flucht noch nichts über ihre Schiffe zu wissen bekommen konnten. (Nach der Zerstörung Hamburgs floh die Otto-Benz-Familie nach Havelberg, die Schiffe sind ihre Schuten und Barkassen.)

Ich werde ein neu aufgestelltes Verzeichnis unseres Hausrats nach Havelberg senden. Eine Bewertung durch den Gerichtsvollzieher als Amtsperson kann erst im September vorgenommen werden. Die jetzt im Verzeichnis angegebenen Preise sind alt, also noch nicht der inzwischen erfolgten Entwertung des Geldes angeglichen. Manche Sachen konnte ich mit keinem Preise bezeichnen. Die Endsumme ist jetzt rund 3000,- Mark. H. V."

Jörgs Briefe an die Eltern vom 16.7.–30.8.43 aus Kampen

„*Kampen, 16.7.43. L. E.*

... Ich danke Euch für die guten Wünsche und werde nicht müßig sein, dass sie in Erfüllung gehen. Trotzdem werde ich vorsichtig sein, wie Ihr mir geraten habt. Vati hat für mich eine Rückschau gehalten, die sehr günstig für mich ausgefallen ist. Man ist selbst dazu nicht imstande, so etwas zu tun, da man viel zu viel ‚Ich' ist, als dass man dieses ‚Ich' auch noch betrachten könnte. Das ist wie die Gegenwart der Geschichte, die man auch selbst nicht vollständig überschauen und würdigen kann, weil man selbst ein Teil davon ist. Nun will ich mich dem Fest zuwenden. Der Kuchen, ein Kunstwerk der Backkunst, das auf der Zunge zerschmolz, so zart war er, bildete den Kernpunkt, worum ich noch einige matschige Bäckerstücke als Magenkleister herumgruppierte. Ich habe also mit dem Mittel des Gegensatzes gearbeitet, um eine an sich schon vortreffliche Sache über alles hinauszuheben. Vom Kompaniechef hatte ich mir zwei Flaschen französischen Rotwein geholt, die ich im Sterilisator mit Zucker und Wasser in einen vorzüglichen Punsch umwandelte.

Vier Mann halfen mir, diese köstlichen Dinge zu genießen. Es war ein anregender Abend, in dem allerhand Heiteres zur Sprache kam ... Zu Anfang des Tages, welcher mich ganz in Anspruch nimmt, mache ich einen Lauf von 1000 m in Höchstform. Nach der Arbeit lasse ich mir den Körper von den meterhohen Brandungsseen massieren. Man braucht nur bis zur Brust ins Wasser zu gehen, und schon wirbeln Kopf und Beine haltlos im tosenden Schaum. Es ist eine herrliche Freude, mit den Elementen kämpfen zu können und Sieger zu sein. Nach diesem Bad kann ich mich frisch mit der Fachliteratur beschäftigen ...

Detlef schrieb mir, dass er gerade in Kiel sei ... H. J."

„*Kampen, 6.8.43. L. E.*

... Heute morgen meldete ich mich zurück. Unser neuer Oberstabsarzt ist Dr. Müller, der schon früher auf der Insel war. Er scheint nicht schlecht zu sein ... Vor einigen Tagen ist aber ein O. T. B. (Ostsee-Tagesbefehl) durchgegangen, worin nach Angabe der Kameraden gestanden hat, dass jede Chancc, einen ROA zu ernennen, ausgenutzt werden soll, da man vor einer Veränderung der Lage stehe ... H. J."

„*Kampen, 12.8.43. L. E.*

Jetzt habe ich mich eingearbeitet, dass ich allein das Revier führen kann. Es ist ein herrliches Gefühl, verantwortlich für eine Sache sein zu können. Wenn auch der Schriftkram etwas ungewohnt ist, so geht doch alles glatt vonstatten.

Unser Oberstabsarzt wird am 15.8. von Stabsarzt Dr. Kuhlenkamp abgelöst. Es ist ein Lübecker ... Der alte Chef hat mich beim neuen sehr gelobt.

Gestern nun ist der II. A. d. O. (Admiral der Ostsee) hier gewesen, um die Rekruten zu besichtigen. Er hat auch das Revier besucht und als sehr sauber gelobt. Das alles ist natürlich ein guter Auftakt für meine Arbeit.

Heute habe ich eine neue Stammrollennummer aufgrund meiner Umschreibung zur Sanitätslaufbahn erhalten. Dabei erfuhr ich gleichzeitig, dass mein Führungsbuch in Kiel auf dem B. J. liegt, also ein Zeichen, dass daran gearbeitet wird ... H. J."

„*Kampen, 22.8.43. L. E.*

... Meine Erholung habe ich in der letzten Zeit bei einer kleinen, harmlosen Liebe, die sehr fröhlich machte, gefunden; doch das ist jetzt zuende. Man muss einmal durch das Zusammensein mit einem netten Mädchen daran erinnert werden, dass es auch noch etwas anderes Liebenswertes auf der Welt gibt. So ein paar Tage Glück machen das Leben doppelt leicht.

Bei dem letzten großen Angriff auf das norddeutsche Küstengebiet wurde auch hier ein Flugzeug abgeschossen. Man hörte es während des Alarms andauernd donnern, wie Welle auf Welle vorüberrauschte.

Vor zwei Tagen durfte ich der Hauptverhandlung gegen die Plünderer von Kiel beiwohnen. Es war ein großer Schauprozess mit etwa 500 Zuschauern, der eine Belehrung und abschreckendes Beispiel darstellen sollte. Angeklagt waren sieben Soldaten im Alter von 17 und 18 Jahren, die zu Aufräumarbeiten am 15.5. nach Kiel kommandiert waren. Sie hatten nur Kleinigkeiten, nämlich Haarwasser, Filme, Zahnbürsten usw. in einer zerstörten Drogerie an sich genommen. Trotzdem wurden sie, da sie einen kriegsbedingten Notzustand ausgenutzt hatten, schwer, vielleicht noch nicht schwer genug, bestraft. Es wurden ein Todesurteil, drei Zuchthausstrafen von 2–4 Jahren und drei Gefängnisstrafen von 2–4 Jahren verhängt. Es war unvorstellbar, wie gleichgültig diese Jungen das Urteil hinnahmen. Zum Teil waren sie raffiniert, zum Teil schwachsinnig. Zwei uneheliche Kinder befanden sich darunter.

Das Öffnen meiner Briefe ist wohl darauf zurückzuführen, dass man sich über die Stimmung vergewissern will, die in solchen Durchgangs-Gammellagern herrscht. Von Fronttruppen weiß man, dass sie gut sind. Es ist auch wirklich nötig, dass die alten 40–50-Jährigen, die wir erst vor Kurzem bekommen haben, überwacht werden; denn obwohl sie zum großen Teil den Weltkrieg mitgemacht haben, lässt ihre Kriegsbegeisterung zu wünschen übrig … H. J.“

„*Kampen, 28.8.43. L. E.*

Es wird ja für den Fall, dass etwas passiert, alles Mögliche getan. Hoffen wir, dass dieser Fall nicht eintritt. Unser neuer Stabsarzt, übrigens ein sehr ruhiger und überlegener Arzt, der allerdings ganz andere Heilmethoden hat als sein Vorgänger, ist Hamburger. Er hatte in diesen Tagen die Stadt wieder aufgesucht und erzählt, dass die Plünderei ziemlich stark sei. Er erzählt von 170 Todesurteilen und will selbst sogar geschossen haben. Es ist nur gut, dass durchgegriffen wird.

Bei mir nimmt die Arbeit nicht ab. Heute, Sonnabend, arbeitete ich von 6 bis 20 Uhr. Es macht wirklich Freude, wenn man sieht, was alles auf einen einstürmt, und wenn sich das durch vernünftige Lenkung alles zur Zufriedenheit abwickeln lässt ... H. J."

„*Kampen, 30.8.43. L. E.*

Heute wurde ich in großer Uniform zum Kommandeur bestellt, der mir dann eröffnete, dass ich zum Sanitäts-ROA ernannt worden sei, wodurch die Beförderung zum Hauptgefreiten, die jetzt anstehe, hinfällig sei. Doch beziehe ich in Zukunft das Gehalt des Hauptgefreiten. –

Endlich ist es geschafft. Der Kommandeur, Korvettenkapitän Schwarz, drückte mir die Hand und betonte, dass ich in erster Linie Offizier sei, dann erst Arzt. Er empfahl mir das Buch ‚Der Marineoffizier als Führer und Erzieher' von Siegfried Sorge, dem jetzigen II. Admiral der Ostsee, aus dem ich meine künftige Haltung als Soldat ersehen solle. Im Übrigen betonte er, dass ich mehr Pflichten und keine Rechte auf mich nähme. ... Nun ist der Weg nach vorn frei. In dieser Freude grüße ich Euch. H. J."

Jörgs Briefe an die Eltern vom 18.9.–25.10.43 aus Kampen

„*Kampen, 18.9.43. L. E.*

... In Westerland organisierte ich mir meine Medikamente und kehrte erst gegen Abend nach Kampen zurück. Dort musste ich gleich notgedrungen einen Fall behandeln, bei dem mein Vertreter ratlos war. –

Herr Rasmussen war am Vortage hier gewesen und hatte einen Zettel hinterlassen, wonach ich ihn um 20 Uhr aufsuchen sollte.

Er fragte mich dies und jenes und erzählte, dass Detlef jetzt Oberfähnrich wird, also das Medizinstudium fürs Erste aufstecken muss. Seine Gattin reist am 24.9. ab, während er schon früher fortfährt ... H. J."

„*Kampen, 24.9.43. L. E.*

Ich bekomme ein besonderes Kennzeichen auf den Ärmel: Äskulapstab in einem Goldkranz. Der Schneider hat sie mir auf den Ärmel genäht. Wenn es auch nur provisorisch ist, so ist dem Befehl doch Genüge getan. Der Dienst nimmt mich jetzt nicht so sehr in Anspruch, weil wir jetzt zu vieren sind. So bleibt mir wieder etwas Zeit, zu lesen und dicke Bücher zu wälzen ... H. J."

„*Kampen, 17.10.43. L. E.*

... Gestern, am Sonnabend, der noch so klar war wie die anderen Tage, bin ich mit Bernhard nach Morsum gefahren, um das Kliff dort zu sehen. Es sind dort Steinzeitfunde vor längerer Zeit gemacht worden. Die Schichten liegen dort nicht so klar wie am Roten Kliff, sondern in zahlreicher Abwechslung, eine gute Geologie ermöglichend ... Schon in der Nacht musste ich zu einem Leberkranken, den am Mittag der Arzt abholte und ins Lazarett brachte ... H. J."

„*Kampen, 23.10.43. L. E.*

... Mit mir warten noch vier andere Kadetten. Wir sind übrigens die Letzten gewesen, die zum ROA ernannt wurden, ohne eine psychologische Prüfung machen zu müssen. Diese ist jetzt auch für Reservisten eingeführt ...

Am Mittwoch habe ich bei meiner ersten Sektion das Protokoll aufgenommen. Mein Patient, den ich am Sonntag ins Lazarett abgegeben hatte, ... ist zwei Tage danach an Leberschrumpfung gestorben. Von Kiel kam ein Stabsarzt, Dr. Franz, und sezierte die Leiche. Es war sehr interessant ... H. J."

„Kampen, 25.10.43. L. E.

Gestern wurde mir mitgeteilt, dass ich am 3.11. abkommandiert werde. Wohin, ist noch nicht bekannt. Man hat mir das Datum auch nur gesagt, damit ich mein Revier ordnungsgemäß übergeben kann.

Gestern bin ich nach List gefahren, um die Dünenlandschaft genießen zu können. Es war ein herrlicher Tag. Ich besichtigte auch den Friedhof, auf dem neben acht deutschen gefallenen Fliegern 35 englische Soldaten liegen, die abgeschossen oder angespült wurden. Alles ist sehr gepflegt … H. J.“

Ottfrieds Briefe an die Eltern vom 7.9.–5.10.1943 aus einem Hafen der französischen Westküste

„An Bord, 7.9.1943. L. E.

… Von unserem letzten Hafen ging's zunächst an die spanische Küste, wo wir ein besonders wertvolles Stück abholten. Am gleichen Tag, an dem wir in unserem Stützpunkt ankamen, ging's wieder in See. Glatt kamen wir in den Kanal und erledigten unsere Aufgaben, die vollkommen glatt verliefen, aber so manches Mal in die Nähe von sich schlagenden Verbänden führten. Wir blieben immer unentdeckt. Jetzt sind wir wieder auf dem Rückmarsch … “

„An Bord, 11.9.1943. L. E.

… Den letzten Brief gab ich in Cherbourg einem Landser mit. Die letzte Zeit war sehr ereignisreich und führte uns von der spanischen Küste bis dicht an die deutsche. Gestern sind wir nun wieder eingelaufen und warten in unserem Stützpunkt auf neue Aufgaben …“

„An Bord, 23.9.1943 L. E.

Vor einigen Tagen sind wir von einem mehrtägigen Unternehmen zurückgekehrt. Es ging wieder alles gut und wir sind alle gesund und froher Dinge, nur ist alles sehr müde und braucht viel Schlaf. Wir fahren fast nur in der Nacht und müssen wach sein. Am Tage werden dann die immer auftretenden Störungen in einem Hafen beseitigt. Oft gibt es lang anhaltenden Fliegeralarm. Immer gab's einige Bomben, die aber infolge rasenden Abwehrfeuers in respektvoller Entfernung fielen. Heute Nacht werden wir bestimmt noch raus müssen …"

„*An Bord, 29.9.1943. L. E.*

… Schießübungen … Innerhalb von drei Stunden kann schon wieder blutiger Ernst werden, sei es, dass wir plötzlich Befehl erhalten, jemand zu unterstützen oder zu geleiten, vielleicht nach Süden oder Norden oder sogar bis in den Atlantik mitten in den englischen Geleitzugweg hinein, wo etwa alle Stunde ein riesiges Flugzeug vom Typ ‚Sunderland' von Nord nach Süd und umgekehrt fliegt, um unsere U-Boote zu suchen, die sie bisher auch unter Wasser feststellen konnten. Als wir dort einmal mit unseren Booten 800 km von der bretonischen Küste entfernt unsere Kameraden aus dem Wasser zogen, lockten wir durch unsere Anwesenheit gleich ein halbes Dutzend dieser Vögel auf uns, die aber nicht recht anbeißen wollten, da sie schon in erheblicher Entfernung ein gewaltiges Feuer erhielten. Allzu viel scheint England von diesen Dingern nicht zu haben, denn sonst hätten sie uns besucht. Es kamen damals einige schnellere Maschinen, die, ohne dass wir sie gesehen hätten, ihre Bomben so etwa 50 m hinter unserem Heck ins Wasser warfen. Wir erlitten keinen Schaden. Als wir dann kurz vor Mitternacht unsere Kameraden an Bord hatten, hatte der Engländer schon einen mächtigen Alarm gegeben und fast seine ganzen gesammelten Geleitzerstörer und Kreuzer aus dieser Gegend auf uns angesetzt. Es verfolgten uns fünf Kreuzer und 18 Zerstörer in drei Gruppen, doch wir waren schlauer als alle zusammen und kamen glücklich durch ihre sehr geschickt angelegten Suchgruppen hindurch …"

„*An Bord, 5.10.1943. L. E.*

Heute haben wir alle auf den Wehrmachtbericht gewartet, denn wir wurden erwähnt: ‚Leichte deutsche Seestreitkräfte hatten im Kanal ein Gefecht mit englischen Zerstörern.' – Eigentlich kann das Gefecht gar nicht stattgefunden haben, denn wir sind nicht in der Lage, die Zeit anzugeben. Es war nämlich gerade in der Stunde, in der die Uhr zurückgestellt wurde. Deshalb kann ich aber doch den Hergang schildern.

Wir fuhren am 4.10. mit vier Booten von unserem Stützpunkt los, um etwas zu beschützen. Wir hatten im Laufe der Nacht mehrmals Alarm, doch nie war etwas zu finden. Da plötzlich wurden mit unseren Geräten mehrere feindliche Ziele festgestellt, die uns entgegenkamen. Mit hoher Fahrt liefen wir ihnen entgegen, um den Tommy auf alle Fälle von unserem Schützling fern zu halten. Schon lange hatten wir erkannt, dass es fünf große Zerstörer waren, und hatten die Geschütze auf sie gerichtet. Durch das Glas konnte man sie gut erkennen. Plötzlich blitzt es drüben auf. Es dauert einige Sekunden, bis der Himmel mit vielen Leuchtgranaten erhellt ist. Es setzt ein mörderisches Feuer ein. Zunächst liegt es schlecht. Wir haben uns auseinandergezogen und der Tommy weiß nicht recht, wohin er schießen soll. Wir fahren als letztes Boot, und bald hat sich alles Feuer auf uns vereint. Mit dem ersten Schuss der Engländer haben auch wir das Feuer eröffnet und geben ein mörderisches Schnellfeuer von uns. Immer wieder beleuchtet der Engländer den Himmel mit unzähligen Leuchtgranaten, doch auch wir haben ihn wunderbar in unserem Licht. Der Engländer kommt von hinten auf und setzt zum Torpedoangriff an. Drei Blasenbahnen werden in unserer unmittelbaren Nähe beobachtet. Inzwischen laufen wir weiter. Von der Brücke wird gemeldet, dass wir Treffer erzielt haben. Plötzlich sind wir allein. Der Engländer bemerkt es auch und greift von drei Seiten mit gut liegendem Feuer an. An Backbord und Steuerbord und im Kielwasser beobachte ich, wie die Salven immer näher kommen, so zwischen 20 und 30 m, ab und zu sogar auf 10 m. Wenn sie allzu nahe kommen, geht das Boot kurz auf äußerste Kraft, legt sich auf die Seite und schlägt einen Haken. Dann beginnt das gleiche Fest von Neuem. Wir werden arg bedrängt. Der Engländer kommt immer näher. Da versuchen wir, unsere Torpedos loszuwerden, doch verlassen nicht alle das Rohr. Mit äußerster Kraft geht es durch die Fluten. Einige Treffer beim Tommy lassen ihn etwas Entfernung suchen, und wir finden unsere Boote wieder. Noch immer wird geschossen. Hinter uns wird mit Leuchtspur nach einer unserer Leuchtgranaten geschossen, die den Gegner wunderbar beleuchtet. Schließlich wird das Feuer schwächer und hört fast ganz auf. Noch einmal macht der Tommy den Versuch uns zu fassen. Er beleuchtet uns mit dem Scheinwerfer. Da hebt ein unerbittliches Feuer nach dem Scheinwerfer an, und nach Sekunden ist er aus. Dann ist das Gefecht zuende. Ganz weit hinten sehe ich noch eine Leuchtgranate. Mit höchster Fahrt drehen wir und laufen unserem Geleit nach, das wir wohlbehalten in einem Hafen abliefern. Im Morgengrauen laufen auch wir ein und besichtigen unseren Schaden. Es ist kaum der Rede wert. Eine Granate hat unseren Anker getroffen und einen Flunken abgeschlagen.

Am Abend ging's dann wieder hinaus, um unsere Aufgabe zu beendigen. Das war für uns wieder einmal ein großer Tag, der uns unser Handwerk richtig ausüben ließ …"

Elternbriefe an Jörg vom 17.10.–14.11.1943 nach Kampen

„*Kiel, 17.10.43. L. J.*

… Von Ottfried bekamen wir Nachricht, die er am 12.10. geschrieben hat. Er nahm am Gefecht vom 4.10. teil, in dem ein Zerstörer versenkt wurde. Nach seiner Schilderung hatte sein Boot den Löwenanteil an dem Erfolg. In der Marine-Frontzeitung ‚Gegen England' vom 7.10. soll eine Schilderung eines Kriegsberichters enthalten sein, die im Großen und Ganzen stimmen soll, nur die Himmelsrichtungen sind an einer Stelle vertauscht. Er schickte Dir eine Abschrift … H. V."

Mutter: „... Schön war es mit Dir in Kampen. Wir haben uns auch erholt ... H. M.“

„Kiel, 27.10.43. L. J.

... Ottfried schrieb, dass er wohl im November Urlaub haben werde. Wir nehmen an, dass er auch wieder bei der Versenkung des Kreuzers dabei gewesen ist. Heute steht in der Zeitung ein Bericht darüber, es sei niemand verletzt. Das Gefecht fand ja bei den Inseln statt, und Ottfried stand nach den letzten Briefen in Cherbourg. Also wird es wohl wieder geklappt haben. Das wäre dann schon die dritte Versenkung seit seiner Ausfahrt im Juli. H. V.“

„Kiel, 14.11.43. L. J.

... Was man sonst ‚Frontbewährung‘ nennt, heißt wohl eigentlich ‚seemännische Unterweisung‘? So ist also deine Kommandierung auf ein Schiff ganz folgerichtig; es kommt nur auf den Dienst an Bord an, nicht aber die Teilnahme am Frontdienst?...“

Ottfrieds Briefe an die Eltern vom 7.10.–15.10.1943 aus einem Hafen an der französischen Westküste

„An Bord, 7.10.1943. L. E.

Eben komme ich von Land zurück. Draußen weht ein Kuhsturm aus NO. Es ist gut, dass wir nicht zu fahren brauchen. An Land gibt es hier in dem mittelalterlichen Städtchen mit der mächtigen Stadtmauer eine Menge Annehmlichkeiten (La Rochelle?). Weintrauben das Kilo so zwischen 0,75 bis 1 RM. Oft kaufen wir zu drei oder vier Mann einen großen Korb von 20 Pf, der dann an einem Tage aufgegessen ist. Auch Tomaten und Äpfel gibt es viel. Diese Zukost tut uns immer sehr gut und hilft uns schnell, unsere alte Kraft wieder zu erlangen. Ihr glaubt kaum, wie so eine Fahrt ermattet und anstrengt, wenn so einige Std. um das Boot, die Flottille und schließlich um das Geleit gekämpft wird, um ein Schiff, das vielleicht wichtigste Güter aus fernen Landen bringt. Der Eng-

Abb. 82 *Ottfried und sein Maschinenteam*

länder sucht diese Fahrten zu unterbinden und kommt immer mit weitaus größeren Kräften, als wir es sind. Er macht jetzt das, was wir im Jahre 1940 vor der englischen Küste machten. Er kämpft anscheinend nur nicht mit dem Geist, den wir besitzen. Außerdem arbeitet er wohl nicht mit so viel Intelligenz wie wir. Denn bisher wussten wir es immer vorher, wenn der Tommy in der Nähe war. Unser Erfolg wurde auch am gleichen Tage in Rundfunk-Frontberichten als gutes altes Torpedoboots-Gefecht besprochen. Bei der EK-Verleihung, es waren 25, sagte der Kommandant: Es war ein Torpedoboots-Gefecht, wie zu Zeiten des alten Tirpitz so oft geübt. Der Feind wird ausgemacht, man schleicht sich bis auf nächste Entfernung heran, der Tommy war 3000 m entfernt, dann Torpedo los und weg, dabei heftiger Artilleriekampf ..."

„*An Bord, 12.10.1943. L. E.*

Diesmal waren es Schnellboote, die wir irgendwo im Kanal aufstöberten. Wir ließen sie nahe herankommen. Man sagt, sie

Abb. 83 *Kuttersegeln als Erholung*

schossen ihre Torpedos auf uns, ich habe nichts gesehen. Dann bekamen sie ein kurzes zackiges Feuer aus allen unseren Rohren, sodass sie schleunigst das Weite suchten ..."

„*An Bord, 15.10.1943. L. E.*

... Wir sind noch hier und liegen auf Reede. Der Dienst wird so angenehm wie möglich gemacht, d. h. wir machen Unterricht über alle möglichen Themen, machen einmal eine Übung mit Schlauchbooten und Rettungsflößen, um zu sehen, wie man sich hiermit fortbewegen kann, ein andermal wird eine Landübung mit feldmarschmäßiger Ausrüstung gemacht und viele andere Dinge. Tagsüber ist es noch wunderbar warm, sodass wir viel in Tropenzeug an Deck sind. Die Nächte sind meist recht kühl. Oft denken wir noch an unsere letzten Unternehmungen und können es immer noch nicht fassen, dass wir so unbeschädigt davongekommen sind; denn so gut der Engländer teilweise geschossen hat, so schlecht war seine Kunst im Einzelnen. Viele Granaten kamen bis auf wenige Meter

Abb. 84 *Ottfried inmitten der Kameraden*

dicht an uns heran, von den im Wasser explodierenden Granaten kamen viele Splitter an Oberdeck. Einen davon fand ich in meinem Lederzeug mit seiner Spitze stecken. Er war nur einige cm groß. Aber

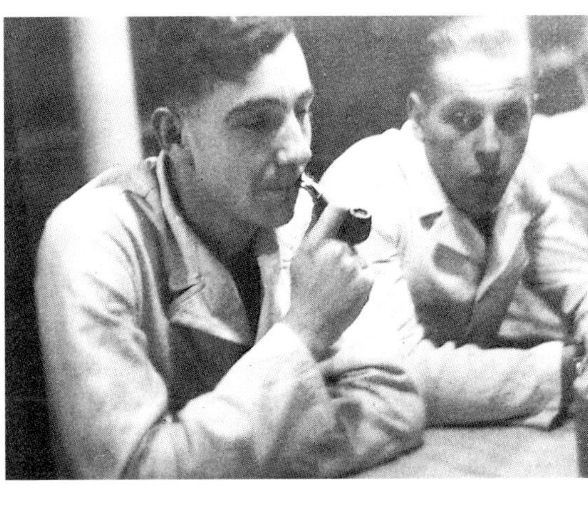

Abb. 85
Ruhe nach dem Einsatz

Abb. 86
Maschinen-maat und ROA Ottfried Benz

die Genauigkeit der letzten 10 m, die unser Boot breit ist, hatte der Tommy nicht. Immer wieder erschauderten wir, wenn er den Himmel mit vielen Leuchtgranaten taghell erleuchtete. Dann wussten wir, jetzt kann uns der Feind sehen und die Entfernung messen. Die Geschosse lagen dann auch bei Weitem besser. Mit einem rasenden Schnellfeuer wurde dann von uns geantwortet, was auch prompt wirkte. Dies Gefecht wird dauernd in unserer Erinnerung bleiben.

Ich möchte, dass der LI in meiner ROA-Sache etwas unternimmt. An Bord ist man der Meinung, dass man mich bald ernennen sollte. Man schreckt aber immer wieder davor zurück, weil man nicht weiß, wer dafür an Bord kommt. Jeder will seine Spezialisten behalten. Nichtkönner gibt es genug. Das ist wohl die Hauptsache, warum ich immer noch hier bleibe. Hierin scheint das Kommando auch noch gestärkt zu werden, da es eine Abkommandierung verhindern kann. Der Krieg erfordert eben heute zweierlei: Gute Unteroffiziere und gute Offiziere. Der Unteroffizier tritt bei der Marine etwas in den Vordergrund, da er die eigentliche Seele der Maschine ist, besonders auf unseren Booten. (Ottfried erzählte mir, dass er als Einziger das Boot längere Zeit rauchlos fahren könnte.)

In etwa einem Monat komme ich auf Urlaub."

Ottfrieds Briefe an die Eltern vom 24.10.–26.10.1943 aus einem Hafen an der französischen Westküste

„Wir sind eben von einem Unternehmen in unseren Stützpunkt zurückgekehrt. Es war wieder hart, aber glücklich und in der Marinegeschichte bisher einzigartig. In etwa 2 Std. wird der Wehrmachtbericht davon vermelden. Am 22. liefen wir aus, es war unfreundlich, regnerisch, stürmisch und kalt. Vor uns lief ein starkes Geleit, das wir zu schützen hatten. Wir waren fünf Boote. Schon lange war uns gemeldet worden, dass vor uns ein feindliches Ziel stand. Querab sollte auch eins stehen, das uns immer willig begleitete. Wir konnten es aber nicht erreichen. Schließlich war der Feind so dicht an uns heran, dass wir ihn mit unseren Geräten feststellen konnten. Es waren etwa 15 Fahrzeuge in drei Gruppen. Mit langsamster Fahrt krochen wir an ihn heran, wir waren von einer gewaltigen aufkommenden Regenwolke gedeckt, sodass man uns wohl nicht erkennen konnte. Bis auf 2500 m kamen wir heran und schossen dann mit drei Booten 18 Torpedos. Wir selbst kamen nicht zum Schuss, da wir etwas abseits standen und ein anderes Boot in der Schusslinie lag. Die Torpedos trafen, und zwar beschädigten sie 2 Zerstörer und versenkten 1 Kreuzer. Dieser erhielt drei Aale. Lange Zeit geschah gar nichts. Wir liefen mit hoher Fahrt ab. Der Tommy schoss einige Leuchtgranaten, die schlecht lagen, und einige Schüsse in eine Gegend, wo wir vor längerer Zeit einmal standen. Weit hinten sahen wir plötzlich eine gewaltige Stichflamme und beobachteten viele glühende Teile, die hoch in die Luft flogen. Dann sah man wiederholt hellen Lichtschein, der von Rettungsbojen herrühren sollte. Sonst haben wir dafür keine Erklärung. Als wir weiterfuhren, bemerkten wir noch mehrere Schatten, die wohl Schnellboote waren. Sie waren aber schon schneller weg, als uns lieb war. Ohne einen Schuss Artillerie abgegeben zu haben, kamen wir in einen Hafen.

Seit Narvik ist es wohl das erste Mal, dass so viele Torpedos von Überwasser-Streitkräften abgeschossen wurden. Außerdem ist es wohl das zweite Mal, dass Torpedoboote so viele Erfolge gegenüber größeren Schiffen zu verzeichnen haben. Es steht uns nur der Japaner voraus, der vor Kurzem mit Torpedobooten amerikanische Kreuzer angegriffen und Erfolge hatte.

Der Kreuzer hier soll einer der Fidschiklasse gewesen sein, der 12 Mal 15,2-cm-Geschütze und 8 Mal 10 cm hatte, neben einer sehr starken Flakbewaffnung. Außerdem haben diese Schiffe acht Torpedorohre und zwei Flugzeuge an Bord. Der Kreuzer soll 32 sm laufen und 8000 t groß sein, also etwa so groß wie die ‚Nürnberg', nur dass er bedeutend besser bewaffnet ist. Das war unser Erfolg, der erst heute verkündet wird, nachdem alles festgestellt ist.

Gestern Abend kam im englischen Nachrichtendienst in deutscher Sprache durch, dass in St. Malo drei Zerstörer durch Bombenwurf beschädigt wurden und ein Tanker in die Luft flog. Das war der englische ‚Großerfolg'. Wie war das nun wirklich?

Wir waren gerade am Zünden, da kam ich ans Oberdeck, hörte ein Flugzeug, das sich vom Sturzflug abfing, und hörte gleich darauf zwei gewaltige Detonationen. Schnell lief ich nach achtern auf meine Gefechtsstation. Es war natürlich Fliegeralarm, die Besatzung schlief. Zwei Bomben waren etwa 40 m hinter unserem Heck ins Wasser gefallen. Eine etwa 30 m hohe Wassersäule entstand, Splitter kamen über das ganze Boot geflogen, es war nicht gerade angenehm. Ich war gerade achtern angekommen, da ertönte wieder ein gewaltiges Zischen und mit mächtigem Krach detonierten weitere Bomben am Heck eines anderen Bootes, kaum 150 m von uns entfernt. Hier gab es einige Verletzte, vielleicht durch Bordwaffenfeuer. Mit höchster Fahrt sah ich einen Taifunbomber zwischen dem inzwischen einsetzenden Feuer herumkurven und das Weite suchen. Am Abend liefen wir wieder befehlsgemäß aus und kehrten heute Vormittag in unseren Stützpunkt zurück. Auch diesmal waren feindliche Fahrzeuge eingesetzt, die uns aber nicht trafen. Sie standen zu weit nördlich und hatten wohl auch genug vom Vortage. Es ist unerklärlich, dass wir bis auf 2000 m an den Tommy herankommen konnten, ohne gesehen zu werden.

Inzwischen haben wir alle den Wehrmachtbericht gehört, den sich keiner entgehen lassen wollte, obgleich alles übermüdet ist. Denn es ist wohl klar, dass keiner bei solch einer Fahrt schläft, zumal ein jeder weiß, dass die Abwehr immer stärker wird. Vielleicht sind es das nächste Mal schon 20 oder 30 Zerstörer, die uns auflauern. Das soll uns aber weiterhin nicht abhalten, immer wieder zu fahren. Schließlich gibt es immer wieder ein Loch, durch das wir unsere Torpedos anbringen können und durch das wir im rechten Augenblick immer wieder entwischen können. Das Kriegsglück wird uns auch weiterhin hold sein ..."

„*An Bord, 26.10.1943. L. E.*

Bei uns ist der Alltag wieder eingekehrt. Wir liegen im Augenblick in einer Werft, um uns auf dem Laufenden zu halten und einige geringe Schäden zu beseitigen, was für uns mit sehr viel Arbeit verbunden ist. Es blieb uns aber trotzdem Zeit, über unser bisheriges Leben nachzudenken. Am Tage nach unserem Einlaufen, als sich alles halbwegs ausgeschlafen hatte, sagte der LI: ‚Wir haben allen Grund unseren Geburtstag zu feiern.' Er meinte, wir seien einige Stunden gar nicht am Leben gewesen und wären nach all dem Schweren neu geboren. Wir haben nicht gefeiert, das haben wir uns schon lange abgewöhnt, denn dazu ist jetzt keine Zeit und keine Lust. Ein jeder ist still und ruhig und nimmt die größten und schwierigsten Arbeiten auf sich, in der Hoffnung, dass er damit sich und den anderen auf der nächsten Fahrt am meisten nützen kann, wenn wir vielleicht in 14 Tagen oder drei Wochen oder sonst einmal unsere Routine fahren. Dieser Ausdruck ist bei uns ein Begriff geworden. Schon beim Auslaufen sagt die aufziehende Wache: ‚Wir sind im Gefecht heute nacht oben an Deck' und ‚wir, die Maschinenwache, stehen unten.' Man sagt, wenn man abgelöst ist: ‚Jetzt kann ich noch vier Std. schlafen bis zum Alarm.' Und der Geschützführer fragt zur Brücke hoch: ‚Der Feind steht doch wohl 15 sm von uns, oder ist er nicht gemeldet?' Er steht aber da. Der Kommandant sagt uns: ‚Unsere mitternächtliche Milchsuppe essen wir um 3 Uhr, dann ist das Gefecht zuende.' Alles stimmt. Es ist eben der Ablauf der Nacht genauso festgelegt wie auf meiner Urlaubsfahrt, dass nämlich nach Raisdorf Elmschenhagen kommt, und dass, wenn ich Viehburg sehe, ich meinen Überzieher anziehe und den Koffer zurechtlege. Nur ein großes Fragezeichen gibt es: ,Wievielmal stärker ist der Tommy heute als wir?' Doch auch das ist unwesentlich. Wir sehen zu, dass wir ihn fangen können, wo er steht. Bei etwas Glück werden wir ihn wohl abschütteln können. Bei viel Glück beschießt er sich selber, was er zu unserer großen Freude öfter macht. Wir sagen dann: ,Das kommt davon, wenn man mit so vielen Fahrzeugen kommt, dann kann man sich selber nicht mehr deutlich erkennen.'

Nun zu uns selber: Der Tommy hatte in der besagten Nacht alles eingesetzt, was er im Kanal zur Verfügung hatte. Er hatte uns bereits umklammert und war bei uns an Backbord und an Steuerbord. Und warum hat er nicht geschossen, da er doch mindestens dreifache Übermacht hatte? Das ist das große Rätsel, das wir nie lösen werden. Vielleicht war er so sicher, dass er hoffte, eines unserer Boote abschleppen zu können, doch wir waren schneller und wacher. Was uns aber am meisten freut. Der Tommy hat seine Verluste zugegeben und einen Zerstörer dazu."

Jörgs Briefe an die Eltern vom 11.11.–21.11.43 aus Kampen und Le Havre

„*Kampen, 11.11.43. L. E.*

Die Kommandierung lässt noch auf sich warten. Ich glaube, die B. J. hat gemerkt, dass ich Brillenträger bin, und sucht nun nach einer anderen Möglichkeit, mich seemännisch zu unterweisen ...

Mir ist die Verzögerung auf jeden Fall recht, da man mir am Sonnabend einen Zahn gezogen hat. Er wurde geröntgt, wie schon von Hinrichsen vor sechs Jahren, und gefunden, dass an seiner Wurzel ein Herd sitzt, er außerdem einen anderen Zahn verklemmt, sodass er nicht herauskommt und einen weiteren zwingt, quer im Kiefer zu liegen. Also wurde er unter guter Betäubung, aber mit roher Gewalt Stück für Stück herausgebrochen. Der Herd, nun freigelegt, bescherte mir eine heftige Angina mit beträchtlichem Fieber, das jetzt aber abgeklungen ist, und ein dickes Zahngeschwür. Dies versuche ich nun mittels heißer Packungen, Umschlägen, Spülen und Bestrahlungen zur Reife zu bringen. Ich hoffe, dass es bald so weit ist. H. J."

„*Kampen, 14.11.43. L. E.*

Morgen ist nun mein Reisetag gekommen. Ich fahre nach Le Havre und werde von dort gleich meine Feldpostnummer schreiben.

Ich bin jetzt so weit wiederhergestellt, dass ich fieber- und schmerzfrei bin. Die Schwellung des Kiefers, wo der Zahn gesessen hat, besteht noch … H. J."

„*71, 18.11.43. L. E.*

… Bei meinem neuen Kommando wurde ich gleich auf einen Logger eingeteilt. Der Betrieb ist für mich neu und eng, aber ich werde mich bald eingewöhnt haben. Nachts konnte ich gleich eine Stichfahrt machen. Die Gefahr ist nicht größer als auf unseren Segelfahrten. Wenn Ottfried mit seinem Boot hier herkommt, soll er nach 38. M. S. Boot 22 fragen. Er fährt doch T 27 oder T 24? H. J. Postnummer M 18505."

„*71, 21.11.43. L. E.*

Jetzt habe ich mich schon etwas an Bord eingelebt. Ich markiere erstmal einen ganz Ruhigen, sage wenig und fasse überall mit an. Meine Koje liegt als Dritte gleich unter dem Deck. Ich kann mich nicht ganz darin ausstrecken, aber mit angewinkelten Beinen zu schlafen, ist es wärmer. Unter Deck ist es gewiss schön mollig, zumal ich mit 18 Mann in einem Raum liege. Das sind ¾ der Mannschaft. Aus einem eigenen Zimmer in ein Spind von ¼ qm umzusiedeln, ist eine gewaltige Umstellung, aber als alter Soldat kann man das schnell … H. J."

Jörgs Briefe an die Eltern vom 24.11.–16.12.43 aus Le Havre und Dieppe

„*71, 24.11.43. L. E.*

Wieder sind ein paar anstrengende Seetage hinter uns, in denen wir kaum Schlaf bekamen. Es ist ziemlich ungemütlich, fast jede Nacht hinauszumüssen. Morgens kommt man zurück und sinkt todmüde in die Koje. Am Nachmittag ist dann ‚Reinschiff', Infanteriedienst oder Musterung. So sind die Tage voll ausgenutzt.

Ich selbst habe eine gute Stellung und werde immer mehr anerkannt. Natürlich sieht man auf einen Medizinmann herab und traut ihm nichts zu. Aber wenn man dann aus dem Handgelenk einen Spleiß hinlegt und mit den Trossen herumwirbelt wie ein alter Seebär, dann kommt man nicht aus dem Staunen heraus. Heute sagte der Bootsmaat, der Käpten, dass ich eine Sache klar machen solle, die Seeleute würden doch Mist machen. Wirklich kann ein Teil der Seeleute überhaupt nichts leisten. Für mich ist das alles eine schöne Erinnerung an unsere Sportsegelei. Ich fasse alle Strapazen als Sport auf, und es fällt alles leicht.

Wir hatten heute eine Ramming mit einem anderen Boot der Flottille, sodass wir wohl eine Zeit lang in die Werft gehen müssen. Mein Zahn ist sehr gut verheilt. Die Wunde schmerzt nicht mehr. H. J."

„*71, 1.12.43. L. E.*

Allmählich ist man alt geworden an Bord. Man redet auch ein Wort mit an der Back, während ich zuerst geschwiegen und gehört hatte. Ich bin auch mit diesem und jenem warm geworden. Zum Lesen komme ich nur wenig, was bei der Enge der Wohngelegenheit verständlich ist …

Das Wetter ist winterlich unfreundlich. Oftmals zwingt uns Sturm oder diesiges Wetter, im Hafen zu bleiben. Hagelschauer und Schneetreiben lassen nur selten die Sonne hervorkommen … H. J."

„70a, 6.12.43, L. E.

Wir haben unseren Hafen gewechselt und sind in die Stadt eingelaufen, in der die Engländer im vergangenen Jahr den Landungsversuch gemacht hatten. Er liegt zwischen 70 und 71 …

Unsere Arbeit ist nicht so gefährlich. Minen suchen wir schon lange nicht mehr, obwohl wir alles Gerät an Bord haben. Jetzt versehen wir den Vorpostendienst, geleiten manchmal Transporter und fahren oft Position, d. h. wir sichern einen bestimmten Seeraum. Feindberührung ist selten, da wir nicht so weit hinausfahren wie Ottfrieds Boote. Seegang und Nebel schränken unsere Fahrten ein, wenn sie nicht ganz deswegen ausfallen.

Nun noch etwas über 71. Die Bevölkerung ist dort auch in der letzten Zeit aufgeputscht worden. Es war nicht so schlimm wie in Rouen, wo mehrere schwere Anschläge ausgeführt wurden, doch in den letzten Tagen wurden auch in 71 Attentate ausgeübt. So zerrissen vor dem Soldatenkino einige Handgranaten mehrere Soldaten. Auch in einer Straßenbahn wurde ein Soldat verletzt. Daraufhin wurden sämtliche Lokale geschlossen. Strengste Strafen bedrohen die Terroristen. So werden alle Männer der Familie, sowie Schwäger und Vettern über 18 Jahre erschossen. Alle Frauen kommen in Zwangsarbeit, während die Jugendlichen solcher Familien in Erziehungsheime gebracht werden.

Ich habe mich in der letzten Zeit als Dolmetscher bewährt. Wenn ich auch nicht mehr so viel kann wie 1940–41, so kann ich meine Kenntnisse doch ganz gut anwenden mit dem französischen Kompensator, der die elektrische Leitung zur Entladung des Schiffes im Hafen bedient, und den Schleusenwärtern. Das ist ein sehr dickfelliges Volk. Da liegt so ein deutsches Boot stundenlang fest vor einer Schleuse und tutet. Mir wurde dann aufgetragen zu fragen, was los sei. Ich traf den Wärter gemütlich lesend an. Er sagte, dass er nicht öffnen könne, da das Wasser schlecht sei. Darauf erklärte ich ihm, eine Schleuse mit zwei Toren sei bei jedem Wasser zu öffnen, und zeigte dabei, dass ich wohl wusste, dass er nicht wollte. Da gab er alles zu und öffnete in kurzer Zeit.

An Bord meldete ich es und legte es als Sabotage aus. Der Kommandant wollte es aber nicht melden. Man ist es wohl schon so gewohnt. Man müsste da einmal wieder durchgreifen. Meistens redet der Franzose auf den armen ‚Lord‘ ein wie ein Wasserfall, und der glaubt es, da er nicht versteht, was der Franzose will.

Es ist schon so, wenn man ein Volk beherrschen will, muss man seine Sprache verstehen. Ganz im Gegensatz, dass wir mit unseren Kräften auskommen.

Von Ottfried habe ich auch Post. Hier in diesem Hafen werde ich ihn wohl kaum treffen ... H. J.“

„*71, 12.12.43. L. E.*

... Mein Bauch kann auch nicht klagen. Wir haben einen Koch, der für uns 30 Mann vorzüglich kocht. Zulagen, Fleisch und Fett sind reichlich ...

In Dieppe habe ich mir die alte Kathedrale angesehen, die sehr vernachlässigt ist. Es ist ein äußerlich etwas uneinheitlicher frühgotischer Bau, der innen jedoch mit herrlichen an Filigran erinnernden Steinmetzarbeiten geschmückt ist. Außerdem enthält dieser Dom wundervolle Glasmalereien in einer selten gesehenen Farbenpracht ... Wenn ich aber am Tage die Möglichkeit habe, an Land zu gehen, nehme ich es wahr, nur um zu sehen und die Menschen kennenzulernen. So habe ich mir hier auch die Befestigungen angesehen. Man kann wirklich von gewaltigen Werken sprechen. Panzerwerk reiht sich an Panzerwerk an Stellen, wo das Fehlen der Steilküste eine Landung möglich erscheinen lässt. Durch die Städte ziehen sich kilometerlange Panzermauern, die mit Stacheldraht gesichert sind. Die Häuserblocks, die unmittelbar an das Hafengelände oder die Küste reichen, sind geräumt. Alle Öffnungen sind vermauert, um als natürliches Hindernis zu wirken und der einheimischen Bevölkerung die Möglichkeit zu nehmen, den kämpfenden Truppen in den Rücken zu fallen. Man kann vollauf beruhigt sein, wenn man dies gesehen hat ... H. J.“

„*71, 16.12.43. L. E.*

Wieder einmal rüsten wir uns, das Weihnachtsfest gemütlich auszugestalten. Es werden die flüssigen Sachen empfangen, und ein Boot ist die Seine hochgefahren, um Weihnachtsbäume zu holen. Trotzdem ist die richtige Stimmung noch nicht da, weil wir das Fest wahrscheinlich in unserem neuen Standort 70a feiern werden. Auch in unserer Arbeit ist keine Schonung eingetreten. Laufend sind wir unterwegs, um Geleitzüge durchzubringen, was oftmals nicht voll durchgeführt wird, da Mondschein, Sturm oder Nebel die Fahrten verhindern. Es ist bei uns schon zur Regel geworden, dass wir tags schlafen, um nachts wach zu sein.

Es ist wirklich so, dass von der Marine etwas verlangt wird, was den Mann voll in Anspruch nimmt. Trotzdem ist der Infanterist im Einsatz schlechter dran, weil er niemals weiß, wo er schlafen soll. Er schleppt sein ganzes ‚Zuhause' mit sich, das deswegen sehr einfach ausfällt. An Bord weiß man immer, dass in zehn bis zwölf Stunden eine warme Koje, ein geheizter Raum und eine gute Waschgelegenheit auf ihn warten. Ich kann also nur sagen, dass ich es im Allgemeinen besser an Bord habe, als es mir der Feldeinsatz geben konnte. Zu leisten ist in beiden Fällen das Menschenmögliche. Für die Einsatzzeiten treten für Infanterie und Marine auch gute Tage ein. Nach solcher Betrachtung hoffe ich, dass das Fest nicht schlechter ausfallen wird als die übrigen drei, die ich bei der Truppe gefeiert habe. Ich hoffe auch, dass Ihr ein paar Tage ausspannen könnt und eine Zeit verleben könnt, in der Ihr Euch froh und ungetrübt der Erinnerung hingeben könnt. So wünsche ich Euch ein frohes Fest und grüße Euch zu Weihnachten herzlich, Euer Jörg."

Ottfrieds letzte Einsätze im Atlantik

Ottfrieds Briefe an die Eltern vom 29.10.–10.12.1943 aus einem Hafen an der Westküste von Frankreich

„*An Bord, 29.10.1943. L. E.*

Ich sende Euch heute eine Abschrift des Frontberichtes, der in der Zeitung ‚Gegen Engeland' vom 25.10. erschienen ist. So ungefähr war es. Wir haben dabei ein unglaubliches Glück gehabt, dass wir den Gegner gleich vor unsere Rohre bekamen, denn sonst wären wir wohl alle auf dem Friedhof von St. Malo gelandet. So hat der Tommy das Pech gehabt. Der Grund ist ganz allein darin zu suchen, dass unsere Kommandanten und der Ko-Chef den englischen Führern überlegen sind. Die ganze Welt, d. h. soweit wir sie hier erreichen können, spricht davon. Bei einer Musterung, bei der Auszeichnungen verliehen wurden, hörten wir die Glückwünsche der Vorgesetzten. Unter anderen hat auch der Oberbefehlshaber der Marine seine Glückwünsche übersandt …"

„*An Bord, 15.11.1943. L. E.*

… Ein großer Teil von uns ist gerade auf Urlaub gefahren. Ich konnte aber nicht fahren, da zu viel zu tun ist, vor allem, da unser alter LI abkommandiert ist. Wir alle sind genauso traurig wie er. Er war ein sehr einsichtsvoller und gut sorgender Offizier. Vor allem tat er in den letzten Tagen noch das, was er mir versprochen hatte. Ich bin nun endlich offiziell als ROA vorgeschlagen worden. Wäre er nicht abkommandiert, hätte er es noch nicht getan, da er jeden auf einem eingefahrenen Boot braucht, zumal, wenn er etwas kann.

An der Front wird man eben nur selten befördert, da jeder eingespielte Mann so gut wie nicht zu ersetzen ist. Ich glaube, es ist auch so im Osten an der Front. Diejenigen, die vorgeschlagen werden und einen Kursus machen dürfen, kommen aus der Etappe, die Front gibt keinen frei. Da hat der etwas zu sagen und zu bestimmen, der tapfer ist, ganz gleich, welchen Dienstgrad er hat. Durch sein Vorbild reißt er die anderen mit. Das ist ähnlich auch so bei uns. Wenn hier auch nicht gerade in der Schlacht die Tapferen die Träger des Willens sind, so sind sie es doch nachher und vorher, wenn es heißt, durch Energie und Ausdauer die Anlage kampfklar zu halten oder wieder zu machen oder durch geschickte Behandlung des Soldaten aus ihm das Höchste herauszuholen. Es ist wahrlich keine Kleinigkeit, Soldaten und Unteroffiziere, die eine Nacht durchgekämpft haben, zum Teil unten im Maschinenraum, wo sie nichts sehen, aber jeden Einschlag der Granaten aufs Wasser als gewaltige Explosion gehört wird, nachher wieder an die Arbeit zu holen, damit sie das Schiff für den abendlichen Einsatz wieder klar machen. Das ist so im weiten Sinne meine Aufgabe. Wie sehr die Leute bei uns beansprucht werden, kann man daraus ersehen, dass jeder, wenn er Freiwache hat, umfällt und schläft, wenn es erlaubt ist, obgleich auf See und besonders im Kanal überall etwas passieren kann, sei es, dass Minen im Wege liegen, oder Nachtbomber uns angreifen oder dass plötzlich Schnellboote da sind oder sonst ein Übel uns den Weg versperrt. Wenn wir in eine Gefahrzone kommen, steht alles an Oberdeck und sieht gespannt in die Nacht hinaus, bis sie dann wieder in die Maschine hinuntermüssen und dort 6 Std. im Lärm der Maschinen und im erhöhten Luftdruck vor den heißen Kesseln stehen.

Das ist in einigen Worten der schwere Dienst des technischen Personals. Ihr meint, im Maschinenraum ist es eintönig. Ich kann es beim besten Willen nicht sagen, wo es interessanter ist, ob in der Maschine oder an Deck. Jedenfalls braucht man in der Maschine die größeren Nerven. Mit 10 sm läuft man neben einem Geleit so stundenlang her. Wenn etwas kommt, heißt es durchs Telefon von der Brücke: Mehrere feindliche Ziele 15 sm voraus. Man merkt, dass der Kurs geändert wird. Die Fahrt wird schneller, dann langsamer, im Ganzen unstetig. Weichen wir aus, gehen wir ran, sieht er uns zuerst oder wir ihn, werden Torpedos kommen oder erst

Abb. 87 *Die Gemeinschaft um Ottfried zwischen den Seeschlachten*

Artillerie? Das sind die Fragen. Dann die alles Leben erschreckende Alarmklingel, die einen noch erschreckt, wenn man auch noch so sehr auf sie gewartet hat. Wenn dann das Gefecht beginnt, hört man von den eigentlichen Vorgängen nichts mehr. Man hört die eigenen Abschüsse und vor allem die Aufschläge der feindlichen Granaten, die tausendfach verstärkt erscheinen. Jeder Abschuss und Aufschlag erschüttert das Boot, man könnte hinten nicht mehr merken, wenn es vorn getroffen wird. Besonders scharf passt man auf die vielen Maschinen auf und wartet richtig darauf, dass eine Granate in den Raum einschlägt, dass man schnell die Gefahr beseitigen kann. Man ist unten viel mehr in Spannung als oben, wo sich der Seemann mit der Waffe wehrt, und weiß, dass er etwas daran ändern kann, wenn der Tommy zu dicht herankommt.

Zunächst liegen wir aber noch einige Wochen fest, dann hoffe ich, bald auf Urlaub kommen zu können. Nach der neuen Einteilung sind einige Unteroffiziere und Mannschaften als Reserve an Bord. Dann kann immer der eine und andere auf Urlaub fahren. Wir sind noch vier Unteroffiziere, die ihn noch zu bekommen haben …“

„An Bord, 21.11.1943. L. E.

... Immer noch nichts Neues. Wir liegen in der Werft und arbeiten. Über uns Stürme. Wir freuen uns, dass wir nicht ausfahren müssen. Im Übrigen ist es recht ungemütlich. In Brest ist es todlangweilig. In der Stadt gibt es kaum ein Lokal, in das man sich länger setzen kann. Alles ist dreckig und öde. Für 3 RM bekommt man ein ganz anständiges Essen, Huhn oder Leber. Wenn man zwei dieser Essen hinter sich hat, ist man satt. Sonst isst man ein Essen im Soldatenheim für 60 Pf, das aus viel Kartoffeln und Tunke und einem kleinen Stück Fleisch und Salat besteht. 2 Soldatenkinos zeigen deutsche Filme mit einer alten Wochenschau. Ab und zu spielt eine Bühnengruppe im Theater. Ich vergaß noch eine Frontbuchhandlung, die eine Unmenge Bücher hat, von denen wir jede Woche eins kaufen. Viele Bücher, die hier zum Verkauf stehen, gibt es wohl in keiner heimischen Buchhandlung mehr. Jede zweite Woche haben wir Wache. Dann sitzen wir in unserem U-Raum, spielen Schach oder Karten und lesen viel. Im Übrigen wird viel geschlafen, und jeder pflegt sich so, wie jeder kann und denkt, dass er es nötig hat ... Wohin ist Jörg kommandiert?...“

„An Bord, 30.11.1943. L. E.

Eben habe ich Euren Brief bekommen, den ich schon lange erwartete. Zum Urlaub fahren wir jetzt einzeln. Ich komme wohl im Januar dran. ... Mit der Esserei hat es keine Not. Jetzt bekommt jeder das ‚Führergeschenk‘ mit, einen Gutschein über 4 kg Mehl, 1 Pf Butter, Zucker, Hülsenfrüchte. Das ist dann immerhin eine Aushilfe ...“

„An Bord, 31.11.1943. L. E.

... Ihr fragt im letzten Brief so allerlei. Zuerst war gestern ein großer Tag für die Flottille. Der Flottillenchef hat das Ritterkreuz erhalten und der Kommandant das Deutsche Kreuz in Gold. Daraus ersieht man, wie hoch unsere Fahrten angerechnet werden. Ihr fragt, wo wir fahren. Genau gesagt zwischen Brest und Cherbourg, doch erreichen wir den letzteren Hafen nie. Unsere Gefechte sind meist an der Stelle, wo die gerade Küste in den Golf von St. Malo übergeht. Hier befindet sich eine Inselgruppe, die uns zum Nutzen ist, den Feind aber hindert. Ihr fragt, was ich in diesen Gefechten zu tun habe. Zu tun habe ich kaum etwas. Meine Wache sitzt oder steht am Geschütz, d. h. nur die Heizer. Infolgedessen bin ich während der ganzen Seefahrt an Oberdeck. Ich führe die Gefechtsgruppe 1, die aus zwei Unteroffizieren und drei Heizern besteht und als Wirkungsbereich die hinteren Abteilungen bis zum Turbinenraum hat. Wir sollen bei irgendwelchen Treffern Reparaturen ausführen und Feuer löschen. Danach hätten wir also bisher nichts zu tun gehabt. Das ist so aber doch nicht der Fall, denn wenn unsere Geschütze schießen, schaffen meine Leute die Munition an Oberdeck. Ich selbst bleibe frei an Oberdeck stehen, erhalte ein Glas vom Geschützführer und beobachte die Seite, wohin nicht geschossen wird. Es könnten ja Schnellboote angreifen. Dann achte ich auf Torpedobahnen, doch ist das wohl aussichtslos, denn wenn ich sie gesehen habe, sind wir wohl schon im Himmel. Es bleibt nur noch zu sehen, ob der Feind Torpedos geschossen hat, die nicht trafen. Zum anderen versuche ich den Feind zu erkennen, um darauf aufmerksam zu machen, denn wir schießen meist indirekt, d. h. die Schützen sehen ihn nicht, sondern werden geleitet. Wenn ich ihn sehe, könnte ich das Geschütz aufmerksam machen. Zum Schluss warte ich, dass wir getroffen werden, um meine eigentliche Aufgabe zu beginnen. Schließlich habe ich größere Schäden an Oberdeck und in den Wohnräumen zu beseitigen. In nächster Zeit wird wohl eine Wache abkommandiert werden, sodass ich wahrscheinlich wieder Betrieb fahren muss. Es kann aber auch sein, dass ich nicht an Oberdeck bleibe, da ich der einzige Unteroffizier bin, der Kessel **und** Maschine fahren kann. Seit einiger Zeit bin ich nämlich sonst im Turbinenraum. Ich werde dann bei einem Ausfall sofort einspringen können. Im Übrigen bin ich Divisionsfeldwebel, dem Namen nach, das bedeutet, dass ich für den inneren Betrieb des Maschinenpersonals verantwortlich bin …"

„*An Bord, 10.12.1943. L. E.*

... Wir fahren morgen Probe und dann sind wir wieder klar. ... Ich habe eine neue Aufgabe bekommen. Ich fahre überhaupt keinen Betrieb mehr, sondern bin für die äußere Sicherheit des Bootes verantwortlich. Hoffentlich ist uns das Glück weiter hold, sodass ich nicht weiter in Aktion zu treten brauche ..."

Elternbrief an Jörg vom 18.12.1943 nach Le Havre

„*Kiel, 18.12.43. L .J.*

Wenn Du ausgehst oder, wie Ihr sagt, an Land gehst, so befolge die vorgeschriebenen Vorsichtsmaßregeln. Verzichte lieber auf ein zweifelhaftes Vergnügen, sie werden alle zweifelhaft sein, wenn die Gegend nicht sicher ist. Besonders musst Du verrufene Gegenden meiden, auch Kneipen, wo es schon zum Krach gekommen ist. Auch das Studium von Land und Leuten kann zu Zwischenfällen führen. Auch wenn Du die Sprache etwas sprichst, Missverständnisse werden immer möglich sein. Vielleicht sind solche sprachlichen Missverständnisse allzu oft der Anlass zu Streit, der sonst gar nicht beabsichtigt zu sein brauchte. Der Verlust eines Sohnes außer einer Kampfhandlung wäre zu schmerzlich, eben weil es nicht nötig gewesen wäre. Es wäre kein Opfer, wie wir es verstehen: Einsatz des Lebens, um sinnvoll der Volksgemeinschaft und ihren politischen Zielen zu dienen. Es würde auch nicht mit der Würde des Menschen zusammenfallen, die im selbstbestimmenden Handeln besteht. Sich geben und es darauf ankommen zu lassen, ob ein Klamaukbube etwas unternimmt, wäre der Gegensatz zum Handeln, wäre Fatalismus. Und der liegt uns nicht. Wir glauben nicht an Schicksal im Sinne des über uns Heraufziehenden dessen, das einfach hingenommen werden muss. Wir Einzelne ebenso wenig wie das Volk als Ganzheit. Mit Schicksal verbinden wir den Begriff der Tat, wir streben danach, es zu meistern. So gehen wir bewusst solchen Anschlägen aus dem Wege, weil wir im Bestehen und Aufsuchen solcher Abenteuer keinen Einsatz sehen. Schade um jeden deutschen Soldaten, der einem Unglücksfall in Feindesland zum Opfer fällt, wenn es außerdienstlich war. Der Einsatz des Lebens darf nur für eine Gemeinschaft sein, in die wir gestellt sind. Wer dabei sein Leben verliert, stirbt adelig.

Ich sehe, ich habe den Gedanken des ‚Opfers' weiter ausgeführt, als es für Dich nötig gewesen wäre. Mögen die Zeilen den Enkeln über unser Denken Aufschluss geben. Der Krieg wirft Fragen auf, die sonst niemals gestellt werden würden, oder doch nur von zünftigen Philosophen. Übrigens kamen wir im Unterricht auf Ähnliches und auf die gleiche Antwort. Die Schüler behandelten es dann in einer kleinen Niederschrift.

Weihnachten, so hoffen wir, können wir ungestört an Euch denken. Wir raffen uns dann vielleicht auch zu einem Glas Wein auf, das wir in Gedanken an Euch auf Eure Gesundheit leeren werden. Herzlichen Gruß und allerbeste Wünsche! Dein Vater.

Ich habe gestern die vierte Spritze im Krankenhaus bei Dr. Peschel bekommen. Es geht mir auch schon besser."

Mutter: „… Wir sind noch ganz erschüttert und ganz wehmütig über den schweren Luftangriff am vergangenen Montag. Es war in der Mittagsstunde. Vati war dienstfrei. Wir waren im Keller. Es ist sehr viel zerstört worden …

Von Ottfried haben wir seit dem 30.11. keine Nachricht. Ob er in einer Woche nicht geschrieben hat, ob der Brief verloren gegangen ist oder liegen geblieben ist? Hoffentlich ist er gesund … Nun sende ich Dir herzliche Weihnachtsgrüße und alles Gute wünsche ich für Dich. Bleibe gesund, Deine Mutter."

Briefe der Eltern an Ottfried vom 18.12. und 25.12.1943

„Kiel, 18.12.1943. L. O.

Wir warteten einige Tage auf Deine Nachricht, sodass dieser Brief etwas später als sonst auf den Weg gekommen ist. Deine

Nachricht ist zwar nicht eingegangen, aber es lässt sich nun nicht länger hinausschieben, Dir zu schreiben. Von Jörg kommen die Nachrichten jetzt regelmäßiger, er scheint sich auch schon eingelebt zu haben. Mutter scheint in Sorge zu sein wegen der in Frankreich wohl jetzt herrschenden Unsicherheit. Meist ist die eigentliche Gefahr schon vorbei, wenn wir hier in der Heimat darum wissen. So wird es auch jetzt sein. Und dann seid Ihr ja auch vorsichtig und wisst, wohin man gehen darf und wohin nicht. Es ist schmerzhaft, einen Sohn verlieren zu müssen; es ist aber nicht immer zu vermeiden, wenn es sich um einen kriegerischen Einsatz handelt. Doppelt schmerzhaft ist es, wenn er Opfer aufständischer Bevölkerung geworden sein sollte, weil es nicht hätte zu sein brauchen. Daher sollte man beim Anlandgehen Vorsicht walten lassen.

Ich schrieb Dir am 15., dass hier ein schwerer Angriff herniedergeprasselt war. Es ist schlimmer geworden, als ich damals habe übersehen können. Zwar sind wir mit 80 Toten und 20 Verletzten diesmal noch gut abgekommen. Aber die Verwüstungen sind doch ungewöhnlich schwer. Das Rathaus ist ohne Dach und ausgebrannt, das Theater auch. Banken, Textilhäuser, das alte Rathaus, dies ein kleiner Trümmerhaufen, ganze Häuserreihen der Holstenstraße und anderer, das sind die schlimmsten Stellen in der Geschäftsstadt. Noch nie ist diese Seite so getroffen worden. Der Bunker am Wilhelmplatz ist an einer Stelle durchschlagen worden. Das Nachbarhaus von Frau Plambek in der Damperhofstraße ist getroffen und vernichtet. Am Donnerstag war wieder ein Großangriff geplant, er kam wegen des Nebelwetters und wegen der guten Vernebelung nicht zur Entfaltung. Auf den Plöner See sollen sie mehr Bomben geworfen haben als am Montag über Kiel. Auch die Umgebung von Kiel soll Hunderte von Bomben ins freie Land bekommen haben, Auswirkung der Abwehr.

Wir hoffen, dass wir Weihnachten in Ruhe gelassen werden. Sie scheinen aber tun zu können, was sie wollen. Bei gewissem

Wetter scheint die Abwehr nicht zu glücken. Von 700 Flugzeugen am Donnerstag sind ganze 38 abgeschossen worden. Dabei haben immer 19 von 20 Aussicht, zurückzukehren. Wenn dies nicht günstiger für uns wird, werden wir die meisten Städte verlieren. Unsere Fronten stehen weit draußen; aber Zerstörungen bringt dieser Krieg, wie wenn der Feind im Lande wäre. Die Technik geht wahrhaft durch mit den Menschen. Und bei der eigentlichen Anlage des Menschen ist keine Aussicht, dass sich dies je ändern wird. Der Mensch leidet an sich selber. Der Artikel im ‚Reich' über die kommende ‚Vergeltung' war recht ermutigend. Hoffen wir, dass es dann auch wirklich Endgültiges ist, was wir dann unternehmen können, wenn der Augenblick gekommen sein wird.

Weihnachten und Neujahr werden wir in Gedanken bei Euch verbringen, vielleicht werden wir uns zu einem Glase Wein aufschwingen. Dann trinken wir auf Eure Gesundheit. Herzlichen Gruß und allerbeste Wünsche. Dein Vater."

Mutter: „Lieber Ottfried.

In einer Woche ist Weihnachten, wir hofften, dann Dich bei uns zu haben. Aber das wird ja nun nichts. Wir werden die fünften Kriegsweihnachten allein verbringen müssen. Die Hauptsache ist, Ihr beide, Du und Jörg, und auch Vati und ich bleiben gesund, und dass wir uns alle gesund wiedersehen. Vati schrieb schon, dass ich mich wieder sehr um Dich sorge, weil keine Nachricht von Dir kommt. Aber hoffentlich bist Du gesund, und es kommt bald ein guter Brief von Dir.

Von dem letzten Luftangriff auf Kiel sind wir noch ganz erschüttert. Man hat ein wehmütiges Gefühl, wenn man durch die Straßen geht, wenn man diese Verwüstungen sieht. Die frohe Weihnachtsstimmung fehlt. Vati hat einen Tannenbaum gekauft. Er ist wohl 1,50 m hoch, Edeltanne mit so schönen dicken Nadeln. Wir werden ihn schmücken, Kerzen gibt es nicht, wir stellen unsere beiden großen Leuchter dazu, und dann werden wir an Euch denken und hoffen, dass Ihr gesund seid und dass es Euch gut geht, und dass Ihr das Weihnachtsfest gut verlebt.

Jörg schrieb uns, dass er auch von Dir schon Nachricht hat. Es scheint ihm ganz gut zu gehen. Ich wünschte, Ihr möchtet die Weihnachtspäckchen zum Fest bekommen. Ihr habt doch jetzt einen festen Liegeplatz und da müsste doch Post Euch regelmäßig erreichen.

Mein lieber Ottfried, nun hoffe ich, dass Du gesund bist und dass es Dir gut geht. Verlebe die Weihnachtstage recht froh und alles Gute für das neue Jahr. Herzliche Weihnachtsgrüße von Deiner Mutter."

„*Kiel, 25.12.1943. L. Ottfried.*

Dein Paket wurde rechtzeitig bei uns abgegeben, es durfte natürlich nicht aufgemacht werden. So sah ich erst gestern Abend, was für ein wertvolles Buch es ist. Ich sah es wohl schon früher in einem hiesigen Schaufenster stehen, wagte mich aber nicht heran, da ich genug zu tun habe. Da ich es nun aber habe, ist es gut, es lässt sich sogar für den Dienst verwenden. Also, schönen Dank. Von mir bekommst Du einen Roman aus dem Baltikum von Schaper, ‚Der Henker'. Er behandelt das Schicksal eines zu seinen Deutsch-Pflichten zurückgekehrten Mitglieds einer abtrünnigen Familie. Der Mann hält durch, obwohl die gesamte Presse Lettlands gegen ihn mobil gemacht wird und obwohl auch die Regierung ihn fallen lässt. – Ehre ist das Hauptmotiv, das immer wieder erörtert wird. Ich hatte noch anderes bestellt, habe es aber nicht bekommen. Wir sind also auch vom guten Willen des Buchhändlers abhängig, der anscheinend die Lieferungen rationiert wie der Gemüsehändler die Kohlköpfe.

Mutti fand gestern die beiliegende Todesanzeige des Mannes von Irmgard Rubach.

Wir rechnen auf Deinen baldigen Urlaub.

Jörgs Weihnachtsbrief ging gestern morgen ein, so war also allseitige Freude.

Ein für Dich angenehmes und erfüllendes Jahr wünschen Dir Deine Eltern."

Ottfried hat diesen liebevollen Weihnachtsbrief nicht mehr gelesen.

Elternbriefe an Jörg vom 23.11.–14.12.1943 nach Le Havre

„*Kiel, 23.11.43. L. J.*

... Ottfried ist an Bord von T 25, Feldpostnummer M 50999. Er liegt wohl in Cherbourg, noch in der Werft. Auf Urlaub kommt er erst im Dezember frühestens. Die Werftzeit zieht sich in die Länge. H. V. und M."

„*Kiel, 26.11.43. L. J.*

... Du hast es gar nicht nötig, irgend etwas herauszubeißen, tue Deine Pflicht und wolle niemand belehren. Es ist besser, über Mängel hinwegzusehen, als sie abstellen zu wollen. Du bist eben ein Lernender, ein Jüngerer. Deine Zeit ist übrigens bemessen, in Kurzem verlässt Du die traulichen Planken wieder. In der Ausbildungszeit soll man sich mehr treiben lassen, als gegen den Strom zu schwimmen. Gegen die Vorgesetzten soll man nichts herausbeißen wollen. Sie sind oft sehr empfindlich ... H. V."

Mutter: „... Vati hat Dir gute Ratschläge gegeben. Aber ich glaube, Du hast sie nach drei Kriegsjahren nicht mehr nötig ... H. M."

„*Kiel, 29.11.43. L. J.*

Es ist ja ganz erfreulich, dass Du Deine seemännische Kunst zeigen kannst und trotz Deiner wissenschaftlichen Vorbelastung in Seemannschaft glänzen kannst. Das ist dann ein Höhepunkt im Leben eines nur Geduldeten.

Ich habe heute Abend Wachdienst in der Schule, Mutter packt schon alles zusammen. Es ist dunkel und regnerisch, trotzdem ist mit Einflügen zu rechnen. Wir haben an manchen Tagen zwei Mal

Alarm. Der absonderlichste war der von heute früh um 6 Uhr, es erfolgte nichts. H. V."

„*Kiel, 6.12.43. L. J.*

Tante Friedel schrieb uns von dem letzten großen Angriff auf Berlin. Sie haben Phosphorkanister im Garten gehabt und Stabbrandbomben sind an der Hauswand abgebrannt. Es war sehr schlimm. Aber nun haben wir noch keine Nachricht von ihnen, Mimi und Alfred. Wir bekommen auch keine Börsenzeitung aus Berlin. Es ist wohl viel vernichtet ... H. M."

„*Kiel, 14.12.43. L. J.*

Nach dem ersten Angriffstag, dem 13.12. mittags, hier heute früh das erste Lebenszeichen. Bei uns ist alles unversehrt geblieben. Die nächsten Einschläge waren die Maschinenbauschule, dort eine Halle auf dem Hof, Bunker Lessingplatz hat gehalten. Arbeitsamt, Damperhofstraße, Wilhelmplatz, Exerzierplatz, Rathaus, Stadttheater, Sophienblatt, Mittelstraße Ecke Knooper Weg.

Ich hoffe, dass diese Nachricht auch Kiel verlassen kann. H. V."

Jörgs Briefe an die Eltern von 22.12.43–16.1.44 aus Dieppe

„*71, 22.12.43. L. E.*

... Man kommt nicht einmal zum Lesen eines Buches. Aber das ist auch gar nicht nötig. Ich halte eine geistige Entspannung für sehr gut, wenn sie mit einer gleichzeitigen körperlichen Ausarbeitung einhergeht.

Vor einiger Zeit haben wir einen Geleitzug nach 72 (Cherbourg) gebracht. Ottfried war nicht aufzutreiben. Doch habe ich mir die altbekannte Stadt wieder angesehen und in Erinnerungen geschwelgt. Das Weihnachtsfest werden wir in 71 feiern. Die Zulagen und Geschenke sind schon alle empfangen. Es wird wohl eine ziemlich feuchte Angelegenheit werden. Ich schreibe an einer Bierzeitung. H. J."

„71, 26.12.43. L. E.

Das Fest ist bei uns im Abebben begriffen. Es war eine schöne Sache, die wirklich neben die anderen drei, die ich schon im Kameradenkreise verlebt habe, treten kann: Auch ich habe am Gelingen ein Verdienst, wenn nicht sogar ein entscheidendes daran. Auf allen Booten ist es nicht so gemütlich gewesen wie bei uns.

Am frühen Nachmittag sagte der Pfarrer ein paar gute Worte, doch schon auf dem Rückmarsch klappte das Singen nicht und wir exerzierten eine halbe Stunde zur Strafe, und das am Heiligen Abend. Dann stellte sich heraus, dass man unseren Weihnachtsbaum geklaut hatte. Unter den schwierigsten Umständen wurde ein neuer besorgt. Um 18 Uhr aßen wir garnierten Kartoffelsalat mit Würstchen. Das war eine gute Grundlage. Dann schritt man zur Bescherung. Jeder erhielt etwas Süßigkeiten, ein gutes Buch und Kekse und Rauchwaren. Mein Buch ist ein anscheinend sehr guter Forschungsbericht über eine ethnologische Expedition in Hinterindien. Ich durfte es mir allerdings vorher aussuchen. Dann hielt der Kommandant, Steuermannsmaat Röschmann, eine Rede. Ich hatte sie ihm aufgesetzt und führte Sonnenwende, Licht und Finsternis, Hoffnung, Familie und Kameradschaft darin an. Er stümperte zwar, doch er versagte nicht. Dann wurde der Baum angezündet. Man sang Weihnachtslieder und schlürfte Kognak. Dabei tauschten wir Erinnerungen aus und dachten an unsere Angehörigen. Ich stellte mir vor, wie Ihr unter dem kleinen Baum bei einem Glase Wein einmal ruht. Nur hier und da fällt ein Wort. Fast schweigend sucht Ihr die Leere zu durchwaten. Ich glaube, es war unendlich schwer, wieder allein sein zu müssen. Doch dann allmählich überwandet Ihr den toten Raum, der uns trennt, und auf einmal sprach Mutti von Weihnachten, wie es früher war. Und dann waren wir da, saßen bei Euch unter dem Baum und spielten mit dem Wagen und der Eisenbahn. Dann spielten wir mit den Baukästen, die immer neue Variationen entstehen ließen, und spielten schließlich eine Rommé-Partie um Walnüsse, die Vati immer bezahlen musste. Endlich saßen wir gemütlich zusammen, lasen das

Buch und suchten schon ein verständiges Gespräch zu führen. So ist es bei Euch gewesen, und ich war auch dort, in der Stube, wo unsere Bilder auf dem Tisch stehen. – Doch dann verblassten allmählich die Erinnerungen. Wir tranken etwas mehr, stießen auf dies und jenes an und machten Blitzlichtaufnahmen. Jetzt verlas ich die Weihnachtszeitung, die ich in den letzten Tagen auf der Wache gereimt hatte, und sie löste schallende Heiterkeit aus; denn vom Kommandanten bis zum jüngsten Matrosen war keiner als ein sanfter Hase gewürdigt worden. Die Stimmung war da, man sang und spielte. Es wurde viel getrunken. Gegen 2 Uhr musste ein großer Teil die Koje aufsuchen. Doch der Koch brachte Torte, belegte Brote und Bohnenkaffee an, was uns die nötigen Kräfte zum Weiterfeiern gab. Es kommen andere Spätlinge anderer Boote in den Raum. Bald waren wir mit 15 Mann, zum größten Teil Unteroffiziere, die Letzten der Gruppe. Da hielt ich eine Rede über das Wesen der Menschen, das wir jetzt ablegten, um zum Tiere zu werden. Es war ein Motto fast, das uns zu sieben Mann in die Kommandantenkammer ziehen ließ. Dort wurden Reden geschwungen, Debatten gehalten und gesungen. Um 10 Uhr gingen wir zu vier Mann, der Kommandant an der Spitze, zum Frühschoppen in die Stadt. Um 14 Uhr ging ich in die Koje, nachdem ich erst vorzüglich gespeist hatte. In der folgenden Nacht wurde Skat gespielt und Punsch getrunken. Wirklich, man kam bis jetzt wenig zur Ruhe. Es war aber ein Fest, das wir bis zur letzten Faser durchlebten.

So war das Weihnachtsfest, das Neujahr werden wir auch gut einfeiern. Ich möchte nur hoffen, dass wir nicht gerade fahren und dass Ihr von Angriffen verschont bleibt. Ich danke Euch für die Nachrichten vom 24.11. und 14.12. Es fällt mir immer ein Stein vom Herzen, wenn in diesen Tagen von Euch etwas ankommt. Doch es muss so sein. Wir müssen das Leben leben und packen, wo sich eine Gelegenheit bietet. Das eine bringt die Stärke, das andere mit allen Mitteln durchführen zu können.

So wünsche ich zum neuen Jahr für uns alle Erfolg. Möget Ihr es gut verleben. Euer Jörg."

„*An Bord 71, 1.1.44. L. E.*

Nun sind wir wieder in ein neues Jahr eingetreten. Wird es das der Entscheidung sein? Aller Hoffnungen richten sich auf die kommenden Ereignisse, die noch in mysteriöses Dunkel gehüllt sind. Wer darf dabei sein? Wer kann mithelfen, das Glück auf unsere Seite zu zwingen? Ich glaube, jeder ist bereit, das Äußerste zu wagen. Doch wir müssen warten, bis der Befehl an uns herantritt, warten in voller Bereitschaft.

Solche Gedanken bewegen uns, nachdem das Fest vorbei ist. Der Rausch ist ausgeschlafen, jetzt denken wir wieder nüchtern. Wirklich, wir hatten genug zu trinken. Es war Stimmung im Deck. Als um Mitternacht das neue Jahr angeprostet wurde, war kaum jemand mehr nüchtern. Die Reden gingen hin und her, bis gegen 4 Uhr den Letzten die Augen zufielen und schwerfällig die Koje aufsuchten …

In den Festtagen sind wir noch mal schwer gerammt worden, sodass die Seefahrt wohl einige Tage ruhen muss … H. J.“

„*71, 7.1.44. L. E.*

Ich danke Euch herzlich für Euren Weihnachtsbrief. Er kam jetzt erst im neuen Jahr an. Ich weiß auch, welche Gefahren mit dem Studium der Menschen verbunden sind. Doch ich bin vorsichtig genug, um nicht unbesonnen in ein Unglück zu taumeln. Man darf das Leben nicht verschleudern, denn in dieser Zeit, in der das Leben anscheinend nichts gilt, sollte man es schonen, da es bald vielleicht sehr teuer bezahlt werden kann. –

Ich hörte von den schweren Luftangriffen auf unsere Heimatstadt. Wie sind wir darüber hinweggekommen? Ihr habt doch nichts abgekriegt? Hat unser Haus gelitten? Ich habe viel gefürchtet und hoffe immer, dass das Schlimmste an uns vorübergeht. Wie geht es Ottfried? War er bei dem schweren Gefecht im Atlantik dabei?

Bei uns geht noch alles im alten Trott. Neulich haben wir Gerät gefahren und haben es dabei verloren. Es gibt viel zu tun und wenig Schlaf und Ruhe. Wir bereiten uns alle auf den großen

Schlag der Engländer vor. Wer weiß, wo er uns treffen will? Doch wir werden es meistern. H. J.“

„*71, 16.1.44. L. E.*

... Ich danke Euch für den herzlichen Brief vom 25.12. und die Neujahrsgrüße. Ich freue mich, dass Ihr auch das Weihnachtsfest froh und gesund verleben konntet ...

Vatis Philosophie kenne ich ja schon zu einem Teil. Und Mutti müsste viel solch Unterhaltendes lesen. Es erholt so schön, wenn man gemütlich sitzt und der Geist angenehm gefesselt ist ...

Unsere Arbeit geht weiter, anstrengend und aufreibend. An den Gefechten nahmen wir nicht teil. Aber wir konnten vor Kurzem einige Minen knacken. Jede Nacht fast sind wir draußen und suchen. Meistens findet man nichts.

Außerdem übt und bereitet sich alles auf die Invasion vor. Die Verfügung, dass sich die Franzosen im Angriffsfalle dem Kriegshilfsdienst stellen sollen, wurde zuerst sehr erregt aufgenommen, doch dann beruhigten sie sich anscheinend und nehmen es als selbstverständlich hin. Doch man weiß nie, was in diesen Menschen eigentlich vorgeht.

Ich habe jetzt eine Kurzausbildung für einen Ultra-Kurzwellensender genommen und bediene das bei uns neu eingebaute Gerät. So komme ich mir etwas nützlicher vor, als nachts mit verregneter Brille nach Feinden suchen zu müssen. Es ist auch körperlich etwas angenehmer, denn man hält sich da im Ruderhaus auf. H. J.“

Elternbriefe an Jörg vom 25.12.1943–4.1.1944 nach Le Havre

„*Kiel, 25.12.43. L. J.*

Dein Weihnachtsbrief kam äußerst pünktlich an: am Heiligen Abend. Wir waren froh, beides zusammen zu haben, Nachricht von Dir und von Ottfried, die am Tage vorher schon von einem Urlauber abgegeben worden war. Ottfried kommt wohl Mitte Januar dran ...

Nach Deinem Brief zu urteilen, hast Du Dich schnell an Bord zurechtgefunden ... Vati hatte sich die Aufsatzsammlung ausgesucht über ‚Das Deutsche in der deutschen Philosophie' von Weinhandel. ... Ich hatte mich drei Tage vor dem Fest mit Grippe bei 39° hinlegen müssen. Schwitzen und Tabletten haben es überwunden. Vati bekommt Hormonspritzen ... H. M."

„*Kiel, 30.12.43. L. J.*

... Auch uns ginge es gut, wenn wir nicht Befürchtungen um Ottfried haben müssten, der gewiss an den Kämpfen in der Biskaya teilgenommen hat. Das Unangenehme ist, dass wir es so gut wie sicher wissen, dass er beteiligt war, und doch kommt zunächst noch keine Gewissheit über sein Schicksal; vor dem 6.1.44 ist nicht darauf zu rechnen, dass wir von ihm etwas erhalten. Mehrmals haben wir sogar länger auf Nachricht von ihm warten müssen. Zunächst werden wir Eure Weihnachtsbriefe bekommen. Solltest Du von Ottfried in den letzten Tagen Nachricht haben, so schicke sie uns. Es ist immerhin möglich, auf diesem Wege schneller Sicherheit zu haben als von ihm unmittelbar ... H. V."

Mutter: „... Wir sind heute sehr traurig, als der Wehrmachtbericht die Seeschlacht in der Biskaya erwähnte. Ottfried war sicher dabei. Wir bangen sehr um sein Schicksal. Wir hoffen, dass er auch diesmal gesund geblieben ist und dass wir ihn wiedersehen. Möchte das Schicksal uns doch weiter gnädig sein und uns vor Leid bewahren. Möge das neue Jahr Dir Gutes bringen und Du gesund bleiben, mein lieber Jörg. H. M."

Aus dem Führerhauptquartier, 29.12.1943

„Das Oberkommando der Wehrmacht gibt bekannt:

... Im Seegebiet der Biskaya fanden vom 27. bis 29.12. Gefechte zwischen deutschen Zerstörern und Torpedobooten und englischen leichten Seestreitkräften statt. Die eigene und feindliche Luftwaffe griffen laufend in die Operationen ein. Im Verlauf der harten Kämpfe entstanden auf beiden Seiten Beschädigungen."

Aus dem Führerhauptquartier, 30.12.1943

„Das Oberkommando der Wehrmacht gibt bekannt:

Bei den gestern gemeldeten mehrtägigen Gefechten in der Biskaya erlitt die britische Marine durch die deutschen Seestreitkräfte schwere Verluste. Unsere unter der Führung von Kapitän zur See Herdmenger stehenden Zerstörer und Torpedoboote beschädigten in harten und lang andauernden Kämpfen die britischen Kreuzer ‚Glasgow' und ‚Enterprise' und schossen einen von ihnen in Brand.

Deutsche Unterseeboote griffen in die Kämpfe ein und torpedierten in schneidig geführten Angriffen sechs britische Zerstörer. Der Untergang von fünf Zerstörern konnte einwandfrei beobachtet werden, der des sechsten ist ebenfalls als sicher anzusehen.

Im Verlauf dieser Gesamtoperationen gingen nach heldenhaftem Kampf gegen die artilleristisch überlegenen Kreuzer ein

Abb. 88 *Flottentorpedoboot T25 bei Höchstfahrt. Oberhalb der Brücke ist die sogenannte Matratze des Funkmess-Ortungsgerätes (Radar) zu erkennen – eines Gerätes, das den TA-Booten im Mittelmeer leider allzu lange fehlte.*

Abb. 89 *Die Flottentorpedoboote T 25 und T 22 während des Gefechts am 28. Dezember 1943 am Rande der Biskaya. Die Boote nehmen bei ihrer zwangsläufig hohen Fahrstufe gewaltige Wassermassen über. Man kann sich leicht vorstellen, mit welchen Schwierigkeiten dabei alle Waffen zu kämpfen hatten.*

deutscher Zerstörer und zwei Torpedoboote mit wehender Flagge unter. Teile ihrer Besatzung wurden gerettet."

Briefe der Eltern an Ottfried vom 18., 25. und 30. Dezember und vom 7. Januar kamen mit der Aufschrift „Empfänger vermisst" wieder zurück.

Abb. 90 *Der Chef der 4. T-Flottille, Korvettenkapitän Franz Kohlauf, begrüßt die von U 305 in Brest angelandeten Überlebenden von T 25.*

Abb. 91 *Blockadebrecher „Alsterufer" (2700 BRT), der nach Einbringen der „Osorno" als nächstes Schiff nach seiner langen Reise aus Fernost aufgenommen werden sollte, ist durch schwere Bombenangriffe in Brand geworfen und geht anschließend unter.*

Abb. 92 *Diesel-Elektroschiff „Osorno" (6951 BRT), das als letzter Blockadebrecher glücklich in die Gironde geleitet werden konnte, hat trotz Krieg zwei komplette Japan-Rundreisen vollbracht. Sein Kapitän Paul Hellmann wurde als einziger deutscher Handelsschiffsoffizier – also Zivilist – mit dem Ritterkreuz zum Eisernen Kreuz ausgezeichnet.*

Abb. 93 *H.M.S. „Enterprise“, einer der beiden weit überlegenen Gegner beim Biskaya-Gefecht. Das Foto zeigt den Kreuzer nach Rückkehr in die Heimatbasis Plymouth (7580 ts Wasserverdrängung, Hauptbewaffnung 7 15,2-cm-Seezielgeschütze, 5 10,2-cm-Flak, 16 Torpedorohre 55,3cm).*

„Kiel, 4.1.44. L. J.

Aus dem heutigen Angriff (drei Wellen von 11,30–13,30) sind wir heil herausgekommen, nur einige Fensterscheiben waren entzwei, sind verklebt und benagelt. Das hinter uns liegende Haus in

Abb. 94 *Der ebenfalls in Verlust geratene deutsche Zerstörer „Z 27“, auf dem der Chef der Unternehmung, Kapitän zur See Erdmenger, der Kommandant, Korvettenkapitän Günther Schulz, und ein Großteil der Besatzung fielen.*

Abb. 95 *Gefechtsbild von dem zweiten britischen Kreuzer, H.M.S. „Glasgow" (9100 ts Wasserverdrängung, Hauptbewaffnung 12 15,2-cm-Seezielgeschütze, 8 10,2-cm-Flak, 6 Torpedorohre 53,3 cm)*

der Körnerstraße hat eine Sprengbombe bekommen. Die Damperhofstraße erlitt auch wieder Schaden. Das Haus Sternstraße/Goethestraße, gegenüber unserem Kleinhändler Hamann, ist ausgebrannt. Ein Nachbarhaus nach dem Arndtplatz zu und ebenfalls in der Sternstraße eins. Das Haus, in dem Prof. Peters in der Schillerstraße wohnte, ist ebenfalls ausgebrannt. Sonst soll die Annenstraße, die Brunswik sehr schwer getroffen sein, das Schloss erlitt Totalschaden. Überall sind dann einzelne Häuser zerstört worden. Licht und Gas sind da, Wasser fehlt noch, hoffentlich nur wegen der Löscharbeiten. Wir haben Eimer und Wanne voll.

Von Ottfried haben wir noch nichts, auch nicht den Brief, den er am ersten Weihnachtstag geschrieben haben wird. Die letzte Nachricht ist die vom 22.12., die ein Kamerad auf Urlaub mitbrachte. Vor dem 10.1. können wir wohl mit keinem Brief von ihm rechnen. Wir waren noch nie so besorgt um ihn. Obwohl wir doch schon vier Wochen auf einen Brief von ihm warten mussten.

Am Donnerstag 6.1. geht mein Dienst wieder an.

Du weißt doch wohl noch, dass wir zwei Koffer mit Wäsche, Anzüge in Havelberg haben, dass auch meine Uhr und Silber dort sind und Depotscheine und Versicherungspapiere. H. V."

Mutter: „Es waren schwere Stunden, aber wir sind gnädig davongekommen. Es ist ein Aufatmen, wenn der Angriff vorüber ist und wir sehen, dass wir gesund geblieben sind und das Dach über uns noch da ist. Diesmal war es ganz in unserer Nähe. Der Keller bebte.

Wir haben Deinen lieben Brief vom 25.12. Wir haben uns mit Dir gefreut, dass Euer Weihnachtsfest so gut verlaufen ist. Eine gute Kameradschaft lässt auch frohe Stimmung aufkommen. Wenn man selbst viel dazu beitragen kann, wie Du es konntest, dann ist es besonders befriedigend und schön ... Nur von Ottfried haben wir noch nichts. Es ist uns recht weh ums Herz. Es bleibt uns nichts übrig, als zu warten. Hoffentlich wird das neue Jahr für uns alle ein glückliches. H. M."

Elternbriefe an Jörg vom 10.1.–21.1.1944 nach Le Havre

„Kiel, 10.1.44. L. J.

Wir bekamen heute die Vermisstenmeldung vom Flottillenchef, die folgenden Wortlaut hat:

‚Chef der Dienststelle M 51666, den 31.12.1943.

Sehr geehrter Herr Benz!

Aus einer am 30.12.1943 gegebenen Sondermeldung des OKW haben Sie wahrscheinlich schon entnommen, dass in langen harten Kämpfen gegen englische Schiffe in der Biskaya, bei denen der Gegner schwer geschädigt wurde, zwei deutsche Torpedoboote gesunken sind.

Leider muss ich Ihnen die Mitteilung machen, dass sich darunter auch das Boot Ihres Sohnes, des Masch. Maates Ottofriedrich Benz, befindet. Eine Rettung Ihres Sohnes durch die anderen an den Kämpfen beteiligten deutschen Zerstörer und Torpedoboote ist nicht erfolgt. Es ist aber bekannt, dass ein neutraler Dampfer und möglicherweise auch der Gegner Überlebende aufgenommen hat. Die Namen der auf diese Art Geretteten liegen hier noch nicht vor. Ich hoffe mit Ihnen, dass sich unter diesen auch Ihr Sohn befindet. Sobald ich über sein Schicksal etwas in Erfahrung bringe, werde ich Ihnen Nachricht geben. Vorläufig müssen wir ihn als vermisst melden.

Einzelheiten über die Gefechte kann ich Ihnen aus Geheimhaltungsgründen nicht mitteilen.

Die an Bord befindlichen Privatsachen Ihres Sohnes sind in Verlust geraten, sodass sie Ihnen nicht zugeschickt werden können. Finanzieller Ersatz erfolgt, sobald Sie eine Liste mit den im Besitz Ihres Sohnes befindlichen Privatsachen mit ungefährer Wertangabe an die Dienststelle Feldpost-Nr. M 51739 einreichen.

Heil Hitler Unterschrift: Korv. Kpt. Kohlauf

Korvettenkapitän und Flottillenchef.‘

Dieser Brief ist logisch aufgebaut. Wir können also annehmen, dass der Verfasser bei der Niederschrift des Satzes von der Rettung berücksichtigt hat, ob Ottfried im Augenblick des Vonbordgehens noch hat mitgehen können. Er hat also noch gelebt und war auch wohl nicht schwer verwundet, als das Schiff verlassen worden ist. Das böte uns also die Aussicht durch eine Rettung durch den Neutralen. Gewissheit haben wir keinesfalls bekommen. An die Stelle der einen Frage, ob er noch gelebt hat, ist nur die andere getreten, ob er zu den letzten Geretteten gehört. Die Qualen der Ungewissheit gehen weiter. Ein kleines Fünkchen der Hoffnung schleicht sich ein. Dahinter steht dann immer die warnende Frage, ob diese Hoffnung, so klein sie schon ist, auch berechtigt ist.

Meine herzlichen Grüße und die besten Wünsche! Dein Vater.“

Mutter: „Mein lieber Jörg.

Nun ist die eine, wenig Hoffnung gebende Nachricht da. Wer weiß, ob nicht die schlimmste Nachricht folgt. Wir sind tief traurig und unglücklich. Immer wieder kommt die bange Frage, werden wir unseren Ottfried wiedersehen? Ach, möchte uns das

Schicksal doch weiter gnädig sein. Es ist kaum zu ertragen, einen der Lieben zu verlieren. Wie haben wir gehofft, unseren Ottfried bald auf Urlaub bei uns zu haben. Unsere Sehnsucht und auch die seine war groß. Soll es nun damit zu Ende sein? Es ist so schwer, das glauben zu müssen.

Mein lieber Jörg, mögest Du uns erhalten bleiben. Herzlich grüßt Dich Deine traurige Mutter."

„*Kiel, 15.1.44. L. J.*

Am Tage, als Du Deinen Brief vom 7.1. schriebst, warst Du also noch ahnungslos. Inzwischen wirst Du unsere Berichte über Ottfried schon erhalten haben. Es sind nur geringe Einzelheiten hinzugekommen, die wir Dir vielleicht auch schon mitteilten, die ich aber wiederholen will, falls es nicht so ist. Die beiden T-Boote sind durch Torpedotreffer untergegangen (diese Angabe bestätigte sich später nicht). Es besteht also die Wahrscheinlichkeit, dass dabei nur ein Teil der Besatzung gefallen ist. Ottfried war wegen seiner bevorstehenden Einberufung zum Fähnrich-Lehrgang nicht mehr in der Maschine eingesetzt gewesen, er tat Dienst an Deck, denn es war ihm die Sorge für die äußere Sicherheit des Schiffes übertragen worden, also Feuerlöschwesen, Abdichtung von Einschüssen usw. Wir nehmen daher an, dass er sich an Deck befand, als das Boot aufgegeben werden musste. Hoffentlich hat er noch mitgehen können. Es sind sehr viele gerettet, und jeder kann berechtigte Hoffnung haben, dass sein Angehöriger unter den von dem neutralen Dampfer Aufgenommenen sich befindet. Es ist ein Ire, dessen Fahrtrichtung nicht bekannt ist. Diese Einzelheiten erfuhren wir von der Schwiegermutter des ebenfalls vermissten Kommandanten des zweiten Bootes. Weiter sind wir noch nicht gekommen. Für uns ist es sehr schwer, so lange in der Ungewissheit schweben zu müssen, bis die Liste der Geretteten in Deutschland eingetroffen sein wird. Vielleicht wird uns dann doch noch alle Hoffnung genommen, die wir uns so mühsam aufbauten.

Wir rechnen auf Deine Rückkehr um die Monatswende.

Viele herzliche Grüße und alles Gute! D. V.“

Mutter: „Wie traurig es bei uns aussieht, weißt Du nun. Wir leben in Hoffen und Bangen, und solch ein Leben ist sehr schwer. Ottfrieds und Dein Bild stehen auf der Anrichte. Zwei Vasen mit Tanne von unserem Weihnachtsbaum stehen dahinter. Ottfrieds Weihnachtskaktus steht neben seinem Bild, er hat bis jetzt geblüht. Nun entfaltet eine Hyazinthe ihre Blüten. Wir hoffen, dass unser Ottfried noch lebt. Ich möchte oft daran glauben. Wie viele Wünsche und Gebete haben sich aus meinem Herzen schon gelöst! Möchten sie doch in Erfüllung gehen! Mit unseren Gedanken hängen wir jetzt nur an unseren lieben beiden Jungen. Könnten wir unseren lieben, guten Ottfried doch wiedersehen.

Abb. 96 *Korv. Kapt. v. Gartzen*

Mein lieber Jörg, mit Sehnsucht erwarten wir Dich zurück. Mögest Du uns gesund bleiben und die Zukunft Dir alles Gute bringen. D. M.“

„Le Havre, 21.1.44. L. Eltern.

Ich habe Eure Briefe vom 30.12. und 10.1. erhalten. Ich habe auch gleich gedacht, dass Ottfried dabei war, und fürchtete den Untergang seines Bootes. Nun er vermisst ist, dürfen wir nur noch hoffen, dass er in Gefangenschaft ist. Ich glaube wirklich, dass wir Grund dazu haben; denn als Maschinenmann ist er nicht so gefährdet wie die Seeleute, die an den Geschützen stehen und den feindlichen Geschossen ausgesetzt sind. Er wird also unverletzt ins Wasser gegangen sein. Ich kann es gar nicht glauben, dass er nicht gerettet sein sollte. Er hatte viel Pech im Leben. Wenn es aber um das Leben selbst ging, war das Glück immer auf seiner Seite. Nach seinen Erzählungen ist er oft in sehr heiklen Lagen gewesen. Sollte er nicht auch diesmal davongekommen sein! Bis eine Nachricht eintreffen kann, wird allerdings noch eine Zeit vergehen können.

In Hoffnung grüße ich Euch herzlich. E. Jörg."

Elternbriefe an Jörg vom 5.2.–18.2.1944 nach Stralsund

„*Kiel, 5.2.44. L. J.*

... Wir sind froh, dass es nun doch ein Fähnrichslehrgang ist. Sicher ist es doch angenehm, dass Ihr alle Reservisten und alte Soldaten seid. Du wirst Dich schon bald wieder eingelebt haben. ...

An Ottfrieds Geburtstag war ich wieder sehr traurig. Hoffentlich bekommen wir bald eine gute Nachricht von ihm ... H. M."

„*Kiel, 13.2.44. L. J.*

Über Ottfried liegt amtliche Nachricht noch nicht vor, nur wissen wir, dass die Listen derjenigen, die in Irland und Spanien an Land gebracht sind, schon eingegangen sind. Ottfried steht nicht darauf. So kann er also nur noch in englischer Gefangenschaft sein; die Listen werden erst viel später einlaufen, da die Gefangenen nach Kanada gebracht werden, wie man allgemein hört. Die Hoffnung, ihn noch unter den Lebenden rechnen zu können, ist damit sehr gering.

Mutter hatte schon, unabhängig von mir, in den letzten Tagen die Hoffnung aufgegeben, günstige neutrale Nachrichten zu bekommen. Aber die Vergewisserung, dass es keine solche Hoffnung mehr gibt, reißt die Gefühle von Neuem auf, so wie es das erste Mal auch schon war. Es ist etwas anderes, ob ein Vater vor der Hoffnungslosigkeit steht oder ob die Mutter ihre Hoffnungen schwinden sieht. Bei ihr ist es, als solle die Geburt ihres Sohnes noch einmal erfolgen, sie will ihm das Leben erhalten oder es ihm wiedergeben. Jede, auch die leiseste Hoffnung ist gut, keine ist so schwach, als dass sie vollständig verworfen werden müsste.

Wir können nun immer noch nur an einen Sohn schreiben. Oder sollte die Zeit wiederkommen, da wir wieder zwei Briefe zugleich schreiben können? Es gibt merkwürdige Augenblicke, ich sehe Ottfried fröhlich an der Tür stehen, wie er uns so oft überraschte, wenn er urplötzlich im Hafen eingelaufen war oder auf Dienstreise kam oder überhaupt Urlaub hatte, nein, das Letztere tritt in den Hintergrund, Urlaub war meist angemeldet, oder wir wussten doch, dass er in den Tagen kommen müsste. Oder manchmal halte ich einen Brief mit seiner schwungvollen Anschrift in der Hand, ich habe ihn dann eben an der Tür aufgenommen. Vertraute Bilder, die wohl nun bald verblassen müssen.

Dränge Du Dich zu freiwilligem Einsatz nicht mehr vor. Es haben sehr viele sich nicht so sehr eingesetzt wie Du und wie Ottfried. Ich grüße Dich herzlich und wünsche Dir Zufriedenheit mit Deinem Lehrgang und Erfolg. H. V."

Mutter: „Was kann ich nun noch schreiben. Wie sehr tief traurig ich bin, weißt Du. Es sieht so hoffnungslos aus, wenn ich an ein Wiederkommen Ottfrieds denke. Nun schon zum zweiten Mal sinkt unsere Hoffnung, dass Ottfried gerettet sei. Ob wir uns an das kleine Fünkchen Hoffnung noch klammern können, dass Ottfried lebt und in englische Gefangenschaft geraten ist, oder kommt die große Enttäuschung noch einmal? Es ist ganz furchtbar, die Ungewissheit. Aber wir müssen uns durchkämpfen, so schwer es auch ist. Wir haben ja so tapfere Söhne, auf die wir stolz sind. Nun haben wir nur noch Dich, mein Junge. Aber nein, ich kann es noch nicht glauben, dass Ottfried nicht mehr wiederkehrt. Ich gebe die Hoffnung noch nicht auf. Mein lieber Jörg, alles Gute für Dich, bleibe gesund. H. M."

„*Kiel, 15.2.44.*

An den Admiral der Ostsee, Kiel.

Betr.: Vermisstenanfrage

Mein Sohn Ottofriedrich Benz, geb. 3.2.1919 zu Berlin, war auf Torpedoboot M 50999 eingeschifft und ist nach Mitteilungen des Flottillenchefs seit dem Untergang des Schiffes in den Kämpfen, die zwischen Weihnachten und Neujahr in der Biskaya stattfanden, vermisst. Ein Neutraler habe Überlebende an Bord genommen und womöglich auch der Gegner.

Es scheint nun, dass Angehörige der nach neutralen Ländern Geretteten bereits benachrichtigt sind. Aus der Tatsache, dass wir eine solche Nachricht nicht erhalten haben, entnehmen wir, dass unser Sohn nicht zu diesen Geretteten gehört. Ich bitte um Bestätigung dieser Annahme.

Es bliebe dann noch die vom Flottillenchef für möglich gehaltene Rettung durch englische Schiffe. Wenn auch englische Namenangaben vielleicht noch nicht vorliegen, so könnte es doch wohl schon bekannt sein, ob überhaupt Deutsche durch Engländer an Bord genommen worden sind. Ich bitte, mir auch darüber Auskunft zu erteilen, damit wir nicht weiter völlig vergeblicher Hoffnung Raum zu geben brauchen. Sollte aber noch eine andere Möglichkeit der Rettung bestehen, die der Flottillenführer nicht hat voraussehen können, so bitten wir auch das mitzuteilen.

Für freundliche Angaben besten Dank. Heil Hitler!

Meine Unterschrift.“

„*Kiel, 18.2.44.*

2. Admiral der Ostsee

B.-Nr.1502 310 PA7V verl.

An Herrn Dipl. Hdl. Karl Benz

Kiel, Goethestraße 8

Sehr geehrter Herr Benz!

In Beantwortung Ihres Schreibens vom 15.2. bedaure ich sehr, Ihnen mitteilen zu müssen, dass hier Weiteres über den Verbleib

Ihres Sohnes Otto Friedrich, als dass er seit dem Untergang seines Schiffes am 28.12.1943 vermisst wird, nicht bekannt geworden ist. Ihr Schreiben ist daher an die zuständige Dienststelle Feldpost-Nr. M 51666 weitergeleitet worden. Von dort werden Sie weitere Nachrichten erhalten.

Mit aufrichtigem Mitgefühl Ihr Oberleutnant (MA)."

Jörgs Briefe an die Eltern vom 1.2.–11.3.44 aus Stralsund

„*Stralsund, 1.2.44. L. E.*

Ich bin richtig hier eingetroffen, obwohl die Züge überfüllt waren. In Lübeck traf ich einen Segelkameraden, Paulsen, in Ottfrieds Alter, der jetzt sieben Jahre Soldat ist und denselben Kursus mitmacht. Es sind überhaupt überwiegend Reservisten hier, z. T. Jahrgänge bis 1900. Am 29.3. wird der Fähnrichslehrgang beendet sein ... Nun grüße ich Euch H. J."

„*Stralsund, 7.2.44. L. E.*

Jetzt ist der Lehrgang mit aller Härte angefangen und man kann sich schon ein Bild über die zwei Monate machen. Unser Gruppenführer ist ein etwa 20-jähriger Fähnrich, der etwas weich ist, seine Sache aber sonst gut macht. Hoffentlich behalten wir ihn. Die große Überraschung ist der Zugführer, Leutnant Köllner, ein alter Kamerad, mit dem ich im Stoßtrupp zusammen war. Er ist damals auch als Obergefreiter Gruppenführer geworden, genauso wie ich. Ich habe gestern Abend schon eine Flasche Wein auf das Wiedersehen geleert. Doch habe ich gesagt, dass er mich nicht etwa schonen oder herausnehmen soll, wenn es scharf zugeht.

Der Kompaniechef, ein Journalist und Oberleutnant, hat große Worte über die Härte dieses Lehrgangs im Mund. Ich werde erst mal abwarten, wie etwas aufgeht. Endlich ist der Abteilungskommandeur ein Pfarrer, auf dessen Geheiß uns schon die Haare auf ein Minimum gekürzt wurden, um unseren vergammelten Hochmut zu stutzen. So sieht die Führung aus.

Ich selbst bin Stubenältester der ersten und größten Stube, oder vielmehr mit den zehn Längsten der Kompanie. Es sind alles wohl nette Kameraden mit einem Dienstalter von ein bis drei Jahren, darunter auch noch zwei weitere Sanitätskadetten, mit denen ich mich sehr gut verstehe. Alles ist willig und sehr verständig.

Mit Landgang wird es wohl nicht viel werden, doch werde ich mir irgendwie am Wochenende Stralsund ansehen. Soweit ich feststellen konnte, ist es ein nettes, altertümliches Städtchen mit einer Menge Sehenswürdigkeiten.

Unser Kompaniechef hat die sehr gute Parole ausgegeben, dass kein Besucher in diesen zwei Monaten das Gelände betreten soll. Vor allem wünsche er nicht den Besuch von Eltern mit Namen und Klang, die durch ihr Gewicht ihn beeinflussen wollen. Nun werde ich sehen, was der Dienst bringt und wie ich unmilitärischer Haufen hingetrimmt werde. H. J."

Stralsund, 13.2.44. L. E.

... Der Dienst jedoch ist sehr anstrengend, vor allem da die Freizeit fast völlig fehlt. Körperlich und geistig wird man ganz angespannt. Die Themen trägt der Gruppenführer einmal vor, dann heißt es wiederholen. Ich schneide bei allem eigentlich ganz gut ab, da ich beim Stoßtrupp in diesen Dingen gut gelernt habe und mir auch schon die Fähigkeit erworben habe, einen Unterricht aufziehen zu können. So glaube ich, dass bei mir nichts fehlschlagen kann. Außerdem ist natürlich noch die alte Freundschaft mit dem Zugführer da, mit dem ich öfter zusammen bin. H. J."

„Stralsund, 20.2.44. L. E.

Ich danke Euch für den lieben Brief. Es ist furchtbar, sich an die kleinste Möglichkeit klammern zu müssen, nur um noch einen winzigen Strahl der Hoffnung erhaschen zu können. Mir ging es genauso. Oftmals wurde ich niedergedrückt in der unbestimmten Gewissheit, dass nichts mehr zu hoffen sei, und dann schüttelte ich alles wieder ab und hoffte, obwohl es eigentlich grundlos war, nur um überhaupt hoffen zu können. Man wird hin- und hergerissen. Man zermürbt allmählich, indem man zwischen diesen beiden Polen hin- und hertaumelt. Deshalb will ich Euch jetzt schreiben, was mir von Ottfried und seinem Boot erzählt wurde.

Ich traf hier einen Waffenkadetten, der auf einem Zerstörer das Gefecht in der Biskaya mitgemacht hat. Er erzählte mir, dass die ganze Flottille über Weihnachten eine Unternehmung gemacht hatte. Am 25.12.43 nahm sie dann, nur für einige Stunden im Stützpunkt sich aufhaltend, Brennstoff über, um zu neuen Aufgaben in See zu stechen. Etwa 200 sm vor der französischen Küste wurden sie von dem schweren britischen Kreuzer ‚Glasgow' und dem kleinen Kreuzer ‚Enterprise' mit zwölf feindlichen Zerstörern umgangen. Die deutschen Boote machten darauf eine Schwenkung und wurden von den Salven der schweren feindlichen Einheiten eingedeckt, während sie die Fahrt hierbei verlangsamten. Ein Zerstörer und die beiden Torpedoboote hatten sofort schwere Treffer, konnten aber ihre Torpedos noch auf den Feind abschießen und trafen den schweren Kreuzer. Wegen der schweren Treffer, die sie selbst erhalten hatten, ging ihre Fahrt sehr schnell herunter. Nach kurzer Zeit sanken die Torpedoboote schon. Der Zerstörer sank etwas später. Die anderen deutschen Boote hatten sehr schwer mit den feindlichen Zerstörern zu kämpfen, konnten aber trotz starker Fliegerangriffe alle den Stützpunkt erreichen. Während die feindlichen Kreuzer wegen ihrer Beschädigungen mit sich selbst zu tun hatten, aber doch noch nach England zurückkehrten, sollen sämtliche feindlichen Zerstörer von angreifenden U-Booten versenkt worden sein. Der Untergang von T 25 ist gegen 15 Uhr gewesen und erfolgte bei Seegang 5–6 und Windstärke 8–9. Soweit der Bericht.

Ich habe nach diesem Bericht die Hoffnung sinken lassen, dass er aus dem vom Sturm zerwühlten Wasser herausgezogen werden konnte. Der Engländer wird mit der Abwehr deutscher

U-Boote genug zu tun gehabt haben, als dass er noch deutsche Seeleute hätte aufnehmen können. Ich weiß, es wird furchtbar sein, aber wir müssen uns selbst die Wahrheit sagen. Neben all der großen Traurigkeit müssen wir doch stolz sein auf Ottfried; denn er hat sich am meisten einsetzen können, und er ist dabei niemals bedrückt, sondern immer ein Vorbild der anderen gewesen. Liebe Eltern, so schwer es auch ist, auf den einen gültig verzichten zu müssen, so wollen wir ihn doch weiter neben uns leben lassen und in Gedanken immer zwei Jungen sein. Euer Jörg."

„*Stralsund, 26.2.44. L. E.*

... Ich bin viel mit meinen Gedanken bei Euch und kann nicht froh werden, weil ich mir immer Vorwürfe mache, dass ich es gerade sein musste, der Euch den letzten Brief schrieb. Kann ein Mensch wirklich so kalt sein, so etwas seinen Eltern schreiben zu können? Solche Gedanken sind schlimm. Aber ich kann mich ihrer nicht entziehen. Es ist eine Schuld, die ich damit auf mich geladen habe. Wie kann ich sie abtragen? Kann ich Euch so gut sein, dass Ihr mir Verstehen entgegenbringt? Dass meine Handlungsweise eine Entschuldigung findet? Ich werde höchstwahrscheinlich Ende März einige Tage Urlaub bekommen. Aber kann ich froh vor Euch treten, wie ich früher immer zu Euch kam, mit Lachen und Zuversicht? Ich bin so unruhig und finde nirgends einen Halt. –

Nun zu meinem Leben im Kameradenkreis. Ich bin zwar gleich alt mit den meisten von ihnen, aber ich muss um vieles älter sein. Man schätzt mich reifer und abgeklärt ein und sieht mich für einen an, der in allem die Richtung zeigen kann. Sie kommen zu mir und fragen, und wenn ich antworte, dann ist es für sie richtig und maßgebend. Meine Aussage, mein Urteil und meine Meinung gilt ohne einen Zweifel. Bin ich es eigentlich noch, der so ist? Wie war es doch früher, dass man nichts galt, dass man belächelt wurde, wenn man etwas sagte. Ich war ein Junge, der sich jeden Tag etwas Neues, Gutes vornehmen konnte. Ich hatte immer etwas, das ich noch zu erreichen suchte. Ich fand jeden Tag eine Unvollkommenheit durch das Urteil der Kameraden, die ich ausmerzen konnte. Man hatte Stufen vor sich, eine endlose Treppe, von der man jeden Tag ein Stück erklimmen, nein erobern konnte, und doch war noch kein Ende abzusehen. Wie schön ist es doch gewesen, wenn man von einem Erfolg zurücksehen konnte und sich dann vornahm, dass jetzt noch das zu schaffen sei, damit du ein anderer, ein besserer würdest. Sollte das alles vorbei sein? Ich bin doch so jung noch und will doch so viel noch schaffen an mir, aber was? Sagt mir denn jemand noch etwas, was man noch ändern könnte?

Ich nehme mir die Kameraden vor und kritisiere sie, sage ihnen, was bei ihnen nicht richtig ist, wie sie sich ändern müssen. Ich gebe jedem, dem einen dies, dem andern das, auf vielen Gebieten des Lebens und des Dienstes. Jeder erkennt es an und bemüht sich danach, aber mich nimmt keiner vor. Man muss schaffen und sich erziehen, aber womit eigentlich, wenn niemand etwas Neues, Besseres zeigt?

Solche Stimmungen umgeben mich jetzt. Ich versuche sie abzuschütteln …

Schickt bitte das Buch ‚Der Marineoffizier als Führer und Erzieher' von Sorge. Wir haben doch noch zwei Exemplare davon. H. J."

„*Stralsund, 7.3.44. L. E.*

Heute haben wir unsere neuen Uniformen empfangen. Das ist allerdings nur eine organisatorische Maßnahme. Es sitzt alles ganz gut. Man sieht sehr schneidig aus. Jetzt ist herausgekommen, dass wir auch Dolche ausgehändigt bekommen. … H. J."

„*Stralsund, 11.3.44. L. E.*

… Man merkt jetzt, dass der Lehrgang sich seinem Ende nähert. Alles wird heiterer, aber auch lascher. Keiner gibt sich mehr die große Mühe der Anfangswochen, da jeder denkt, dass die Führungen doch schon geschrieben sind … H. J."

Elternbriefe an Jörg vom 20.2.–1.3.1944 nach Stralsund

„*Havelberg, Februar 44. Liebe Kinder.*

Ich glaubte immer noch, bessere Nachricht über Ottfried von Euch zu bekommen. Es scheint aber nicht so. Nun müssen wir uns damit abfinden. Ich sage, es war Gottes Wille. Es ist schwer, aber wir können da nichts ändern. Bei Wilhelm sieht es auch schlecht aus. Wilhelm hat eine Woche im Krankenhaus gelegen und Kurt war verschüttet. Er konnte sich aber bemerkbar machen, dass sie ihn nach zwei Stunden herausholten. Das neue Jahr ist von uns schlecht erlebt. Nun herzliche Grüße, und schickt Euch darein. Eure Mutter (Benz, geb. Genrich)."

„*Kiel, 20.2.44. L. J.*

... Vor fünf Jahren an unserem Silberhochzeitstag waren wir alle Vier noch glücklich beisammen. Ottfried bekam da Urlaub vom Arbeitsdienst. Was war das damals noch für eine schöne Zeit. Wir denken so viel an unseren lieben Ottfried und wissen doch gar nichts von ihm. Wir müssen abwarten, sagt Vati immer. Es bleibt uns ja auch nichts anderes übrig. Wir hoffen noch auf eine gute Nachricht ... H. M."

„*Kiel, 25.2.44. L. J.*

Gleichzeitig mit Deinem Bericht vom 20.2. kam die Antwort vom 2. ADO an, die eigentlich keine Antwort ist. Es wurde uns gesagt, dass über Ottfried keine weitere Nachricht vorliegt und dass mein Schreiben an Ottfrieds Flottillenführer weitergegeben worden ist. Wir werden von ihm Nachricht zu erwarten haben. Ich denke, dass Ende der nächsten Woche oder bald darauf Antwort hier sein kann.

Nach dem Bericht Deines Kameraden, Waffenkadetten, ist ja die Möglichkeit einer Rettung durch Engländer so gut wie ausgeschlossen. Dennoch könnten auch nach dem Untergang der englischen Zerstörer noch englische Schiffe über das Kampffeld gefahren sein, um nach eigenen Überlebenden zu suchen, und dabei einige Deutsche aufgenommen haben. Darüber müsste der Flottillenführer wohl Bescheid wissen. Du kannst vielleicht noch erfragen, wo die Boote untergegangen sind. Den Ort möchte man doch gern wissen.

Wenn wir so wie eben Berichte über Besserung der Luftlage hören, so denken wir dabei immer an Ottfried, wie er sich wohl freuen würde, wenn er von diesen Erfolgen noch hören könnte, sei es auch noch so spät ... H. V."

Mutter: „Wie schmerzlich es doch ist, wenn man sieht, dass die Hoffnung auf Rettung Ottfrieds immer mehr sinkt. Das Herz tut mir dabei weh. Es ist manchmal nicht zu fassen, dass wir Ottfried niemals wiedersehen sollen. Aber ich kann die Hoffnung noch nicht aufgeben ... H. M."

„*Kiel, 28.2.44. L. J.*

Gestern war Ottfrieds Kamerad Neutze hier, der sich zur Zeit der Kämpfe hier auf Urlaub befand. Er wartet jetzt in List auf ein neues Boot. Er ist mit den Geretteten zusammen, auch mit Maschinen-Maat Kurt Heidtmann aus Hamburg, an den ich noch schreiben werde. Nach dem Bericht von Neutze hatte T 25 zwei Treffer, einen im Vorschiff, bei dem ein Kessel in die Luft ging, dabei sind 30 Mann geblieben, einen ins Hinterschiff, wo eine Maschinenstörung eintrat. Sie wurde aber behoben und das Schiff fuhr gerade wieder an, als heckwärts die Flöße zu Wasser gebracht waren. Da keine Verständigung zwischen Schiffsleitung und Maschine mehr möglich war, ist bei der Anfahrt des Schiffes ein Teil der Flöße achteraus getrieben. Die daneben Stehenden konnten gerade noch auf die nächsten Flöße springen. Die Boote haben wohl ordnungsgemäß zu Wasser gebracht und besetzt werden können. Ottfried war unverwundet und blieb mit dem leitenden Ingenieur zurück, um eine Sprengung im Vorschiff einzuleiten. Eine andere Gruppe schaffte Wasserbomben unter Deck, um an anderen Stellen zu sprengen. Der Kommandant und der L. I. werden also neben dem anderen Kommando die Letzten an Bord gewesen sein. Der Kommandant wurde nach 14-stündigem Treiben erschöpft aufgefischt, der L. I. wurde noch eine Weile neben ihm gesehen. Er ist nicht gerettet. Von Ottfried weiß man nichts. So ist er also pflichtgetreu um sein Boot besorgt gewesen. Wasser 10–12°. Wir können also annehmen, dass er beim Absprung einen Herzschlag hatte oder dass eine Welle ihn wieder an die Bordwand schleuderte. Wir können aber auch annehmen, dass er lange herumgetrieben worden ist und um Mitternacht kraftlos untergegangen ist.

Doch hier werde ich versuchen, noch einige Aufklärung zu erhalten. In englischer Gefangenschaft ist er nicht. Die Listen liegen vor. Die gefangenen Kameraden haben auch schon selber geschrieben. Hast Du noch Briefe, die Ottfried Dir geschrieben hat? Schicke sie uns und dann versuche, seine Erlebnisse, die er nur Dir erzählt hat, aufzuschreiben, ehe es zu spät ist. Andeutungen liegen auch in seinen Briefen an uns vor, aber es ist alles dunkel geblieben. Wir können daraus nichts entnehmen.

Der gestrige Sonntag war natürlich aufgewühlt und trüb zugleich, auch für mich, der ich mich schon längst abgefunden hatte, ihn nicht wiederzusehen. Es ist ergreifend, mit ansehen zu müssen, wie Mutter sich wehrt und schließlich sich doch zurechtfinden muss. Sie wird es schaffen. Sie ist so tapfer wie Ottfried, den sie auch mit Tapferkeit zur Welt gebracht hat und der ihr am meisten von Euch beiden glich.

Tun wir nun unsere Pflicht, wie Ottfried die seine tat: Es war seine Aufgabe, sich bis zuletzt hinzugeben, es ist die unsere, sich wieder an das Leben zu finden. Ich grüße Dich herzlich, Dein Vater."

„Kiel, 1.3.44. L. J.

Wir haben Deinen Brief vom 27.2. mit Deiner Selbstanklage, die völlig ungerechtfertigt ist. Ich bin der Meinung, dass wir den Tatsachen klar ins Auge sehen müssen, sich zu verstecken hinter Unklarheiten hat wirklich keinen Wert. Wir danken es Dir herzlich, dass

Du den Bericht so deutlich abgefasst hast; erst durch ihn sind wir aus den widerstreitenden Mitteilungen anderer Leute herausgekommen. Durch Dich kamen wir der Wahrheit wirklich näher ..."

Mutter: „Dein Dich anklagender Brief hat mich traurig gemacht. Du hast es gut gemeint und es richtig gemacht. Wir müssen Klarheit haben, so traurig sie auch ist. Du musst Dich jetzt freimachen von Vorwürfen. Unter einem Druck kann man nicht leben, man muss aufatmen können. Wir freuen uns, dass wir Dich Ende März wiedersehen können ... H. M."

Jörgs Brief an die Eltern vom 5.3.1944 aus Stralsund

„Stralsund, 5.3.44. L. E.

... Ich sehe, dass meine Selbstvorwürfe nicht recht waren, aber ich unterliege oftmals solchen Stimmungen, die dann sehr niederdrücken. Am nächsten Tage bin ich dann wieder der andere, mit dem frohen Blick und dem trockenen Humor. Auch die Melancholie ist wohl ein Teil von mir.

Es ist gut, dass wir den Tatsachen ins Auge sehen können.

Es erfordert zuerst viel Kraft, aber wir werden es schaffen ...

Der Ort des Untergangs ist nicht genau festzustellen. Es soll ungefähr 200 sm westlich Nantes gewesen sein.

Ich werde jetzt das erzählen, was mir Ottfried über seine Einsätze gesagt hat. Es war nicht viel, was er mir erzählte. Im Herbst 1939 hatte er in Swinemünde ein Kommando, sich mit den damals neuen Magnetminen vertraut zu machen. Er hatte das Pech, einmal einen Kontakt auszulösen, sodass die Mine hochging, die in einem Schuppen aufgestellt war. Mit einigen Sätzen ergriff er die Flucht und brachte sich hinter einem Gerümpelhaufen in Sicherheit. Bei der Explosion wurden ihm schwere Teile an den Arm geschleudert, sodass er starke Prellungen und Zerrungen davontrug. Innerhalb von drei Monaten war es wieder in Ordnung. (Zu Hause erzählte er, dass er die Verletzungen von einem Sprung über den Sprungtisch hatte.)

Ende 1939 konnte er einige Fahrten mit Minen-U-Booten an die englische Ostküste mitmachen, die ihn bis in die Themsemündung führten. Hierbei waltete er als Minenfachmann von Magnetminen. (Bei seinem nächsten Urlaub unterrichtete er sich auf einer Karte von der Themseeinfahrt, die sich im Brockhaus befindet, über Fahrstraßen und Sandbänke der Themsebucht.)

Im Sommer 1942, während er in Elbing auf sein T-Boot wartete, kommandierte man ihn wieder auf ein U-Boot zum Maschinenpersonal. Bei Übungen in der Danziger Bucht wurde er auf einem kleinen U-Boot von einem T Boot gerammt. Das U-Boot sank, doch er konnte sich mit der Hälfte der Besatzung mit einem Tauchretter retten …"

Elternbriefe an Jörg vom 7.3.–16.3.1944 nach Stralsund

„*Kiel, 7.3.44. Dienststelle M 51666, B. Nr. 1039.*

Sehr geehrter Herr Benz!

Auf Ihre Anfrage vom 15.2.44 an den 2. ADO in Kiel, die mir zuständiger Weise weitergegeben wurde, muss ich Ihnen mit Bedauern mitteilen, dass sich Ihr Sohn, der Maschinen-Maat Ottofriedrich Benz, bei den bisher als gerettet Gemeldeten nicht befindet.

Heil Hitler! Unterschrift Korvettenkapitän und Flottillenchef."

„*List, 9.3.44. (von Kamerad Heidtmann)*

Sehr geehrter Herr Benz!

Vor wenigen Tagen erhielt ich Ihr Schreiben und erfülle Ihnen gern Ihre Bitte. Es ist mir eine schwere Pflicht; denn Ottfried ist mir während der langen Zeit unseres gemeinsamen Fahrens auf einem Boot mehr gewesen als nur ein guter Kamerad. Wenn ich nun Ihre Fragen nicht ganz so beantworte, wie Sie es wünschen, müssen Sie bedenken, dass mir als Soldat in gewisser Hinsicht die Hände gebunden sind. Wenn Sie wirklich erschöpfende

Auskunft haben wollen, dann wenden Sie sich bitte an unseren Kommandanten; denn der ist bis zuletzt mit Ottfried an Bord gewesen.

Als ich Ottfried zum letzten Mal sah, es mag 15.15 Uhr gewesen sein, war er an Oberdeck; er war ruhig und gefasst und gab mit sehr großer Umsicht seine Anordnungen. Um diese Zeit war schon der Befehl gegeben worden ‚Alle Mann von Bord!' Ich war auf dem Wege zu dem mir bestimmten Rettungsfloß und wurde von der Brücke angerufen, den Befehl weiterzugeben, dass der Kommandant Meldung haben wollte, wenn das Boot klar zur Sprengung sei. Diesen Befehl gab ich an Ottfried weiter, der ihn dem L. I. überbrachte. Kurz danach sprang ich über Bord, Ottfried habe ich dann nicht wieder gesehen. An einem Rettungsfloß habe ich mich dann mit vier Kameraden 30 Stunden über Wasser gehalten, bis wir von einem deutschen U-Boot aufgenommen wurden. Die Möglichkeit, dass Ottfried von einem in See gehenden Fahrzeug aufgenommen worden sein könnte, besteht durchaus, ich persönlich halte es jedoch für unwahrscheinlich, denn dann müsste doch längst eine Nachricht von ihm eingetroffen sein.

Unser Kommandant hat als Einzelschwimmer eines der umhertreibenden Flöße erreicht und ist nach 14 Stunden von dem gleichen U-Boot aufgenommen worden, das auch mich später aufnahm. Wir waren alle im Besitz von aufblasbaren Gummischwimmwesten, und es war Befehl, sie zu tragen. Bei Ottfried habe ich keine gesehen. Es ist aber möglich, dass er sie unter der Lederjacke getragen hat. An einen Herzschlag beim Hinausspringen glaube ich nicht; denn die Wassertemperatur betrug 9°, und Ottfried war diesen Temperaturen gegenüber ziemlich widerstandsfähig.

Es ist nicht viel, was ich Ihnen sagen konnte. Hoffentlich habe ich Ihnen mit meinen Angaben gedient. Ich kann es selbst noch gar nicht glauben, dass Ottfried einmal nicht wiederkommen sollte. Seien Sie versichert, dass ich tief mit Ihnen Ihren großen Schmerz empfinde. Ottfried wird mir immer unvergessen bleiben. Wir haben viele schöne und auch schwere Stunden miteinander zusammen verlebt.

Mit den besten Wünschen für Sie und Ihre Gattin Ihr Kurt Heidtmann."

In diesem Brief fasste Herr Heidtmann die wichtigsten Fragen des Fragebogens meines Vaters antwortlich zusammen. Von den Antworten, die er einzeln auf den Fragebogen gab, schreibe ich hier die beachtenswertesten ab:

„Es gehörte zu Ottfrieds, des Leiters der Lecksicherung, Aufgaben, die Sprengung des Schiffes einzuleiten. Ungefähr 20 Minuten nach Detonation der Sprengkörper versank das Boot, mit dem Bug zuerst. Es war etwa 16 Uhr. Von deutschen Schiffen wurden 34 Mann gerettet. In englischer Gefangenschaft bzw. irischer Internierung befinden sich 68 Mann von Ottfrieds Boot. Einzelschwimmer scheinen nur gerettet zu sein, wenn sie später ein Rettungsfloß erreichen konnten." An solchem Floß hängend hielt sich Heidtmann 30 Stunden im Wasser. Er meint, er hätte es so noch weitere 12 Stunden aushalten können.

„*Kiel, 9.3.44. L. J.*

Seit Langem schreiben wir nur immer einen Brief statt zwei, und es stellt sich immer mehr die Gewissheit ein, dass es auch so bleiben wird. Weitere Nachricht haben wir nicht, es stehen noch Antworten aus auf Anfragen an den Flottillenführer, an den mein Brief an den 2. AdO. weitergegeben worden ist, beim Kommandanten von T 25 und bei einem Kameraden, der jetzt auf Sylt ist. Erst wenn wir diese Briefe hereinhaben und sie keine neue Hoffnung geben können, wollen wir es aufgeben zu hoffen und Trauer anlegen, so gut es geht …

In Deinem Brief, der heute ankam, sprichst Du von melancholischen Bedrückungen, Zuständen, die gelegentlich auftreten und bald wieder vergehen. Ich hatte auch so etwas in dem Alter, aber man muss dagegen ankämpfen, es lähmt die Tatkraft, man kommt nicht von der Stelle, es vergeht viel kostbare Zeit. In Deiner augenblicklichen Lage dürfte es eigentlich nicht sein, Deine Zeit und Dein Einsatz sind doch geregelt, Du bist doch nur ganz wenig Dir selbst überlassen. Ich sehe eigentlich nicht, wie solche Zustände sich auf längere Zeit einstellen könnten. Anders wird es später beim Studium sein, da Du Dir dann selbst überlassen bist, niemand ist, der Deine Zeit vorschreibt, mit Ausnahme der wenigen Vorlesungsstunden. Da kann man sich verlieren. Dem muss vorgebeugt werden durch fleißige Hingabe an die Arbeit, die man auch erweitern kann, wenn die durch den Plan gegebene nicht ausreichen sollte. Überhaupt hängt mit Melancholie auch die bei Dir ziemlich stark entwickelte Freude an der Selbstbeobachtung und Kritik zusammen. Das ist an sich ein ganz schöner Zug, aber man muss sich vorsehen, dass es nicht zu weit geht. So etwas kann zermürben und lähmen. H. V."

Mutter: „Wenn ein Brief von Dir kommt, dann freue ich mich und dann lebe ich immer wieder auf ...

Eine Mutter gibt so leicht nicht einen Sohn auf. Aber sehe ich denn noch einen Hoffnungsschimmer? ... Es ist das, was uns jetzt so tief bewegt, der Verlust unseres lieben Ottfried ... Herzlich grüßt Dich Deine Mutter."

„*Kiel, 16.3.44. L. J.*

Hier der Brief von Vater an den Kommandanten vom 1.3.44.

Herrn Korvettenkapitän v. Gartzen. Swinemünde, Kurparkstr. 34.

Sehr geehrter Herr Korvettenkapitän!

Ich weiß sehr wohl, dass Sie nicht über jedes Besatzungsmitglied Ihres untergegangenen Bootes Auskunft geben können. Ich hätte mich auch nicht an Sie gewandt, wenn mir nicht berichtet worden wäre, dass mein Sohn, Maschinen-Maat Ottofriedrich Benz, mit Ihnen und dem L. I. zusammen von Bord gegangen sein muss. Er hatte nach der mir gegebenen Darstellung die Aufgabe, eine Sprengung im Vorschiff vorzunehmen. Sie drei werden also als Letzte das Boot verlassen haben. Man gibt an, dass der L. I. noch eine Weile mit Ihnen schwimmend gesehen worden sei, von meinem Sohn wisse man nichts mehr. Zwar soll sich nach diesen Kameradenaussagen noch ein anderes Sprengkommando an Bord befunden haben, aber da es nicht groß gewesen sein kann, werden Sie sich meines Sohnes erinnern können. Sie werden mir wahrscheinlich sagen können, ob er mit dem L. I. zusammen oder doch wenig später wieder an Deck gekommen ist und ob und wann er von Bord gesprungen ist. Vielleicht können Sie sich entsinnen, ihn im Wasser treibend gesehen zu haben.

Ich bitte bei Ihrem Bericht, den ich von Ihnen erbitte, nichts zu beschönigen oder auszulassen. Wir lieben Tatsachen und sind auf alles gefasst; zu den Geretteten gehörte unser Sohn nicht. Das wissen wir. Er ist weder in England noch in Irland.

Für Ihre freundliche Mühe herzlichen Dank. Heil Hitler!“

„*E. O., 18.3.44. v. Gartzen, Korvettenkapitän.*

Herrn Dipl. Hdl. Benz, Kiel, Goethestr. 8.

Sehr geehrter Herr Benz!

Ich muss Sie um Entschuldigung bitten, dass ich erst heute zur Beantwortung Ihres Schreibens vom 1.3. komme. Mein neues Kommando liegt wieder fern der Heimat.

Selbstverständlich kenne ich Ihren Sohn sehr gut, da er doch einer der besten meiner Unteroffiziere und bereits zum Offizier vorgeschlagen war. Gerade mit ihm habe ich mehrfach zusammen gesessen und mich über seine Absichten und Zukunftspläne unterhalten.

Leider kann ich Ihnen keine Einzelheiten über sein Schicksal geben. Wir sind, d. h. der Leitende Ingenieur, drei Unteroffiziere, worunter auch Ihr Sohn war, und ich, nach Anschlagen der Sprengmittel an verschiedenen Stellen des Bootes von Bord gegangen. Meinen L. I. und einen Obermaschinisten habe ich noch im Wasser schwimmend gesehen, die anderen Kameraden dagegen nicht mehr. Er ist aber nach Einleiten der Sprengung von

Bord gegangen. Mir sind die Namen der Geretteten und der in Irland und England befindlichen Kameraden bekannt und leider auch die voraussichtlichen Verluste. Ich sehe wenig Hoffnung, dass einer der Vermissten zu uns zurückkehrt, und fühle mit Ihnen den Kummer der bangen Ungewissheit. Seien Sie meiner tiefsten Anteilnahme versichert. Heil Hitler."

Der Landeskulturwalter, Schleswig-Holstein, zzt. Posen, 30.4.44, schreibt:

„Lieber Herr Benz, für Ihre tief empfundenen Worte anlässlich des Heldentodes unseres Sohnes sagen wir Ihnen unseren herzlichsten Dank. Nun können wir in gemeinsamem Leid uns die Hände drücken. Nehmen Sie und Ihre verehrte Gattin auch von uns die Versicherung entgegen, dass wir von tiefstem Herzen Ihren Schmerz mitempfinden. Nur wer selbst einen lieben Menschen hat hingeben müssen, kann die Tiefe unseres Leides verstehen. Geht doch ein Stück unseres Lebens mit ihnen hinweg. Wir wollen uns aber in dem Gedanken trösten, dass sie weiterleben und dass wir mit ihnen einst im ewigen Lebenskreis Gottes weiterleben werden.

Unser Sohn fiel am 14.3.44 bei der Wiedereroberung eines verloren gegangenen Grabenstückes seines Bataillons. Ein Granatsplitter riss ihm die linke Seite auf. Er konnte noch ein paar Zeilen auf ein Blatt Papier schreiben, es war sein letzter Dank an seine Eltern für die große Liebe, die er empfangen. Man hat ihn auf dem Heldenfriedhof der Division nordwestlich von Nebel begraben.

Sein Regimentsführer schrieb uns: ‚Er war ein sehr tapferer Offizier und ein leuchtendes Vorbild seiner Kameraden.'

Ihr Sohn, lieber Herr Benz, und auch unser Junge haben in höchster Pflichterfüllung ihr Leben für Volk und Heimat gegeben. So hart und grausam es auch für uns ist, wir können stolz auf unsere Söhne sein. Ich grüße Sie und Ihre verehrte Gattin mit Heil Hitler! Ihr Karl Weise."

Ottfrieds Todesanzeige:

Eisernes Kreuz II.

Unser lieber tapferer und allzeit einsatzbereiter Sohn stud.ing.
Ottofriedrich Benz
Masch. Mt. ROA.

Inhaber zweier Auszeichnungen, geb. 3. Februar 1919,
ging am 28. Dezember 1943 in harten Kämpfen in der Biskaya
unter, nachdem er seinem T-Boot den letzten Dienst
hatte erweisen helfen.

Mit uns trauern sein jüngerer Bruder Jörg, stud. med.,
zur Zeit Fähnrich,
und seine Großmutter Anna Benz in Havelberg.
Elsbeth und Karl Benz, Dipl.-Hdl.
Kiel, Goethestr. 8, am 10. September 1944.

Jörgs Briefe an die Eltern vom 19.3.–4.5.44 aus Stralsund

„*S. 19.3.44. Letzte Übung der Kadetten in Stralsund:*

… Unser Zug sollte einen Angriff auf eine verteidigte Stellung vornehmen. Die Verteidigung übernahm ich mit 15 Mann. Es klappte natürlich, wenn so ein alter Buschtaktiker übernimmt. Am Dienstag wird die Hauptbesichtigung stattfinden …

Heute ist am ‚Tag der Wehrmacht' großer Betrieb im Kasernengelände. Stralsund isst und belustigt sich an dem, was die Kompanien darbieten. Ich selbst musste als humoristischer Krankenträger bei einem Fußballspiel mitwirken, das leider etwas verregnete. Varieté und alle möglichen anderen Dinge bringen eine Menge Geld zusammen. H. J."

„*Stralsund, 23.3.44. L. E.*

Am Dienstag war Besichtigung, die schnell und gut verlief. Der Kommandeur konnte sich nur ganz kurz den einzelnen

Gruppen widmen ... In einem Gruppenabend wurde diese große Stunde in einem stilvollen Stralsunder Gasthaus mit einigen Flaschen Rotwein begossen. Heute wurde die Beförderung ausgesprochen, die mit dem 1.4. in Kraft tritt. Eine sehr würdige Feierstunde der ganzen Abteilung verpflichtete uns neugebackene Fähnriche für unsere Aufgabe als künftige Offiziere.

Ich werde Sonntag meinen 14-tägigen Urlaub antreten. Ich besuche zuerst für zwei Tage Großmutti, kann aber nichts als eine schöne neue Uniform mitbringen ... Mein nächstes Kommando ist das Marinelazarett Stralsund, wo ich nach dem Urlaub mit acht Fähnrichen Dienst tun werde ... H. J."

„*Stralsund, 16.4.44. L. E.*

Nun habe ich mich schon einige Tage eingelebt ... Wir bleiben mindestens einen Monat in Stralsund. Es ist ein sehr großes neues Lazarett. Wir Fähnriche machen auf den Abteilungen Dienst und unterstützen den Arzt, soweit unser Wissen und Können hinreicht. Ich bin auf der IID, also auf der Chirurgischen. Morgens stehe ich im Operationssaal und sehe zu. Manchmal darf ich sogar etwas assistieren, also Wundhaken halten und das Schnittloch aufsperren. Später nehme ich dem Patienten auf meiner Abteilung Blut ab und begleite den Arzt auf der Visite. Um 13.15 Uhr essen wir Mittag. Um 14 Uhr ist Musterung. Dann schreibe ich Anamnesen ... Um 16.30 Uhr ist Röntgenbesprechung, anschließend OP-Besprechung. Hiervon verstehen wir allerdings ziemlich wenig, da uns die Fachkenntnisse fehlen ... Es wird uns sehr viel Neues und Wissenswertes geboten.

Ich wohne mit acht Fähnrichen auf einer Stube ... Die Ärzte sind zum großen Teil sehr gut. Ich habe leider einen, der wenig spricht. Wir essen unser Frühstück und Abendessen in der Offiziermesse ... Das Essen ist Heimatverpflegung. Man wird satt ... Seht bitte nach, ob vielleicht noch eine Terminologie von Volkmann bei Lipsius zu haben ist ... Welche Größe haben die Halbschuhe von Ottfried? Es ist möglich, dass ich sie gegen einen guten Koffer tauschen kann … H. J."

„*Stralsund, 21.4.44. L. E.*

… Ich beginne jetzt auf meiner Station ein fest umrissenes Tätigkeitsfeld einzunehmen. Je mehr man die Kranken kennt, umso mehr fühlt man sich mit ihnen verbunden. Mein Stationsarzt ist abkommandiert worden, und an seine Stelle sind in schnellem Wechsel zwei jüngere Ärzte getreten, die etwas gesprächiger sind. Die Stationsschwester und ich bilden nun die Vermittlung, da ein neuer Arzt sich natürlich nicht von heute auf morgen eingearbeitet hat. Auch durch die Krankengeschichten fresse ich mich allmählich durch, was dem Arzt viel Arbeit abnimmt. In der vielen Freizeit, die mir trotz allem bleibt, frische ich alte Kenntnisse im Labor auf. Abends gehe ich nur selten an Land, sondern vertiefe mich in die Goethe-Biografie oder in ein wissenschaftliches Werk … H. J."

„*Stralsund, 27.4.44. L. E.*

Jetzt sind doch zwei Briefe von Euch angekommen. Der erste ist geöffnet worden …

Mit Chemie habe ich im Augenblick nicht viel zu tun. Aber ich glaube doch, dass ich nicht allzu schlecht abschneiden werde. Es macht sich der Unterschied zwischen Realist und Humanist doch sehr bemerkbar, aber auch auf dem Gebiet der Fachsprache … In der nächsten Zeit will ich mich etwas hinter die Anatomie klemmen, um dort einige Grundkenntnisse zu erwerben. Denn in meiner Abteilung komme ich fast nur an die Anatomie. Man sieht zwar, wie operiert wird, aber was das Einzelne ist, was der Arzt herauspräpariert, das ist der springende Punkt; denn die Kenntnisse fehlen vollkommen. Es kommt dabei nicht so sehr auf das Wissen der großen Organe an, sondern die Einzelheiten der Knochen und Muskeln sind wichtig … H. J."

„*Stralsund, 4.5.44. L. E.*

... Schon am Morgen gibt es eine gute Milchsuppe, ein frisches Brötchen mit Honig oder Marmelade. Zum Mittagessen wird Fleisch alle zwei Tage angeboten. Am Sonntag gibt es ein sehr großes Stück Braten. Abends stellt man uns etwa 50 g Wurst hin, Radieschen und weißen Käse oder Ähnliches. Dazu schmiert man 30 g Butter ... Zu viel rauche ich auch nicht ... Wie bisher kaufe ich mir Tabak und drehe mir die Zigaretten nach alter Gewohnheit selbst, was immer einen günstigen Eindruck auf die Landser macht, die ich zu betreuen habe ... Die Arbeit nimmt mich ziemlich stark in Anspruch. Sie wird immer interessanter ... Neben dem Selbststudium, das ich betreibe, habe ich jetzt meine Goethe-Biografie durchgelesen ... H. J.“

Die Briefe, die meine Eltern in dieser Zeit schrieben, sind nicht mehr vorhanden. Ich weiß nicht, ob Vater sie bewusst vernichtet hat, vielleicht weil ihr Inhalt für ihn und mich hätte belastend werden können, oder ob sie in den Wochen des Kriegsendes verloren gingen. Ich bitte also den Leser, ihren Inhalt aus meinen Antwortbriefen zu ermitteln.

Jörgs Einsätze als Sanitätsfähnrich d. R.

Jörgs Briefe an die Eltern vom 12.5.–19.5.44 aus Wien

„Wien, 12.5.44. L. E.

Gestern traf ich hier ein. Die Studentenkompanie wird noch aufgebaut. Montag wird für uns das Studium beginnen. Es geht noch alles drunter und drüber. Ich schreibe bald. Meine Adresse: San. Fähnr. d. Res. Wien 9. Allgem. Krankenhaus. Krankenpflegeschule. 3. San. Komp. a. d. Aller. H. J.“

„Wien, 13.5.44. L. E.

… Die Stiefel passen meinem Freund. Wenn sie besohlt werden müssen, so lasst es bitte machen. Es kann natürlich Gummi sein …

Nun zur Fahrt … Man sah, wie verschieden der Frühling in den verschiedenen Gegenden Deutschlands ist. In Stralsund war alles gerade den Knospen entsprossen. Berlin und Sachsen prangten schon in der herrlichsten Obstblüte, während Böhmen noch ziemlich weit zurück war. Dann das Donautal. Hier ist schon fast Sommer. Die Kastanien und der Flieder stehen in voller Blütenpracht und abends wird man vom Duft fast betäubt. …

Die Marine-Dienststelle war erst vor wenigen Tagen eingerichtet und lag in einem Kloster … Am nächsten Morgen konnten wir dann in die Pflegerinnenschule einziehen, in Stuben mit sechs Betten, die zwar sehr groß sind, aber wenig gutes Licht haben … H. J.“

„Wien, 16.5.44. L. E.

… Am Donnerstag wurden die Immatrikulations- und Inskriptionsformulare ausgehändigt. Wir füllten alles gemeinsam aus … Heute Morgen nun sind wir in die erste Vorlesung gegangen. Es war ein riesiger Trubel. Die Räume sind viel zu klein, als dass sie die Menschen fassen könnten. Eine große Anzahl der Hörer sind Ausländer. Auf acht Frauen kommen ungefähr zwei Männer. Ihr könnt Euch denken, welche Erbitterung es in uns hervorruft, wenn man sieht, dass die Sitzplätze, die hier seltsamerweise Stammplätze sind, von Frauen und Zivilisten belegt sind, während viele der Soldaten stehen müssen, weil sie zu spät zum Semesterbeginn kamen, als nämlich alle Plätze schon vergeben waren. Unser Kommandeur versucht hier eine Änderung durchzusetzen; denn es ist wenig angenehm, wenn man den ganzen Morgen steht und wegen der weiten Entfernung auch wenig sieht. An Schreiben ist dabei wenig zu denken. Die Professoren bringen es zum großen Teil interessant und abwechslungsreich vor …

Mittags wird in der Mensa gegessen … Man bekommt ein gutes, reichliches Gericht, ohne Marken abgeben zu müssen. Abends essen wir in der Stadt reichlich und vielseitig auf unsere Marken. Das Leben so ist zwar sehr teuer, aber man wird satt und lange wird es auch nicht mehr dauern, da schon das Küchenpersonal da ist … H. J."

„*Wien, 19.5.44. L. E.*

… Die erste Woche hetzte man von einer Vorlesung zur anderen, von einem Uni-Gebäude ins andere. Jetzt habe ich schon die besten Möglichkeiten kennengelernt, Plätze mit brutaler Nichtachtung anderer in den Hörsälen zu belegen. Wenn man lange nicht geistig gearbeitet hat, wie es bei mir der Fall ist, dann ist es eine Überfülle, was auf einen eindringt, zumal wenn man durch die Verspätung einiges versäumt hat und nun mitten in den Lauf der Lesungen hineingestellt wird. Ich bin also zu den einzelnen Professoren gegangen, als Ältester des ersten Semesters der Marinetruppe, und habe Nachlesungen erwirkt; denn gerade der Grundstock scheint wichtig zu sein. Doch mit einigermaßen Beharrlichkeit und Anspannung werde ich den Stoff schon meistern. Ich sehe, dass ich doch nicht alles vergessen habe. Auch Chemie und Physik ist nicht zu hoch für die Humanisten. Die Professoren tragen den Stoff, außer der Biologe, sehr anschaulich vor. Sogar der Humor fehlt nicht …

Am Abend gehen wir in die Stadt, besichtigen die wundervollen Bauten von außen ... Die Menschen haben eine bestimmte Gemütlichkeit hier, die man Luschigkeit nennen könnte. Sehr viele verdienen jetzt noch mit Diensten, die überhaupt nicht nötig wären. Alle tun nur so viel, dass sie in ihrem Niveau leben können. Zu streben scheinen nur wenige. Die Arbeit dient nur der Selbsterhaltung. Natürlich ist das die große Masse der Stadtbevölkerung. Es gibt überall Gegensätze. Die Lokale sind angenehm gemütlich oder vornehm, je nachdem, was man gerade haben will. Die gemütlichen überwiegen. In den vornehmen haben sich jetzt oftmals Ausländer breit gemacht, sodass es nicht sehr schön dort ist. Wein wird nur in sehr wenigen Lokalen ausgeschenkt ... Gestern Abend sah ich die Oper ‚Daphne' von Strauß im Staatstheater. Es war eine wundervolle Vorstellung in einer glänzenden Umgebung. Wien ist doch auch im Kriege das alte geblieben ... H. J."

Jörgs Briefe an die Eltern vom 22.5.–3.6.44 aus Wien

„*Wien, 22.5.44. Liebe Mutti,*

wieder einmal werden wir Deinen Geburtstag begehen. Er wird nicht festlich und strahlend sein; denn dazu ist die Zeit, in der wir jetzt leben, allzu sehr durchwühlt von Gewalt und Tragik. Jeder Einzelne ist in dies Geschehen verwoben und kann sich nicht aus ihm herausziehen. Auch wir, und am tiefsten von uns Du, Mutti, sind mit hineingezogen worden und haben es furchtbar erfahren müssen. Aber soll uns dies Geschehen vollkommen überwältigen? Nein, wir dürfen nicht allein auf das ‚Wie' sehen, über allem steht das ‚Warum'; und indem wir hierüber nachdenken, finden wir die Erklärung, dass es so sein muss für die große Gemeinschaft, die auch uns umfasst. Erst durch das gegenseitige Opfer bildet sich eine Gemeinschaft. Und je größer die Opfer sind, die jeder für die Gemeinschaft bringt, desto sicherer verdient diese Gemeinschaft es, am Ende siegreich dastehen zu können.

Wenn wir nun Pfingsten Deinen Geburtstag feiern, dann wollen wir uns gemeinsam in besinnlicher Stunde lossagen von dem gegenwärtigen Geschehen und an die Zukunft denken und an die Stunde, da alle Opfer belohnt werden durch die Erfüllung. H. J.“

„*Liebe Eltern,*

... Am Sonntag bin ich in der Kaisergruft gewesen und habe die einzigartigen Sarkophage der Habsburger aus drei Jahrhunderten bewundert. Auch von der Plattform des Stephansturmes aus 72 m Höhe habe ich einen Rundblick über die großartig angelegte Stadt getan, die im Norden und Süden von Bergketten umrahmt wird. Am Sonnabend besuchte ich den Praterwald, wo uns Studenten eine Heilkräuter-Exkursion hinausführte. Es ist ein wunderbar urwüchsiges Waldgebiet mit herrlichen Bäumen. Ihr seht, ich bemühe mich, in Wien heimisch zu werden. An Büchern habe ich hier schon Anatomie und Chemie bekommen können. Aber schickt mir bitte alles, was Ihr dahabt. H. J.“

„*Wien, 24.5.44. L. E.*

Eben kommt Eure Nachricht, dass ganz in Eurer Nähe Bomben niedergegangen sind. Ihr werdet viel Arbeit haben mit den Scheiben. Hoffentlich werden wir weiter von schweren Schäden verschont. Wir hier hatten heute den ersten Alarm. Die ganze Kompanie, vom Oberfähnrich bis zum Kadetten, musste die Kranken in unserem Komplex in den Keller tragen. Das war die Bedingung dafür, dass wir hier wohnen können. Das Allgemeine Krankenhaus ist mit 3000 Kranken das größte in Europa und wurde in seinen wesentlichen Teilen schon von Kaiser Joseph II. erbaut. Es ist in seiner Anlage sehr sehenswert. Hier haben die großen Ärzte Billroth, Holzknecht, Semmelweiß und andere gewirkt. Unseren Fenstern gegenüber ist ein finsteres Gemäuer, der Narrenturm, in dem noch bis ins 19. Jh. die Irren mit Ketten angeschmiedet in den Zellen saßen ... Ich schicke Euch hier einen

Stundenplan, damit Ihr immer wisst, womit ich gerade beschäftigt bin …

Am Montag war ich in der Staatsoper und sah eine Aufführung des ‚Fliegenden Holländers'. Ihr könnt Euch denken, wie begeistert ich bin. Ich hatte ihn noch nicht gesehen.

Meine Einschreibung hat 97 RM gekostet. Außerdem habe ich mir noch einige Bücher und Instrumente gekauft. Die Selbstverpflegung dazu gerechnet, bin ich in 2 Wochen 200 RM losgeworden … Aber gerade ärztliche Geräte gibt es hier noch … H. J."

„*Wien, 28.5.44. L. E.*

Ich danke Euch für die Eilnachricht und den Brief vom 22.5. Es ist schlimm zu denken, dass bei Euch etwas passiert. Durch den Wehrmachtbericht erfährt man nichts Genaues mehr darüber, wo Bomben gefallen sind … Ich atme immer sehr auf, wenn ich lese, dass noch einmal alles klar gegangen ist. Hoffentlich bleibt es so.

Wiener Neustadt ist in den letzten Tagen auch schwer angegriffen worden. Wien selbst aber hat außer in Vororten nichts zu spüren bekommen. Wir haben hier im Krankenhaus gute alte Keller, die wohl kaum einstürzen werden … H. J."

„*Wien, 2.6.44. L. E.*

… Die Histologie ist ausgezeichnet. Gerade sie brauche ich am nötigsten … In Wien wird jetzt das Wasser gespart, bis auf vier Stunden am Tag. Man will Kohle sparen. Es ist das erste Mal im Kriege … H. J."

„*Wien, 3.6.44. L. E.*

Eben habe ich erfahren, dass wir uns Zivilkleider schicken lassen können. Das wird uns eine große Erleichterung geben. Schickt mir bitte zwei Sporthemden, zwei Schlipse und den grauen Anzug. Es ist doch besser, wenn man eine Jacke besitzt … H. J."

Jörgs Briefe an die Eltern vom 6.6.–14.6.44 aus Wien

„*Wien, 6.6.44. L. E.*

Heute ist die Invasion ins Rollen gekommen. Wir haben leider kein Radio auf der Stube, aber Ihr werdet wieder am Kasten sitzen und auf die Nachrichten warten. Ich hatte es mir schon früher gedacht, dass gerade in dieser Gegend, die ich so lange bereist habe, der Stoß geführt werden würde, da dort die Geländeverhältnisse sehr günstig sind. Auch meine alte Flottille wird schwer zu tun haben. Es wird bestimmt bei ihr Verluste geben. Wir sind fest davon überzeugt, dass es für uns gut ausgehen wird.

Heute habe ich das Wiener Marionetten-Theater besucht. Es gab eine nette Unterhaltung, und man konnte sehen, wie der Wiener über die Zeitumstände denkt. In humorvoller Art wurde allerhand gepöbelt und manche Einrichtung kritisiert. Das ist auch sonst zu bemerken. Der Wiener ist zu konservativ, als dass er von seinen Hoffnungen und Vorrechten lassen könnte. Oft hört man von der guten Zeit der Republik oder dem Kaiser sprechen …

Wir haben hier von unserer Hausschwester, einer älteren, sehr netten Dame, Knochen zur Übung zur Verfügung gestellt bekommen. Es wird auf den Stuben sehr eifrig gearbeitet; denn in drei Wochen steigt ein Knochen-Kolloquium in Anatomie, das uns über unseren Fleiß auf den Zahn fühlen will.

Mit den Kameraden meiner Stube, sechs Mann, war ich schon in Stralsund zusammen. Es sind nette Kerle, doch sehr verschieden geartet. Wir stehen alle im ersten Semester. Ich bin der Älteste, die anderen haben auch schon zwei bis drei Jahre auf dem Puckel. Sie waren zum großen Teil an der Front oder auf See eingesetzt gewesen und haben so manches Ding erlebt. Ich werde sie jetzt schildern:

Ernst ist ein großer blonder Westfale von 21 Jahren. Sein ruhiges Wesen macht ihn sehr angenehm. Ich habe mit ihm meistens die gleichen Ansichten und mache mit ihm zusammen sämtliche Unternehmungen. Er ist mehr als ein Kamerad …“

„*Wien, 10.6.44. L. E.*

Heute sind wir in feierlicher Weise immatrikuliert worden. Es sprachen der Rektor, der Studentenführer und ein anderer Professor über Erziehung, Wissenschaft und Universität. Wir wurden in symbolischer Weise verpflichtet. Nun sind wir also auch in rechtlicher Hinsicht Studenten der Alma Mater Vindebonensis.

In Wien gibt es noch allerhand Merkwürdigkeiten. Die Menschen sind scheinbar sehr höflich. Sie wollen aber nur den anderen bestechen und dann einen Vorteil herausholen. So kann man hier noch einen Leiermann sehen. Bei uns gibt es das schon jahrelang nicht mehr. Dieser Leiermann nun nimmt vor jedem Vorübergehenden den Hut ab. Wenn jedoch ein Marineangehöriger kommt, der aus Norddeutschland kommt, wird die Mütze schnell hingelegt und der Deutsche Gruß erwiesen. Das spielt sich alles mit einer verblüffenden Schnelligkeit ab.

Ich kaufte einmal in einem kleinen Laden ein und dankte für die gekaufte Ware. Nun muss ich wohl der erste Marineangehörige gewesen sein, der in den Laden kam. Aber die Frau sagte ganz erstaunt: ‚Die Deutschen können also doch ‚danke' sagen.' Gerade uns in der blauen Uniform sieht man für die schlimmsten Faschisten an. Dabei ist die Bevölkerung durchaus nicht feindlich der Bewegung gegenüber eingestellt.

Mein Gruppenführer, ein aktiver Sanitäts-Oberfähnrich, ist auch Wiener; ganz typisch wälzt er die Masse seiner Arbeit auf die Fähnriche ab. Ich sorge für Sport und die Dienstregelung im Allgemeinen. Da die Kadetten aber sehr junge Soldaten sind, gibt es oft Nachlässigkeiten. Ich habe mit den Kadetten zu tun, muss sie also auch in Zucht halten. Nun erbat ich mir im Unterricht das Wort und sprach eine Viertelstunde über Disziplin im Allgemeinen. Jetzt ist der Gruppenführer verschnupft, dass ich zu selbständig handle. Was er selbst jedoch spricht, ist gleich null. Ich werde mich in Acht nehmen, ausfällig zu werden. Aber hinweisen werde ich ihn noch, zumal er mich braucht. So ist der Wiener, zunächst freundlich, später gemein ... H. J."

„*Wien, 14.6.44. L. E.*

... Unsere Kompanie ist 150 Mann stark. Darunter befinden sich 60 Oberfähnriche im 8.–9. Semester, 10 Fähnriche und 50 Kadetten im 1. Semester ... Am Montag stieg das erste öffentliche Kolloquium. Wir sahen zu und merkten, dass wir schon ziemlich viel konnten. Am selben Abend ging ich ins Burgtheater, um Grillparzers ‚Libussa' zu sehen. Es ist ein dramatisches Stück mit einer Fülle von Lebensweisheit ... Am Dienstag nun besuchte ich nur wenige Vorlesungen und wiederholte in der freien Zeit das anatomische Pensum. Um 3 Uhr stieg ich ins Kolloquium. Ich hatte mich zwar erst zum Sonnabend angemeldet, aber da jetzt das letzte öffentliche Kolloquium stattfand, waren noch Plätze frei, da sich manch einer vor den 200 Zuhörern scheute. Der Professor gab mir einen Fußwurzelknochen, den ich als den rechten Ektokuneiformen bezeichnete und beschrieb. Es folgten einige Fragen über Gelenke. Das alles dauerte nur etwa fünf Minuten. Ich hatte gemerkt, dass derjenige, der sich durch Ruhe nicht aus dem Konzept bringen lässt, im Vorteil ist ... Unter der Hörerschaft wurde es als ausgezeichnet empfunden, dass die Marine, die einen Monat zu spät zum Semester kam, als einige der Ersten und mit Erfolg abschloss ... H. J."

Jörgs Briefe an die Eltern vom 25.6.–4.7.44 aus Wien

„*Wien, 25.6.44. L. E.*

Gestern sind die Briefe vom 16. und 18.6. angekommen. Ich danke Euch für die Verhaltensanregungen. Ich habe und werde mich auch weiter vorsehen. Ich habe ein dickes Fell und kann viel in mich hineinfressen. Zum Ausbruch wird es nicht kommen, da der Gegensatz zu gering ist, als dass er nicht überbrückt werden könnte.

In der letzten Woche haben wir sehr viel geistigen Genuss gehabt. Im Volkstheater sah ich ‚Hamlet', im Burgtheater wohnte ich einer herrlichen Aufführung von ‚Kabale und Liebe' bei. In der Oper genoss ich die ‚Lustigen Weiber von Windsor'. Außerdem noch einige volkstümliche Stücke. Ich glaube, dass ich niemals mehr so viel ins Theater gehen werde wie in Wien. Gestern nun ging ich das erste Mal in Zivil aus. Es muss jedes Mal eingereicht werden, wenn man Zivilerlaubnis haben will. Ernst hatte meine graue Hose an, da seine Sachen noch nicht da waren. Wir gingen erst mit der Heilkräuter-Exkursion nach Sievering, wanderten an den Abhängen, den Weinbergen und Lustschlössern herum und aßen am Abend in Grinzing … Heute habe ich Wache und werde mich ganz der Wissenschaft widmen. Das Semester wird Ende Juli aus sein …

Es wäre sehr schade um die schöne Kunstgeschichte, wenn wir sie abgeben würden … Später, wenn ich sie gebrauchen würde, könnte man sich ein neues Werk kaufen. Du selbst, Vati, wirst auch an dem Werk hängen … H. J."

„*Wien, 28.6.44. L. E.*

… Ich freue mich, dass Ihr für die Ferien ein Quartier gefunden habt … Der Luftangriff auf Wien hat die Vorstädte getroffen. Wir selbst sahen, wie einzelne Bomber abgeschossen wurden. Die Flak ist gut.

Gestern habe ich eine sehr schöne Aufführung von Strauß' ‚Salome' gesehen. So etwas regt immer zu tiefsinnigen Gesprächen an. Auch zwei Vorträge über das Christentum klärten wieder manchen Zweifel. Man versucht es jetzt sehr geschickt, seine völkische Bedeutung hervorzuheben. Die speziellen Tatsachen können aber dadurch nicht weggeleugnet werden … H. J."

„*Wien, 1.7.44. L. E.*

Am Mittwoch haben wir einen Gruppenabend mit einem guten Essen und etwas Wein gefeiert. Ich habe etwas organisiert. Es war erstaunlich, was alles geboten wurde. Fast jeder konnte etwas Humorvolles darbieten. Einer kritisierte mich in sehr netter

Weise. Der Abend währte bis 2 Uhr morgens. So lernt man den Einzelnen etwas näher kennen und kommt in ein kameradschaftliches Verhältnis.

Am Donnerstagabend machte die Innenstadt einen Aufmarsch auf einem der großen Plätze. Auch wir nahmen als Teil des Studentenbundes daran teil. Aus Augenzeugenberichten ersieht man, dass die Marine wieder sehr gut aufgefallen ist. Es sprach der stellvertretende Gauleiter vor 60 000 Menschen. Seine Rede war auf die Masse berechnet und setzte sich aus Schlagworten zusammen. Es war ein Aufruf zu bedingungslosem Einsatz, auch wenn die Stadt zu leiden haben würde. Die Menschen gingen mit und es kam sogar zu Szenen der Rührung. Das Ganze sollte der Bevölkerung den Ernst der Lage vor Augen stellen und sie von der Gleichgültigkeit auf das Geschehen hinlenken.

Am Freitag bin ich in dem Märchen von Schreyvogel ‚Titania' gewesen. Es war eine sehr schöne Sache und stellte das Leben der Menschen der Sehnsucht der Götter gegenüber. Man sah, dass die Sehnsucht nach göttlichem Leben nur ein Trugbild ist, und der Mensch in seiner arteigenen Weise das größte Glück erlangen könnte ... H. J."

„*Wien, 4.7.44. L. E.*

... Wir lernen jetzt für zwei vor uns stehende Kolloquien, die uns von der Marine aufgegeben sind. Ich werde in Anatomie und Histologie einsteigen ... Am Sonntagmorgen besichtigten wir noch die Katakomben unter dem Stephansdom, ein ungeheurer unterirdischer Friedhof mit etwa 20 000 Toten. Es war ganz romantisch, an die vielen verstorbenen Größen zu denken, die hier vermodert waren. Auch die erste Wiener Kirche, die Ruprechtskirche von 760, entging nicht unseren sensationslüsternen Augen ...

Am Nachmittag fuhren wir mit der Bahn in den Wiener Wald und wanderten über Berg und Schlucht an der Donau entlang nach Klosterneuburg, der Ruhestätte der Babenberger ... H. J."

Jörgs Briefe an die Eltern vom 8.7.–19.7.44 aus Wien

„*Wien, 8.7.44. L. E.*

... Ich habe auch denselben Standpunkt gegenüber dem Christentum, den Vati dargelegt hat. Trotzdem höre ich mir solche Vorträge, die die Kirchenstellung verteidigen, an, da es gut ist, wenn man sich mit der Gegenseite beschäftigt. Nur so kann die eigene Anschauung gefestigt und ausgebaut werden, da unsere Haltung im Allgemeinen nicht angefeindet wird, also ohne Kontrapunkte leicht verflachen kann. Es ist doch auf geistigem Gebiet genau dasselbe wie in der Politik: Nur wo Gegensätze aufeinanderstoßen, werden Kräfte gebildet. Die katholische Kirche hat in der Geschichte aus solchen Kämpfen immer wieder die Kraft zur Regeneration gezogen. Aber auch allgemein politisch sind die großdeutschen Bestrebungen aus den Befreiungskriegen und der Nationalsozialismus aus den sozialen Gegensätzen des Weltkrieges entstanden. Man kann viele solche Beispiele

Abb. 97 *Die Fähnriche im ersten med. Semester in Wien*

anführen. Auch der Einzelmensch sollte es so halten. ... In den Straßen blühen die Linden und lassen alles Leben in einem süßlich romantischen Duft erscheinen. Nur die Alarme lassen den Krieg fühlen. Fast jeden Morgen werden in Wiener Vororten Schäden angerichtet. Im inneren Stadtgebiet ist noch keine Bombe gefallen. Heute morgen sahen wir, wie die Flak fünf Bomber abschoss.

Wie ist es bei Euch gewesen? Haben wir gelitten? ... H. J."

Abb. 98 *Ernst Gersmeier und Jörg im Wiener Wald Juli 1944*

„*Wien, 13.7.44. L. E.*

Am Dienstag erhielt ich Eure Karte. Das war für mich eine frohe Nachricht; denn ich machte mir schon Sorge. Heute, Euer Brief zeigt ja, dass der Schaden wieder in unserer Nähe angerichtet wurde. Es ist doch immer gut, wenn Männer im Hause bleiben, wie es ja bei uns der Fall ist ... H. J."

„*Wien, 16.7.44. L. E.*

... Es ist ein Zufall, dass ich gerade Sonnabend in Histologie kolloquierte. Ich war wieder einmal der Erste und erhielt unverdientermaßen ‚sehr gut'. Ich hatte über die glatten Muskeln zu sprechen und verhedderte mich dabei etwas. Eine Frage über das Okular des Mikroskops löste ich dann einwandfrei ...

Ein Angriff auf Wien hat wieder die Vororte stark mitgenommen. Noch jetzt am Abend fahren die Feuerwehren ... H. J."

„*Wien, 19.7.44. L. E.*

... In unserer Stube wird fleißig gelernt. Der Stoff für das Anatomie-Kolloquium ist sehr umfangreich und die Muskellehre sehr kompliziert, sodass man nicht nur darüber hinwegzulesen braucht. Wir stacheln uns gegenseitig im Eifer an ... H. J."

Am 4.8.1944 erhält Vater das Schreiben des Flottillenchefs der Torpedobootsflottille, Korvettenkapitän Hoffmann, die amtliche Todeserklärung zu Ottfrieds Untergang:

„Alle Bemühungen, etwas Näheres über das Schicksal Ihres Sohnes in Erfahrung zu bringen, waren bis heute erfolglos. Unter den geretteten, auch unter den vom Gegner aufgenommenen und in Gefangenschaft oder Internierung befindlichen Überlebenden befindet sich Ihr Sohn leider nicht. Es muss angenommen werden, dass Ihr Sohn bei dem letzten und schwersten Gefecht seines Bootes den Heldentod gefunden hat ...

... Ihr Sohn war von gutem Soldatengeist und heißer Liebe zu seiner Heimat beseelt. Er kannte nur die große Pflicht, den Kampf, um seine Lieben in der Heimat zu schützen. Seine Treue zum Fahneneid besiegelte er nun mit seinem Heldentod. Ihr Sohn ist uns als ein immer guter Kamerad und Vorbild in lieber Erinnerung. Er starb den Heldentod für Großdeutschlands Freiheit ...

In gleicher Post überreiche ich Ihnen die Ehrenurkunde über den Heldentod Ihres Sohnes ... Unterschrift"

Jörgs Briefe an die Eltern vom 26.7.–9.8.44 aus Wien

„*Wien, 26.7.44. L. E.*

Ich freue mich, dass Ihr endlich, wenn auch auf Umwegen, die Stadt verlassen konntet ... In der Abschluss-Vorlesung in Anatomie wünschte uns Prof. Pernkopf, seine Magnifizenz, eine gesunde Rückkehr. Er sprach in einem wehmütigen Ton. Am Dienstag Morgen ging ich dann in das Anatomie-Kolloquium. Der Professor prüfte gerade zwei schon einmal durchgefallene Ausländer, die sehr wenig konnten. Nach vielen Bemühungen schickte er sie endlich beide hinaus, um sich verärgert uns zuzuwenden. Wir hatten deshalb auch keinen leichten Stand, doch konnte ich noch ein ‚gut' verbuchen …

Das gemeine Attentat auf den Führer ist überwunden. Wien ist wohl eine Hochburg der Verschwörer gewesen. Wir haben über Studenten mancherlei gehört, was auf eine unzuverlässige Haltung älterer Militärs hindeutete. Am Freitagmorgen sah man Kraftwagen mit höheren Offizieren, von Polizeiwagen eskortiert, durch die Straßen fahren. In der Nacht zu Freitag ist in einem abgelegenen Lokal hier eine größere Putschversammlung gewesen.

Die Einführung des neuen Grußes wird von vielen als überflüssig und albern empfunden. Ich glaube aber, dass nur so der Wandlung im Heer Ausdruck gegeben werden kann. Man vergisst zu schnell solche Vorfälle, man lebt über sie hinweg, wenn man nicht unmittelbar daran beteiligt ist. So ist es nur richtig, wenn die Änderung sich in Zukunft immer wieder bemerkbar macht. Ich hoffe nur, dass jetzt alle inneren Schwierigkeiten überwunden sind, sodass wir nach allen Seiten wieder freie Hand haben. H. J."

Kurz vor dem Attentat auf Hitler, am 20. Juli 1944, trafen Ernst und ich mit einer Studentin zusammen, mit der wir schon einige Male über unsere Arbeit und das schöne Wien gesprochen hatten. Als wir von unserem Wunsch erzählten, in den Semesterferien ein Segelboot zu chartern, sagte sie eines Tages: Sie hätte mit ihrem Onkel, einem alten KuK-Admiral, gesprochen, der uns am Neusiedler See ein Boot zur Verfügung stellen könnte. Er hätte auch einen Freundeskreis alter Soldaten und wir wären herzlich zu ihm eingeladen. – Ernst und ich überlegten sehr gründlich, ob wir dies verlockende Angebot annehmen sollten. Es würde auch sehr interessant sein, wen wir dort treffen könnten. Aber – ohne etwas von den Vorbereitungen des Attentats zu wissen – wir ahnten etwas von einer Konspiration in diesem Kreis. Beim nächsten Treffen sagten wir der Studentin, wir hätten Adolf Hitler den Eid als

Abb. 99 *San. Fähnrich d. Res. Jörg Benz*

Soldat geschworen und wollten bis zum Ende unseren Eid halten. – Sie trat ab und wir haben sie niemals wieder gesehen in den letzten Tagen in Wien.

Aber Vater wurde in Kiel etwas später von dem NS-Ortsgruppenleiter besucht, der von ihm genaue Auskunft über Freunde und Bekannte meiner Wiener Zeit haben wollte. Da mein Vater keine Kenntnis hatte außer über meine Briefe, die ich hier abgeschrieben habe, bestellte der Mann schöne Grüße an mich.

„*Wien, 30.7.44. L. E.*

Ich danke Euch für den Brief vom 22.7. Er spricht von Erholung und guter Pflege … Es wird hier etwas Unterricht und viel Sport gemacht. Man merkt, wie gut es tut, den Körper anzuspannen und dadurch den Geist zu erholen. Gestern Abend feierten wir den Gruppenabschied mit Wein, Schnaps und Sekt. Obwohl es durch Rationierung der Getränke vermieden werden sollte, dass Ausschweifungen stattfänden, wurde nach einigen Stunden der Verein disziplinlos. Wir schickten die Kadetten in die Koje und feierten bis 3 Uhr mit dem Gruppenführer allein weiter …

Heute gingen wir in Grillparzers ‚Medea'. Es war von ungeheurer Tragik. Man fragt sich immer wieder, wie können sich Menschen so etwas ausdenken und sogar in den nationalen Sagenschatz aufnehmen. Aber man findet es ja bei allen Völkern. H. J."

„*Wien, 9.8.44. L. E.*

Es waren herrliche Tage … Am Sonntag sah ich das Rokokoschloss Laxenburg in einem sehr romantischen Park. Einstmals Feststätte des Wiener Kongresses, ist es jetzt ziemlich verwahrlost. Außerdem besuchten wir Mödling, das an einem zerklüfteten Tal des Ostrandes des Wiener Waldes liegt. Am Montag fuhren wir nach Baden, der Schwefelquelle, und wanderten durch das herrliche Helenental mit seinen Burgruinen. Gestern nun fuhren wir mit dem Autobus von Mödling nach Heiligenkreuz. Das ist wirklich eine unberührte Friedensinsel aus vergangenen Jahrhunderten. Ein sehr schönes Zisterzienserkloster konnten wir besichtigen …

Heute ist Besichtigung durch den B. J., Arzt Dr. Kanzler, und Sportfest … H. J."

Ich wurde im August 1944 nach Kiel abkommandiert an das Marinelazarett in Kiel-Hassee und hatte schon von März bis September 1943 dort meine erste Lazaretttätigkeit absolviert. Jetzt besuchte ich dort einen Kursus zum Erwerb der Qualifikation als Hilfsarzt. In diesen Monaten erlebte ich sehr viele Bombenangriffe auf Kiel. Bei Alarm mussten die bettlägerigen Kranken aus den oberen Stockwerken in den Keller getragen werden und bei Entwarnung wieder hinauf, eine schwere Arbeit in der Nacht. Das Lazarett wurde nur von Brandbomben getroffen. Andere Soldaten und ich stiegen sofort nach einem Angriff auf das Flachdach und warfen die brennenden Bomben hinab. Ebenso ging es mit der Wohnung der Eltern in der Goethestraße 8. Das Haus selbst wurde nicht getroffen, während rundherum Bomben fielen. Die Bewohner konnten Brandbomben im Dach auch rechtzeitig entfernen.

Im Lazarett arbeitete ich vor allem in der Abt. II, der Chirurgie, und assistierte dem Stabsarzt d. R. Dr. Purrucker, einem Unfall-Chirurgen aus Berlin. Dieser hatte Freude an dem Fähnrich, zog mich als Assistenten gelegentlich zu seinen Operationen heran und ließ mich sogar – unter seiner Aufsicht – einen verkrümmten Finger selbst aboperieren. Besonders trug er mir auf,

Abb. 100 *San. Fähnrich d. Res. Jörg Benz*

die Ambulanz zu machen. Ich hatte die ambulanten Patienten zu untersuchen, ihre Wunden zu beschreiben, verbinden zu lassen und einen neuen Termin festzusetzen.

Am 8. September 1944 begann die Beschießung der britischen Insel durch V-Waffen. Aber die Frontlinien mussten unter dem Druck der feindlichen Übermacht zurückgenommen werden. Die Regierung versuchte durch Versprechungen immer neuer Waffen Hoffnung zu wecken, besonders sprach man von der „geheimen Waffe des Führers", aber niemals kam heraus, um was es sich dabei handelte. Die in der Entwicklung begriffenen Waffen wurden nicht einsatzbereit. Entweder wurden ihre Produktionsstätten vernichtet oder es fehlte der Treibstoff.

Kurz vor Weihnachten war ich Zeuge eines Gespräches der Ärzte. Einer von ihnen teilte den Leitartikel der Wochenzeitung „Das Reich" mit. Darin entwickelte der Reichsminister für Propaganda Dr. Joseph Goebbels eine Vision: „Ein Beobachter steht hinter einer Glaswand und sieht, wie die Vertreter der kriegführenden Mächte eine Abschlusskonferenz abhalten. Er kann kein Wort hören. Aber zum Schluss erheben sich die Mitglieder der einen Gruppe, die offensichtlich die Sieger sind, verneigen sich vor den anderen und reichen ihnen die Hand – als hätten diese gesiegt."

Die Reaktion der Ärzte: „Wäre das schön, wenn es so wäre!" Dann gingen alle wieder an die Arbeit.

Kurz darauf erreichten die Truppen der SU die deutsche Ostgrenze und die Westalliierten den Rhein.

Im Januar 1945 sollten die Fähnriche im letzten Kampf der Wehrmacht zu kämpfenden Truppen abkommandiert werden. Z. B. sollten aus bisher nicht infanteristisch ausgebildeten und eingesetzten Marinesoldaten verschiedene Infanterie-Regimenter aufgestellt werden. Als ich Dr. Purrucker sagte, ich müsste mich dort wohl hinmelden, da ich ja ein erfahrener Infanterist war, zitierte der Arzt den altrömischen Spruch des Dichters Terenz: „Nihil humani mihi alienum esse puto, ergo homo sum." („Ich glaube, dass mir nichts Menschliches fremd ist, denn ich bin ein Mensch"). Damit lehnte er den Wunsch ab und ließ mich nach Dänemark zu einer dortigen 8,8-cm Batterie kommandieren.

Jörgs Briefe an die Eltern vom 17.1.–2.2.45 aus Frederikshavn

„*Frederikshavn, 17.1.45. L. E.*

... Am Montag früh fuhren wir nach Frederikshavn. Die Abteilung ist erst in der Aufstellung begriffen ... Zum Schluss landeten wir in einem vollkommen verlodderten Standort- und Abteilungs-Revier. Es herrschen dort unklare Verhältnisse. Ein Oberfähnrich nahm sich meiner an und riet mir, am nächsten Morgen die Revierstunde anzusehen. Ich stand also in dem Wirrwarr und sah still zu, wie ein etwas nervöser Stabsarzt arbeitete. Man muss immer erst einmal sehen, was und wie der andere arbeitet. Schließlich meinte er, Leute, die nichts täten und nur überall hinsähen, was er täte, könne er nicht gebrauchen. Ich sollte mich hinausscheren. Gut, ich ging also hinaus und besah mir den Hafen, in dem reges Leben herrscht.

Am Nachmittag sagte mir der Oberfähnrich, dass ich in eine Batterie käme ... Sie liegt eine Stunde Fußmarsch weit von der

Stadt entfernt. Jetzt bin ich also hier, habe mich überall gemeldet. In einer warmen Baracke steht meine Koje ... H. J."

„*Frederikshavn, 20.1.45. L. E.*

... In meinem Sanitätsbunker klart es sich allmählich auf. Obwohl ich hier nur vorübergehend sein werde, macht es doch Spaß, einen ordentlichen Betrieb einzurichten. Nur die Mittel fehlen, um wirklich behandeln zu können. Ich habe hier einige Mandelentzündungen und Grippe, die ich naturgemäß heile ... Nur gut, dass man erst mal beschäftigt ist.

Schneesturm wechselt mit Tauwetter. Das Wetter ist kalt und unfreundlich, aber die Bunker sind warm. H. J."

„*Frederikshavn, 25.1.45. L. E.*

... Ich mache am Morgen meine Revierstunde; 10 Mann habe ich etwa liegen, 20 Mann kommen jeden Morgen. Dann organisiere und überwache ich die Arbeiten meiner Leute. Mittags 12.05 Uhr gemeinsames Mittagessen der Unteroffiziere und Offiziere. Am Nachmittag weiteres Organisieren und Unterrichthalten in der Batterie. Abends sitze ich mit den anderen Fähnrichen, nette Kerle, zusammen: Lesen, Skat Spielen, Reesen und manchmal auch Schreiben ...

Der Oberstabsarzt hat sich noch niemals hier oben sehen lassen. Ich spreche ihn nur, wenn ich jemanden in das Lazarett einweisen muss. In der Behandlung bin ich vorsichtig und befasse mich nur mit den ganz sicheren Fällen ... H. J."

„*Frederikshavn, 30.1.45. L. E.*

... Man kann von unserem Berg im Süden die Stadt Skagen und die Insel Læsø mit bloßem Auge sehen. Die Stadt selbst liegt wie ein Spielzeug unter uns, und Hafen, Schiffe und Inseln muten an wie eine Zwergenwelt ...

Die Arbeit macht Freude. Ich bin vollkommen selbständig und kuriere so manches Übel aus ... H. J."

„Frederikshavn, 2.2.45. L. E.

Morgen ist der 3. Februar, Ottfrieds Geburtstag. Wenn wir ihn auch nicht feiern, so werden wir immer an ihn denken. Er soll mir Vorbild sein, immer wenn es um das Ganze geht. Er duldete keine Halbheiten bei sich. Ich werde mich stets ganz einsetzen, wie er es bis zuletzt tat. Ich glaube, das wird das beste Vermächtnis sein, was er mir überlassen konnte …

Mein Sanitätsbunker liegt voller Kranker. Es ist schön zu sehen, wie die Heilmethoden, die man selbst anordnet, Erfolg haben … Außerdem muss ich viel aufpassen, dass meine Kadetten zu tun haben, dass keiner luschig wird und kein Makel auf den Betrieb fällt … H. J.“

Jörgs Briefe an die Eltern vom 7.2.–21.2.45 aus Frederikshavn

„Frederikshavn, 7.2.45. L. E.

…Wir haben jetzt eine Wehrsolddekade für die Ostdeutschen gespendet, die hier in Dänemark untergebracht werden.

Klares, aber kaltes Wetter. Ich mache gemeinsam mit den Unteroffizieren zwischen Lehrgängen Geländedienst. Eine gute Wiederholung. H. J.“

„Frederikshavn, 9.2.45. L. E.

… Ich hatte das Revier auf dem Stützpunkt gut organisiert, da löste mich der Oberfähnrich, den ich vertrat, ab … Nun war er arbeitslos und ich musste weichen. Dafür bin ich 20 km südlich der Stadt zu zwei Batterien versetzt worden. Es ist ein altes Erziehungslager, Steinbauten, die in einem großen Moorgebiet liegen …

An Arbeit kann ich hier mehr leisten als auf dem Stützpunkt. Ich bin noch selbständiger, aber umso verlassener. Material muss ich mir zusammensuchen. Es ist absolut nichts vorhanden. Ich habe zwei Räume. In dem einen wohne ich mit meinen Kadetten. Der andere ist Behandlungsraum und Krankenzimmer. Ein-

Abb. 101
Goethestr. 8

schleusen kann ich noch keinen Kranken, da ich noch nicht heizen kann. Ich habe mir jetzt unter großen Mühen einen Ofen besorgt. Hoffentlich bekomme ich Holz.

Zum Aufwärmen gehe ich alle paar Stunden in die Kombüse oder in den geheizten Gemeinschaftsraum.

Es macht aber trotzdem Spaß, unter den schwierigsten Umständen aufbauen zu müssen. Die Hauptsache ist, dass man zu tun hat, und ich bin mit offenen Armen empfangen worden. H. J."

„Frederikshavn, 14.2.45. L. E.

Nach einer Woche im neuen Heim sieht es schon ganz anständig aus. Ich habe viel von Dienststelle zu Dienststelle laufen müssen, aber jetzt brennt ein großer Ofen und die Medikamente und Geräte sind zwar noch nicht sehr zahlreich, aber man kann doch schon einige Dinge damit anfangen. Wir haben noch keine Federkojen, aber auf Strohsäcken kann ein Kranker auch gesund werden. Ich musste viel organisieren. Mein Batteriechef und sogar der Kommandeur leisten mir tatkräftige Hilfe. So kommt eins zum andern und die Sache macht unglaublich viel Spaß, weil man um alles geradezu kämpfen muss.

Mein Gehilfe ist ein aktiver Kadett von 20 Jahren, der noch nicht studieren konnte. Er ist flink und findig und auch sonst ein tadelloser Kerl. Ich habe ihn mir aussuchen können.

Um alles anzuordnen und zu besorgen, musste ich alle zwei Tage nach Frederikshavn hineinfahren, was sehr umständlich ist. Man geht um 7 eine Stunde lang zum Zug und kommt um 19 Uhr zurück. …

Heute habe ich Grau empfangen, nagelneu und gut sitzend … H. J."

„*Frederikshavn, 21.2.45. L. E.*

… Durch einen zentral gelegenen Ofen heize ich vier Räume. Kranke gibt es genug. Man kann sich nur mit dem Moorwasser waschen, welches auch die kleinste Schürfwunde lange eitern

Abb. 102, 103
Elsbeth und Karl Benz 1945

Abb. 104 *Zerstörtes Kiel*

lässt. Aber mit viel Geduld bringe ich die Leute wieder zum Dienst. Alle paar Tage fahre ich mit Kranken, die ich nicht beurteilen kann, nach Frederikshavn zum Arzt …

Mit den Vorgesetzten komme ich gut aus. Die Unteroffiziere von der Batterie, zum großen Teil Maschinenmaate von der ‚Tirpitz', sind auch tadellose Leute … Zwei Tage später fand eine Geländeübung mit 35 km Fußmarsch statt. Ich machte als stiller Beobachter mit und freute mich, dass ich früher marschieren gelernt hatte. So etwas muss eben doch gelernt sein … H. J."

In diesen letzten Monaten des Krieges häuften sich die Bombenangriffe von immer größeren Geschwadern auf Kiel. Der Stadt verbrannten 70 % ihres Häusermeeres, obwohl die gemeinsame Abwehr und Rettung weiter hervorragend war. Durch Bomben starben in Kiel fast 3000 Zivilisten, mehr als 5000 Personen wurden verletzt. Verschont wurden unsere Eltern, Gott sei Dank. Ihre Wohnung in der Goethestr. 8 wurde zwar beschädigt, Fenster, einige Wände erlitten Schäden, aber das Haus blieb stehen.

Abb. 105, 106 *Zerstörtes Kiel*

Abb. 107, 108 *Zerstörtes Kiel*

Jörgs Briefe an die Eltern vom 23.2.–21.3.45 aus Frederikshavn

„*Frederikshavn, 23.2.45. L. E.*

Ich erhielt gestern Abend Eure Briefe vom 2. und 4.2. Ich hoffte, dass Du, Vati, und auch Du, Mutti, wieder auf dem Damm seid. Man muss sich bei Rippenfellreizung auch nachträglich vorsehen. An Päckchen zur Hebung des Speisezettels habe ich jetzt außer dem Rinderfett noch zwei Büchsen Fisch und 1 kg Käse geschickt. Heute geht noch etwas fetter Speck ab. Ich habe das Magere abgeschnitten, da das Stück nur schwach geräuchert ist und das Fett sich wohl besser hält. Ich hoffe nun, dass alles richtig ankommt, denn es wäre schade um die Kronen.

Über die militärischen Hintergründe hören wir nichts. Wir können nur die Berichte hören und auf ‚gut Wetter' hoffen. Die Arbeit nimmt uns im Übrigen so gefangen, dass wir kaum zum Hören der Nachrichten kommen. So gehen uns auch die schwärzesten Tage leichter vorüber. Im Übrigen sagen wir uns: Solange wir hier stehen, sie uns also noch nicht an die Front geholt haben, kann es noch nicht so schlecht stehen. Eine Landung ist übrigens hier oben nicht ganz ausgeschlossen. Aber die Stützpunkte sind gut eingebaut und alles ist vorbereitet ... Ich selbst lebe ja bei einer Rekrutenbatterie ... H. J."

„*Frederikshavn, 27.2.45. L. E.*

Ein Rekrutenlehrgang geht seinem Ende entgegen. Heute war Kommandeur-Besichtigung und ich hatte das Vergnügen, wieder einmal Infanterismus zu sehen. Es war ein stürmischer, diesiger Nachmittag. Eine merkwürdige Stimmung überkam mich, und ich dachte an die Sage der Brawallaschlacht zwischen Dänen und Schweden:

Rund um uns, soweit man sehen kann, dehnt sich gelb bis braun die nasse Heide, von Dämmen durchzogen. Durchbrochen wurde die Einöde durch Gruppen von Birken und jungen Kiefern, die der Sturm duckt und jetzt herjagenden Heerhaufen gleichen. Alles scheint in wilder Verfolgung oder Flucht zu sein. Über den Himmel jagte der Sturm Wolkenschwaden, trieb dicke Wände und fetzte Wolkentürme zu durchsichtigen Schleiern, dass die kalte gelbe Scheibe der Sonne mit ihren fantastisch sich brechenden Strahlen alles zu beleben schien. Dann sah man Tiergestalten, Reiter und einherstürmende Schwadronen, als ob die Götter selbst mit dem Schicksal der Menschen nicht zufrieden seien. Schob sich dann wieder eine Wand vor die Sonne, dann belebten sich wieder die Heerhaufen in der Heide und die Himmelsschlacht tobte auf der Erde weiter.

Wenn man dann die jungen, sich im Sturme versuchenden Soldaten den Einbruch machen sieht, konnte man das Bild der Romantik nicht loswerden.

Andere finden die Heide trostlos.

Der Kommandeur war mit meinem Revier zufrieden, als er meine drei Stuben besichtigte. Er konnte nur aufschreiben, was noch besorgt werden müsste. Sonst hatte er keine Meinung.

Ich selbst befinde mich im Zustand wechselnder Erkältungen … Am Sonntagnachmittag hatte ich mich in die Koje gelegt … H. J.“

„Frederikshavn, 3.3.45. L. E.

Unser erster Lehrgang und damit auch die andere Batterie sind ausgeflogen …

Jetzt ist die Heide einigermaßen trocken und man kann die Wege sehen, ohne sie unter nassen Füßen abtasten zu müssen.

Jeden Mittag gehe ich ein paar neue Kilometer dieses Labyrinths. Die versteckten Wagenspuren führen von Torfstich zu Torfstich und verlaufen immer auf den Dämmen, sodass sie die sicheren Ariadnefäden durch die nassen Stellen sind. Dabei sind sie sehr malerisch und sehen wie alte Treckstraßen mit den tief eingekerbten Spuren aus. Wenn ich dann einen etwas windgeschützten Platz gefunden habe, lege ich mich da in die Sonne und peile die Wolken an. Dabei bin ich so richtig zufrieden …

Die Reden des Führers und von Dr. Goebbels waren sehr anspornend, aber auch zuversichtlich. Solange wir hier oben sitzen, steht es noch nicht zum Schlechtesten … H. J.“

„*Frederikshavn, 11.3.45. L. E.*

Ich freue mich, dass die Pakete im richtigen Augenblick ankamen … Ich habe jetzt meinen Kadetten, mit dem es sich gut zusammenarbeiten ließ, gegen einen Obergefreiten ausgetauscht. Das scheint mir auch ein ruhiger Mann zu sein, mit dem man auskommen kann.

Jetzt ist wieder ein neuer Rekrutenlehrgang angekommen. Es gibt wieder Arbeit. Ein großer Teil ist verlaust und muss nach Aalborg fahren. Solche Sachen geben viel Scherereien … H. J.“

„*Frederikshavn, 16.3.45. L. E.*

… Das ist ja tadellos, dass Ihr Euch einen Garten zulegen konntet. Ist der Inhaber noch in Kiel oder könnt Ihr ganz über das Grundstück verfügen? Ich kann mir richtig vorstellen, wie hoch Mutti sprang …

Vati ist ja ordentlich aktiv. Es hat sich wohl gezeigt, dass Volkswind (Volkssturm) doch nicht nur warmer Wind ist.

Am Sonntag hatten wir eine kurze würdige Feier zum Heldengedenken. Es war der erste Appell für unsere Rekruten. Alles junge Kerle von 16–17 Jahren. Sie sind oft krank und haben viel unter unpassendem Schuhzeug zu leiden …

Hier sind die ersten 1000 Flüchtlinge eingetroffen, die auf die Güter verteilt werden. Sie sind über Stettin meist zu Schiff heraufgekommen und sehen abgehetzt und etwas stumpf aus. Viele hatten nur das, was sie auf dem Leibe tragen. Die Dänen stierten. Es ist möglich, dass manch ein Däne bei diesem Elend anders denken wird. So traf ich gestern in der Stadt einen älteren dänischen Arzt, der mich einlud, mich in seinem Wagen zu einer Dienststelle mitzunehmen. Er fragte nach den Hoffnungen und Kriegsaussichten, die ich hätte, und sprach von der Goebbelsrede und den

Hinweisen. Als ich zuversichtlich von der Zukunft sprach, schüttelte er mir leuchtenden Auges die Hand und war beruhigt. Er war bestimmt kein Spion, wenn ich auch vorsichtig in meinen Äußerungen war.

Doch auf der anderen Seite schlagen die Terroristen Zettel an die Wände, auf denen zum Widerstand gegen uns aufgefordert wird. Wenn hier auch keine einzelnen Soldaten umgelegt werden wie in den größeren Städten, so kommen doch Sprengungen und Sabotageakte häufig vor ... H. J."

„*Frederikshavn, 21.3.45. L. E.*

... Darunter ist auch das Vermögensverzeichnis, das ich besonders wegstecken werde. Hoffen wir, dass ich es nicht gebrauchen muss ... Man kann überall sehen, wie die Leute, die im ersten Monat wüst geschlemmert hatten, jetzt mit verdrehtem Magen liegen und ganz herunterkommen. Aber tó Méson, das richtige Maß der alten Griechen, hat mich davor bewahrt ...

Wir hatten neulich Pastorstunde. Der Pfarrer, ein Prof. Meinhold, sprach sehr gut über ein Pauluswort: Glauben, Wollen, mannhaft sein ...

Seht Euch vor den Bomben vor. H. J."

Kriegsende

Jörgs Briefe an die Eltern vom 28.3.–16.4.45 aus Frederikshavn

„*Frederikshavn, 28.3.45. L. E.*

Ostern steht vor der Tür und damit die Vereidigung unserer Rekruten. Ich habe das Einüben der Sprechtexte übernommen. Die Jungen sind ganz gewandt. Man hat aber auch die Gewandtesten herausgesucht. Mühe macht nur das Aufreißen der Schnauze. Wie alle Rekruten wollen sie immer nur flüstern.

Nachdem einige Diebstähle und andere Vergehen vorgekommen sind, weht jetzt ein schärferer Wind im Lager. Man sah die 16–17-Jährigen als halbe Kinder an. Jetzt merkt man, dass sie als Flakhelfer und im Arbeitsdienst so manche üble Schliche gelernt haben. Die wurden ihnen jetzt nach Soldatenart ausgetrieben …

Am Montag feierten die Chargierten der Batterie Osterfest. Es gab ein fantastisches Essen und dann Bier und Schnaps. Am nächsten Morgen saßen nur noch 10 Mann von 30 an der Back und hielten weise Gespräche …

Ich wünsche Euch ein bombenfreies Osterfest. H. J.“

„*Frederikshavn, 4.4.45. L. E.*

… Die Sache mit Karla ist noch nicht fest. Also erübrigt es sich, schon nach den Grundsätzen, die Du, Vati, darlegst, zu handeln, aber ich werde natürlich daran denken und eventuelles Handeln danach ausrichten. Wenn Du auch eine Liebe und Schwärmerei hintenanstellst, so glaube ich doch, dass es sie noch gibt und dass auch eine Berechtigung dazu vorhanden ist. Es wäre kümmerlich um den Menschen bestellt, wenn er nicht gerade in solch schweren Zeiten daraus Kraft schöpfen könnte. Wenn es keine Menschen mehr gibt, die aus diesem Erlebnis etwas zu machen verstehen, oder es überhaupt kennen, sondern nur noch ein Ziel verfolgen, das irgendwie durch den Geist ausgerichtet ist, dann wird das Leben für einen Menschen nicht mehr taugen; denn er bleibt immer eine Einheit von Geist, Seele und Körper, wenn man ihn als solchen noch anzusprechen vermag. Trotzdem kann man das Leben in von Dir beschriebene Bahnen lenken. Ich glaube, gerade durch solche Erlebnisse wird man befähigt, auch schwerste Stunden zu überwinden. Ich selbst verspüre einen Teil davon in mir sich auswirken. In der Zeit in Kiel herrschte in mir Niedergeschlagenheit und Melancholie vor, wie Du wohl oft aus den Gesprächen gefühlt hast. Jetzt bin ich ein ganz anderer geworden. –"

Vater nimmt Bezug auf meine Zuneigung zu Karla Hüttmann, die ich als Hilfsschwester im Kieler Lazarett kennenlernte.

„Der Krieg droht immer verhängnisvoller zu werden. Es gibt Leute, die hoffen schon nicht mehr, sie sehen das Ende. Ich selbst glaube immer noch fest an das von höchster Stelle Gesagte. Es gibt uns Mut, lässt uns leben und, wenn die Stunde an uns herantritt, auch kämpfen, dass wir Bahnbrecher sind, die nicht grundlos dahingemetzelt werden. Wenn es sich zeigen sollte, dass wir nicht fertig geworden sind mit den Vorbereitungen zu dem großen Schlag, so werden wir doch mit dem Bewusstsein dahingegangen sein, Wegbereiter einer großen Sache gewesen zu sein, die bestimmt eintreffen muss. –

Ich freue mich, dass Ihr Freude an der Gartenarbeit habt. Wenn der Garten günstig liegt, so grabt doch Gegenstände und Proviant ein, die nicht verderben können. Die Erde war immer ein sicherer Hüter. Ein Überlebender würde da eine Vorratskammer finden. Es ist besser, als etwas verlorenzugeben.

Es ist gut, dass Mutti sich erholt. Man kann nur immer Kraft auf Vorrat sammeln, so viel wie möglich ist … Nach einer Periode nasser, kalter Tage war es jetzt Frühling. Ich bin oft im Moor und höre den Lerchen zu, überrasche Wildenten, die in den Bleeken gründeln, und beobachte die Kiebitze, wenn sie unter wilden Schreien die tollsten Flugkünste abhalten. Dabei freut man sich oft über eine hübsche Ecke, einen romantisch gewundenen Weg oder eine Hecke, wie sie Rembrandt als Modell gedient haben könnte. Es ist schön hier im Moor. Ich wünsche Euch wieder frohe Tage. H. J."

„*Frederikshavn, 6.4.45. L. E.*

Gestern sind 50 Flüchtlinge gekommen. Wir haben ein halbes Gebäude geräumt und die Soldaten noch enger zusammengelegt. Es handelt sich zum größten Teil um Frauen und Kinder. Sie sind natürlich mit der Unterbringung nicht sehr zufrieden. Der eine wollte mit dem zusammen in eine andere Stube, und dies und jenes, aber man kann es nicht jedem recht machen. Ich werde natürlich die Hauptarbeit haben, da der Gesundheitszustand vor allem der Kinder nicht gut ist durch die Leiden der Flucht. Es sind fast alles einfache Menschen, die Einsamkeit nicht vertragen können. Nur der sich mit sich selbst beschäftigen kann, liebt die Einsamkeit. Der andere geht dabei ein und verkümmert. Aber man wird schon Arbeit schaffen, die ablenkt: Torf stechen und Gartenarbeit … H. J."

„*Frederikshavn, 12.4.45. L. E.*

Wieder ist eine entscheidende Wendung eingetreten. Ich bin Inselarzt der kleinen, dem Hafen vorgelagerten Insel Deget geworden. Die Insel ist völlig unbewohnt. Über einer dicken Tonschicht liegt Sand mit einer Grasnarbe bedeckt. Findlinge umsäumen in weitem Kreis das Eiland. Ich habe natürlich nichts vorgefunden und musste jetzt zum dritten Mal in Folge ein Revier aus dem Nichts schaffen. Einen großen Teil der Mittel kaufte ich privat bei den Dänen. Ich hatte also in der Stadt sehr viel zu tun, um heranzuschaffen, was noch vorhanden ist.

Meine Flüchtlinge in Moosbjerg habe ich nur schweren Herzens aufgegeben. Ich hatte gerade einmal Gelegenheit, den Horizont auch in die private Sphäre etwas zu weiten. Aber dies Inselkommando ist ja von vornherein meine Zukunft gewesen, also war immer damit zu rechnen. Jetzt, wo die Batterie dort aufgestellt wird, hat es geklappt.

Am 9. 4., dem Jahrestag der Besetzung Dänemarks 1940, stand ganz Frederikshavn im Flaggenschmuck. Die Soldaten hatten Ausgangssperre. Um 12 Uhr traten sämtliche Dänen aus den Geschäften, der Verkehr ruhte vollkommen, alles schwieg eisern. Ich ging zufällig als einer der wenigen Soldaten durch die Hauptstraße. Diese Schweigedemonstration dauerte drei Minuten und war sehr eindrucksvoll. Dann setzte sich der Verkehr wieder reibungslos in Bewegung ... H. J."

„*Frederikshavn, 16.4.45. L. E.*

... Die Theorie sucht Auswege, um doch noch die Hoffnung an den Sieg in Praxis rechtfertigen zu können. Bei uns macht sich jeder mit dem Gedanken vertraut, dass nach der Besetzung Deutschlands sich die konzentrischen Angriffe gegen Dänemark richten werden. Aus Norwegen kommen laufend große Geleitzüge, die geschlossene Infanterieformationen bringen. Es macht einen guten Eindruck, wenn sie mit Gesang zum Bahnhof marschieren. Oft werden Transporter herausgebombt.

Wir selbst richten mit aller Gewalt unsere Batterie auf der kleinen Insel ein. Sie ist 300 m lang und 60 m breit. Die See wird durch einen Fischkutter überbrückt, der täglich alles bringt. Ich bin Inselarzt und mein Revier besteht aus einem Aktenschrank, in dem ich vier Fächer neben meinen Sachen für die Medikamente eingeräumt habe. Es kommt nicht viel vor. Außer Krätze heilt das Seewasser, mit dem wir uns waschen, vorzüglich. Das Essen vor allem ist sehr gut. Wir sind in der Batterie Selbstverpfleger, können also kaufen, was uns beliebt.

Ich habe wenig zu tun, arbeite aber mit den Soldaten mit: Ausschachten, Erdarbeiten. Man muss allmählich mal wieder die Arme gewöhnen, wer weiß, wozu sie noch gebraucht werden müssen. Grabt, so viel Ihr könnt, im Garten ein. Ich glaube, das ist der sicherste Tresor für wertvolle Gegenstände, die keinem anderen nützen sollen. H. J."

Die deutsche Regierung unter Großadmiral Dönitz erklärte die Kapitulation der deutschen Streitkräfte an der britischen Front, in den Niederlanden und Dänemark am 4. Mai im Hauptquartier Montgomerys bei Lüneburg. Sie wird von Generaladmiral v. Friedeburg unterzeichnet und tritt am 5. Mai um 8 Uhr in Kraft. V. Friedeburg fliegt am 5. 5. nach Reims in das Hauptquartier Eisenhowers, der die Gesamtkapitulation verlangt. Zu seiner Unterstützung entsendet Dönitz den Generalobersten Jodl. Auf dessen Bitte um Gewährung einer viertägigen Frist für das Abfließen der Ostverbände in den anglo-amerikanischen Raum werden von Eisenhower nur zwei Tage gewährt; im Falle der Weigerung droht dieser mit völliger, die Flucht aus dem Osten verhindernder Schließung der amerikanischen Front sowie mit weiteren Luftangriffen, bei denen die Abmachung mit den Briten die Amerikaner nicht binde.

Darauf unterschreibt Jodl am 7. Mai um 2.41 Uhr in Reims die Gesamtkapitulation der deutschen Wehrmacht. Am 9. Mai um 0.16 Uhr wird dieser Akt im sowjetischen Hauptquartier in Karlshorst bei Berlin durch Keitel, v. Friedeburg und den Generalobersten Stumpff (Vertreter des GFM Ritter von Greim [Generalfeldmarschall] als OB der Luftwaffe) wiederholt; die Bedingungen sind die gleichen wie in Reims.

Am 9.5. um 0.01 Uhr tritt die Gesamtkapitulation in Kraft. In der Zeit vom 1. bis 9.5. sind noch 1,5 Millionen Soldaten aus dem sowjetischen Raum herausgelangt, davon Hunderttausende in der zweitägigen Frist, da Ost- und Westfront sich ganz nahe gekommen sind. Dank der zentralen Steuerung ist dem Blutvergießen an allen Fronten ein schnelles Ende gemacht, bevor es zu Repressivmaßnahmen kommt. Jedoch liefern die Amerikaner einen Teil der Entkommenen der UdSSR aus. (Plötz 1960)

Flucht nach Schweden, Aufzeichnungen vom 19.4.46

Da eine Art Tagebuch in meinen Briefen vorliegt, die ich im Kriege an meine Eltern schrieb, schließe ich diese Aufzeichnungen als Tagebuch an das Kriegsende an.

Ich befinde mich bei der M. Fla. A. 716, der 3. Batterie, auf der Sandinsel Deget vor dem Hafen von Frederikshavn in Nordjütland. Eine alte Erdschanze, die wohl vor einigen Jahrhunderten Geschütze getragen hat, zeigt an, dass die Insel schon früher dem Schutz des Hafens gedient hat. Jetzt stehen dort ein Scheinwerfer und ein Horchgerät. Die Besatzung hat bis zum letzten Augenblick daran gearbeitet, eine 10,5-cm-Batterie und eine leichte Flakbatterie in Stellung zu bringen. Die Geschütze wurden unter den schwierigsten Bedingungen mit einer Fähre herübergebracht und am flachen Strand ausgeladen. Als Wohnraum dienen zwei Baracken und eine Anzahl halber Unterstände. Es ist ein verlorener Posten. Jede Bombe trifft, aber jeder ist sich seiner Aufgabe bewusst. Die Insel schließt den wichtigen Flaksperrring um den Hafen, der die Verbindung nach Norwegen aufrechterhält.

Der Verkehr mit dem Festland wird durch zwei Fischkutter unter dem Befehl von Obermaat Winter und eine Anzahl Riemenkutter gewährleistet. Kommandant ist Olt. Flügge. Ich selbst habe die sanitäre Betreuung unter mir, bin also Inselarzt.

Am Geburtstag des Führers, 20. April 1945, kommt Kptlt. Heuser, der Kommandeur, herüber und sagt einige ermutigende Worte. Aber die Meldungen werden immer schlechter. Am 2. Mai 45 um 24 Uhr wird der Tod des Führers bekanntgegeben. Großadmiral Dönitz hat die Führung übernommen. Wir wissen, dass der Krieg verloren ist. Am 5. Mai kehrt Olt. Flügge von einer Offiziersbesprechung zurück. Um 8 Uhr ist die Kapitulation vor den britischen Truppen in Kraft getreten. Keiner darf eine Gegenwehr unternehmen. Die Dänen dürfen die deutschen Stützpunkte und Schiffe nicht betreten. Keine Waffe darf unbrauchbar gemacht werden. Die deutschen Soldaten haben auf ihren Plätzen zu bleiben, bis sie Befehle von britischen Truppen erhalten.

Ich habe in der letzten Woche die Kutter klargemacht, Segelausrüstungen, Kompass und Material besorgt. Olt. Flügge bringt jetzt die 40-qm Jacht „Freya" mit, die zu Schießübungen gebraucht werden sollte. Wir fassen den Entschluss, die Insel in Richtung Schweden zu verlassen, um nach Norwegen zu gelangen, das noch nicht kapituliert hat. Unsere Insel wird stündlich von britischen Flugbooten überflogen, die die Hafeneinfahrt verminen, damit kein deutsches Schiff auslaufen kann. Britische Flottenstreitkräfte sollen bei Skagen stehen.

Die ganze Inselbesatzung hat Platz in den Booten. Olt. Flügge schildert die Lage. Ein großer Teil der Leute ist betrunken, da die Proviantlager der Stadt geräumt wurden. Zur Flucht sind nur Olt. Flügge, Ofhr. Günther, San. Fhr. Benz und die Soldaten Raabe, Schneider und noch drei andere bereit. Die anderen bleiben unter der Führung von Ofhr. Loewe zurück.

Am 6.5. um 1.00 Uhr schleppt uns Omt. Winter mit seinem Kutter in Richtung Schweden. Wir sind auf dem anderen Kutter und haben die Jacht in Schlepp. Waffen, Proviant und Werkzeuge sind an Bord.

Es ist ruhiges Wetter. Die Sonne geht klar auf. Winter wirft in Höhe von Læsø los und läuft nach Süden ab. Wir haben Kurs nach Osten, 4 Knoten. Ich habe die Leitung. Alle Männer sind unter Deck außer Flügge und mir. Wir haben unsere blauen Marinepullover an und sehen wie dänische Seeleute aus. Sehr oft überfliegen uns britische Flugboote, denen aber nichts an uns verdächtig erscheint. Gegen 8.00 Uhr kommt die schwedische Küste in Höhe von Vinga in Sicht. Ich nehme Kurs auf Paternoster. Ich habe den Plan, im Skapesund den Austernfischer Holm aufzusuchen und später mit der Jacht nach Deutschland zu segeln.

Bei Paternoster hält uns ein schwedisches Bewachungsfahrzeug an und schleppt uns nach Waffenabgabe in den Hafen von Marstrand und von dort nach Göteborg. Nach herrlicher

Schärenfahrt sind wir um 15.00 Uhr im Kriegshafen. Unter schwerster Bewachung bringt man uns in eine umzäunte Baracke innerhalb eines Lazaretts. Dort befinden sich schon Angehörige eines am 2. Mai gesunkenen Minensuchbootes und eine Bordflakbesatzung eines norwegischen Frachters. Wir ruhen uns aus und versuchen uns mit dem Schicksal abzufinden: Internierung. Ein kleines Mädchen schenkt den deutschen Soldaten Blumen. Die Schweden sind freundlich, mitleidig, bewachen aber sehr ängstlich.

Am 9. Mai Abtransport nach Bakamo, auf halber Strecke zwischen Göteborg und Uddevalla gelegen. Am Bahnhof drohen unflätige Zivilisten, anscheinend Emigranten. Am Abend treffen wir in dem großen Lager ein. Kommandant Major Udo Jacobson empfängt uns sehr zuvorkommend. In seiner Begrüßung drückt er die Hoffnung auf Erholung und Wohlergehen aus. Wir werden als Soldaten und Kämpfer für eine gute Sache angesehen. Schärfste Bewachung, Unterkunft in Baracken und Zelten. Im Laufe der nächsten Woche treffen Soldaten von Booten ein, Kurlandkämpfer und Truppen aus der Weichselmündung, die in Kalmar oder Ystad an Land gegangen sind.

Rückblick auf das Kriegsende

Bakamo/Schweden

Die Verpflegung ist schwedisch, aber sehr gut. Wir erhalten eine Kantine, in der man alles kaufen kann, was in Schweden markenfrei ist. Eine eigene Schauspielergruppe findet sich zusammen und bringt Heiterkeit. Amerikanische und deutsche Filme werden gezeigt. In einer Sauna kann gebadet werden. Ein naher See lädt zum Schwimmen ein. Wir veranstalten Schwimm- und Sportfeste. Unterrichtsangebote sorgen für Weiterbildung. – Technische Kommandos sorgen für das Aufstellen von Baracken, die durch Maler kunstvoll ausgestaltet werden. Handwerker basteln Spielzeug in unerhörter Vielfalt für die deutschen Kinder.

Abb. 109
Dr. med. Schmeller

Eine Kapelle sorgt für heitere und ernste Musik. Hauptpastor Kiesow aus Göteborg hält Vorträge und Gottesdienste. Er vermittelt oft mit den Schweden und der schwedisch-deutschen Gesellschaft. Ein deutscher Lagerstab unter Generalleutnant Müller verwaltet das Lager.

Oberst Brunsson ist ein strenger, aber gerechter Lagerkommandant. Ich selbst bin im Krankenrevier tätig. Oberstabsarzt Dr. Schmeller und Oberarzt Dr. Bents sind meine Vorgesetzten. Wir haben viel zu tun, Truppenkrankheiten, Erkältungen und Rheumatismus machen vor allem Sorge. Chirurgische Fälle können im Lager Grunebo von Stabsarzt Dr. Hagmeyer operiert werden. Oberstleutnant Scharnow versieht die Zahnstation. Meine Kameraden im Revier sind die Feldwebel Moser, Weber, Danneker, die Unteroffiziere Hartmann, Zapf, Gehrke und Gentes, unser Sonnenschein und Sachverwalter. Der Sergeant Bengt Björk ist Verbindungsmann mit dem schwedischen Lazarett. Ivor Petterson ist ihm zugeteilt, beides prächtige Kerle.

Wir versuchen Nachricht nach Deutschland auf alle mögliche Art und Weise zu bekommen. Wir würden das schönste Leben führen können, wenn nicht die Sorge um Daheim wäre. Leben unsere Angehörigen noch, ist das Vermögen noch vorhanden?

Wir hören Radiosendungen und lesen Zeitungen. Es sind grauenhafte Berichte über Deutschland, die uns das Schlimmste befürchten lassen. Jeder sehnt sich heim, um Gewissheit zu haben und zu geben, um selbst mithelfen zu können. Alles was wir machen, lenkt uns nur ab aus dem Grübeln. Wir planen einen Flugplatz, arbeiten an uns selbst, für uns selbst. Ich treibe Schwedisch, Anatomie und Physiologie. Man muss die Gedanken totschlagen.

Schon am 12.5. schreibe ich einen Brief an den Austernfischer Holm im Skopesund, er möchte mein Gepäck von mir aufnehmen, wenn ich irgendwohin ausgeliefert werden würde. Holm schreibt am 15.5. zurück, er würde es gern annehmen, wenn die Militärverwaltung es genehmigen sollte. Ich danke und bestelle ein Buch über Anatomie in englischer Sprache, das er mir zusendet, dazu: Müller Seifert, „Taschenbuch der Medizinisch-Klinischen Diagnostik". Am 3.8. bezahle ich 27,75 Kronen. Er bittet mich auch, Verbindung mit einem Herrn Gehrke in Wesermünde aufzunehmen. Ich kann es nicht. Er kann auch keine Verbindung mit meinen Eltern aufnehmen.

Am 20.9. kann ich einen Brief an die Eltern absenden: „Liebe Eltern!

Ich hoffe, dass die früheren Briefe angekommen sind. Ich lebe gut hier im schwedischen Internierungslager und kann viel für meine Weiterbildung tun. Ich habe viel Arbeit, die aber Freude macht. Mit meiner Rückkehr ist erst im nächsten Jahr zu rechnen. Meine Studienpapiere sind verloren gegangen. Ich hoffe, dass Ihr Euch erhalten könnt und dass unsere Sachen noch in Ordnung sind. H. J."

Sie bekamen also die Nachricht, dass ich in Schweden gelandet bin. Aber ich selbst erhielt keine Nachricht von ihnen. Auch Suchmeldungen meiner Eltern vom 20. und 27.11.45 an meine Feldpostnummer in Schweden 1113 kamen als „nicht zustellbar" an sie zurück.

Da werden Mitte November Post und Zeitung gesperrt.

Abb. 110
Bengt Björk, unser Verbindungssan. Sargent mit dem Revierpersonal

Am 23.11.45 wird ein von unseren Steinmetzen behauener Granitblock mit der Aufschrift: „Hier ruhen deutsche Soldaten, die für ihre Heimat fielen 1939–1945“ errichtet auf dem Heldenfriedhof in Göteborg. Die Lagerabordnung erzählt bei ihrer Rückkehr von unserer Auslieferung. Am 24.11. wird amtlich bekannt gegeben, dass die Angehörigen der Baltenstaaten und die deutschen Soldaten in Schweden an Russland ausgeliefert werden sollen. Schon auf der Konferenz in Potsdam soll dies beschlossen worden sein, jetzt kann die schwedische Regierung nichts mehr dagegen unternehmen. (Vom 17.7. bis 2.8.45 wurde im Schloss Cäcilienhof in Potsdam von den Vertretern der Siegermächte Stalin, Truman und Churchill die weitere Behandlung Deutschlands festgelegt, die Einrichtung des Alliierten Kontrollrats in Berlin, Reparationsansprüche, Demontagen und die Abtretung deutscher Gebiete.)

Das schwedische Volk aber empört sich dagegen. Man sagt: Das wird ein ewiger Schandfleck für Schweden sein. Vertragsbruch! Treuebruch gegen alle menschlichen Rechte! Demonstrationen in Stockholm und Göteborg, Schulstreik. Universitäten, die Ärzteschaft, überhaupt Akademiker schließen sich an. Während durch die Berichte über die deutschen Konzentrationslager die öffentliche Meinung gegen uns ausgeschlagen war und wir als Barbaren und Schuldige angesehen wurden, die das Unglück des verlorenen Krieges gerecht erdulden, tritt jetzt ein Umschwung ein, der alle Sympathien des Volkes auf unsere Seite bringt.

Jörgs Tagebuch nach Kriegsende über Bakamo/Schweden 1945

Wir selbst sind nicht untätig. Während die Bewachung des Lagers verstärkt wird, Schweden einen neuen Jahrgang einzieht, treten sämtliche Lager in den Hungerstreik. Bittgesuche werden an den König, die Gesandtschaften, Kirchenbehörden, den Papst und das Rote Kreuz eingesandt. Auslieferungstermin ist der 27.11.45. Selbstmordversuche, Selbstverstümmelungen suchen die öffentliche Meinung aufmerksam und den Einzelnen transportunfähig zu machen: z. B. am 26.11. Lt. Hoffmann Pulsaderöffnung, Oberst v. Korff Unterschenkel-Zertrümmerung. Um 17 Uhr wird der Abtransport wegen Transportschwierigkeiten verschoben. Man sagt, das russische Schiff, die „Kuban", hätte noch keine Strohsäcke und Proviant an Bord. Diese Freude lässt den Oberst Brunson ohnmächtig werden. Doch der Streik wird fortgesetzt.

Am 27.11. hält Pastor Kiesow einen Feldgottesdienst ab. Von Hunger geschwächt sinken die Soldaten reihenweise in Ohnmacht. Die schwedische Presse filmt, um die Zeitungen mit Bildern zu füllen. Im Lager Ecksö, wo Esten und Letten untergebracht sind, schneidet ein Soldat sich bei seiner Trauung die Pulsadern auf. Die Bevölkerung bringt Blumen ins Lager. Kaufleute geben ihre Waren an Deutsche zum halben Preis ab. Eine deutsch-schwedische Ärztekommission mustert die nicht Transportfähigen aus. Außerhalb des Lagers wird eine schwedische Unfallstation eingerichtet, während Schwester Maja uns die Narkotika entzieht. Schärfste Bewachung im Umkreis von 10 km sichert gegen Ausbruchversuche. Das Handwerkszeug, Hacken, Spaten und Beile, wird aus dem Lager entfernt.

Am 29.11. werden die Kranken in ein Sammellazarett fortgeschafft. Die Hunger-Ohnmächtigen und Nervenzusammenbrüche häufen sich.

Am 1.12. Abtransport in zwei Raten. Fast sämtliche Offiziere verstümmeln sich mit Beilen oder Feldsteinen. Auch die Sturmgeschütz-Brigade 190 bringt sich geschlossen Wunden schwerster Art bei. Vergiftungen, Pulsader-Schnitte, Hauptmann Franzen stößt sich den Dolch ins Herz, Erhängen. Viele werden gerettet und in das Sammellazarett gebracht. Der Rest fährt mit der Bahn nach Trelleborg, wo auf dem Bahnhof an Hand der Papiere ausgesondert wird. Die letzte Nervenprobe: Nach rechts geht man auf das Schiff nach Lübeck, nach links steigt man gleich auf einer steilen Treppe auf die „Kuban" hinauf. Wir Lübecker warten die Nacht in einem Zeltlager ab und sehen die Kameraden der „Kuban" auf der Treppe zurückwinken und dann in der Ladeluke auf immer verschwinden. Zwei Soldaten sind fälschlich auf die „Kuban" geführt worden. Der Russe weigert sich, sie wieder herauszugeben. Sie bleiben an Bord.

Am 2.12. Abfahrt mit der „Kronprinzessin Ingrid" Richtung Lübeck. Ausschiffen in Neustadt von 300 Mann. 700 fahren nach Leningrad, 1000 Mann liegen im Lazarett. Zu Anfang des Jahres 1946 werden auch sie auf zwei russischen Lazarettschiffen nach Leningrad gebracht. Soldaten, die sich im Lager versteckt hatten, wurden zum größten Teil gefunden. Nur ganz wenige konnten entkommen.

Getröstet wurden wir Glücklichen, die ja nur zufällig von Westen nach Schweden gekommen waren, dass die nach der SU Ausgelieferten vom schwedischen Roten Kreuz weiterhin betreut wurden. Sie sollen zu Arbeiten im Baltikum geblieben sein und die meisten sollen schon Ende 1946 in die Heimat entlassen worden sein.

Das Schreiben der Lagerleitung an den König von Schweden vom 23.11.1945

„Immediatgesuch an Seine Majestät den König von Schweden Gustav V.

Euer Majestät bittet der Unterzeichner alleruntertänigst um Gehör, bezüglich der in Schweden internierten deutschen Soldaten.

Aufgrund verschiedener Presseäußerungen besteht bei den im Internierungslager untergebrachten Internierten der Eindruck, dass ihre Auslieferung an die Union der Sowjet-Staaten Russlands unmittelbar bevorsteht, wenn eine solche nicht bereits entschieden ist. In meiner Eigenschaft als Lagerältester des hiesigen Internierungslagers bitte ich Euer Majestät alleruntertänigst hiermit Folgendes vortragen zu dürfen:

Die hier befindlichen deutschen Soldaten sind, größtenteils in der Zeit vom 8.–11. Mai 1945 von verschiedenen Kriegsschauplätzen kommend, zum Teil aus Seenot an Plätzen der schwedischen Küste an Land gegangen. Bei den meisten Transporten bestand die Absicht, nach Behebung der Schäden an den Schiffen, entsprechend den von der obersten deutschen Heeresleitung ergangenen Befehlen, die sofortige Weiterfahrt in englische Kriegsgefangenschaft fortzusetzen. Dieser Befehl basiert auf einem Befehl des Oberkommandos der englischen Wehrmacht, der mir durch den Chef des Generalstabs des deutschen A. O. K. II persönlich übermittelt worden ist.

Ein großer Teil der Internierten ging in Kalmar und Ystad an Land. Eine Internierung war vor Berühren der schwedischen Hoheitsgewässer von Vertretern der schwedischen Regierung offiziell zunächst abgelehnt worden. Das An-Land-Gehen erfolgte daher lediglich zur Behebung der Seenot. Während der Reparaturen in Kalmar wurde jedoch durch den zuständigen Distriktskommandanten – im Auftrag der schwedischen Regierung – vertreten durch den Leutnant Selmerlööv – am 12. Mai 1945 der endgültige Beschluss der schwedischen Regierung mitgeteilt, einem eventuellen Internierungsantrage stattzugeben. Der gleiche Beschluss wurde den in Ystad gelandeten Soldaten durch den örtlichen Stadtkommandanten übermittelt.

Im Vertrauen auf die nun feststehende Gewährung des Asylrechts in Schweden wurde von dem schwedischen Regierungsangebot Gebrauch gemacht und auf die sofortige Weiterfahrt verzichtet. Wäre eine Sicherheit in Schweden nicht zugesagt worden, so hätten die deutschen Soldaten trotz des schlechten Zustandes ihrer Fahrzeuge unverzüglich den Weg in die englische Kriegsgefangenschaft fortgesetzt. Damit haben sich die deutschen Soldaten im Vertrauen auf das gewährte Gastrecht in die Hände Euer Majestät Regierung und des schwedischen Volkes begeben.

Aufgrund der Tatsache, dass sämtliche Internierte sich bereits lange vor Eintritt der Waffenruhe befehlsgemäß außerhalb der Ostfront auf dem Wege in englisch besetztes Gebiet befanden, glauben wir mit Recht in Bezug auf unser weiteres Schicksal außerhalb Schwedens der englischen Interessensphäre anzugehören.

Entsprechend dem oben erwähnten Befehl haben wir uns daher seit langer Zeit mit der englischen Seite in Verbindung gesetzt, werden von dort auch betreut und haben die englische Feldpostnummer S 1113 erhalten.

Aufgrund der geschilderten Umstände bitte ich Euer Majestät alleruntertänigst, falls ein Abtransport beabsichtigt ist, diesen lediglich in die britische Zone zu vermitteln. Sollte dies nicht möglich sein, bitte ich im Namen der Internierten um weitere Gewährung des Asylrechts in Schweden, im vollen Vertrauen auf die von Euer Majestät stets vertretenen Grundsätze christlichen Menschenrechts.

Euer Majestät alleruntertänigst gez. Müller
Generalleutnant und Lagerältester
Bakamo, den 23. November 1945
Hampe Oberst
f. d. R. d. Abschrift“

Am 24.11.45 wurden weitere Schreiben, die nur wenig verändert wurden, versandt:

an den Vizepräsidenten des Schwedischen Roten Kreuzes, Herrn Grafen Folke Bernadotte in Stockholm,

an Seine Excellenz, den ehrwürdigsten Herrn Bischof Johannes Ev. Erik Müller,

an Apostolisk Vikarie för Sverige in Stockholm,

an den Herrn evangelischen Bischof von Stockholm,

an Tidningars Telegrambyrå, Stockholm.

Zugleich unterschrieb Generalleutnant Müller den folgenden Artikel:

„Sind die deutschen Internierten Deserteure?

Bei der Auslieferung der deutschen Internierten wird immer die Ansicht vertreten, die deutschen Soldaten seien aus der Kampfzone geflohen, nachdem die deutsche Wehrmacht kapituliert habe. Demgegenüber steht einwandfrei fest, dass sich alle in Schweden internierten Soldaten schon vorher auf Befehl deutscher Wehrmachtstellen nach der Westzone in Marsch gesetzt haben. Die Nachricht von der Kapitulation Deutschlands erfuhren die Soldaten erst auf hoher See, bzw. nachdem sie von schwedischen Fahrzeugen aus Seenot gerettet wurden. Es liegen Marschpapiere vor, nach denen Einzelsoldaten und ganze Einheiten schon vom 21. April ab in die Westzone transportiert wurden. Auf diesem Wege gerieten sie in Seenot und wurden in Schweden interniert. Somit hat Russland keinen Anspruch auf die deutschen Internierten. In dem festen Vertrauen auf die Gerechtigkeit sehen die deutschen Soldaten in Bakamo den kommenden Dingen mit Ruhe entgegen, halten strengste Disziplin, verweigern dagegen jede Nahrungsaufnahme und sind fest entschlossen, sich eher in Stücke schlagen zu lassen, als freiwillig nach Sibirien zu gehen.“

Ein Fernspruch vom Militärinternierungslager Bakamo des deutschen Lagerarztes vom 27.11.45:

„An den Herrn Armee-Oberarzt, Försvarsstaben in Stockholm.

Angesichts des bevorstehenden Abtransports der Militärinternierten wird vorgeschlagen:

1.) Sämtliche Militärinternierten, die an die kriegführenden Mächte ausgeliefert werden sollen, vor ihrem Abtransport gegen Typhus und Fleckfieber zu impfen.

2.) Durch eine gemischte Ärztekommission, die sich aus schwedischen Ärzten und dem jeweiligen deutschen Lagerarzt zusammensetzt, feststellen zu lassen, welche Kranken und Verwundeten mit Rücksicht auf ihren Gesundheitszustand vom Abtransport ausgeschlossen werden müssen.

Kranke, Verwundete und das Sanitätspersonal berufen sich erneut auf den Schutz der Genfer Konvention, die sowohl vom Königreich Schweden als auch vom ehemaligen deutschen Reich unterzeichnet wurde, und weisen darauf hin, dass der Regierungssprecher im englischen Unterhaus im Zusammenhang mit der Genfer Konvention ausdrücklich erklärt hat, dass Deutschland als Staat noch besteht und deshalb die Genfer Konvention noch volle Gültigkeit hat.

Unterzeichnet: Dr. Bents."

Sechs Monate nach meiner Heimkehr erhielt Vater vom Suchdienst, Zonenzentrale Hamburg folgendes Schreiben vom 3.6.1946: „Durch das Internationale Komitee vom Roten Kreuz in Genf erhielten wir erst jetzt eine Liste mit den Namen ehemaliger internierter deutscher Soldaten im Internierungslager Bakamo Försvarsstaben avd It Stockholm/Schweden. In dieser Liste ist auch der Name Ihres Angehörigen San. Fähnrich Jörg Benz aufgeführt.

Durch die große Verspätung, mit welcher diese Liste einging, war es uns leider nicht möglich, Sie zu benachrichtigen, bevor diese internierten Soldaten nach Russland überführt wurden.

Wir hoffen, dass Ihr Angehöriger inzwischen die Möglichkeit hatte, Ihnen aus russischer Kriegsgefangenschaft ein Lebenszeichen zu senden.

Mit den besten Grüßen zeichnet
Suchdienst Unterschrift."

Jörgs Rückkehr in die Familie 1945

In Neustadt werden wir nach Zonen-Herkunft eingeteilt und müssen die militärischen Rangabzeichen, Knöpfe, Devisen und militärischen Papiere abgeben. Jeder Soldat erhält 40 RM, jeder Offizier 80 RM Entlassungsgeld und den Entlassungsschein. Sehr schlechte Unterbringung in einem Zeltlager bei Markendorf, Untersuchung des Gepäcks nach überzähligen Kleidungsstücken.

Am 10.12. Entlassung. Am Abend treffe ich in Kiel ein und finde Eltern und Wohnung gesund und heil vor. Sie hatten mein Telegramm im November erhalten. Welch eine Wiedersehensfreude! Zwar ging der Krieg verloren, aber wir haben uns wieder, um mit neuem Mut beginnen zu können. Ich habe Lt. Martin Sonnenschein, meinen alten Segelkameraden, bei uns untergebracht.

Das Leben in Deutschland ist grauenhaft. Auf engem Raum zusammengedrängt lebt der Deutsche. Zwar haben die meisten noch Geld, aber kaum um das Nötigste zu kaufen, zu wohnen, sich zu kleiden. Unterernährung, Hunger, Frieren, da die Kohle fehlt und die Wände und Fenster entzwei sind. Viele sind ihrer Stellungen enthoben und ohne Beschäftigung oder sogar in Konzentrationslagern. Jeder kann täglich mit seiner Entlassung rechnen. Der schwarze Markt blüht, Verleumdung, Diebstahl, Missgunst, Unehrlichkeit, das Verbrechertum schreitet unaufhaltsam fort. Das sittliche Niveau ist tief gesunken.

Doch Vater und Mutter blühen wieder auf, da sie ihren letzten und einzigen Sohn wiederhaben. Es ist für sie eine Wiedergeburt. Erst im November erhielten sie Nachricht, dass ich in Schweden bin. Weihnachten in der Familie, zu Neujahr die letzte Flasche Wein aus dem Keller. Wir trinken auf das Jahr 1946, das Jahr der Sammlung.

Ich sehe die Überfüllung des Arztberufes. Sehr viele wollen weiter Medizin studieren, die im Kriege angefangen haben. Zu diesem Semester bin ich zu spät gekommen und außerdem sind meine Studienpapiere verloren. Mein Studienbuch ist in Dänemark unauffindbar und die Uni Wien kann mir keine Ersatzpapiere ausstellen. Da entschließe ich mich vielleicht umzusatteln, muss aber erst das Abitur nachholen. Wir hatten ja nur den „Reifevermerk" im Abgangszeugnis, als wir Soldaten wurden. Im Falle des Sieges sollte er als Abiturzeugnis gelten. Meine alte Neigung war die Geschichte. Jetzt werde ich versuchen, in den Vorsemester-Kurs für klassische Sprachen einzusteigen. Die anderen Kurse sind überfüllt und laufen schon seit Oktober.

Abb. 111 *Jörg als stud. phil. 1946*

Anfang Januar bitte ich den Prorektor Prof. Burk, mich noch ins Eingangssemester aufzunehmen. Er sagt es zu und ich lerne wieder Deutsch, Mathematik, Latein und Griechisch, um erst mal das Abitur nachzuholen. Es macht große Schwierigkeiten, wieder in die Schulfächer hineinzukommen. Dazu kommt, dass die Kommilitonen, auch alte Soldaten, schon seit Oktober die Grundlagen der Fächer wiederholt haben, was ich selbst nun schmerzlich vermisse. Ich muss schwer arbeiten, leide unter Hunger und Kälte ungeheuer, aber ich muss es schaffen. Ich konzentriere daher meine Kräfte auf die drei Sprachen und suche in Mathematik wenigstens eine Fünf zu erreichen, um dann mit Ausgleich versetzt zu werden.

Im März verkündet der Rektor der Uni, Prof. Creutzfeldt, eine Anordnung der Militärregierung: Durch Mitgliedschaft in der NSDAP belastete Studenten werden in fünf Gruppen unterteilt, die nach Art ihrer Zugehörigkeit nur bedingt zugelassen werden sollen. Ich gehöre zu der Gruppe B als Parteianwärter und Mitglied der HJ ohne Führerstellung. Ich hoffe so für das nächste Semester zugelassen zu werden. Die Nahrungssorgen nehmen noch zu. Die täglichen Rationen werden auf 1000 Kalorien heruntergesetzt. In Argentinien verbrennen sie Getreide und hier stirbt man an Unterernährung. Wir sind magenkrank, schlapp und müde, aber man muss sich hindurchschleppen.

Am 12. April schließt das Vorsemester mit der mündlichen Prüfung ab. Ich habe bestanden. Es war eine schwere Büffelei, aber wir sind froh, dass die Mühen nicht umsonst waren. Die alten Sprachen waren für mich so interessant, dass ich dabei bleibe, um die Geschichte von ihren ersten Zeugnissen her studieren zu können.

Aber noch ein weiterer Grund kam hinzu: Ich wollte mich nicht mehr wie in den letzten drei Jahren um kranke Menschen kümmern, sondern junge unterrichten und führen und ihnen den Weg in eine neue Gesellschaft weisen. Wir wussten aber noch nicht, wie sie aussehen sollte.

Brief von Jörg an seine Mutter am 3.2.1956, dem Geburtstag seines Bruders Ottfried

„*Liebe Mutti,*

heute denke ich mit Dir daran, dass Du nicht nur einen Sohn, sondern zwei Söhne hast. Ottfried lebt zwar nicht unmittelbar unter, neben uns. Er ist im Jenseits und ist aller Erdenschwere entrückt. Aber trotzdem ist er ständig bei uns. Er wohnt in unseren Gedanken, in den Gedanken unserer Kinder, denen ich oft etwas von ihm erzähle. Ich spreche dann so von ihm, als ob er nur in der Ferne lebt, nicht unerreichbar fern, sondern nur etwas schwerer zu erreichen, als ob er auf einem anderen Kontinent seine ständige Wohnung aufgeschlagen hat.

Dann erzähle ich von unseren gemeinsamen Reisen, von unserer Schule, unserem gemeinsamen Zimmer, unseren Spielen, Hütten, die wir bauten, und von seinen Kameraden, die ihn ganz besonders verehrten. Ich erzähle von seinen Absichten und Plänen, die er irgendwo in der Ferne sicher vollenden wird. Und dann ist es, als ob ich ihn in unseren Jungs wirken sehe, als ob Bernhard und Roland ihn nicht nur nachahmen, sondern als ob er in ihnen Leib geworden ist, nur in einer gewissen Verteilung auf verschiedene Leiber.

Unsere gemeinsamen Träume und Gedanken waren dann meistens bei zwei Dingen, einem Schiff, natürlich einem Segelboot, und einem Haus mit einem Ackerland. Es war immer so, dass wir beide in unserem Zimmer am Morgen gemeinsam im Wachen träumten. Er begann mit einem Boot, das wir beide bedienten, das Ruder und die Segel. Es war so eingerichtet, dass wir keine fremden Hände brauchten. Wir segelten mit ihm in die Buchten der Ostsee und legten an den Inseln an. Wir machten ganz wunderbare Manöver, die immer klappten. Wir waren völlig selbstständig auf See, aber auch an Land, wenn wir die Kirchen, Burgen und Straßen durchwanderten. Wir gingen stolz wie zwei Freibeuter oder mehr noch wie zwei Unternehmer, die dadurch lebten, dass ihre Gedanken die notwendigen Dinge ganz leicht herbeizaubern konnten. Und dann blieben wir eine Weile in einer ganz stillen Bucht, auf einer Insel, die nur uns allein gehörte, wohnten dort in einem Bauernhause und bestellten den Acker. Aber es war keine richtige Arbeit, die wir verrichteten, nein, es wuchs uns alles in die Hände. Wir hatten eigentlich nur zu planen – und abzuwarten, bis die Dinge da waren. Das war überhaupt das Eigenartige: Unser Traumleben hatte nichts von der Hast an sich, die das wirkliche Leben hat, es reihte sich eine Handlung wie von selbst und ohne Zwang an die vorige. Es wuchs im eigentlichen Sinne ein Vorgang aus dem anderen, wie mit Notwendigkeit ein Kraut, das im Herbst abstirbt, im Frühling wieder ein neues Pflänzlein aus dem Samen entspringen lässt.

Ottfried fing meist an mit einer Fahrt, und ich spann nur dies und das hinzu, aber wenn wir dann einen Ruheplatz gefunden hatten, dann begann ich das Haus einzurichten und den Acker zu bestellen, während er dann nur dies und das ausfüllte an dem Bilde, bis er dann wieder die Anker lichtete.

Es wird mir jetzt erst klar, wie sehr diese Träume auf unser wirkliches Leben eingewirkt haben. Ottfried war immer auf Reisen, auch im Leben. Er wurzelte nirgends wirklich, aber es war nicht etwa das Wurzellose, das uns heute überall begegnet, das aber nach einem Ankerplatz sucht und deswegen immer in Unruhe und Hast ist, weil es keinen findet, nein, es war keine Unruhe, es war eine Fahrt, eine Fahrt, die in sich selbst ruht, wie man auch von dem Schlag des Pendels nicht von einer Unruhe sprechen kann, sondern eigentlich von einer ruhenden Bewegung, dic immer ganz ausschwingt in der stillen Gewissheit, dass die Weiter- oder Rückbewegung ganz folgerichtig aus der jetzigen Bewegung entspringen muss. –

Auch auf seinen Fahrten war Ottfried immer ein Ruhepunkt, nicht nur bei der Segelei, auch bei der Marine, wo er eine Zentralstellung innehatte. Er war daher überall unentbehrlich, denn eine solche zentrale Persönlichkeit ist bei jeder Gemeinschaft, in jeder Unternehmung unbedingt nötig. Für ihn war das Fahren nicht ein Übergang, sondern Erfüllung. Es machte sein Sein aus. Und das ist es, was ich Dir, liebe Mutti, sagen wollte, dass er oder vielmehr seine Seele auch unsere Seele ist. Sein Fahren durch das Leben widerstand jedem Zwang. Es war ein nach ureigenen Gesetzen verlaufendes Fahren. Und das ist auch auf mich übergegangen, und es wird auch auf seine Neffen übergehen. Schon jetzt sehe ich, wie die Kinder nach einem inneren Gesetz leben, das dem Ottfrieds ganz ähnlich ist. Das ist wie eine große Kraft in dieser unheimlich hastenden Zeit. Es ist die Reaktion der Starken, die in sich eine neue Lebensform gebären, die der Epoche angepasst ist.

Wenn wir Ottfrieds Leben von dieser Warte sehen, dann ist sein Leben ein Meilenstein, ein Wendepunkt im Leben der Generationen unserer Familie gewesen.

Nun lass Dir noch berichten, dass jetzt mein Aufsatz über die Zusammenarbeit von Schule und Elternhaus heute veröffentlicht ist. Es ist meine erste Publikation. – Das Abitur ist hinter uns und ich habe durch meine Protokolle viel zum Bestehen der Jungen beitragen können. – Heute habe ich mit zwei Sexten eine wunderschöne Schneewanderung gemacht. Ingrid und die Drei sind sehr mobil. Herzliche Grüße auch an Vati von uns allen Dein Jörg."

Rückblick und Ausblick 2006

Auf Seite 416 erwähne ich ein Gespräch der Ärzte im Marinelazarett Kiel-Hassee kurz vor dem Jahresende 1944, dem ich zuhörte. Man sprach in einer Arbeitspause über den Leitartikel der Wochenzeitung „Das Reich", dem Regierungsorgan. Der Artikel war entweder wie üblich vom Propagandaminister Dr. Joseph Goebbels selbst verfasst oder von ihm autorisiert. Darin entwickelte der Autor eine Vision: „Ein Beobachter steht hinter einer Glaswand und sieht, wie die Vertreter der kriegführenden Mächte eine Abschlusskonferenz abhalten. Er kann kein Wort hören. Aber zum Schluss erheben sich die Mitglieder der einen Gruppe, die offensichtlich die Sieger sind, verneigen sich vor den anderen und reichen ihnen die Hand – als hätten diese gesiegt." Die Reaktion der Ärzte: „Wäre das schön, wenn es so wäre!" Dann gingen alle wieder an die Arbeit.

Ich konnte dies Erlebnis bis heute nicht vergessen. Viele Jahre sind dahingegangen. Aus dem Chaos von Kriegs- und Nachkriegszeit entwickelte sich ein neues Europa, nachdem sich eine neue Weltordnung eingerichtet hatte.

Nach meiner Pensionierung als Gymnasiallehrer wurde ich Schriftsteller und dokumentierte das Leben von Personen oder die Geschichte von Gegenständen. Sie sollten beide nicht verloren gehen im Gedächtnis unserer Nachkommen. Unter den Vorfahren meiner Frau Ingrid waren hervorragende Persönlichkeiten. Ich habe ihr Wirken in meinen Büchern beschrieben:

„Die Göttinger Unruhen von 1831, ihre Ursachen und Folgen. Das tragische Leben eines der Hauptbeteiligten, des Dr. jur. Franz Heinrich Christian Eggeling aus Göttingen, 1786–1855." und „Von Hamburg nach Chile. Das Handelsimperium des Johannes Heinrich Daube für Arznei- und Drogeriewaren im 19. und 20. Jahrhundert". Ihr Leben zeigte: Es ist niemals zuende! Es ist eingebunden in eine Kausalkette.

Auch unser Ringen in diesem Krieg wurde mit der Grund für eine Reihe von Wirkungen, die unvoraussehbar waren, damals und nachher. Ich habe es gewagt, in „Von Hamburg nach Chile" eine Theorie aufzustellen, die es mir erlaubt, einen Sinn dieses fürchterlichen Gemetzels in Europa zu finden, oder wenigstens eine tröstlich erscheinende Folge, denn ich hatte ja meinen Bruder Ottfried verloren und auch Ingrid hatte Günter hingeben müssen:

Die Feindmächte hatten nicht nur ihre Landsleute gegen uns kämpfen lassen, sondern auch aus ihren weltweiten Kolonialreichen Soldaten ausgehoben. Die gesamten Rohstoffquellen standen ihnen für das Ausrüsten hochtechnisierter Heere zur Verfügung. Und trotzdem hatten sie fünf Jahre gebraucht, um die Deutschen zu überrollen. Sie hatten erlebt, wie die Deutschen mit ungeheurer Zähigkeit ihr Vaterland verteidigten und ihren Anspruch auf politische Gerechtigkeit durchsetzen wollten. Das alles geschah nicht nur unter hohen Verlusten der Kolonialvölker, sondern auch unter ihren Augen. Jetzt wurden sie gewahr, auf wie tönernen Füßen die Kolonialreiche standen, wie verletzlich ihre Herren waren, die sie seit mehr als 100 Jahren beherrscht hatten. Es entstanden überall Aufstände, sicher oft getragen durch die zurückgekehrten Soldaten, die ja für das moderne Kriegsgeschäft ausgebildet waren.

Die Herren versuchten noch einige Jahre ihre Kolonien zu verteidigen, wurden aber bald zur Kapitulation gezwungen. Es gelang ihnen nur noch, ihre Sprache als Verwaltungssprache und Erinnerung einstiger Kulturvermittlung zurückzulassen.

Nun standen sie in Europa nackt da – wie auch wir, denen sie die schönsten Gebiete geraubt und verteilt hatten. Jetzt erst waren sie frei geworden und konnten sich zu einer europäischen Neuordnung entschließen – unter dem Druck einer dauernden Bedrohung durch die Sowjetunion. Frankreich und die junge Bundesrepublik machten den Anfang und mehr und mehr entwickelten die Nationen, die sich jahrhundertelang bekämpft hatten, „die Europäische Union". Gott sei Dank! müssen wir rückblickend sagen. Das Morden in Europa kann als beendet bezeichnet werden.

In diesem Jahr konnte ich an einem merkwürdigen Erlebnis teilnehmen:

Es meldete sich ein jüngerer deutscher Mann, der aus Polen stammte und um Auskunft bat. Mit einem guten Bekannten aus Polen wollte er eine Erinnerungsstätte für den ersten Chef der Marinestoßtrupp-Kompanie in den Kasematten der alten Befestigung von Swinemünde einrichten. Oberleutnant W. Henningsen war beim ersten Kriegseinsatz seiner Kompanie auf der Westerplatte bei Danzig am 1.9.1939 gefallen. Die überlebenden Kameraden befestigten damals eine Erinnerungstafel an ihn in Swinemünde, wo die Kompanie ausgebildet worden war. Dies Schild hatten weder die Russen noch die Polen entfernt und ließ es nun – nach dem Beitritt Polens zur EU – die jungen Polen fragen, wer dieser Oberleutnant war, der den ersten Angriff gegen ihren Staat geführt hatte und ein so frühes Ende bei der hartnäckigen Verteidigung durch ihre polnischen Vorfahren fand.

Der Pole Jacek Zebrowski und der Deutsche Andreas Kuska hatten mein Buch „Deutsche Marineinfanterie 1938–1945" gelesen, das ich aus den Kriegsberichten meiner Kameraden und den Militärarchiven über die Einsätze der MSK zusammengestellt hatte und das von der Husum Druck- und Verlagsgesellschaft 1996 herausgegeben wurde. Ich hatte darin die siebentägige Bestürmung und Belagerung der polnischen starken Befestigung minutiös beschrieben. Ich lieferte den beiden mein kleines Archiv aus, welches Texte, Karten und Bilder enthielt. Dabei erfuhr ich, dass Jazek, geb. 1941, Jurist und Ökonom, zwei Jahre polnische Marinegeschichte studiert hatte. 1975 hatte er mit dem Mitkämpfer, dem späteren Fregattenkapitän Heinrich Denker, Kontakt aufgenommen. 1977 besuchte er ihn in Kiel und 1979 organisierten sie eine Begegnung alter deutscher und polnischer Kämpfer um die Westerplatte von 1939 und legten am polnischen Nationaldenkmal auf der Westerplatte einen Kranz nieder. So entstand eine langjährige sehr herzliche Soldatenkameradschaft über die fest verschlossenen Grenzen hinweg. Nach dem Tod der Letzten, die überlebt hatten, wurden nun diese beiden der zweiten Generation wirksam. Sie richteten die Erinnerungsstätte in Swinemünde ein und schufen so eine Nahtstelle zweier Völker, die nun, lange nach dem blutigen Ringen, in Europa ihren Frieden gefunden haben.

Auch zu mir reißt die Beziehung mit den beiden Initiatoren nicht ab:

Kurz darauf erhielt ich das „Tagebuch der Schleswig-Holstein", in das der Pole die Widmung schrieb: „Ich habe Ihr Buch sehr genau gelesen, Herr Benz, Sie sind ein Held." Er hatte auf Seite 170 gelesen, wie ich den Entschluss fasste, die Laufbahn zu wechseln und Sanitäter zu werden. Ich hatte damals von den Erschießungen wehrloser Juden gehört. Ich schrieb dem Freund in Lodz zurück, ich hätte mich nicht als Held gefühlt, denn ich verließ die Kameraden, mit denen ich vielmals durch Tod und Verwundung gegangen war.

Kurz darauf schrieben Jazek und seine Frau Sofia zurück und redeten mich als Professor an. Auch das musste ich berichtigen und schrieb zurück:

„Ich war niemals ein Professor, nur ein Lehrer der alten Sprachen und von Religion und Philosophie. Ich wollte – nach dem furchtbaren Völkermorden – die jungen Menschen auf die Gemeinsamkeit der europäischen Kultur aufmerksam machen, deren Grundlage die antike Kultur und die christliche Kirche und Philosophie sind."

Quellen und Literatur

Außer den Dokumenten aus dem Familienarchiv und den Kriegsbriefen habe ich einige Bücher noch einmal gelesen, die ich in den 1930er- und 1940er-Jahren an die Hand bekam. Ich musste mich in die Gedankenwelt meiner Jugend hineinversetzen, um diese Zeit verstehen und beschreiben zu können.

„Das Reich“, Deutsche Wochenzeitung. Berlin 1944.
Hitler, Adolf: Mein Kampf. München 1924.
von Müller, Sven: Die Sowjet-Union. Kulisse und Hintergrund. Hamburg 1941.
Rosenberg, Alfred: Der Mythos des 20. Jahrhunderts. München 1930.
Wirsing, Giselher: Der maßlose Kontinent. Roosevelts Kampf um die Weltherrschaft. Jena 1942.
Zischka, Anton: Wissenschaft bricht Monopole. Leipzig 1936.

Literatur, in der nach dem Krieg die Geschehnisse sorgfältig untersucht, dokumentiert und historisch bewertet wurden.

Benz, Jörg: Deutsche Marineinfanterie 1938–1945. Husum 1996.
Benz, Jörg: Von Hamburg nach Chile. Husum 2004.
Böll, Heinrich: Briefe aus dem Krieg 1939–45. Bd. 2, Köln 2001.
Deutsche im Zweiten Weltkrieg. Zeitzeugen sprechen. Hg.: J. Steinhoff, München 1989.
Enquist, Per Olov: Die Ausgelieferten. Hamburg 1969.
Führer, Reinhard: Krieg ist nicht an einem Tag vorbei. Hg.: Volksbund Deutsche Kriegsgräberfürsorge e. V., Kassel 2005.
Hanse, Bernhard: Schicksal in Zahlen. Hg.: Volksbund Deutsche Kriegsgräberfürsorge e. V., Kassel 2005.
„Ich will raus aus diesem Wahnsinn“. Deutsche Briefe von der Ostfront 1941–45. Aus sowjetischen Archiven. Hg.: Anatoly P. Golovchansky, Wuppertal 1991.

Kollwitz, Käthe: Briefe an den Sohn 1904–45. Berlin 1990.
von Krockow, Christian Graf: Die Deutschen in ihrem Jahrhundert 1890–1990. Hamburg 1990.
Leber, Annedore: Das Gewissen entscheidet. Berlin 1957.
Ploetz, Karl: Auszug aus der Geschichte. 26. Aufl., Würzburg 1960.
Ploetz, Karl: Deutsche Geschichte. Epochen und Daten. Hg.: Werner Conze/Volker Hentschel, Darmstadt 1988.
Rössler, Hellmuth: Deutsche Geschichte. Schicksale des Volkes in Europas Mitte. Gütersloh 1960.
Runsteen, Enar: Schutzlos in Schweden. Interniert – Deportiert. Schicksale Deutscher Soldaten 1945/46. Königstein/Taunus 1995.
Salomon, Ernst v.: Der Fragebogen. Hamburg 1961.
Sartre, Jean-Paul: Betrachtungen zur Judenfrage. Frankfurt 1964.
Schön, Heinz: Die letzten Kriegstage. Stuttgart 1995.
Zayas, Alfred de: Anmerkungen zur Vertreibung der Deutschen aus dem Osten. Stuttgart 1986.
Zebrowski, Jacek: Dziennik, Kriegstagebuch Linienschiff „Schleswig-Holstein“, Polen 1995.

Bildnachweis

Benz, Jörg: Deutsche Marineinfanterie 1938–1945. Husum 1996.
Bildarchiv der Familie Benz.
v. Gartzen, Wilrich: Die Flottille. Koehlers. Verl. Herford 1982. Abbildungen: 88, 89, 90, 91, 92, 93, 94, 95, 96
Kiel Journal: 750 Jahre Geschichte, Politik, Gesellschaft. Druck Hell 1992. Abbildungen: 106, 107
Kulturdenkmale in Schleswig-Holstein: Landeshauptstadt Kiel. Neumünster 1995. Abbildungen: 101, 108
Scharff, Alexander: Geschichte Schleswig-Holsteins. Territorien-Ploetz, Freiburg 1991. Abbildung: 104
Stadtarchiv Kiel: Abbildungen S. 424

Der Verlag dankt allen Rechteinhabern für die freundliche Genehmigung zur Darstellung der Bilder. In den Fällen, in denen die Inhaber der Rechte trotz intensiver Bemühungen nicht festzustellen oder erreichbar waren, verpflichtet sich der Verlag, rechtmäßige Ansprüche im üblichrn Rahmen nachträglich abzugelten.

Inhaltsverzeichnis